【新版】

# 貧困とはなにか

概念・言説・ポリティクス

ルース・リスター

Ruth Lister

# POVERTY

松本伊智朗＝監訳　松本淳・立木勝＝訳

明石書店

Jに、愛と感謝を込めて

この第二版は、それぞれの方法で反貧困の大義に多大な貢献をした
モレーン・ロバーツとピーター・タウンゼンドの思い出にも捧げられる

【凡例】

・原著で頭文字が大文字の用語は、組織名等を除き〈〉で表記した。
他、原著で強調されている表現を〈〉で表記している箇所がある。

・本文中のスラッシュ記号（／）は原書の表記に従っている。

・原著でイタリック体の記述には傍点を付している。

・訳註は［］で表記した。

新版　貧困とはなにか——概念・言説・ポリティクス

——

目次

## 第4章　貧困についての言説――〈他者化〉から尊重《リスペクト》・敬意へ　133

# 日本語版新版への序文

「貧困とはなにか」第二版の日本での出版がなされ、日本の読者のみなさまにあてて序文を書くことができることを、うれしく思います。引き続き、松本伊智朗氏が監訳の労をお取りくださいました。

私は、二〇一一年に日本を訪問致しました。その際、本書の初版についてずいぶん議論を行い、それはとても楽しいものでした。本書の鍵概念はエイジェンシーですが、私は「個人のエイジェンシー」の考え方についてお話をし、日本のような集合的な志向を持つ社会について思いを致すことはありませんでした。この新版においてもエイジェンシーは中心的な概念ですが、その議論をするにあたって私は、エイジェンシーは関係的なものであり、他者との諸関係のなかで理解されるべきであることを強調しています。したがってそれは、きわめて個人的なものとしてではなく、本書で示したように、その行使には集合的な作用を強く受けるものとみなすべきです。新版のエイジェンシーに関する章は初版よりずいぶん長くなっていますが、それはこの間に出された多くの豊かな文献の成果を取り入れたためです。

加えてこの章では、そして本書全体を通して、「不安定《インセキュリティ》」がもたらす影響について、初版に比較してより大きな注意を払っています。不安定は、貧困下にある人々の生活といのちをすり減らしていくものです。私は、初版ではこの点に十分触れることができていなかったと感じていました。エイジェンシーの関係的性質の強調は、貧困の関係的な性格それ自体の強調にも反映しています。

新しい研究成果を取り入れるためのページを割くために、初版にあった社会的排除に関する章をなくすことにしました。初版を執筆したとき、社会的排除の概念は、政治的、学術的に注目を集めていました。いまでは、そうではありません。そしてまた、重要で本書に含めるべきだと私が感じる社会的排除に関する新しい研究成果も、ほとんどありません。したがって、私は社会的排除に関するいくつかの分析を他の章に、とくに貧困の定義に関する章に統合することにしました。社会的排除と貧困の関係に関するより詳細な説明は、本書の初版をご覧頂ければと思います。

社会的排除に関する章を削除したことで、貧困に対する人権アプローチについてより深く、そしてまたそれが持つ政策的、実践的な含意に関する私の分析についてより詳細に展開することができました。もちろん、イギリスと日本の政策的環境には大きな違いがあります。しかしそれでもなお、本書で述べられた基本的な考え方が日本の文脈においても有効であることを私は願っています。

二〇二三年五月

ルース・リスター

# 初版　まえがき

序章で述べているように、私の貧困理解は、多くの部分を「子どもの貧困アクショングループ（CPAG）」との経験、さらに近くは「貧困・参加・力と権力《パワー》に関する委員会（CoPPP）」のメンバーとしての経験によって形づくられている。その間、貧困を経験している人もしていない人も含め、名前を挙げられないほど多くの人々から学ぶ光栄に恵まれてきた。しかし、本書で直接ご支援をいただいた方々に感謝のことばを述べる前に、だれよりもまず、ピーター・タウンゼンド教授に敬意を表したい。私自身の経歴に多大な影響を与えたこともあるが、それ以上に、生涯をかけて反貧困の大義ある運動と実践に打ちこむ教授の姿勢は、いまも多くの人々を励ましているからである。

本書の執筆にあたり、非常勤研究助手にジャン・フラハーティを採用できたのは幸運だった。一年にわたって彼女が提供してくれたすばらしいアシスタント業務とともに、草稿への意見を求めた際の洞察にも、深く感謝している。草稿段階でコメントを寄せてくれた多くの友人や同僚にも謝意を伝えたい。フラン・ベネット、ジム・キンケイド、エイドリアン・シンフィールドは、快く時間を割いて、原稿の全文に目を通してくれた。ジョン・クラークとデイヴィッド・テイラーは、第6章の全部および一部にコメントを寄せてくれた。ラフバラー大学社会科学部の同僚であるデニス・スミス、ピーター・ゴールディング、マイケル・ピカリングが各章に寄せてくれたアドバイスは、アカデミックで分野横断的なこの学部で働くことで、私がいかに多くを得ているかの証しである。これらの同僚と友人のフィードバックを十二分に本書に反映させることは主に紙面の制約があってできなかったが、そのご尽力に感謝している。また執筆の山場で励ましと賢明な忠告をしてくれたアンドルー・アーデン、ソール・ベッカー、ジェーン・ルイスにも、感謝のことばを述べたい。編集を担当してくれたポリティ出版のルイーズ・ナイトにも、忍耐強く心優しい支援を感謝している。

二〇〇四年三月

# 新版　まえがき

この第二版では、初版以後に貧困について発表された広範にわたる豊富な文献の内容を取り入れようと試みた。とくに参加型調査と心理社会学的文献が多数現れてきたことは議論の多くに深みを与えてきたので、それらを参照することもできた。本改訂では貧困の関係的／象徴的側面について、たとえばその人間を疎外する働きや人権に関するより突っ込んだ論などを新たに強調しただけでなく、不安定《インセキュリティ》に対してより多くの注意を向けた。これは初版における重大な欠落であったと気づいたからだ。さらに結論の章では政策とその実現化に向けての言及を増やした。こういった改善のための紙数を確保するため、社会的排除の章を削除して、他の章に統合することとした。

第二版が出るまでにはずいぶんと回り道をした。忍耐強く担当してくれた編集部、とくにジョナサン・スケレットとカリーナ・ジャコフスドフテシには感謝している。主に貴族院議員としての務めのためとはいえ、何度も締め切りに間に合わなかったのだから。ただ、ＣＯＶＩＤ-19がパンデミックに入って数か月がたち、このまえがきを書いているいまこそが、貧困が世界で新たな大問題として浮上してきているのではなかろうか。だからこそ、私は本書がひろく貧困理解に役立つのではないかと願っている。長年にわたって題材の収集を支えてくれた人々にも感謝しておきたい。具体的には、国際ATDカールモンド運動のメンバーから学びを得たこと、ポール・ドーナンの第2章執筆に対する貴重な支援、フラン・ベネットおよびある匿名レビュアーが草稿をレビューして貴重なコメントを与えてくれたこと、Jが変わらぬ愛で支えてくれたことに感謝している。

二〇二〇年五月

# 序章

苦しむ者に声を与えることをせまられてこそ、真実。——アドルノ[1]

豊かな国々、貧しい国々、世界のあらゆる場所で、何億という人々が貧困によって尊厳をうしない、困難に苦しんでいる。この現実は国際連合で採択された「持続可能な開発のためのアジェンダ」に「先進国、開発途上国も同様に含む世界全体」にとって「最大の地球規模の課題」であると記されている。[2] 物質的な現実としての貧困は、女性、男性、子どもの生活を歪め、制約する。それが何億人にも達している。予防可能な「社会的侵害」[3]であるはずなのにそれが拡大している。そうなると、貧困でない者も、黙認したり維持に力を貸したりはしていられなくなってくる。したがって、貧困について書く者の多くが、このことばの道徳的、政治的主張を強調しているのは当然である。たとえばデイヴィッド・ピアショは次のように述べる。

もし「貧困」という語が、なにかを為すべきだという含意や道徳的義務を担っているとすれば、貧困の研究が究極的に正当化されるのは、それが個人や社会の態度や行動に影響を与える場合のみとなる。このことはつねに念頭におかれなければならない。さもなければ貧困の定義に関する議論は、かの暴君ネロにふさわしい非現実的な論争となる。それは意味論と統計だけの低俗な言い争いに過ぎず、寄生虫的で、覗き趣味的で、まったく非建設的なものとなる。しかも「貧困者」は善意からにせよ悪意からにせよ、受動的な思いやりの対象として扱われる。そうした議論は解決どころか、むしろ問題の一部となってしまうのである。[4]

本書の執筆中、私の耳の内ではつねにこの警鐘が鳴り響いていた。また、比較的豊かな立場から貧困について書く場合に生じてくる倫理上の問題もあった。非貧困者が書くことは当事者を黙らせ、問題についてのいわば「発言空間」を奪い、当事者を対象物として扱ってしまいかねない。なにしろ、日々貧困を経験している人々が考えを公表する立場にあることはめったにない。これが倫理上の問題のひとつである。「貧困の真実」を語るうえで、テオドール・アドルノいうところの「苦しむ人々に声を与えること」をなそうとして、「苦しむ人々の声」をかき消してしまってはならない。したがって、貧困を理論化したり調査したりする人々が持つ伝統的な形で得られる専門知識に加えて、それとは違う形の、経験から生まれる知見があるということを認識しておくことが重要となってくる。

私の目的は、この両方の形態の知識を活用し、描くことにある。私自身、貧困の理解を学問研究にのみ依拠してはいない。民間運動団体である「子どもの貧困アクショングループ（ＣＰＡＧ）」で一六年にわたって活動したほか、ピーター・べレスフォードと参加型調査も行った。独立機関でメンバーの半数が直接の貧困体験を持つ「貧困・参加・力と権力に関する委員会（ＣｏＰＰＰ）」にも名を連ねた。この委員会では、直接の貧困経験のない人々が、日々貧困生活を送っている人々から学ぶことで理解を向上させるという「非凡な旅」も経験した。[5] 国際ＡＴＤカールモンド運動（長期の貧困下にある人々のもとで活動する人権団体）のメンバーとの会合を重ねるなかでの学びもそれに続き、そして、「貧困層の学者たち」[6]の論文、「当事者から」[7]の著作、貧困の内側と外側の両面から「貧困であるとはどういうことかを案内しよう」と試みる広範な大衆に向けた作品群[8]からも多くを学んだ。

貧困の理論化と調査に貧困経験者の視点を取り入れること、そしてそれを参加型の手法を通じて行うことの重要性は、（世界を南北問題で捉える視点での）〈南〉の貧困という文脈で認識されてきた。〈北〉での貧困問題には、この視点は比較的用いられなかったのである。〈南〉でのこうしたアプローチは、当事者にとって貧困がなにを意味し、どのように感じられるのかについて、新たな洞察をもたらしてきた。〈北〉の貧困分析においても、そこから重要な学びが得られる。それが（それだけではないが）、本書の主要な着目点となる。というのも、グローバリゼーションによって貧困の原因と帰結が南北共通のものになりつつあるからだし、[9] 国際連合が決議した持続可能な開発目標（ＳＤＧｓ）が南北問わず世界共通に達成を求められているからでもある。[10] 二〇二〇年ＣＯＶＩＤ‐19パンデミックが貧困者集団をはじめとする周縁部の人々に与えた影響が均衡を欠いていたことを思えば、この共通性に頷くこともできるのではないだろうか。[11]

本書はイギリスの視点から書いているが、こうした〈南〉からの教訓を私の分析に適用していくつもりであるし、広くヨーロッパ大陸やアメリカからの資料にも言及していくことになる。しかし、忘れてならないのは、貧困の意味は社会によって大きく違うことがありうることである。南北間だけでなく、たとえばアメリカとスカンディナヴィアでも違ってくる。貧困経験とその理解は、社会経済的な構造と文化的背景によって形成される。それでもなお、本書のテーマの中心を担う主要なグローバル的研究は、物質的条件の大きな違いにもかかわらず、心理社会学的な貧困の経験が非常に似通っていること、貧困下の人々がさらされる恥辱の付与や、それらの人々がしばしば対象となるスティグマ付与や差別的慣習によって多くが形づくられることを示すのである。「貧困は、文化に拘束されると同時に普遍的なもの」なのだ。[12]

## 概念、定義、測定基準

以上のことからいって、貧困について、歴史や文化から離れた単一の概念は存在しない。貧困の概念は個別の社会ごとにつくられる。さらにいえば、同じひとつの社会でも、集団が違えばまた違った概念が構築される。それでも、「貧困が社会的に構築されるという提起はそれが現実に存在することを否定しないのであって、ただ貧困の意味に本質的に社会全体がかかわっているということを意味するのである」。[13] このような理由から、また、貧困に対する道徳的な道理として、さらに社会内および社会間での資源分配がこの概念によって影響されることから、貧困は政治的概念となる。だからこそ、貧困は論争の的になる。アメリカの歴史家マイケル・B・カッツのことばを借りれば、「貧困を定義し、貧困について考えるそのあり方のゆえに、貧困は国家の恥辱であり続ける。またそれがひるがえって、貧困撲滅への情熱をかきたてるわけだが」[14]。貧困の概念は実務に影響を与える。概念が必然的にそれを説明していく作業を伴うので、結果として政策を規定していく。社会経済的構造を支える諸条件や力・権力関係、文化、個人的行動など、強調される比重が異なるゆえに、貧困対策のため策定される政策は、そのときどきに支配的である概念を反映する。実際には、概念と定義、測定基準は相互に関係しており、この三者の区別は重要なのだが、混同されることが多く、入れ替え可能な使われ方をしてしまう。この三者を明確に区別しておくことは、貧困についての広い考え方と狭い考え方との間で、混同や不要な二極化を回避するのに役立つ。

### 概念――貧困の意味

貧困の概念は、ほぼすべてのレベルで作用する。定義と測定基準を定める作業の枠組みを提供する。つまるところ、貧困の意味ということである。それも、社会のなかで貧困を経験している集団とそれ以外の集団との、両方にとっての意味のことである。概念の例として、たとえば「基本的安定の欠如」を挙げてみよう。これは「個人および家族が基本的責任の履行と基本的権利の享受をするための要素がひとつ以上欠落していること」として理解される。[15] 後の章で見ていくように、中所得層に近年多く見られるようになってきた不安定ではあるが、貧困に伴う不安定はそれ以上に厳しいものなのである。[16]

貧困の概念の研究には、人々が貧困をどのように語り、思い描くかということも含まれる。すなわち言語とイメージを通じて表現される「貧困の言説」ということである。そうした言説はさまざまな場で構築されるが、もっとも顕著であるのは政治の場、学問の場、メディアの場である。このいずれもが、一般社会での貧困の理解のされ方に影響を与えている。一般には、実際に貧困を経験している人々の理解よりも、勢力の強い集団による理解の方が強く反映されて、支配的な概念化がなされる。左の囲みのなかに表されているのは、慢性的な貧困下で暮らす人々が「貧困とは」という書き出しに続けて述べたものである。ここから明らかになるのは、本書で展開していくことになる物質的な次元と心理社会的な次元である。

---

貧困とは、

「みんなと同じような夢があっても、絶対にそれが実現できないこと」

「子どもたちに毎日『ダメなの』って言わなきゃいけないこと」

「クリスマスと誕生日がくるのが怖いこと。子どもたちのがっかりした目がつらい」

「だれが寝たかわからないベッドで寝ること、古着を着ること、それでも感謝すべきだって言われること」

---

「一歩踏み外したら終わりな毎日が続くこと」
「ゼロ同然、ゼロ以下同然に扱われても、文句がいえないこと」
「希望がまったく持てないこと」

出典＝サリー州での国際ATDカールモンド運動のワークショップ（日時不詳）

## 定義――貧困と非貧困の識別

貧困の定義では、貧困である／貧しいという状態と、貧困ではない／貧しくはないという状態とをなにで区別するかということが、さらに正確に述べられる（べきである）。ただし、これは、「貧しいことと貧しくないことの間にかっきりと境界線を引くこと」[17]を意味するのではない。第5章で見るように、ふたつの範疇の間には移動がしばしば見られるからだ。

ピーター・タウンゼンドの先駆的な著作が出て以来、貧困研究者の間では、貧困を相対的な視点で定義するのがふつうとなっている。たとえば、「社会的に認められた必要を満たし、広い社会に参加できるだけの資源を持たないこと」[18]のように定義する。しかし、本書の第1章で見るように、貧困の定義は、絶対的か相対的かという尺度だけでなく、その幅においてもさまざまな差違を抱えている。そこで現実には、定義と概念にある程度の重なりが生じる場合が出てくる。たとえば一部の国連機関が用いている幅の広い定義は、基本的権利や人間の尊厳への侵害など、貧困状態に伴ってはいるが、必ずしも貧困に特有ではない概念も取り込んでいる。こうした「定義」は、むしろ概念として理解した方がよいだろう。

## 測定基準――定義を操作化する

貧困の測定基準とは、定義を操作化する方法を表現したもので、貧困者と定義される人々を分別、計数を行ったり、貧困の深刻さを測定するためのものである。これが重要なのは、政府の責任を明らかにするのに必要だからということにとどまらない。公式の貧困測定基準は（ときには剝奪指標で補完されることがあるとはいえ）所得に基づく傾向にあり、個別の調査では生活水準やさまざまな形態での剝奪に関する指標を持ち出すことが多い。そうした指標の例としては、食費がないために一日二回の食事が摂れていない、資源の不足のために友人や家族を訪問できない、などがある。最近では、所得と生活水準の両方をあわせた、多角的な測定基準が必要だという議論が増えている（第2章参照）。また、貧困下の人々自身の考えに耳を傾けることこそ最良の測定指標だという主張もなされてきている。[19]

## なぜ概念が重要なのか

図0-1に示すように、概念から測定基準へ移るにつれて焦点が絞られていく。最初に幅広い概念を考察することなしに、いきなり定義や測定基準に飛びつくと、定義や測定基準についての広範な意味や含意を見失うことがある。とくに排除されやすいのは、質的なアプローチや参加型

**図 0-1　貧困の概念、定義、測定基準の関係**

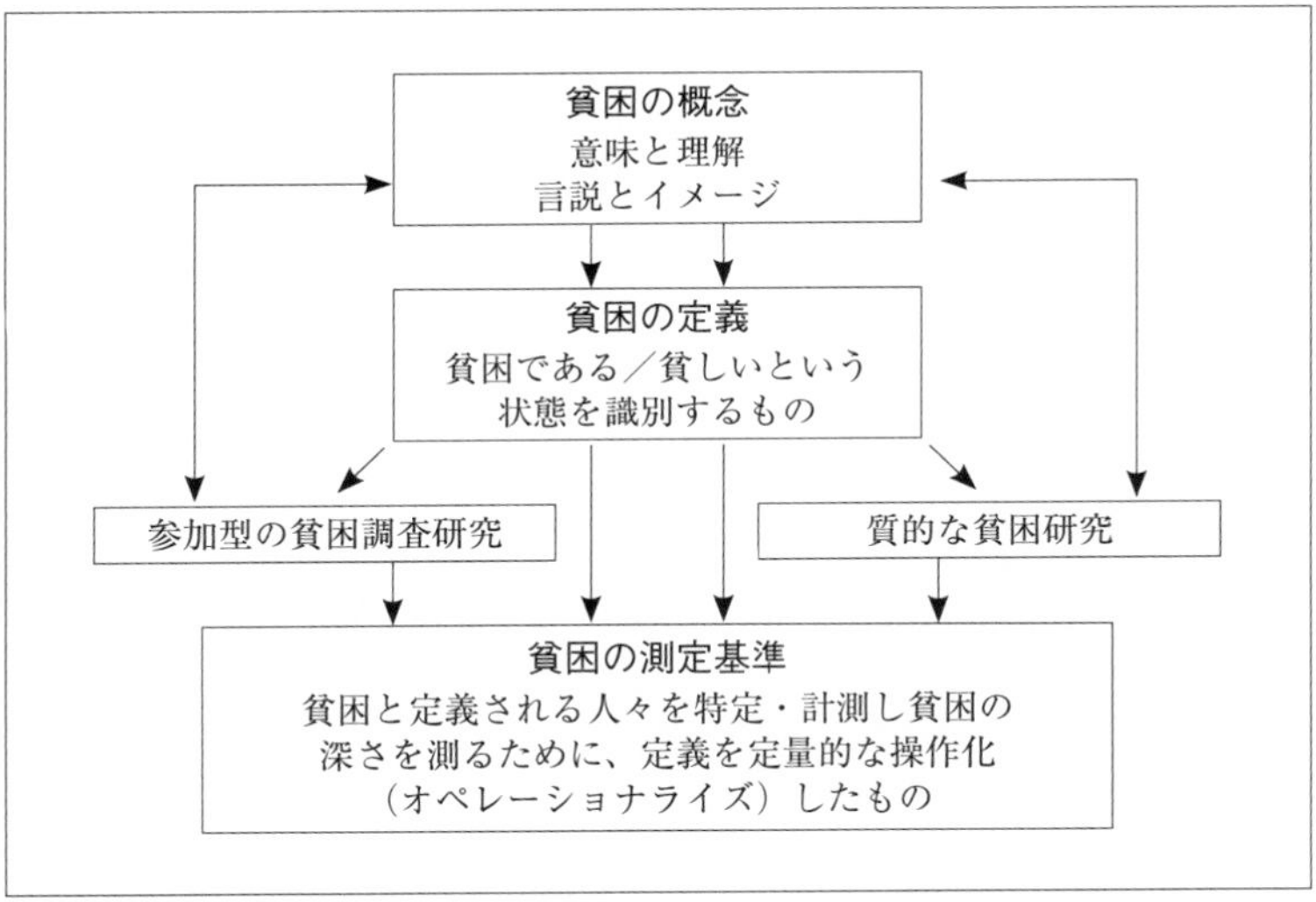


のアプローチから生まれる貧困理解である。貧困には、所得や物質的な生活水準に焦点をあてた定義では捉えられない側面もあれば、時間による変化や、各国間の比較を検証するためにつくられた調査では評価が難しい部分もあるのだが、それらは質的なアプローチや参加型のアプローチによって光をあてられるケースが多い。[20]同様に、図の最下部にある測定基準からスタートするのも、測定基準と定義の混同に陥りやすく、定義のどちらをとるのかという議論が、結局は測定基準のどちらをとるのかという議論であったと判明するのも珍しくない。たとえばEUおよびイギリスの公式統計では、所得中央値の六〇％という測定基準が使われているが、これはしばしば定義として言及されている。このように測定基準を定義としてしまって得られるのは、効果の薄い、

ごく限定的な技術的な定義に過ぎない。そういった定義は方法論と入手可能なデータによる限界にしばられたものとなる。そうなると、まるで測定したことで分析をしたような錯覚にさえ陥ってしまう。

　概念を飛ばして定義や測定基準に飛びついた場合と、測定基準を出発点にしてしまった場合、どちらの場合も、概念レベルを省略することで、近視眼的で技術官僚的なアプローチに向かいがちになる。そうなると、貧困の広がり（ときには深さ）を示す測定にばかり目を奪われてしまい、貧困がどのように経験され、理解されているかを見過ごしてしまう。貧困は単なる統計に還元されてしまい、「涙も枯れ果てた人々」[21]のような説明に終わってしまう。「貧困」を数えることに注意を奪われて、「取るに足らないと分類される人々」[22]が暮らしている実態やその苦しみを見えないものとしてしまう。「アメリカの下層の人たちの尊厳」について書いた本の結末で、クリス・アーナーディは警告している。どれほど善意からであろうが、「操作対象の数値として見るだけで、人々の意気を削ぐ」[23]ことになるのだと。エルス・オイエンが主張しているように、「測定研究」に費やすエネルギーの一部でも振り向けて、貧しさの意味という観点から「貧困理解」を深めるようにするべきであろう。[24]深い理解を得ようというのであれば、概念のレベルに適切な注意を払わなければならない。

　ここで問題になるのは、物質的な面とともに、非物質的な面での貧困の現れである。ここに着目することで、問題への視点は貧困を不利で不安定な経済状態としてだけでなく、屈辱的で人々を蝕むような社会関係としても理解することへと変化する。[25]社会関係に注目することは、貧困の心理社会的な側面、すなわち社会階級が心理的にどのように見えるかということを貧困の理解に加えることである。[26] 貧困に関する心理的風景の中心に横たわるのは、社会的な苦しみである。すなわち、「権力からもっとも遠いところにいる人々が被った社会的な損傷の実体験、結果として社会関係から受ける内面の傷の実体験」[27]がそこにある。この「関係的な傷」は、「貧困の経験は他者から判定されると同時に自分自身が決めるものでもある」[28]という事実に端を発している。貧困下の人々は（たとえば当事者の経験を形づくる政治的言説、メディアの論調によって）社会的なレベルで傷を受ける。さらに（公的機関や専門職との関係も含めた）対人的なレベルでも傷を受ける。[29] これを受けてある分析では、貧困の状況を関係的に理解するには、それを多岐にわたる不利な状況の絡み合った蜘蛛の糸から形成されていると受け止めるべきだと提起されている。この蜘蛛の巣は、強者の側から目に見えるものとして、あるいは目に見えないものとして形成される[30]〔補記1〕。蜘蛛の巣に捉えられる人々にとって、物質的なものと心理社会的なものは日常の貧困と社会的な苦難のなかで「絡み合って」いて、不可分のものとなる。[31]

　関係性の観点からポール・スピッカーは貧困を次のような概念で表している。すなわち貧困とは「社会関係によって構築される。階級、地位、社会的排除、不安定、人権の欠如などがここでいう社会関係である」[32]。これを地球規模で適用すると、さらに「関係性の視点」は〈南〉と〈北〉の諸国の間で類似性を見せるのだと、スピッカーは続ける。[33] とくにこの関係性の視点は、〈南〉で発展した参加型アプローチによって光が当てられてきたものである。意外なことにもおそらくは、〈南〉での極度の物質的貧困の形態があってこそ、〈声〉の欠如、軽視、屈辱、尊厳や自尊感情への攻撃、恥辱やスティグマ、無力さ、人権の否定、シチズンシップの縮小など、貧困の非物質的な側面にこういったアプローチが光を当てることができたのであろう。これは本書で、貧困の関係的／象徴的側面と呼んでいるものであるが、これは「関係的平等」と対になる概念である。[34] どちらもナンシー・フレイザーのいう「象徴的不正義」の典型で、「表象、解釈、意思疎通の社会的パターンに根ざしている」[35] ものである。言い換えれば、貧困下の人々が外側の社会との間で日々経験する相互作用から生まれてくるものであり、また、政治家や当局者、さらにはメディアのような影響力のある機関が、そうした人々のことをどのように語り、どのように扱うかというところから生まれてくるものでもある。「貧困者」「貧しい人々」といった語句自体も、人間性の抹殺や〈他者化〉として経験される可能性がある（第4章参照）。したがって本書では、こうした語句を避けるようにし、文脈から使用が適当と思われる場合にも、「」を付すようにした。

キャロライン・モウザーが述べているように、[36] 開発に関する研究には、アプローチに二分法を立てるものがある。一方に貧困を測定可能な所得に還元する「従来型の」「客観的で」「技術官僚的な」アプローチを置き、もう一方に消費と貧困下の人々自身の貧困理解に基礎をおく参加型の「主観的」アプローチとを置くものである。ある水準では、このふたつのアプローチは哲学的な理解の違いを反映しているのだが、両者が提供する研究課題は、相反的というよりは相互補完的なものであろう（第2章参照）。同様の結論に達しているのは、ボブ・ボールチである。[37] それぞれのアプローチは、ピラミッドのイメージで図式化される。ピラミッドの頂点には、私的消費ないし所得がおかれている。下へ行くにしたがってピラミッドは広がり、公的資源やアメニティへ

図 0-2　物質的／非物質的な貧困の車輪

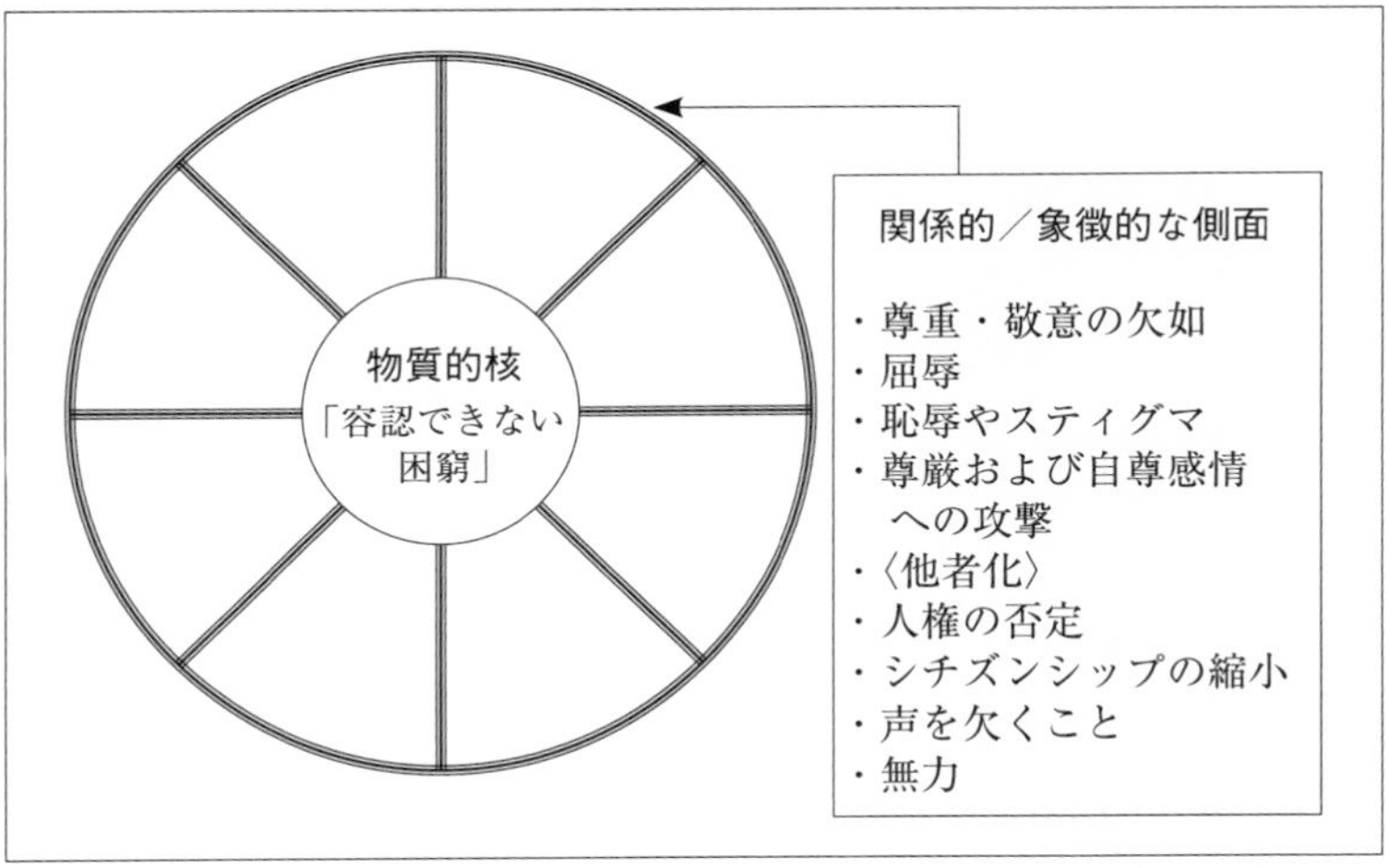


のアクセスを含んでいく。ここには資産（教育などの形での人的資本も含む）へのアクセスも含まれる。基礎部分はさらに広くなって「尊厳」や「自律性」まで含むようになってくるが、これは「参加型の貧困評価において地元住民が強調する」ものである。ボールチ自身が指摘しているように、この最後のふたつは、ピラミッド自体に「含意される階層構造に異議を唱える」ものとなっている。[38]

ピラミッドイメージの階層的な性質を踏まえ、それに代わるものとして、図0-2に「貧困の車輪」を示した。これは貧困の物質的な側面と関係的／象徴的側面との、相補性と独立性を表している。車輪の内部を見ると、貧困の物質的な核が車軸の位置にきている。この核は「容認できない困窮」といわれるもので、スピッカーが、別の枠組みを展開するなかで言及している。[39] 外輪部は、容認できない物質的困窮のなかで暮らしている人々が経験する、貧困の関係的／象徴的側面を表している。車軸も外輪部も、それぞれを形成しているのは社会的、文化的な関係である。すなわち、中心部にある物質的な必要は社会的、文化的に定義され、関係的／象徴的な外輪部に取り次がれ、解釈される。そしてその外輪部自体も、社会的、文化的な領域で回転しながら社会的な苦しみを生み続けているのである。

## 各章とそのテーマ

本書は貧困の概念に関するものである。しかし適宜、原因と政策対応についての議論にも一般的な言及をしていく。こうしたものは主たる焦点ではないのだが、説明と政策対応、そして概念、定義、測定基準との間の相互的なつながりを念頭においておくことは重要である〔補記2〕。本書の構成は、物質的な中心部から関係的／象徴的な外輪部へという動きを反映している。第1章では、まず貧困の定義を取り上げる。貧困を扱った教科書の多くで基本とされていることでも、慎重に考えるべき問題が少なからずある。この章では、議論の現状を考察するとともに、社会的排除の概念を参照しつつ、貧困の定義に関するどちらかといえば狭いアプローチを広範な社会科学の研究のなかに位置づけていく。第2章のテーマは定義の操作化で、測定に関する研究がどんどん精巧になっていくようすを伝えていきたい。

第3章では、構造的で互いに交差するさまざまな不平等に目を向ける。この不平等が貧困を構成し、形づくり、貧困と相互作用する。社会経済的な二極化は、世界的にも各社会の内部にも存在しているが、そうした広い文脈に加え、貧困がジェンダー化された現象、人種によって周縁化された現象であることについても詳述する。また障害や年齢が貧困とどのように相互作用しているのか、貧困が個人や世帯、さらには広いコミュニティというレベルでどのように経験されるのかについても目を向けていく。第4章の主題は、車輪モデルでの関係的／象徴的な外輪部における貧困の経験である。貧困の言説を認識することで、この章では、政治や学問上の言説において、またメディアのイメージのなかで「貧困者」がどう表現されているかに関心を向ける。貧困を語ることばと、それが歴史的に連想させるものについて考えるとともに、より近年の言説もあわせて検討する。こうした言説が「貧困者」の〈他者化〉やステレオタイプ化に働いていることを論じていく。さらに本章では、貧困下の人々が広い社会にどのように受けとられ、扱われているか、そして当事者が自らについてどう感じているかに関して、言語とイメージの重要性を強調していく。

こうした言説から文化的な意味付けが生じ、そこから生まれる文脈のなかで、貧困下の人々は、社会的行為者としてエイジェンシーを行使する。ところがこうした意味付けは、往々にして「貧困者」に受動的存在としてのラベルを貼る。たとえば好意的な「犠牲者」であったり、悪意ある「福祉依存者」であったりと、なんらかのラベルを貼ってしまう。これに対して第5章では、貧困下の人々が自身の生活の主体として性格づけられること、政治的なものも含めたエイジェンシーを行使していることを明らかにしていく。そのためには、第3章で展開した構造的な枠組みを用い、さらに現在の社会学的・国際的な開発理論を活用し、これに貧困研究の結果もあわせながら論を展開することになるだろう。そして第6章にこの議論は続く。焦点は、人権、シチズンシップ、〈声〉、力・権力だ。貧困に関するポリティクスで現在驚くほど展開が速いのは、力・権力を失い、基本的権利を否定されたものとして貧困を理解せよという要求、貧困状態にある人々の声が公的な議論のなかで聞かれるべきだという要求の高まりである。

研究と政策の持つ意味についての議論を含めながら、終章では数々の重要テーマを引き出す。これらのテーマが貧困の概念化に結びついていくのだが、その際に十分な注意を払うべき側面が四つある。すなわち、物質的な核とともに関係的／象徴的／文化的な面や言説としての面を持つこと、貧困状態で（構造的な制約の下で）暮らす人々のエイジェンシー、結果とともにプロセスと背景にある力学が重要であること、そして、それを下支えするものとしての貧困当事者の視点と見方、である。こうした側面に気を配った概念化ができれば、物質的／社会経済的なものと象徴的／文化的／関係的なものという誤った二分法を克服し、再分配と承認の双方の観点を併せ持つポリティクスを補強するのに大いに役立つことだろう。それが分配上の平等と関係的平等につながる。[40] さらに一般化していえば、ここでの目的は、貧困下の人々への関心という、往々にして周縁におかれがちなものを、もっと広いシチズンシップや民主主義、好ましい社会での人間がその能力を開花させることに関する政治的・理論的な議論に統合し、それによって貧困の分析をこれまで以上に広範な、学際的かつ社会科学的な枠組みのなかに位置づけることなのである。

# 第1章　貧困を定義する

貧困の概念は、定義と測定基準のより的確な組み合わせを通して政策へと反映される。序章で述べたように、定義と測定基準を混同しないことは重要であるが、他方、この両者にまたがる問題が生じてきて、ぐるりと回って概念化に戻ってくる場合もある。この第1章では定義をテーマとし、測定基準については第2章で扱う。本章では、まず貧困の定義付けについてさまざまなアプローチを幅広く論じ、次いで「絶対的」定義と「相対的」定義という伝統的な対立と、両者の溝を埋めようとする新たな定式に目を向けていく。

## 貧困を定義するためのアプローチ

貧困をどう定義するかは、その概念を政治的、政策的、学術的に議論する際に、決定的に重要である。定義は解釈と密接な関係にあり、言外にあるべき解決策を含んでいる。価値判断がかかわってくる。定義は社会科学的な営為としてだけでなく、政治的な営為としても理解されなければならず、それゆえ論争の火種となることが多い。単一の「正しい」定義というものはない。しかし以下に見るように、いまでは大半の研究者が、どのような定義であっても、少なくとも一部については、特定の社会的、文化的、歴史的背景との関係において理解されなければならないことを認めている。このことは、大きく異なった社会どうしでの貧困比較を試みる研究にかかわってくる。

## 広い定義か狭い定義か

狭くとるか広くとるかによって、さまざまな定義がある。物質的核に限定したものかどうか、その物質的核の性質はどのようなものか、そして序章で述べた貧困に付随する関係的／象徴的要因をも含めるかどうか、などによって変わってくる。狭い方に寄った定義を支持する側には、たとえばブライアン・ノーランとクリストファー・ホイーランがいる。その根拠は、定義が広すぎた場合に「貧困の中核的な理解」が明確さを失う可能性があることだ。[1] ふたりはタウンゼンドに従い、社会参加ができないことという観点から貧困を定義する。これは物質的な必要に限定した「絶対的」定義よりも幅が広いが、貧困かどうかの区別は「資源の欠如によって〈参加〉ができないこと」[2]だという点が強調されている。したがって、ふたりの定義は「主として経済的資源を自由に使えないことで消費ないし〈参加〉が決定されるような生活の領域」[3]に限定したものとなる。このアプローチは、ジョセフ・ラウントリー財団（ＪＲＦ）のイギリス反貧困イニシアティヴに用いられている定義を裏打ちしている。すなわち、貧困とは「主に物質的資源である個人の資源が、社会への参加を含む最低限の必要を満たすに足りないとき」である。[4]

貧困の多面的な説明に注目が集まるようになり、そちらに焦点が絞られていく状況に対して[5]このような定義は水を差すようではあるが、この両者の立場は両立しないものではない。たしかにこのような定義は、国連の定義のような幅の広い定義に見られる非物質的な要素、たとえば「意思決定に参加できないこと」「人間の尊厳の侵害」「無力さ」「暴力の影響下にあること」などを言外に除外している。[6] 同様に、〈声〉の欠如や尊重・敬意の欠如、自尊感情の低いこと、孤独、屈辱など、貧困下の人々自身が強調する非物質的側面についても、少なからず除外している（第4章および第6章参照）。序章で論じたように、定義の機能とは、定義されるものの様態（貧困）をそれ以外の様態（非貧困）から区別することだから、それを踏まえて考えれば、貧困の定義を幅の狭い方に寄せることは筋が通っている。「意思決定に参加できないこと」「暴力の影響を受けやすいこと」「屈辱」といったものは、貧困に特有の様態ではない。こうした様態は、たとえば白人が支配的な社会にあって黒人である場合、あるいは障害者を差別する社会のなかで障害を持って生きる場合など、異なった様態に伴っても発生する。しかしそうした状況の多面性や広範な意味、物質的な面と関係的／象徴的な面の相互を貫いている側面を見落とさないためには、貧困の定義を、以下の各章で考察するような幅広い概念化とつねにセットで考えることが重要となる。

## 物質的な資源か生活水準か

貧困の測定に関する文献を見ればわかるのだが、貧困の定義が多様である原因は、上記のほかにもうひとつある。それは、定義のもとになる概念を形成するときの主な関心が、個人の物質的な資源、とりわけ所得に対する関心なのか、他方に生活水準と活動の視点から見た実際の生活にあるのかという点である。[7]スタイン・リンジェンが述べているように「前者の場合には、貧困は生活様式の決定要因を通じて間接に定義され、後者の場合には、生活様式によって直接に定義される」。[8]現実には、このふたつのアプローチは相補的に扱われることが多く、上述のノーランとホイーランの定義や、以下に述べるタウンゼンドの定義でもそうなっている。実際にリンジェン自身の定義も、このふたつをあわせたという点で珍しいものではなく、貧困とは「低い生活水準、すなわち生活様式における剝奪のことで、十分な資源がないために、そうした剝奪を回避できないことによるもの」[9]となっている。簡単にいえば「〈貧困〉とは、生活水準が低くて所得も少ない」[10]ことである。

生活水準に対する関心と市民の「権利としての最低水準の資源」[11]に対する関心については、トニー・アトキンソンが関連させつつも違いをはっきりと示している。「生活水準」を対象とする方が文献にはよく見られ、実証的調査の基礎としても一般的である。一方、国家による社会扶助制度の給付水準やそれに基づく所得基準を貧困測定の尺度として用いる場合、「権利としての最低水準の資源」が暗黙的に前提となっているといえるだろう（第2章参照）。「権利としての最低水準の資源」は、まだ貧困の明解な定義として広く採用されているわけではないが、貧困の幅広い概念化におけるひとつの要素として、価値があることはたしかである。すなわち、人々は「市民として最低の所得を得る権利を認められる。その所得をどのように使うかは彼らの自由である」ので、これを「具体的な社会参加のための前提条件として、すなわち〈積極的な自由〉の保証として考えることができる」のである。第6章で見るように、現在は、貧困を人権やシチズンシップの権利の否定として概念化するケースが多くなっている。

こうした方法で貧困を概念化することは、女性の貧困を理解し、これと闘うという視点からも有用である。アトキンソンの主張を受けてスティーヴン・ジェンキンズは、貧困のフェミニズム的概念は「最低程度の経済的自立の可能性に対する個人の権利」[12]の欠落であると説明できることを示している。ジェーン・ミラーとキャロライン・グレンディニングが提起したフェミニズム的な定義は、権利という文脈で表されたものではないが、個人の「自己をサポートできる」能力《キャパシティ》・可能性に着目している。「経済面で他者に依存している人々は貧困に対して脆弱であると考えねばならない」[13]からである。貧困に対する脆弱性という考え方は、自分自身の所得がないにもかかわらず快適な生活水準を享受している女性の状況を理解するうえで、有用なものである。この流れで、フラン・ベネットとメアリ・デイリーは、そういった「適切な所得に対する決定権の欠如」[14]は、どんなに小さく見積もっても（たいていの場合はジェンダー化された）貧困のリスクであると提起する。彼らの論では、これはさらに広範囲に広がる不安定所得問題の一部をなすものでもある。いわゆる「プレカリアート」の時代の不安定な労働市場でなんとかやっていくのに必要な経済的資源を欠いた人々がどんどん増えており、そういった人々の状況がまさに貧困に対する脆弱性であるからだ。[15]広範囲な家計面での不安定と貧困への脆弱性の影響の大きさは、はからずもCOVID‐19のパンデミックによって痛切に明らかになった。

## 物質的な資源かケイパビリティか

ここまで、低所得と生活水準の低さの両方を含めて、社会参加の能力の欠如という観点から貧困を定義することに焦点をあてたアプローチを概観してきた。これとは異なった視点として、アマルティア・セン（さらにはマーサ・ヌスバウム）の研究が挙げられる。異なるのが貧困の定義に低所得がどのような位置を占めるのかという点だ。これは国際開発という文脈のなかで多大な影響を及ぼし、開発の意味にパラダイムシフトを起こすことに貢献した。つまり、経済成長とGDPから離れて、「容認できる程度の生活を送るための選択と機会の否定としての貧困」[16]に焦点があてられるようになったのである。〈北〉の貧困についての考察や調査に対しても、初めは目立った影響がなかったが、いまではセンの考え、ヌスバウムの考えが学術的な領域にも政策をめぐる考察のなかにも急速に浸透しつつある。[17]センのアプローチが提供する洞察は、〈北〉での貧困の概念化を広げるのに役立っている。またあとで見るように、「絶対的か相対的か」という問題についても光を投げかけてくれている。

センは所得からも生活水準からも一歩退いて、そもそも、なぜこの両者が問題なのかと問いかける。そして、どちらもそれ自体では問題ではないとする。なぜなら、このどちらも本当に重要なものの単なる手段に過ぎないからで、本当に問題となるのは、その人物がどのような生活を送ることができるか、そうした生活を送るなかで、どのような選択ができ、機会が開かれているかである。センのアプローチの中心にあるのは「生きること」の理解である。これは「なにかであること、なにかをすること」を含んだもので、センは「ファンクショニング」と「ケイパビリティ」というふたつのキーワードを用いてこの考えを表現している。「ファンクショニング」とは、ある人物が実際に〈なにかであること、なにかをすること〉で、その範囲は基本的な栄養の確保から、コミュニティ生活への参加や自尊感情の獲得といった高水準のものまで幅広い。それに対して「ケイパビリティ」はその人にとって〈なにかができること・なにかであることの実現可能な範囲〉を意味していて、つまりはその人物に開かれた選択の範囲のことである。ここで決定的に重要となるのが「自らが〈なにかをすること・なにかであること〉のなかで価値を見出せるもののなかから、実際にそう〈なにかをする・なにかである〉自由」である。[18] ジョナサン・ウルフとアヴナー・デシャリトは「不利な立場にあること」の概念を考察するなかでこの考え方を不安定の概念に応用して、不利な立場にあることとはすなわち「安全の確保されたファンクショニングに対する偽りではない機会が欠けていること」と定義している。[19]

センの論考では、貨幣は目的のための手段に過ぎず、貨幣によって購入する品物やサービスつまり「商品」は、ファンクショニングを達成するための方法に過ぎない。[20] ファンクショニングの達成における貨幣の役割は、品物やサービスがどこまで商品化されているか（つまりは貨幣と交換可能か）に依存しており、したがって社会によって異なってくる。しかも、貨幣とケイパビリティ・ファンクショニングの関係は、部分的には個人がどのようにして前者と後者を交換するかということに依存する。そしてこれは、年齢、性別、妊娠、健康、障害、あるいはさらに代謝率や身体の大きさといった個人的な要素によってさまざまに異なってくる。こういった要素がその人の必要の水準や性質に影響してくるからだ。たとえば障害者では、たとえ所得が非障害者より多くても、ファンクショニングに対するケイパビリティが非障害者より低くなることがある。障害者が非障害者と同様のファンクショニングを獲得するためには、通常以上に要求されるニーズを満たさなければならないこともあり、それに伴うコストがかかるからである（第3章参照）。したがってセンは、貧困の定義は所得や現実の生活水準からではなくケイパビリティの制約《フェイラー》から、すなわち「一定の、最低限受容できる水準に達するための基本的なケイパビリティの制約」という観点からなされるべきだとしている。[21]

ゆえに、低所得ないし物質的資源の観点から貧困を定義することに対する批判として、センには二本の柱があることになる。ひとつは範囲が狭く、所得をケイパビリティに換える能力の差に関するものである。ノーランとホイーランがここを研究しており、それによれば、所得で貧困線を設定する際にこうした個人間の要素をある程度まで計算に入れることは可能である。ここはセンも認めている。しかしノーランとホイーランは、研究の結果、障害以外のケースでは「個人間の差違が大きな問題となるほど顕著であるとは言い切れない」と結論づけている。[22] さらにいえば、所得をケイパビリティに転換する際の身体的要因の影響を過度に強調すれば、身体的必要と生理的構造にばかり焦点があたり、社会構造を軽視してしまう危険もあるだろう（後述）。もうひとつの柱は、さらに根本的なものだ。低所得であることと、その人が価値をおく生活様式を送る能力との関係にかかわることである。センによるこの関係の定式化は、さまざまな点で有用である。まず、所得が目的に至るための手段であって、それ自体が目的ではないということを思い出させてくれる。目的の「固有の重要性」、すなわち人が〈～できること・～であることができること〉を強調するなかで、ロッド・ヒックはセンの定式は「規範的、あるいは倫理的な次元を強調する貧困分析に拡大鏡を提供することができる」[23]と述べている。さらに、個人に焦点があたるため、ジェンダーによる不平等が見えやすくなる。[24]さらには人間というものを、エイジェンシーを持った人々として描き出す。この人々にとっては、なんでありたいか、なにをしたいか、そのために入手可能な資源をどう配分するか、そういった選択の自由が根源的に重要なものなのである（第6章参照）。よって、「人間の多様性とそのおかれた状況の複雑性を取り上げることに優れている」[25]。加えて、ケイパビリティを人権アプローチに結びつける文献が増加を続けている。これは、ケイパビリティのアプローチが人々が権利を行使する能力に注目するからであり、どちらのアプローチも「個人の尊厳と自由に焦点をあてる」からである。[26]

ここで問題となるのは、ヌスバウムのことばを借りれば「人間の尊厳にふさわしい生活」[27]である。実質的に、ケイパビリティ理論では、ネガティブなものよりもポジティブなものに着目する。ポジティブなものとは「繁栄する」ために人々が達成できるべきとされるような生活のあり方であり、[28]ネガティブなものとはその達成の妨げとなる物的資源の欠如である。こうすることで両者はともどもに、一部の貧困活動家の思いを反映することになる。[29]貧困を多数の人々の幅広い関心事に統合して現実問題とすることができるし、幅広い社会科学研究の対象とすることもできる。貧困は別のものという感覚で、他の問題から切り離されることを防ぐことができる。〈南〉の文脈では、これは「人間開発」や「ウェルビーイング」という考えに反映されている。[30] 実際に、この「ウェルビーイング」という概念は〈北〉でも広まりつつあって（たとえば子ども関連において）[31]、「生活の質」といった考えのなかに、同様のアプローチを認めることができる。あるいは近年の「社会的侵害」[32] 研究に見られる、人間の繁栄《ヒューマン・フローリッシング》を強調する立場にもあてはめることができる〔補記1〕。このふたつは「ネガティブからポジティブへの視点の移動」[33] を含んでいる。センもヌスバウムも、ケイパビリティのアプローチと「ウェルビーイング」および「生活の質」という考え方に関連があると見ていて、センは「価値あるファンクショニングを達成するためのケイパビリティという観点」[34] を指摘している。ふたりが自身の研究との強い並行性を指摘しているものに、スカンディナヴィアの社会学者らによる「生活水準」の調査がある。[35] これらの調査は、貧困よりも、むしろ不平等という幅広い関心が動機となっているため、個人が「積極的な存在」として自身の（物質的、非物質的）資源をどのように活用できているか、それによって、どのように「［自身の］生活状態を管理し、意識的に方向づけていくか」[36] というところに焦点をあてている（第5章も参照）。

さらに、ヨーロッパの社会学者らがごく最近になって発展させてきた「社会の質」という概念にも並行性を見ることができる。これは、「社会の質、社会関係の質」[37] を評価する手段として考え出されたものである。しかし社会の質というレンズを通してケイパビリティの制約を見ることは、ポジティブなものに焦点をあてるという長所がある一方で、貧困の定義としての弱さも浮かび上がらせる。社会の質とは「人々が、自らのウェルビーイングと個人の可能性を高めるような条件下で、コミュニティの社会的、経済的、文化的生活に参加できる度合い」[38]と定義される。たしかに貧困は「社会の質という概念にとっての中心」であり、その削減は社会の質の指針となるだろうが、社会の質を下げる条件は数多くある。貧困はそのひとつに過ぎず、したがってそれだけでは評価の尺度とはならない。[39]さらにいえば、ウェルビーイングの逆であるイルビーイングは、貧困に付随する場合もあれば、そうでない場合もあるのである。[40]

貧困をケイパビリティの制約として定義することの問題は、含みを持った幅広い概念（ケイパビリティやQOL、ウェルビーイング、社会の質）を、一面だけを捉えた従来の概念、具体的には貧困であるかどうかと実質的に同じものにしてしまうことである。この両者を同義語として扱ってしまうと、従来的理解としての貧困が、それ以外の状態、すなわちケイパビリティやウェルビーイングや社会の質を損なっている状態から区別できなくなる。あるいは、原因と結果を明確にできなくなる。セン自身も認めているように「ケイパビリティから貧困を見るという視点は低所得が明らかに」貧困の主な要因であるとする「良識ある見方を否定しようというものではまったくない。すなわち所得の欠如は、その人物のケイパビリティ剝奪の第一の理由となりうる」[41]のである。そこでまたセンは、ケイパビリティに影響するのは低所得だけではないことも明確に述べている。そこで生じる問題は、低所得と無関係なケイパビリティ剝奪の状況を貧困と表現していいのかということである。たとえば富裕な人物が重篤な病によって、〈なにかである、なにかをする〉という能力を制限されているとき、その状態を貧困と呼ぶのは混乱を招くだろう。

これを回避するひとつの方法は、互いに関連する考えである「ケイパビリティ」と「所得から見た貧困」とを区別することである。すなわち「ケイパビリティの不足としての貧困」と「所得の低さとしての貧困」とを分けて考えることであり、セン自身も折に触れてこの区別を用いている。[42]同様に国連開発計画（UNDP）[43]も、ケイパビリティを基礎とした「人」の貧困を「所得」の貧困と区別している。しかしこうした対応は、まだ貧困という用語の弾力的運用を含んでいて、物質的資源の欠如が無関係な状況も「貧困」に入れてしまいかねない。したがってむしろ「ケイパビリティの剝奪」について語る方が筋が通る。セン自身、しばしばそのようにしている。[44]これなら「貧困」という語は、上述したような焦点をしぼった意味を保持することができる。同様の流れで、ヒックは「剝奪」はケイパビリティを考慮することで定義できるものであり、「貧困は資源の欠落をその中心においた狭い意味で用いられるべきだ」と示唆している。[45]この考えはウルフらの達した結論と共鳴する。その「貧困の哲学的論考」には、「貧困をケイパビリティの剝奪として再定義しようとするよりも、貧困という用語を資源に関する剝奪にとどめておいて、ただし剝奪にはさまざまあってそのひとつのありうる形態が貧困であると受け止めるのがより明瞭なアプローチであろう」とある。[46]

所得は、たしかにセンの指摘するとおり、目的ではなく手段なのだが、貨幣（およびその欠如）の象徴的、現実的な重要性は過小評価するべきではない。商品経済の社会、賃金に基づく社会では、所得や富、貯蓄はすなわち貨幣である。カール・マルクスが理解していたように、貨幣は道具ではあるが、それが与える権力と不可分でもある。「私は［貨幣を］普遍的な社会的権力として、ポケットに入れて持ち歩くことができる。……貨幣は社会的権力を物として私人の手のなかに入れる。それを手にした人物は当然、この権力を行使する」[47]のである。

貧困を定義する際に所得を軽視することの危うさのひとつは、貧困当事者の所得を上昇させる政策に反対する立場を正当化するのに利用されるという点である。たとえば、ケイパビリティのアプローチでは「公共政策の焦点を、貨幣面での不平等の削減からケイパビリティの不平等の削減へと変更することが求められる」[48]といった主張がなされている。セン本人が同意するかどうかはともかく、ケイパビリティの解釈としてはありうる。けれど、貧困対策にはそれでも所得と資源の平等な分配が大切だと考える側にとって、これは要注意だ。「ケイパビリティの剥奪」という考えは、貧困の概念化にとっては大きな価値のあるものだが、これは従来の、資源に基づく定義に取って代わるべきものではなく、それを補完するべきものなのである。

さらにいえば、本当に大切なのは、ケイパビリティのアプローチを、個人のエイジェンシーから目をそらさず、広範な構造分析の枠内にしっかりと位置づけることである（第3章、第5章参照）。そうしてこそ、「口あたりのよい新古典主義経済学に根ざした個人主義の導入」[49]だというタウンゼンドの手厳しい批判にも耐えることができる。ケイパビリティにしてもファンクショニングにしても、けっして恣意的なものではなく、当事者の構造的な位置によって形成されるものだし、さまざまな福祉制度や当事者の属性によって決まるものでもある。[50]これらは、物質的資源をファンクショニングに転換する能力にも影響する。こうしてケイパビリティの枠組みは、個人が直面する構造的な制約と機会とを組み込んだものとなる。[51]市場の不平等それ自体に対処するものではないとしても、それを反映するのである。

ここまでは、センのケイパビリティのアプローチによっていかに貧困の理解が向上するか、しかし他方、これがなぜ貧困の定義とならないのか、なぜ注意して用いる必要があるのかについて説明してきた。センの研究については次節でもう一度、「絶対的」貧困と「相対的」貧困の区別という文脈において、立ち返ることになる。

## 絶対的／相対的の二分法を超えて

### 「絶対的」貧困と「相対的」貧困

この区別は戦後一貫して、貧困をどう定義するかという議論の中心にあった。一九世紀末から二〇世紀初めにかけて、近代貧困研究の草分けであるチャールズ・ブースとシーボーム・ラウントリーが用いていた定義では、貧困は基本的な身体的ニーズを満たすのに十分な貨幣の欠如として理解されており、その意味では「絶対的」定義だったと考えられる。もっとも基本的な部分では、絶対的貧困は生存（survival）の問題として定義される。もう少し広くなると〈最低限度（subsistence）〉をさすようになる。これは生産（賃労働）と再生産（子どもの出産と養育）に必要な標準的な身体能力の維持から決まる。こうした定義の中心は栄養の摂取である。「絶対的基準は貧困者の現実の必要を参照して定められるものであって、貧しくない人々の支出を参照するのではない。食べていけないのなら、その家族は貧困なのである」。[52]

このことばが言外に示しているのは、これに代わる「相対的」定義の拒絶である。相対的定義というのはタウンゼンドにより発展させられたもので、記念碑的著作となった「イギリスにおける貧困」[53]で十全に明確化されている。タウンゼンドは絶対的貧困の基準の基礎となる最低限度の必要という狭い考え方を、社会的な背景から切り離されたものであると批判した。そしてタウンゼンドによるそれに代わる相対的な貧困の定義は、次のようになる。

個人、家族、諸集団は、その所属する社会で慣習になっている、あるいは少なくとも広く奨励または是認されている種類の食事をとったり、社会的諸活動に参加したり、あるいは生活の必要諸条件や快適さを持ったりするために必要な資源を欠いているとき、全人口のなかでは貧困の状態にあるとされるのである。貧困な人々の資源は、平均的な個人や家族が自由にできる資源に比べてきわめて劣っているために、通常社会で当然とみなされている生活様式や諸活動から事実上締め出されているのである。[54]

ヨーロッパ連合（EU）による定義も、ニュアンスでは同様だ。「所得や資源が十分でなく、自らの生活する社会において是認できる水準と考えられている生活を送ることから排除されるならば、その人は貧困下に生活しているとする。（中略）他の人々にとって標準である（経済、社会、文化的）活動への参加から排除され、周縁化されることが多く、基本的諸権利へのアクセスが制限される」[55]〔補記2〕。この「相対的剝奪」の概念の中心にあるのは〈参加〉という側面なのだが、それはタウンゼンドの貧困定義の基礎になっているものでもある。相対的剝奪が生じるのは、人が「社会の一員であることによって期待されている役割を果たし、社会関係に参加し、慣習的行動に従うことが可能になるような生活状態、すなわち食事、利便性、普及品、サービスなどを、まったくないし十分に得られない」場合である。[56]

したがって相対的剝奪は、多側面にわたる概念であり、それは「生活の各領域のほぼすべて」[57]を含む。相対的剝奪が物質的資源の欠如によって生じる場合には、その人は貧困状態にあるといえる。所得と生活水準との関係についてのこれまでの議論とも一致するが、タウンゼンドも、剝奪と貧困の区別が必要であることを強調している。すなわち、剝奪は「当事者が経験する状態ないし活動の水準による」のであり、貧困は「所得および直接入手可能なその他の資源による」[58]ものだとしている。また、タウンゼンドは「物質的」剝奪と「社会的」剝奪との間にも線を引いている。前者は物質的な商品や利便性を、後者は「一般的な社会的習慣、活動、関係」を意味するとしている。[59]とはいえ、実務的にはこのふたつは相互に関連している。データセットや統計技法を動員することができるようになった現代の分析では、「［イギリスの］下位三〇パーセントの貧困層は、基本的な必需品と社会活動への参加のどちらかを選ばねばならない」[60]。こういった分析は、タウンゼンドの時代には利用できなかったわけだ。さらにタウンゼンドは、用語の用法の違いも明らかにする。すなわち、「客観的な」「他者と比較しての剝奪という状態」を意味する使い方と、W・G・ランシマンが展開させた「主観的な」「他者と比較しての剝奪という感覚」を意味する使い方とを区別している。[61]

相対的貧困や相対的剝奪の概念とつながる「相対的」という考え方には、さまざまな意味が含まれているため、いったん内容を総点検しなければならない。大まかにいって、これはふたつの、相互に関連したカテゴリーに分けられる、第一は貧困が存在しているかどうかを判断する際の比較の本質に関するもの、第二はヒューマン・ニーズの本質に関するものである。ひとつずつ見ていこう。相対的貧困における比較の要点は、ある人が相対的貧困の状態にあるかどうかの判断が同じ社会で歴史上の同じ時点に暮らしている人々との関係においてのみ可能である、という考えにある。これはさらに、歴史的、国際的、国内的という三要素に分解できる。たとえば、一九三〇年代のイギリスの恐るべき苦難をくぐり抜けた人々の間では、もはや「本当の」貧困は存在しないというのが共通認識である。しかしこうした比較は、相対的なものとして貧困を理解する視点からは見当外れとなる。二一世紀初頭にまともな暮らしをするために必要なものについて、なにも語っていないからだ。しかしこの短いタイムスパンの間にも、全般的な生活水準は一貫して向上を続け、急速なテクノロジーの変化が起こってきた。我々は「そのペースについてこられない人々に対してなにをしているのかを考えることなく、大多数の生活水準の向上を推し進めるなかで、つねに新たな形態での貧困を大量生産している」[62]のである。高価な暖房器具や気軽に行けないスーパーマーケットといったものから、パーソナルコンピュータ、タブレット、スマートフォンのような新たなテクノロジーの普及にまで、その実例は及んでいる。[63]とくにインターネットへのアクセスはCOVID-19のパンデミック中は就学期の子どもたちにとってことさらに重要なことが明らかになった。したがって、イギリスの中道右派シンクタンクである経済問題研究所のパンフレットも、「豊かさの水準が上昇するなかで、社会的に意味あるものであり続けるためには貧困の基準を上方に調整する必要がある」と認めているのである。[64] このことは、貧困の傾向をモニターする際に用いる測定基準にも影響している（第2章参照）。

もうひとつ例を挙げよう。〈北〉の豊かな国々で貧困が広がっているという主張に対してよく見られる反論として、〈南〉の多くの人々が経験している深刻な貧困の指摘がある。この比較も、前者のような国に暮らし、豊かな消費社会が要求することや期待すること、生活コストと直面している人々にとっての貧困がどのようなものかを理解するうえでは、役には立たない。しかしながら、この反論は、〈南〉と〈北〉の間のグローバルな比較という、広範な疑問を投げかけることはしてくれる。グローバリゼーションの進んだ世界では、貿易システム、電気通信、文化的ネットワーク、民族の拡散などを通じて、各国がこれまでになく緊密に結びついている。そういう世界では「国内の資源に対するニーズの相対性と同様に世界の資源に対するニーズの相対性をも受け入れる必要性」がますます高まっていくだろう。[65] このことは、〈南〉での貧困問題を、グローバルな不平等という文脈にしっかりと位置づけるものである。

貧困について相対的といったときの「比較」について、もうひとつ挙げるなら、それは貧困を社会の内部での不平等という文脈に位置づけることだろう。比較という行為は、集団間に存在しうる物質的資源の不平等に光をあてる。これは、比較される集団がたとえば所得の高低で分けられる場合、男女で分けられる場合、民族的なマイノリティ集団に対する場合でも、必ずそうなるはずだ。しかしそのことで相対的貧困と不平等が同義になるわけではない。ときにそういう主張がなされる場合があって、実際、このふたつは「相互に補強しあっている」し、「人間の尊厳を脅かすものとして（中略）不可分につながっている」[66]のではあるが、それでも同義ではない。不平等は、集団間の比較にのみ関係するものである。一方の相対的貧困は、そうした比較のうえに、一定のニーズを満たす能力の欠如という考え方を加える。社会への参加を含めて幅広く定義されるものである。[67]したがって、ある社会が非常に不平等だが貧困ではないということも、あまり現実的ではないものの論理的には考えられることになる。成員のすべてが、その社会に十全に参加するのに必要な資源を持てているとすればだが。

### ニーズを理解する

相対的貧困という考え方には上記のようにさまざまな比較の次元があるが、その根底にあるのはヒューマン・ニーズに関するある特定の理解である。ある人が人間としての十全な生活に必要とみなされる価値の認められた特定の最終的な状態を達成するために必要な物質資源を欠いているとき、貧困が発生する。[68]その必要をどのように理解するかは、絶対的貧困と相対的貧困という二分法にとっても、またそうした二分法を超えた議論の進め方にとっても、非常に重要である。

ヒューマン・ニーズについての有用な定義をジョン・ファイト＝ウィルソンが社会的ニーズ、心理的ニーズに力点をおいて次のように記している。

自身の所属する特定の社会において全面的に自立し、全面的に社会参加している成人が、生産、維持、再生産を継続的に達成するのに必要となる無形および物質的な資源のすべてである。（中略）物質的資源は身体・生理を支えうるものであるが、人間としての体験のためには、あらゆる範囲の社会的、心理的資源が必要となる。[69]

別のところでも、ファイト＝ウィルソンはこうした資源の適切さについて、「尊厳を獲得・維持し、自身の社会において尊重され認められるだけの役割を果たせることという視点から」[70]定義している。社会参加を通じての社会的ニーズを果たすことができないことからくる恥辱の痛みが経験されることは、多くの社会で広範に観測されてきた。[71]ゆえにヒューマン・ニーズは、序章で論じた貧困の車輪の、物質的な中心部と関係的／象徴的な周縁部の両方に位置づけられるものである（図0－2参照）。近年、ヒューマン・ニーズの理論を社会政策に組み込むことの重要性が認識されてきている。[72]貧困の定義との関連で鍵となる問題は、ニーズが「客観的な事実」として認定可能なのか、あるいは「社会的な構築物」として、すなわち解釈とラベリングの（論争の）プロセスから生まれるものとして理解されねばならないのか、ということである。[73]これに関連するものとして以下で論じるのは、人類として共通の「普遍的」なニーズが存在するのか、それともあらゆるニーズは社会的、歴史的、文化的な背景によって条件づけられるものなのかという問題である。

ニーズの本質に関して詳述した著作[74]を見ると、タウンゼンドは明らかに後者の陣営に位置づけられる。人間は身体的存在であるとともに社会的存在でもあるのであって、生理的な要件に加えて、広い社会的期待と責任、さらには法の要求することなどがニーズに反映する。イギリスでの調査から、一般の人々もニーズが相対的であるとの理解に同意していることがうかがえる。二〇一二年の「イギリス・貧困および社会的排除に関する調査（PSE-UK調査）」では、回答者の一〇分の七以上が、基本的な栄養、衣服、住居に直結する項目に加えて、洗濯機や電話といった物品のほか、特別な機会での祝い事や趣味ないし娯楽などを必需品の定義として挙げている。こうしたものと比べて「贅沢」な家庭用コンピュータなどの物品を必需品と考える回答者は比較的少数だった。とはいえ、一九九〇年の同様の調査と比べればはっきりと割合が増えていたし、三分の二はコンピュータとインターネットが子どもたちの家庭学習に必要であると考えていた。これらが本質的に必需品であることは、COVID-19のパンデミックによる学校休業中に白日のもとにさらされた。低所得世帯の子どもたちの多くが教育のうえで大きな遅れをとったのだ。一九八三年の第一回調査以来の大きな流れでいえば「現代の生活に必要不可欠」と考えられる項目は一貫して増加しているのだが、興味深いことに一九九九年調査と「経済状況がより厳しい二〇一二年の調査の間で見ると、この増加傾向は頭打ちになっていて、むしろ一定の範囲の項目では『そうは思わない』という解答が増えている。とくに目立つのは、社会活動、余暇活動に関する項目である」[75]。EUおよび域外での同様の調査でも程度はさまざまではあるが、「一般には相対的な見方の方が支持されていることが示されている」[76]。

その一方、北アイルランドでの家族と貧困の研究では、「絶対的」ニーズと「相対的」ニーズが現実には「ぼやけている」ようすに光が当てられている。「子どもの社会的活動に対する支出がよい例となる。低所得家庭の親は、気持ちのうえで大きなジレンマに直面する。必要不可欠ではないからとその優先順位を下げるべきなのか、その一方で子どもの成長と発達のためにそれが必要な時代だとも感じて、気持ちが引き裂かれているわけだ」。[77] 同様の思慮はインターネットやテレビ受信契約にもあって、インターネットは子どもたちの学校の課題に重要だと考えられるし、テレビは家族団らんの要となる。こういったジレンマは「道徳判断と法律遵守の観点から消費の選択」[78]を問われたときに、さらに深刻なものとなる。

タウンゼンドの主張のもうひとつの要素は、栄養のような生理的な必要も、社会的、歴史的、文化的な文脈と不可分だということである。

食べるものの量と費用は、生産・流通を通じてどんな食料品が社会的に入手可能なのかということにだけでなく、人々が果たす社会的役割や観察される食習慣に依存している。要するに、社会のあらゆる食糧は「社会化」されているのである。(中略) ある社会において最低限度の食生活のニーズを満たすコストの明細は、どんな場合でも必ず問題をはらんだものにしかならない。それは、人が必要とする社会的役割、〈参加〉による関係性、慣習のすべてを満たすコストの明細と同様である。[79]

ニーズは物質的なものであると同様に心理的なものでもある。[80] このことは、「食糧貧困」や「食糧の不安定」に関する最近の研究でも描き出されている。工業化された先進国内では、これらの問題がどんどん一般化しており、それに伴ってフードバンクも拡大を続けている。[81] これら研究によれば、人々が消費するのは「単なる栄養ではなく食糧」であり、[82] その食糧とはすなわち「社会的に埋め込まれた食文化」のなかに存在する。[83]「食糧とは、ある人物が何者で、その人にどれだけの価値があり、基本的ニーズに対する供給能力はどれだけであるのかの表現である」と、エリザベス・ダウラーとスージー・レザーは主張する。食糧は「アイデンティティを表現する手段のひとつであり、帰属意識の中心」でもある。[84] 安い食糧を買うために（たいていは高くて品揃えのよくない地元店を）あちこち回ること、とくに子どもがいる場合に従来の食事パターンを維持しようとすること、ミスやムダの余裕がないのに家族に拒否されるかもしれない新しい料理を試すリスク、社会活動としての食事を楽しむことができないこと、これらのことはどれも、貧困下の人々にとって、食糧が生理的なニーズであるとともに、社会的なニーズをも意味しているという実例である。[85]

タウンゼンド自身が脚註で認めているように、ニーズの概念化は以前からあったものだ。しかし、その含意が十分に明確化されてこなかったというのがタウンゼンドの主張だ。実際に彼は、（現代の多くの学者と並べて）一八世紀後半の経済学者、アダム・スミスの著作から引用している。

私が必需品というのは、ただ生活を維持するために必要不可欠な商品ばかりではなく、その国の慣習上、最下層の人々でさえ、それなしには信用のおける人として見苦しくなってしまうような、あらゆるものをいう。たとえば亜麻布のシャツは、厳密にいえば生活必需品ではない。（中略）ところが現代となると……信用のおけるほどの日雇労働者なら、亜麻布のシャツを着ないで人前に出ることを恥じるであろう。[86]

もうひとつの例としてスミスが挙げているのは、革の靴である。もしスミスが現代に生きていたら、代わりに有名デザイナーによるスニーカーと書くかもしれない。とくに「信用のおけるほどの」若者の場合にはそうであろう。しかしながら、探求型研究によれば、イギリスの人々の相対主義は、貧困の指標としてデザイナーブランドのスニーカーが買えないことまでは含めない傾向があるようだ。貧困下にある人々は、他者からの判断と必需品は違うと見ていることを示唆しているのかもしれない。[87] ニーズの社会的、文化的環境は、現代消費社会の文脈ではさらに明白となる。文化的な視点からいえば、消費は相対的剝奪が顕在化する場所であるだけでなく、アイデンティティを示すものでもある。人が持ち物によって判断される傾向が強まれば、やがて「貧困者は……〈欠陥のある消費者〉という新たな型枠にはめられる」。[88] テレビコマーシャルを通じて子どもや若者に向けられることがよくある商業的な圧力は、「取得という共通文化」を助長する。そのことによって、貧しい親が子どものニーズを満たすことがはなはだしく困難になる。[89] 品物そのものよりもブランドとラベルが大切だとなれば、衣服や靴のもっとも基本的ニーズを満たすことすら、安価では達成できなくなる。どんな品物を買えるかだけではなく、その質が問題になる（たとえば、新品か中古か、ブランド品かプライベートブランドものかなど）し、さらにどこで買ったかまで問題になる（たとえば有名店で買ったのか、フリーマケットで買ったのかなど）。低所得世帯を対象としたイギリスの研究で明らかになった「安い〈プライベートブランド〉商品を買わなければならなかったこと……によるスティグマ」に対する「憤り」は、「社会的なアイデンティティが支出内容によって決まるようになってきている」という観察結果につながる。[90]「スティグマ付与の社会的影響を避け」ようとして、「顕示的消費」が用いられることもある。「子どもたちに〈正しい〉ブランドへのアクセス」を確保することがその手段となる。[91] それでも、この回避戦略そのものが「さらなるスティグマ付与に油を注ぐ」[92] ばかりでなく、失敗は子どもたちや若者の間での恥辱、屈辱、いじめ、無視へとつながる（第3章、第4章参照）。

ジョック・ヤングは「文化的包摂」と「構造的排除」という分断化のプロセスについて述べている。大衆文化の楽しみが、それを享受する手段を持たない人々の目の前にぶら下がっているわけだ。[93] これがもっとも顕著なのは〈北〉の豊かな先進国だが、グローバリゼーションによって、このプロセスは、もはやそうした社会だけのものではなくなっている。マーシャル・ウォルフが述べているように、「いまは世界中の人々が、多様な、変化してやまない消費規範についてさまざまなメッセージにさらされている」ために、もっとも極端な形態の貧困にまでも「消費文化のさまざまな要因が、まったく似つかわしくない方法で浸透しつつある」のである。[94]

## ラウントリーの読み直しと絶対的貧困という考え方が含意すること

もっとも基本的な生理的なニーズでさえも社会的に条件づけられているという理解が意味するのは、絶対的貧困という従来の考え方がくずれているということだ。[95] 従来、ブースやラウントトリーが絶対的な〈最低限度〉による貧困の定義を確立し、そこへ相対的アプローチによってタウンゼンドが異を唱えたと考えられてきたが、その後多くの学者が、そうした伝統的な見方を疑問視するようになってきた。言い換えれば、二〇世紀後半に絶対的貧困から相対的貧困へという思考のパラダイムシフトが起こったという標準的な説明は、神話だったということである。これは先駆者たちを読み誤ったことによる。

ラウントリーは貧困の研究に多大な影響を及ぼした。その影響は、現在でも感じることができる。[96]もっとも細密なラウントリー再読を見ることができるのは、ファイト＝ウィルソンの「貧困のパラダイム——ラウントリーの復権」[97]である（ただし、彼の論文のさまざまな要素は、J・C・キンケイドの研究にすでに現れている）。[98]ファイト＝ウィルソンは、ラウントリーが「一次的貧困」と「二次的貧困」を区別したことと、「一次的貧困」を評価するのに「身体的な働きにだけ」基礎をおく〈最低限度〉という基準を用いたことが、広範に誤解されたのだと主張する。ラウントリー自身は、なにも〈最低限度〉の「一次的貧困」に暮らす人々だけを貧困だと考えていたわけではない。しかし彼は、この基準を道具として活用することで、広く社会に訴えたかったのである。貧困下の人々の多くが社会的な必要はおろか、基本的な身体的必要すら満たせていない、したがって一般に考えられているのとは違って「貧困者の生活様式は、少なくとも一部分については、浪費ではなく低所得に起因しているのである」[99]と。

ラウントリーは後年の著作で「なぜ貧しい人々は、不十分な所得を食糧ではなく社会的な余暇にまわすのか」という問いに答えている。そこには、基本的なニーズは社会的なものであって身体的なものだけではないという、ラウントリーの理解が表れている。

それに対する説明は、労働者はより金銭に恵まれた人々と同じ人間だということである。彼らは「栄養基準」で生きるのではない。私たち一般人と同じように、娯楽やリクリエーションを必要とする。しかし（中略）そうしたものを手に入れるには、なにかを削らねばならない。削れるものは、身体の健康に必要不可欠なものしかない。だから削るのである。[100]

ラウントリーが現代に生きていたとしたら、メアリ・デイリーとグレース・ケリーの著作にある「道徳経済（moral economy）」に興味を持ったかもしれない。すでに本書で触れたことではあるが、彼らの研究では無視できない「漏れ」が「絶対的」ニーズと「相対的」ニーズの間にある。というのも、「親は子どもたちのために余暇活動の機会を与え、つくりだそうとがんばるものだし、「ごほうび」を与え、価値のあるものを買ってやろうと力を尽くす。たとえそのことによってより必要不可欠な支出が圧迫されようとも、世間から非難を浴びるリスクがあろうと、そうするのだ」。[101] スカンディナヴィアの研究で浮かび上がるのは、同様に、低所得の親が直面する道徳的なジレンマだ。こういった親は、「子どもたちに体験や楽しさを与えようと」気をもむ。[102] リンダ・ティラードは、自身の経験から、「ちょっとした喜びの一切ない荒涼とした生活を送るなんて意味がない」と感じたようすを説明している。[103]

さらにいえば、ラウントリーが「一次的貧困」の評価に使った〈最低限度〉という基準からして、必需品のリストに紅茶を含んでいた。栄養価はないが、イギリスでは社会的、心理的に重要なものだからである。[104] タウンゼンド自身が、紅茶を例に挙げて、必需品とされる品目が身体的ニーズよりも社会的、心理的ニーズから出てくることを強調している。[105] ラウントリーは、後年になって自身の商品リストを修正しているが、これは社会規範の変化と生活水準の上昇を認めてのことである。それより前にはブースも同様に、慣習的な生活水準との関係で貧困を定義していた。ゆえに、たしかにラウントリーもブースも、タウンゼンドが詳述したような細密で複雑な相対的貧困の考え方を展開したわけではないが、タウンゼンドがふたりの業績を覆したというよりは、むしろ彼らの業績の上にタウンゼンドが自らの理論を築き上げたとする方が、ずっと正確なのである。

## 絶対性と相対性の和解

貧困の絶対的定義と思われているものにも相対的な要素が含まれていることを見たので、次は、絶対的／相対的という二分法に異を唱えるもうひとつの論拠に移っていこう。ポイントは、絶対的貧困の否定ではなく、相対的貧困との関係の再定式化にある。対立する定義として両者を見る代わりに、ひとつの枠組みに統合するのである。そうした枠組みならば、豊かな国にも貧しい国にも適用できるはずである。ここでとくに重要となるのは、先に検討したセンの研究であり、その研究の影響力のある応用として、レン・ドイヨルとイアン・ゴフによるヒューマン・ニーズの理論である。[106]

### ✝ センと「絶対的中核」

純粋に相対的な立場からの貧困の定義には、ひとつの批判がある。「大多数の人々が適切な生活のための資源を十分に持っていない国にこれを適用したら、（世界的な文脈でいえばそうでないにもかかわらず）、その国の最底辺の人々しか貧困者に分類されなくなる。したがってその定義だけでは、〈南〉で経験されている貧困の大部分について本質を捉えきれない」というものだ。センの貢献は、このジレンマに対して「絶対的貧困と相対的貧困という考え方を和解させる」[107]方法を示してきたことだ。議論を呼んだ論文でセンは、相対的貧困という考え方は、絶対的貧困に取って代わるものではなく、むしろこれを拡大させるものであると主張した。そして「貧困という考え方には還元不能な絶対的中核」があり、そのもっとも顕著な現れが飢餓と栄養失調であると力説したのである。[108]この絶対的中核は、ケイパビリティについて考えるときに有効であるが、しばしば「商品について考える場合には相対的な形態」をとる。[109]言い換えれば、人が〈なにかである・なにかができる〉ことは普遍的な絶対性の問題だが、その可能性を実際に〈なにかである・なにかをする〉というかたちに移すのに必要な財は、相対性の世界にあるということである。なぜなら人が〈なにかである、なにかをする〉ために必要となるものは、文化的、歴史的背景によって違ってくるからである。

センはアダム・スミスの労働者の例を挙げて、相対的貧困の本質を示した。たしかにセンは、亜麻布のシャツという「商品」の視点からは、貧困が相対的な形態を取ることを認めている。慣習からの要求や他者の状態との比較がまとわりついてくるのだ。しかし、「ケイパビリティ」の視点からは、恥辱の回避という絶対的な要求があることを強調する。これは「みんなが同じくらい恥ずかしいから、いいとかいう問題ではなく、とにかく恥ずかしいのはごめんだという、絶対的なもの」[110]である。ファンクショニングの概念を導入するのに続けて、センはこの議論の相対主義的な面を詳細に述べていく。すなわち、人前に出ても恥ずかしくないというファンクショニングを獲得するのに必要な商品を買うのに要する金額は、国の富によって違ってくるのである。[111]そしてセンは、全体として次のように結論づける。

ピーター・タウンゼンドのいう「徹底した相対性」を商品および資源に適用するものとして解釈するならば、その考え方と（ケイパビリティと生活水準に連なる）貧困の概念における還元不能な絶対主義的要素との間に対立はない。……タウンゼンドが「コミュニティの活動に参加する」ことを可能にするために必要な資源を見積もっているのは、実際には、同じ絶対的なニーズを満たすのに必要なさまざまな資源の要件を見積もっているのである。[112]

タウンゼンドはこれに同意せず議論は続いたが、[113]この論争は一般には、労多く実りは少なかったと見られている。ときにすれ違いの議論と思えることもあった。問題の一因は、ふたりが「絶対的」「相対的」という用語に違った意味を与えたことにある。たとえばタウンゼンドがセンに対し、貧困について所用栄養量が主要部分を占める〈最低限度〉の狭い概念にこだわっていると批判すると、センは、自分の「絶対的」という用語の使い方は従来の〈最低限度〉という意味とは違うと明言するわけだ。これは〈なにかである、なにかをする〉ための基本的な機会が決定的に欠如していることで、他者との比較とは無関係だとしたのである。

「絶対性」を見分けるときの特徴は、時間のうえでの恒常性でもなければ異なる社会間での不変性でもない。あるいは単なる食糧や栄養への特化でもない。それはある人物の剥奪を絶対的な視点から判断するアプローチなのであって……その社会の他者が享受している水準と比較して判断する純粋に相対的な視点からのものではない。[114]

もしふたりが「相対的」の異なった意味を（一方はさまざまな種類の比較に関するものとして、他方は社会的に構築されるニーズの理解として）区別し、明確にしておけば、誤解による議論は避けられたかもしれない。現実には、センは極端な相対主義的アプローチに反対する論をもっぱら展開した。そういったアプローチが比較を用いることで貧困と不平等を混同している、そのアプローチそのものが両者を混同していると主張したのである（もっともタウンゼンド自身は、実際には両者を注意深く区別していた）。[115]センは、タウンゼンドが「絶対的なニーズという考えを容認できない」と[116]主張している点が誤りだと力説した。ただしセンは、ニーズの社会的な本質についてのタウンゼンドの見方に、ついでのように同意している。しかし、ニーズについてのこの考え方こそがタウンゼンド自身の議論の核であるわけだ。とりわけ先に見たような、もっとも基本的な身体的ニーズでさえ社会的に決定されるという見方は重要である。だが、これがタウンゼンドが「絶対的中核」という考えを拒絶してしまう決定的要因になる。よって、タウンゼンドは問いかける。「栄養面での必要条件は、人が果たす仕事の分担によって、それも歴史上の時点によって、また文化によって変わってくるのではないだろうか」、「『住居』がなにを指すのかは、気候や温度だけでなく、社会が住居をなんのためのものだと考えるかにも関係しているのではないだろうか」。[117]

### ✝ドイヨルとゴフによるヒューマン・ニーズ理論への反映

ここで、袋小路から抜ける道を提供してくれるのが、ドイヨルとゴフのヒューマン・ニーズ理論である。貧困そのものの理論ではないのだが、ドイヨルとゴフはヒューマン・ニーズについての普遍的な理解を明確化している。ヒューマン・ニーズは社会的、文化的、歴史的な文脈に敏感に反応するものであり、センによるケイパビリティの枠組みを継承し強化するものである。[118] ふたりは「社会的生活における〈参加〉……がうまくいく普遍的な前提条件」[119]として基本的なヒューマン・ニーズの普遍的な概念化を提唱している。そうした前提条件としては、社会参加に十分な「肉体的健康」、および「エイジェンシーの自律性」すなわち「なにをするべきか、およびそれにどのように取りかかるかについて、情報に基づいた選択をする能力」である。[120]

こうした前提的なニーズは、センのいうケイパビリティとファンクショニングに近い。ただし、センが必要条件としている〈恥辱の回避〉は含んでいない。ドイヨルとゴフは、どのような文化でも個人が社会に実質的に参加して価値の認められた目標を達成するために必ずなんらかの前提条件が必要となるがゆえに、それは普遍的なものであると主張する。しかしこれでは一般的すぎて、社会政策の指針としてはあまり役に立たない。そうした基本的ニーズを満たすためになにが必要なのかを示す役に立たないのだ。そこでふたりは、新たに「中間的」ニーズという層を加える。これは「場所を問わず肉体的健康を改善し、自律を促進するのに寄与するもので、性格としてはニーズの充足方法である」[121]と定義される。たとえば、適切な栄養のある食糧および水、適切に身を守れる住居、経済的安全、基本的な教育などがその例だ。こうした中間的ニーズは「普遍的である基本的ニーズと社会的に相対的である充足方法との間の架け橋」[122]になる。この「社会的に相対的である充足方法」とは、すなわち現実の商品であり、それを通してニーズが満たされる。これが時と場所によって違ってくることは明らかだ。ひとつの社会でも、集団間で違いが出てくるだろう。急速に多様化が進む社会においてこれがとくに重要だという事実は、相対的剝奪の概念化において、これまで適切に取り組まれてこなかったという指摘がある。[123]従来の研究では、共通の文化規範を持った、差違のない社会が前提とされていたというのである。そうであるにしても、ＰＳＥ調査によれば、「最低限の生活水準を構成する」ものについては「社会集団、所得階層、ジェンダー、教育水準、民族集団において強い一致が見られる」ことが明らかになっている。[124]

センの枠組みのなかでは中間的ニーズが、ケイパビリティの空間の絶対的中核をさまざまな商品と結びつける。そしてそれら商品を通じてケイパビリティが特定の相対的な文脈のなかで現実に〈なにかをする・なにかである〉こと（ファンクショニング）へと変換される。ドイヨルとゴフのような層構造でのニーズの概念化は、絶対的中核とタウンゼンドの相対主義は和解可能だとするセンの主張にとって、とにもかくにも後ろ盾となるものだ。実際にタウンゼンド本人も、自身が成立に努めた貧困に関する公的な国際的声明で、のちにこれを容認しているように思える。すなわち「絶対的ないし基本的な物質的・社会的なニーズは、どの社会においても同じである。ただその満たし方は制度、文化、場所によって違ったものにならざるをえない」と発言しているのである。[125]

イギリスにおける極度の貧困の研究で指摘されているのは、物質面で「絶対的（基本的）」ニーズを満たす能力の欠如が、貧困の「スペクトラム」において「極端な周縁部」に位置することである。[126]この研究では、極度の貧困を「食、防寒、防湿、清潔さを保つためにだれもが必要とする絶対的必需品を買う」能力がないことであり、「人々が基本的な生理機能のための中核的物質的ニーズを自らの資源によって満たすことができない所得水準」と定義している。[127]キャサリン・エディンとH・ルーク・シェイファーによる、アメリカ合衆国における「現金をまったく持っていないことが多い……最貧困層」の研究は、そうした極度の貧困を鮮やかに描き出している。[128]国際ATDカールモンド運動の創設者であるジョセフ・ウレシンスキー以後、「極貧」ということばは国際的な文脈で使われることが多い。しかし、それは〈南〉に限定されるものではない。さらに、「貧困の心理社会的経験」は、程度はともかく、貧困スペクトラムの全域で類似しているのだ。[129]

## 社会的排除

貧困のスペクトラムにおける「極端な周縁部」を特定するためには、社会的排除の概念〔補記3〕もまた、いくつかの政策提言において用いられてきた。しかし、他方、社会的排除は程度や深さというより、質的差異を表している。すなわち、「一般社会との関係の断絶」あるいは「破滅的不連続」[130]である。社会的排除の意味と貧困との関係についての多くの異なった意見があるわけだが、これもその一例だ。特定の集団、状態、過程を描写する新しい経験的現象として社会的排除を書く人もいれば、概念や政治的言説のレベルで理解した方がよいと主張する人もいる。政治的な言説としては、社会的排除ということばはフランスで生まれ、一九八〇年代後半に欧州委員会（EC）で採用された。これは、一部の加盟国政府が「貧困」ということばの使用に難色を示したことに対応するためでもあった。[131]この概念は加盟各国に取り入れられたが、そこにどれほどの意義を見出していたかは国ごとに異なっていた。オーストラリアも社会的排除の概念を取り入れた国のひとつであったが、スコットランドと同様に、あるいは後にECの方向性がそうなったのと同様に、社会的排除よりはソーシャル・インクルージョンを強調する形になった。[132]社会的排除の概念がイギリスで強く押し出されたのは「ニューレイバー」の時代である。[133]

社会的排除は、学術的な概念として疑わしいとまでいわれている。ヒックは、これを「マイナス面を暗に示しながらもけっしてこれというはっきりした意味を持たせない空虚な修辞的装置」と断じている。[134]たしかに、この概念の柔軟性と曖昧さは、分析の明瞭さよりも政治的なご都合主義にふさわしい。この曖昧さ、そして排除が異なる次元で作用していて一致しない場合が多いという経験的な知見から、研究者は「社会的排除」がどういう範疇にあてはまることばなのか、特定することを避けてきた。[135]

それでも貧困を分析する研究者のなかには、社会的排除を概念として用いることが貧困の見逃せない側面を表面化させるのに役立つと考える人々もいる。たとえばブラムリーとベイリー[136]はそういう立場であるが、その際、（とくに社会参加、社会的統合と社会的孤立、社会権の否定に関連する）関係性の視点、（第3章で検討する）社会的分断や、（相対的剥奪に似ているが、その複数の次元が相互に作用し累積するところまで焦点を当てる）多次元性を強調する幅広い分析を促すことによってそれが可能であると考えている。さらに、社会的排除のレンズを通すことで多次元的な見方が開けてくる。経済的、社会的な排除ばかりか、政治的、文化的な形態をとったもの、さらにさまざまな排除も視野に捉えることができる。たとえば、社会的排除を禁止するフランスの法律は、「あらゆる文化へのアクセスを通じて機会均等への権利を認める」[137]ものである。さらに、社会的排除を唱える論者は、「静的分析から動的分析への」[138]転換を強調する。個人の軌跡としても、さらにより広い社会的な力としても、過程に関心を寄せるのだ。EUの貧困に関する「解説」によれば、社会的排除ということばは、

人々を社会の端に追いやり、資源や機会へのアクセスを制限し、通常の社会的・文化的生活への参加を抑制し、周縁化された感覚、無力感、差別された感覚に人を追いやるさまざまな過程に力点を置くため用いられる。[139]

暗黙のうちに、そして時には明白に強調されているのは、エイジェンシーだ。排除の主体のエイジェンシーが、個人的なレベルでも社会的なレベルでも問題になる。「排除」ということばの背後には、「排除する」という能動的な動詞がある。すなわちこのことばは、「だれ（なに）が排除しているのか」という問いを暗に示している。これは、アウトカムや個人の軌跡に向けられていた注意を、社会、経済、政治構造／機構の働きに振り向けるものであり、さらにはより権力のある人々のエイジェンシーに向かわせるものである。[140] 全体として、社会的排除は、相対的に理解される貧困の多くの重要な側面にピントをあわせるレンズとして、概念的なレベルでは有用な機能を果たす。また、本書の各所で提唱される分析の幅広い枠組みを進める機能も果たすものである。

## 一般の人々の貧困観と政治的機能

ここで「絶対的」と「相対的」の関係について話を戻そう。両者の関係についてさまざまに考察を重ねたが、これによって、貧困の構成要因を表現するうえでその姿がどのように異なってくるのかが明らかになった。それはヒューマン・ニーズに関する理解が異なっていることによるのであって、ふたつの異なる現実があるわけではない。それを前提にして、これらふたつの考え方はそれでもなお政治的な機能を果たしている。そしてそれによって貧困を一般の人々がどう捉えるのかを解き明かそうとする。その一般の認識そのものが、個人的な体験や観察だけでなく、学術的な定義と政治的な定義の混沌を反映しており、あるいはそれがメディアを通じて浸透したものでもある。
イギリスでの調査からは、ある水準では、いまでも多くの人々の頭のなかに、絶対的な最低限度指向の貧困と、もっと相対的な現象としての貧困という区別が存在していることが示唆されている。もっとも、この区別は必ずしも明確なものではない。とくに先に論じたヒューマン・ニーズの相対主義的な理解が広まっているというエビデンスを考慮すればそれがわかる。実際、毎年実施される「イギリス社会的態度調査（ＢＳＡＳ）」によると、「本当に必要な物は買えるが大半の人が買えて当然と思っている物が買えない」という、徹底的に相対的な貧困の定義を受け入れる人は、一貫して調査対象の三分の一に満たない。対照的に、およそ一〇人に九人は、「負債を抱えずに食べて暮らしていけない」人々を貧困にあたるとすることに同意している。さらに約半数が、「食べて暮らしていくには足りるが、その他の必要な物を買うには足りない」人々を貧困にあたるとすることに賛成している。[141]
もちろんこの最後の定式からは、なにが「その他の必要な物」にあたるのかという疑問が出てくるのだし、これを二通りに読むこともできる。ハートリー・ディーンとマーガレット・メルローズはこれを「救貧的な定義《ブレッドライン》」と呼び、「大衆は〈厳しい〉定義を好む」のだと結論づけている。[142] 対照的にジョン・ヒルズは、ＢＳＡＳの他の結果から、人々の「頭にはある貧困線があり、それは実質的に時間とともにそれなりに上昇している」ことが示されているとする。これは「ある種の相対的定義」を思わせるもので、単なる〈最低限度〉よりも貧困の定義が上方にあるという主張である。[143] また先に示したように、この見解はＰＳＥ調査の結果からも支持される。この調査では、相当多数の人が相対主義的な最低受忍限度の生活水準を一貫して認めている。[144] しかしながら、貧困への態度を調査したイギリスの質的研究においては、商業主義の要求を反映したものとしてはこの考え方を受け入れるのに抵抗が見られる。むしろ、「だれにもあてはまる……基本的なニーズ、たとえば食糧、光熱費、住居費、教育、医療」（さらに、場合によっては社会に参加する能力）としてニーズを理解し、「ライフスタイル関係のニーズ（消費財など）」は含めないとする言い方が好まれる場合が多かった。[145] 同様の区別はＰＳＥ調査に先立つ予備的な質的研究でも浮上している。「消費に駆り立てる圧力は認めるとしても、人間の繁栄に必要だと感じられる物品や活動と、現代の消費社会に煽られてのものと、それは別物だとする調査参加者もいた」。[146] 数々の質的研究に基づいて、ファーミーらが結論づけたのは、「一般の人々の貧困の概念にはふたつが同時に存在」しており、安定して合意の得られるひとつのものはないということである。[147]

その一方、貧困経験がある・経験している人々を対象にした質的研究では、絶対主義的な理解が示唆されている〔補記４〕。ジャン・フラハーティの研究では、調査参加者は自らが経験した剝奪や困難については進んで話したが、ほとんどだれも自分のことを「貧しい」とは考えていなかった。むしろ、

「貧困」について話すのは、テレビのチャリティー番組とか新聞で読んだ飢饉とか、そういう現象について話すんだろうと思われているようで、自分自身の日常生活のことという感

覚がない。（中略）ごくわずか、自分が貧困下にあると述べた回答者は、必要品を厳格に定め、ぎりぎり受容可能な生活の質を前提としてそう語ったのだ。[148]

絶対的か相対的かの論争が生み出す熱気を理解するためには、先に指摘した点であるが、貧困の定義が持つ政治的含意と、この用語が暗に示す道徳上の責務を念頭におくことが重要である。貧困がどのような枠組みにおかれるべきかの議論が重要であるという認識は、日々高まっている。[149]「絶対」「相対」という用語は貧困を形容するだけでなく、対立する政治的立場をも意味している。すなわち、絶対的定義は伝統的に政治的「右派」に多く、相対主義者は「左派」に多い。デイヴィッド・グリーンがいうように「著者が貧困を定義するようすから、著者が人間の状況を判断するのにどのような前提をおいているのか、政府の役割になにを期待しているのかが透けて見える」[150]のである。

もし貧困を幅の狭い、絶対的なことばで定義すれば、社会的ニーズや責任、一般社会で当然視されている生活水準を計算に入れて定義した場合と比べて、政府に割り振られる役割も、貧困撲滅に必要な政策に向けた資源面での意味合いも、ずっと限定的なものとなる。だからこそ、ラウントリーの〈最低限度〉という基準は額面どおりに受けとられ、戦後の社会保障制度に取り込まれるなかで、給付金を最低限度の水準に設定するのを正当化するために使われたのである。[151]タウンゼンドが、センからの批判に対して自らの相対主義の立場を擁護したのは、センの立場が「最低限度の給付という国家の強硬な解釈に扉を開く」[152]という考えにこだわったからでもあった

（センは反論しているが）。逆に相対的貧困の考えは、右派からの攻撃を受ける。すなわち、これは左派が貧困にあたるとカウントする数を水増しし、富裕者に対するねたみを起こさせるために政治的武器として利用している、彼らは貧困を不平等と同一視し、それによって大がかりな国家活動を正当化しようとしている、といったぐあいである。[153] ただし、相対主義的な定義に同意する人々のなかからも、政治的に見れば、それがもっと厳しい定義が持つ道徳的な力を「貧困」から奪っているのではないか、そのために政治家が貧困問題の重要性を簡単に退けられるようになっているのではないか、と警告する声はあがっている。[154] しかし、貧困はいまも、豊かな社会においてさえ、きわめて現実的な困難と苦しみを意味している。貧困の相対的な性質を強調することで、そうした点が曖昧になるおそれがあることは留意しておかねばならない。

## 結論

こうした議論が明確に示しているのは、定義の問題が、その定義が投げ込まれる政治的な用いられ方から切り離せない現実である。しかも定義には、貧困とその分布についての説明が内包されている。そこには、個人主義的な視点や構造的な視点が反映しているのがふつうである。前者は、貧困の主要な責任を「貧困者」自身のものとする。後者は、グローバルなものからローカルなものまで含めた経済的、社会的、政治的構造とプロセスが貧困をつくりだし、恒久化するのだと指摘する〔補記5〕。説明や定義（およびその測定基準への読み替え）、幅広い概念化が合わさって、

「貧困」と呼ばれる現象への政策対応が形成されていく。

この現象は、何億もの人間が経験している苦痛に満ちた現実として理解されねばならない。同時に、相矛盾する概念化と定義と測定基準からなる構築物としても理解されねばならない。ゆえに「貧困者」というカテゴリー、そして私たちが「貧困」と記述するものは、あるレベルでは人工物である。定義の問題にどうアプローチするかは政策にとって重要な意味合いを含んでいる。そしてそれが、一般的な意味で「貧困」というカテゴリーに入れられる人々にどのような施策が及ぶのかにもかかわってくる。本書でのアプローチは明らかに相対的なものに近いが、普遍的である絶対的ニーズの存在も認識している。重要なことは、そうしたニーズが特定の歴史的、文化的な文脈においてしか満たされないということである。こう考えるなら、絶対的定義と相対的定義との、ややもすれば不毛なものとなる議論を乗り越えていけるだろう。

ここまでは物質的な貧困の定義に焦点をあてて論じてきたのだが、それはこの現象に特有のものを見失わないためであって、さらに重要なのは序章で明確化し、以下の各章で展開する幅広い概念化のなかにその定義を位置づけることである。しかもそうした定義は「ウェルビーイング」「ケイパビリティ」「人間の繁栄」「生活の質」「社会の質」といった広い、社会科学的な枠組みのなかで理解される必要がある。さもなくば、貧困を、広い社会にとってほとんど意味をなさない、残余的なカテゴリーに押し込んでしまうことになるのだから。

# 第2章　貧困を測定する

貧困の定義は、測定基準を通して操作化（operationalize）される〔補記1〕。貧困測定についての研究はどんどん洗練されているが、この第2章では、そこから現れる〈なぜ・どのように〉〈だれが・なにを〉といった問題について論じていく〔補記2〕。測定基準の選択は、ある部分では幅広い概念化に左右されるし、その時点で操作化されようとする定義によって、利用可能なデータによって、あるいは研究者が貧困を測定しようと思う理由によっても変わってくる。しかし現実には、資源と実現可能性の問題から、測定基準はおおむね、実質的には概念化や定義や目的を不完全にしか反映しない代用品に過ぎなくなる。さらには、貧困の数量化が、その前段階である明確な概念化ないし定義からかけ離れたものになってしまうこともある。

## 〈なぜ〉と〈どのように〉の問題

突き詰めていえば、貧困の測定を正当化する理由は、貧困をなくすために行動を起こすべきだという道徳的、政治的な責務から生じる。[1] 証拠を探すのは、その事例について政府や一般の人々を説得し、行動を起こさせるためである。この目的のためには、貧困の広がりや深刻さについて、またそれがさまざまな集団にどのように影響しているかについて、情報が必要となる。複数の国を比較したり経時的な変化を観察することは、政策の効果や社会や経済の動向の影響を評価するのに役立つ。測定基準が異なれば、結果が異なってくる場合もある。実際に、よく使われる三つの測定基準を比較してみたところ、貧困だと認定された人々がほとんど重ならなかった例もある。[2] このことは、単に技術的な問題としか思えないものが、現実には重要な政治的、政策的意味合いを持ちかねないということを意味している。とくに、なされた選択が政府によるものである場合には、社会科学的な考察によるばかりでなく、政治的な配慮を反映したものであることもある。見過ごされることが多いのだが、技術的な決定には価値判断が組み込まれているのである。

したがって、ある測定ツールが相対的に優位なのかどうか議論がそれなりにあったとしても、当然のようにそうしたツールが政策の補助として必要だとされる傾向がある。しかし一方で、もっと批判的なスタンスが採られることもある。一般に測定は数量化を意味し、数量化は「客観的事実」を伝えるものとみなされる。そしてその「客観的事実」が、測定にまつわるあらゆる問題にもかかわらず、唯一の現実になっていく。しかし「測定可能な現実」がもっとも大きな問題とは限らない。[3] 実際、序章で見たように、統計はその統計の対象となった人々を見えにくいものにする。ある貧困活動家のことばを借りれば、「統計の陰から踏み出して姿を見せ、私たちは単なる数ではないということを示さねばならない」[4]のである。「貧しさ」を統計に括ってしまうことは、〈他者化〉のプロセスに力を貸すことになる。これは第4章で扱うことになる。「測定可能なものの覇権」が、それ以外の「貧困の知識」や「貧困についての別の物語」といった形の理解を抑圧してしまう。質的、参加的なアプローチをより汲み上げやすい知見のことだ。[5] エスノグラフィー研究は、貧困の「生の経験」を伝えることができる。そういった経験に当然向けられるべき敬意を含んだ「注意深い聞き取りと没入感のある共感」を用いるからだ。[6] その一方で、スティーヴン・クロスリーはそういった「重厚な記録」が当の生の経験を「構成し、生み出すより広範な状態」を覆い隠すことがあってはならないとも論じている。[7]

さらに一般的にいえば、質的な研究は、貧困体験のさまざまな意味を発見し、洞察を提供してくれるのであって、そういった洞察が政策の発展にかかわってくる。「測定可能なものの覇権」に異を唱えることは、本書で採用している貧困の幅広い概念化にとって重要であるとともに、測定が技術的な人工物であるということを忘れないためにも有効である。とはいえ、これは量的測定の必要性を、排除するものではない。そういった測定は一般化が可能であるし、政策目的のためにより焦点を絞った定義を操作化するものでもある。そしてさらに、量的な貧困研究そのものも、参加型の手法によって情報を得ることができる。とくに、その重要性がますます認められつつある生の経験の指標が開発されてきている状況を踏まえればなおさらである。ただし、恥辱の経験やスティグマといった重要分野でのデータの欠損は、本書で探求する広範な理解に基づいた貧困の測定の限界となっている[8]。

## 〈なにが〉の問題

貧困の測定はふたつの〈なにが〉の問題を含んでいる。このふたつには重なり合う部分も多い。第一は貧困の指標に関するもので、第二はその指標を評価する基準（貧困線と呼ばれることが多い）に関するものである[9]。

### 貧困の指標

ここでの中心課題は所得の役割である。貧困は所得の視点から測定されるべきだろうか。それとも生活水準・消費や、支出の面から測られるべきだろうか。もしその答えが、部分的にでも所得を含んでいるなら、それは実際の所得に限るべきだろうか、それとももっと幅広く、物質的な資源や資産も含めるべきだろうか。

　所得か生活水準かという選択は、貧困の「直接的」な定義と「間接的」な定義との違いから生じてくるもので、これについては先に論じている（前章第一節「物質的な資源か生活水準か」参照）。しかし、リンジェンが一九八〇年代に指摘したように、当時の貧困研究では、生活水準に基づいた直接的な定義による貧困を操作化するために、間接的な測定基準として所得を用いるものが主流だった。[10]そうしたケースでは、所得は消費ないし生活水準の代用品として、本来とは違う使い方をされていたことになる。しかし多くの研究が蓄積していくなかで、低所得が個人の生活水準剝奪の指標として不完全である可能性が示されるようになってきた。[11]この食い違いがとくに顕著になるのは、所得が世帯のレベルで測定される一方で、生活水準ないしウェルビーイングが、ジェンダー的な不均衡を含む個人のレベルで測定される場合である。[12]

さらに一般的にいえば、当面の低所得以外の理由で生活水準が低い人もいる。低所得の際にも、さまざまな手段で剝奪を回避ないし低減するケースもあるだろう。たとえば預貯金を取り崩す、借金をする、支援団体や親戚に助けを求める、物乞いや盗みをするなどがそうである。生活水準を測定するだけでは、こうした状況下で経験される所得貧困を捉えることはできない。さらに、関係する個人がこうしたコーピングの戦略をとるために費やされたコストを糊塗することにもなるだろう。たとえば、物乞いや売血で得た所得は、給与や給付金の小切手と同等に扱われるべきかという問題がある。これを提起したアトキンソンは、「一ドルの所得といっても、それが得られた条件がある。それにかかわらず、同じように扱われる［べきではない］」[13]と述べている。また、たとえ貧困の時期が続いたあとで所得が上昇したとしても、その所得が負債の支払いに必要だという場合には、それにあわせて生活水準が上がってこないこともある。反対に、所得が上下したり雇用が断続的だったりという場合なら、いつか低所得の時期がくるのに備えて一部を預貯金にまわすことがあるかもしれない。ゆえに現在では、生活水準を貧困の定義の一部とするとき、直接的な測定基準と間接的な測定基準の両方が必要であるというコンセンサスが広がっている。ただし、両者のどちらにどの程度の相対的な重みづけをするのかについては合意があるとは限らない。[14] イギリス国家統計局（ＯＮＳ）の生活水準推計にはこれが表れていて、低所得の（直接的）現況と（間接的）物質面での剝奪指標が用いられている。独立機関である社会基準値協会は、イギリスで一般に用いられている所得指標を変更することを提案しているのだが、それによって（障害、子育て、住居、返済、貯蓄などに関する不可避の出費を控除した）「総利用可能資源」を考慮するように求めている。[15] ＯＮＳの測定基準に比較すると、これは所得の貧困と物質的剝奪の重なり合う部分が大きい。政府は、実験的にこのアプローチを取り入れていくことに同意している。

ほかにも、所得の正確な測定基準が得られるまでには、関連する数多くの技術的な問題がある。過少申告の可能性もあるし、時系列によって変動もある。したがって一部には、支出の方が当座の所得よりも望ましいのではないか、この方が「通常」所得の測定基準として信頼でき、生活水準を測定する代用尺度としても優れているのではないかという声もある。しかし支出にも問題はあって、（たまの大きな買い物によって）一時的に膨らんでしまう性質があるうえ、借金や預貯金が見えなくなってしまう。また世帯ではなく個人の観点で見た場合、ある人物（たとえば母親）の支出によって、家族の生活水準は上がるが本人はそうではないということも起きてくる。このふたつを比較・統合しようとする試みも行われたが、これは「貧困について所得による測定基準と消費による測定基準は経済的ウェルビーイングのまったく違う次元を取り出している」[16] ことを示唆するものとなった。所得も支出も測定基準として完璧ではないが、貧困の研究では、前者の方が広く用いられている。

しかし所得は、貨幣経済においてきわめて重要ではあるが、単独では、個人が利用可能な物質的資源の指標としてもかなり狭いものだといえるだろう。そこでタウンゼンドは、物質的資源の総量を測定する試みが必要であることを強調する。[17] こういった資源は社会で不平等に分配されており、測定には困難がつきまとうのであるが。現金所得に加えて、タウンゼンドは四つのタイプの資源を認めている。すなわち資本的資産、企業福利給付、公共サービス、そして個人的な現物所得である。多様な資源の重要性は、男性と女性では違ったものとなるだろう。[18]

資源を生活水準に変換する際に関係してくるのが時間、それも多くの場合は女性の時間である（第3章参照）。この、つい最近まで「忘れられていた時間という次元」は、測定に関するこうした問題を考える際、もっと広い意味でも示唆的である。[19] 資源（とりわけ所得）を測定する期間が測定結果に影響することもある。[20] 測定期間が短いほど、所得と消費に表されたものをしっかりと判別することが重要になる。[21] 一方、測定期間が長くなると、測定される貧困率が低くなる傾向があるが、これは「所得とニーズの一時的なミスマッチ」が吸収されて見えなくなるためだろう。[22] さらに、長期にわたる縦断調査の方が、断面を切り取るスナップショット調査よりも、所得と生活水準との関係をよく捕捉する。「慢性的な貧困」の測定基準として低所得を何年にもわたって縦断的に測定すれば、当座の低所得のみを測定した場合よりも、剝奪指標との関係が強く表れる。[23] ONSも社会基準値協会もともに、定期的な「慢性的な貧困」の統計を公表している。

所得による測定基準、生活水準あるいは消費による測定基準と並んで、多次元的な貧困の測定基準に関心が高まっている。これは非物質的な指標を含むものであり、とくにオックスフォード貧困・人間開発イニシアティヴ[24]の指標と関連が深い。このアプローチは、持続可能な開発目標（SDGs）に明記されており、そのひとつは「各国の定義に従ったあらゆる次元での」貧困を対象としている。SDGsには環境要因も含まれているが、これは多次元的な測定基準では必須の要素として認識されつつある。[25]多次元的アプローチの研究を深めるなかで、アトキンソンは、ケイパビリティの視点と権利の視点の両方が「本質的に多次元的」[26]であると指摘している。しかし、いくつかの尺度は、貧困の経験に関連するものであるとしても、貧困そのものを測定しているわけではないことに留意する必要がある。もちろんそういった次元は、貧困のより広い概念を操作化する上で有用ではあるのだが。

## 貧困の基準

貧困の物質的な指標群を貧困率の推計に置き換えるためには、なんらかの基準に照らして指標に表された数値を評価しなければならない。この基準はふつう「貧困線」と呼ばれ、数値がここを下回る人々を「貧しい」とカウントする境界線（閾値）を表している。この線の設定には、数々のアプローチがある。大きく分けると、（ニーズや剥奪の判断基準と無関係だという意味で）「恣意的」と批判されるものと、「科学的」と称するものとになる。後者はこのあと〈だれが〉の問題のところで論じるが、ニーズの推計に専門家の所見を用いる場合と民主的手法を用いる場合がある。「恣意的」なアプローチは、比較的単純であることと国際比較に適していることから、公式の貧困推計で用いられることが多い。主な例としては、社会扶助の枠組みの下での最低所得水準（ニーズの推計以上に歴史的な経緯を反映した水準）、平均所得の一定割合（現在のヨーロッパで行われている中央値に対する比率が典型的。以前は平均値が使われていたが、中央値の方が少数の高所得者による影響を受けにくい）、あるいは世界銀行による一日一ドル九〇セントなどがある。貧困とカウントされる人数は、どの基準を選択するかによって大きく影響される。

時間の次元も貧困線に影響する。長期にわたる変化をモニターするのに使用する場合には、いちど設定した線を実質的に固定することもできるし、平均所得の増加に連動させたり、期待される水準が変化するのにあわせて定期的に修正したりすることもできる。最初のものを「絶対的」貧困線（より正確には「固定貧困線」）、あとのふたつを「相対的」貧困線と呼ぶことが多い。イギリス政府は自ら「絶対的」と呼ぶものと「相対的」と呼ぶものの両方を用いて低所得の測定基準としているが、これは所得中央値の一定割合であるので、それ自体としては相対的基準である。これは混乱を招きやすい。相対的基準と可動式の貧困線は相対的定義を操作化するのに適している。だが、そのような貧困線が矛盾を生むこともある。たとえば、ある国で平均所得が減少した場合、貧困の増加が観測されないにもかかわらず、底辺層の人々の日々のやりくりは苦しくなる、という事態が十分にありうるのである。二〇一〇年にイギリスで発生したのは、まさにそういう事態である。二〇〇八年以降の不況で所得の中央値が低下し、「相対的」貧困の子どもの数は減少したが、「絶対的」または「固定的」貧困の子どもの数は減少しなかったのである。[27]短期的な

「ショック」が貧困ラインに与える影響を「平準化」するためもあり、社会基準値協会は年度ごとに更新する直近三年間の平均をベンチマークとして用いることを提案している。[28]

貧困線は「貧困者」の数（人数）と構成を推定するのにもっとも広く用いられる。したがって、政策の方向としては、可能なかぎり多くの人数を貧困線の上に持っていこうとするようになる。しかし、あたま数を数えても、貧困の深さや強度、すなわち人々の所得が貧困線からどれほど下に落ち込んだのかについてはなにもわからない。[29]「貧困ギャップ」の測定基準も考案されてきたが、人数を数える測定基準ほどには使われていない。ただ、このふたつは、貧困の傾向について描き出す像がまったく違う。[30]また政策上の優先事項についても異なる方向を示しかねない。その平均所得が貧困線よりかなり低い人々の集団が、貧困人口の計数において最大の集団であるとは限らないからである。ある政策が貧困線のすぐ下に位置する人々の所得を引き上げるのに（すなわち貧困とされる人数を削減するのに）成功したからといって、それが貧困線よりずっと下の人々を助ける（すなわち貧困ギャップを狭める）うえで最良の方法になるとは限らない。さらに、人数を計数する測定基準だけでは社会保障削減の影響の実態が不明瞭になる可能性がある。影響を受ける人々の多くがすでに貧困線以下である場合にそうなるだろう。一方、貧困の深さの測定では、世帯内の隠れた（多くの場合、女性の）貧困をよりよく測定することもできるだろう。[31]

より根本的には、貧困線の構築自体を疑問視する人々もいる。そうした批判の中心にあるのは、「貧困者」と「非貧困者」をはっきり分ける明確な境界線がはたして存在するのかという疑問である。あるいは、「貧困」と評価されてもさまざまな程度があり、同時に「非貧困」と判断されてもさまざまな程度があると、両者の関係を連続体として理解した方がよいのではないかという疑問である。この議論は現在も継続中で、どちらの側も、それぞれの立場に有利な証拠を強調している。この問題は、科学的であると同様に政治的なものでもある。貧困の境界線はある意味、政治的な構築物だからである。実際、明解な貧困境界線の実証的な有効性に異議を唱える人々のなかにも、たとえそうだとしても政府の行動を判断する際の尺度として、政治的価値があると認める声もある。また他方、貧困線に気を取られることで、貧困の分析的な定義から注意がそがれてしまう、貧困線のすぐ上に暮らしている相当数の人々から注意がそがれてしまうという主張もある。こういった人々の状況は、貧困線以下の人々とほとんど変わらないのに、である。

## 〈だれが〉の問題

### だれが決めるのか

「科学的」な貧困の境界線を決めるのにもさまざまなアプローチがあるが、その違いは「なにが必需品かをだれが決めるかという問題」である、とファイト＝ウィルソンは指摘している。[32]この「だれが決めるのか」という問題には大きく分けて三つの答えがある。すなわち、「専門識者による」アプローチ、「民主的」アプローチ、「参加型」アプローチとでも呼べるだろう。しかし実際には、この三つは重なってくる。とくに、どのアプローチにもある程度は専門識者らの判断が必要になるため、重なりが生じる。またそれぞれのアプローチごとに視点がばらつく可能性が問題として浮上する。民族、ジェンダー、階級、障害、年齢などを適切に組み入れることは難しいのである。[33]

## ✝ 専門識者

「専門識者による」アプローチの最たる例が「バジェット・スタンダード」を用いることだ。さまざまな世帯についてそれぞれ具体的な商品やサービスの合計として「標準生計費」が見積もられ、貧困境界線が設定される。このアプローチではどのような品目を含めるのかについて、その量、質、価格などとともに専門家の判断がかかわってくる。ファイト＝ウィルソンによれば、これにはふたつのパターンがある。[34] 当初からある、より「基準先行型」な方法では「食糧、衣服、住居、所得などの最低水準となるものを専門家が定め」ることになる。この基準は、どうすれば低所得者の生活が成り立つのかについての専門家の知見に基づいたものだ。[35] これはラウントリーが採用したアプローチである。アメリカの貧困線はこれが基礎になっているが、最初に定められた一九六〇年代以来の消費パターンの変化を反映していないとして、数多くの批判を浴びてきている。

もうひとつのパターンはもっと最近のもので、「社会科学的」なものである。なかでも、イギリスのジョナサン・ブラッドショーやアメリカの全米研究評議会が策定したものがとくに重要である。これは、低所得者の生活かくあるべしという処方をあらかじめ書いておくのではなく、一般の人々が実際にどのような生活をしているか、実証的な社会科学的証拠に基づいて算出するものである。「バジェット・スタンダード」は〈最低限度〉のアプローチに付随するものが多いが、ブラッドショーは（他にも同様の研究があるが）、この実証的な方法がどのように社会的ニーズを取り込むのか、どのように「生活水準の分析を生きたかたちで持ち込める可能性がある」のかを示している。[36]

## †民主的

「民主的」アプローチにはさまざまなものが見られる。[37] これは専門識者に頼るのではなく、一般の人々の考えに基づく基準である。文献によっては「コンセンサスによる」アプローチとも呼ばれている。しかし「コンセンサス」ということばを額面どおりに熟議・熟考によって合意に到達すると受けとるなら、本当にコンセンサスが得られている研究は稀である。その一例が、「最低所得基準」を用いたバジェット型の研究アプローチの民主的バージョンである。この方法では、一般市民の考えを集めて、許容できる生活水準になにが必要なのかについてコンセンサスを得る。そして、特定された財やサービスの価格を集計して基準とする。[38]

さらにより広く「コンセンサスによる」とされているアプローチは、マックとランズリーによる一九八五年の「ブレッドライン・ブリテン調査」に始まって、以後広く採用されているものだ。イギリスでのもっとも近年の採用例は二〇一二年の「イギリス・貧困および社会的排除に関する調査（PSE-UK調査）」である。[39] コンセンサスによるアプローチの本質はその目的にある。すなわち「最低限許容できる生活のあり方を、『専門家』の見解を参照するのでも、調査によって示される実際の支出パターンや生活水準を参照するのでもなく、社会全体の見解を参照することによって認定する」[40]ということである。ただし、そうした見解が表明される枠組みは、専門識者が設定している。[41]これには三つのステップがあるが、すべて社会調査に基づいている。第一のステップでは、大多数が必需品と考える品目（商品および活動）を定める。これはつまり多数派の見解ということで、話し合いによるコンセンサスそのものではない。第二のステップでは、資源がないために、そうした必需品なしで済まさざるをえない人々を見出す。そして第三のステップで、そうしたものを買えなくなる危険がある所得水準の設定を試みる。

支出パターンと生活水準を観察・参照するかどうかが、マックとランズリーのアプローチとタウンゼンドの調査[42]で採用されたアプローチとの違いである。タウンゼンドの場合は、物質的、社会的な剝奪についてタウンゼンドが広範な社会的指標を選択した。そしてそれを使用して、まず、選択された指標を持たない（行っていない）人々を判別し、次にそれ以下では剝奪が強まる危険のある所得域を定めた。これに対する批判のひとつが、マックとランズリー[43]によるものである。すなわち、タウンゼンドの方法では、ある特定の指標の欠如が、選択によるものなのか抑制によるものなのか区別がつかないし、リストには調査者自身の文化的なものの見方が反映している。したがって、たとえば新鮮な肉や日曜日のロースト料理がないのは、低所得のせいではなく菜食主義によるものかもしれないではないか、というのである。

ここまで考察してきた民主的アプローチはすべて、まず必需項目とみなされるもののリスト、次いでそれを満たすのに必要な所得を定め、それを通して貧困境界線を定めることを目指している。これに代わる民主的手法もある。「主観的貧困線」「所得代用／評価法」「態度調査法」、発祥の地にちなんだ「ライデン法」など、さまざまな呼ばれ方をしているもので、要するにサンプルとなる集団の全体に対し、自身の世帯にとって貧困線はどれくらいであるべきかを直接尋ねるのである。もともとの質問票には「貧困」ということばは使われず、代わりに通常は、自分の世帯が「かろうじてやりくりできる」所得水準はどれくらいかと問う。しかし質的調査によれば、回答者の答えねばならない質問の複雑さと、さらには「やりくり」の理解のずれが結果に影響することが問題だとされている。[44] ほかにジェンダーによる差が出てくる可能性もあって、世帯の資源の利用・管理における男女の役割が反映してくるかもしれない（第3章参照）。とはいえ、それでもこのアプローチは広く使われている。ときには必需項目とみなされるものをリスト化するアプローチと併用されている。

直接に貧困ということばを使って、そうならないために必要な水準に関して所得を判断するよう回答者に求めると、剥奪や貧困についての主観的な感覚を測定しようとする調査と重なる部分が大きくなって、貧困境界線の設定に用いられるものではなくなる。[45] これはタウンゼンドの研究で明らかになった要素のひとつである。タウンゼンドによると、大半の事例では、客観的な指標と主観的な剥奪感とに明確な関係があるのだが、「極端に資源が乏しい」少数の人々は、「剥奪感を否定する」[46] のである。このことから、人々は貧困という、スティグマを押されたラベルをすすんで背負うだろうかという疑問が生じてくる（この問題については第5章で論じる）。また、タウンゼンドの研究は、すべての民主的・主観的アプローチに共通するもっと一般的な問題も浮かび上がらせる。すなわち「選好変形」ないし「適応」[47]と呼ばれる現象である。言い換えれば、豊かでない人は、状況への適応手段として、自分の期待や願望を引き下げるということである〔補記3〕。こうした問題を踏まえて、最後のアプローチ、「参加型」を見ていこう。

### ✝ 参加型

参加型の研究は、手法というよりも人々を解放する思想に中心がある。民主主義、エンパワメント、変容の原則に力点をおいた哲学である。[48]先に論じたふたつのアプローチと違い、とくに貧困線の設定に向けたものではない。それでもこれを支持する人々は、「貧困者と協働することで、問題のより良い技術的診断と、より良い解決策の策定・実施につながる」[49]と主張している。ここで前提となっているのは、貧困下の人々こそが「経験による専門家」なのだから、理想的には、研究過程のあらゆる段階でその見解を受け入れるべきである、それも単に情報を引き出す対象者としてでなく、主体者としてかかわるべきだという信念である。[50]「声を前景化」することで、「実質的」な価値だけでなく「象徴的」な価値も持つことになる。[51]〈北〉で主流となっている貧困研究の視点から見ると、参加型アプローチは、影響力よりも珍しさの方が目につくものとされてきた。しかし、着実に地歩を固めてきている。そこには、〈南〉での参加型の調査や国際ATDカールモンド運動のような市民組織の活動、福祉サービスにおける利用者関与の進展、さらには伝統的な研究パラダイムに対する障害者運動からの異議申し立て、などが影響している。[52]これは白か黒かのアプローチではなく連続体であって、究極には「人々を解放するための」研究につながるのだ。[53]

参加型の調査がとくに有効となるのは、序章で見たとおり、貧困の概念化の深化においてである。ボールチは、多くの概念化を「実践する人々が、貧困測定では〈二本立て〉戦略を推奨するだろう」とし、参加型の手法は「貧困のより主観的な次元」を定めるのに優れているから、これまでに論じてきた手法を補完するものとなるだろう、としている。[54] 多次元的な測定基準をつくり上げる一環として、同じことが〈北〉での貧困研究にもあてはまらないという理由はない。アトキンソンは、参加型手法は金銭的ではない指標を設定するのにとくに適しており、「家計ベースの指標では明らかにできない個別の状況、とくに女性や子どもの立場におかれた人々に声を与える」ことができると指摘している。[55] 参加型研究の革新的な例として、貧困に直面している人々、現場の人々、学者が共同研究者となり、異なる形態の知識を融合させることで新たな知識を生み出す「貧困に生きる人々との知識と実践の融合」と呼ばれるアプローチがある。[56] このアプローチは、ある国際的なプロジェクトで使用されたのだが、そのプロジェクトでは「貧困の隠れた次元」が複数特定された。本書で進める貧困の概念化の指標の多くは、ここで見出された結果に基づいている。[57] このような指標は、「貧困についての人としての経験を捉える」のに役立つ。[58] より狭義には、貧困に対する取り組みの進捗状況を測定するための指標の選択そのものが、貧困を経験している人々の見解から有益な情報を得ることができるだろう。これは「貧困に生きる人々の経験を始点にした貧困指標に関するヨーロッパ・プロジェクト」[59] と題された報告書に詳しい。

## 分析の単位

さらに「だれが」の問題には、世帯を分析単位にする測定によって見えなくなる人々の存在がある。こういった測定の対象になっていない人々と、こういった測定では世帯に含まれて判別できなくなる人々だ。家計調査の対象にならない人々は「住所不定者」であり、すなわち、ホームレス、ジプシー、ロマ、アイリッシュトラベラー、亡命者など、もっとも脆弱な状況にある人々である。[60] 統計に埋もれて判別できなくなる人々は、典型的には女性と子どもだ。貧困の推計は一般に個人について考察するためのものだが、ふつうは世帯／家族の所得の測定値を基礎にしている。世帯／家族内の個人を測定しているわけではないのだ。測定に関する難問がここから生じる。ジェンダーに関する不備が貧困の分析と対貧困政策の両方に影響してくる。[61] 採用される分析の単位は、ある部分では測定の目的を、ある部分では実行がどれだけ可能かを反映しているのである。

世帯を単位とする前提は、世帯で暮らす人々が資源を共同で使い、生活水準を（少なくともある程度まで）共有していることだ。これを無視しては、個人の所得と生活水準について誤ったイメージを描くことになってしまう。他方、もし世帯の内部で資源が公平に共有されていなければ（実際にそのような調査結果も出ている。第3章参照）、貧困状態に暮らす人の数、とくに女性と子どもの数を低く見積もる結果になるだろう。貧困のジェンダーによるパターンが偏って認識されかねない。[62] 実際、アトキンソンは、家庭内の不平等を考慮しない測定では、「どれだけの女性が貧困状態にあるのかについてなにも言えない」[63]と警告している。さらにいえば、貧困は究極的に個人が経験するものであり、我々の努力は個人のウェルビーイングのためのものである。[64]最低水準の資源への権利という観点から貧困を理解した場合にも、やはり個人が適切な単位であることは明らかである。[65]

したがって、個人をベースとした貧困と剝奪の測定法の出現は非常に歓迎すべきことである。そのひとつが、オーストラリアで開発された「個人別剝奪測定法」である。これは、「ジェンダーに配慮した多次元的な新しい測定法であり、個人レベルでの剝奪を評価するため、さらに従来の世帯レベルでの測定の限界を克服するために開発されたもの」であると説明されている。[66]もうひとつは、EU統計局が開発したヨーロッパ全体のデータセットである「EU所得と生活水準統計（EU-SILC）」である。エレニ・キャラジナキとタニア・バーチャードは、成人個人レベルの剝奪データの分析に基づいて、「個人レベルの剝奪指標によって明らかになる世帯内の変動を見失うことなく」、世帯レベルと個人レベルの剝奪データの両方を使用するべきだと結論づけている。[67]また、彼らの研究では、個人とそのパートナー以外の大人を含む「複雑な世帯」の重要性も強調されている。複雑になるもうひとつの要因は、複数世帯の構成員に相当する人々の増加と、その間の資源の移動とをどのように説明するかである。[68]

これに関連して、構成の違う世帯をどのように比較するのかという問題が生じる。そのため「等価尺度」と呼ばれる仕掛けが用いられる。家族の規模が大きくなると「規模の経済」が働くし、成人と子どもはニーズに違いがある。「等価尺度」は、異なったものを同じようなものどうしでの比較に置き換えるためにこれらを計算に入れる手法である。センによるケイパビリティのアプローチでは障害に伴って余分にかかるコストの重要性が強調されているが（第1章参照）、標準的な等価尺度は通常、こうしたコストを計算に入れない。結果として、障害者の間での所得貧困が低く見積もられてしまうことになる。[69] ゆえに、等価尺度の選択は、それ自体は技術的な問題であるが、必然的に規範的な判断を含むため、貧困として計上される人数と構成に大きな影響を与える。したがって、そこから大きな意見の食い違いが生まれてくるのである。

## 比較の対象

〈だれが〉の最後の問題は、適切な比較対象に関するもので、相対的貧困の測定すべてにかかわってくる。この問題はふたつの形で生じる。第一は、比較のための適切な地理的基盤についてである。伝統的に貧困は、国全体に共通する基準で測定されてきた。しかしレインウォーターら[70]は、比較はもっと地域的な単位でなされるべきではないのかという疑問を投げかけた。たとえばアメリカなら個々の州ごとに、イギリスならイングランド、ウェールズ、スコットランドといった単位ごとに、である。その理由は、人々が生活水準を語るときに比較の準拠とする集団は、全国的な集団よりも地域的な集団であることが多いと考えられるからである。たとえば、アメリカの子どもの貧困率は、連邦平均の代わりに州平均を用いると結果が大きく変わる。豊かな州では大幅に増加し、貧しい州では減少する。この議論の大きな問題は、政策の方程式から、地域間の経済的不平等をきれいに拭い去ってしまうことである。実際には経済的不平等が貧困率の違いに絡んでいる可能性もある。さらには大衆文化やマスコミの発達によって、いまでは同じ州やコミュニティ内の人々とだけ自分を比べるということが考えにくくなっている。実際に、現在のグローバル化された世界では「比較の基本単位を拡大せよという論は、これを縮小せよという論と同じくらい強い」[71]。この論を補強するのは、SDGsを支えるグローバルな視点であり、また「グローバルに適用できる」貧困指標を開発しようとする試みである。この試みにおいては、ケイパビリティのアプローチが「絶対的」アプローチと「相対的」アプローチの間の緊張を解決することによって「統一していく重要な役割」を果たすことができると、アトキンソンは述べている。[72]

第二の問題は子どもとの関係で生じてくる。すなわち、子どもの貧困は、ほかの子どもの生活水準とのみ比較して測定すべきなのか、集団全体の生活水準と比較すべきなのか、ということである。つまり、「生活水準の低さによって社会参加から排除されている子どもがいるとして、そのもっとも重要な形は、ほかの子どもが享受している典型的な生活様式からの排除ではないだろうか」[73]という議論である。これはもっともらしい主張なのだが、ひとつだけ問題がある。成人よりも子どもの貧困のリスクが高い国にあっては、この考え方がそうした不均衡を覆い隠し、子どもの貧困についての推計を低く抑える働きをしてしまうのである（第3章参照）。

## 結論

以上、文献の結論を総括すれば、どんな測定方法も単独では不十分であり、まして完璧などありえないということになる。さまざまな測定基準は、すべて貧困の定義の不完全な代用品とならざるをえない。[74] したがって、貧困の性質と広がりを理解するためには、単一の測定基準に依拠するのは賢明ではない。「変化してやまない貧困」[75] という共通認識が着地点になる。ではあるにせよ、イギリスでは、これからも公式の測定では具体的には低所得が中心であるべきだという（私も支持する）見解が多数派であるようだ。[76] より一般的には、広範な手法を組み合わせた「三角測量」が貧困の定義を操作化するにあたって正確性を改善するうえで必要になる。貧困の程度、深さ、構成の測定を目的とする以上、これは欠かせない。[77] そしてさらに、参加型のアプローチも含めた質的な手法をも三角測量に加えることで、いっそう深く、多次元的で、多くの視点を持つ貧困像を得られるようになるだろう。これは測定からさらに一歩を進めるもので、本書で展開している貧困の概念化とも一致するものである。

# 第3章　不平等、社会的区分、さまざまな貧困の経験

不平等と社会的区分が本章の主な焦点である。これらは、貧困を形成し、貧困と相互作用する。また、これらを介して人々が貧困を経験するようすが変わる。第1章で論じたように、貧困は社会構造、経済構造、政治的な構造とそれらのプロセスの一機能としてもっともよく理解される。これらの構造とプロセスが、社会内に資源分配の不平等を生み出し、固定化する。グローバルな文脈では、社会間にも資源分配の不平等を生み出して固定化する。第5章で見るように、構造主義的な視点は、必ずしも人間のエイジェンシーを排除するものではない。貧困を経験している個人および集団は、直面する構造的な制限の範囲内でさまざまに対応し、自身の生活をつくり上げていく主体者（エージェント）として、貧困を経験している。同時に、社会的排除の文献のいくつかで強調されているのだが、より強力で権力的なエイジェンシーがこれらの構造的な制約を形成するのに力を貸す。[1] こういった視点は、本章を読むにあたってつねに念頭においておく必要がある。本章では、エイジェンシーよりも構造に力点をおくからである。

本章ではまず貧困を、社会経済的な不平等と社会階級という文脈に、簡単にではあるが、しっかりと位置づける。次に、豊かな社会における貧困の物質的影響について要点をかいつまんで示し、そのうえでジェンダー、「人種」、障害といった社会的区分が、貧困の経験をどのように形成し規定するのかに目を向ける。サンドラ・フレッドマンが指摘するように、たいていの「集団、それもその属性によって差別を受けている集団は、貧困下に生きる人々に極端に偏っている」[2]のである。また構造的な不平等に加え、ライフコースの両端である子ども期と老年期において貧困がどのように経験されるかを考察する。ちなみに、ライフコースという概念はひとりの人間が生涯にたどる道筋の複雑さを捉えたものだが、貧困のジェンダー的な理解にはとくに関係が深い。[3]現実には、個々の社会的区分は相互に交差し、作用し合っている。また、ライフコースの段階によって、個々の影響が強化されることもあれば軽減されることもある。[4]ではあっても、分析を容易にするために、ここでは別個に論じることにする。

最後に考えることになるのは、空間的な次元についてである。貧困を生きるということは、さまざまなレベルで同時に貧困を経験することである。もっとも根本的には個人のレベルであるが、家族や共同生活のレベルでもあるし、さらには近隣地域のレベルでもある。個人のレベルには特定のジェンダー、「人種」、民族性、宗教、社会階級、年齢、性的指向、障害の有無が備わっている。多くの場合個人が属することになる世帯や共同生活単位は、貧困の程度や性質に影響することがある。そしてそのうえで、そこに暮らす近隣地域がつくりだす物理的、社会的環境がある。これら空間的なレベルについての問題が浮かび上がってくるのである。[5]そしてさらに、こうした各レベルで、そしてそれを超えて行使される力・権力がある。この力が、世帯というミクロなレベルから国家／世界レベルのマクロなレベルまで、あらゆるところで、個人および集団を適切な資源へのアクセスから排除するのである。[6]

## 不平等、社会階級、二極化

ジョン・スコットは、剝奪と特権という表象を通じて行われるこの排除のプロセスを、「社会の市民が享受している通常範囲の生活様式からの両極への逸脱」[7]と分析している。不平等の階層関係の両端にある異なった力、異なった機会は、「剝奪された人々は大衆的な生活から排除され、特権を持つ人々は自らの特別待遇から大衆を排除することができる」[8]ことを意味している。スコットは、剝奪と特権は明確な「状態であり社会的地位」であって、単に統計階級のランキングの底辺と頂点ではないことを強調している。[9]そして、貧困の原因は富の原因と不可分であると結論づけている。[10]これはR・H・トーニーの有名なことばと呼応する。すなわち「思慮深く富める人々が貧困の問題と呼ぶものを、同じくらいに正しく、思慮深く貧しい人々は、富者の問題と呼ぶ」[11]。そして、「問題」がやがて不平等であると理解されると、「構造変化の必要性」が明確になるのである。[12]

相対的に理解された場合でも、貧困は不平等と同義語ではない。これは、第1章で強調したとおりである。しかし、やはり貧困とその慢性化は不平等と密接に関連している。[13]国際的な比較は、貧困レベルの低い国の方が高い国よりも、全体として平等だということを如実に示している。[14] 不平等が大きくなればなるほど、上位の人々は貧困の現実から隔離される。そして、底辺の人々に共感する可能性が低くなり、構造的変化や底辺の人々の立場を改善するために必要な予防・再分配政策のケースに共感する可能性が低くなる。[15] 社会階級は依然として「貧困の分布、経済的不平等の分布の土台となっている」[16] し、また、その「道徳的意義」を通じて、「貧困下の人々の構造的屈辱」[17] の土台ともなっているといえるだろう。「新しい貧困」を発見・定義し、そういった貧困に対しては中流階級も同じように脆弱であるとしたライゼリンクとライプフリートにしても、やはり「経済的な階級が低い家庭の方が明らかに貧困のリスクが高い」ことを認めている。イギリスのような不平等社会では、社会階級が物質的不平等を伴って、現在も平均余命、健康、教育、雇用機会に影響を与えている。これは社会としての全般的な社会の質にもかかわってくる。[18]

二〇世紀末、そして二一世紀初頭には多くの国で、所得と富の両方で不平等が増大した。[19] これは、社会経済的な二極化のプロセスと表現するのがもっともふさわしい。このプロセスは世界的なレベルでも進行してきた。近年の傾向には一部に異論もあるが、世界の所得分布と富の分配には依然として「著しい不平等」[20] が存在する。多くの貧困研究者が、国内レベルと国際レベルの両方で不平等が削減されないかぎり、貧困に効果的に取り組むことはできないという結論に到達している。不穏当なほどの不平等は避けることができるのである。[21]

## 貧困の経験

貧困と不平等とを分けるものは、剝奪の経験である（第1章参照）。これには物質的剝奪と社会的剝奪の両面が含まれる。その剝奪の深さと性格を決めるものは、ひとつには貧困期間の長さであり、それが一度きりなのか反復される現象かということでもある。心理的に見ても、貧困への当事者としての対策から見ても、重要となってくるのは、その貧しさがどこまで続くのか見通しがつくことである。

イギリスでは、貧困の物質的影響について、一連の質的、量的な研究が行われてきている。（第2章で論じた）最新のPSE-UK調査では、たとえば、住居の状態や暖房、食糧、必要な家財道具や衣類、一般的な社会活動に参加する能力などに関連する、収入不足による剝奪がひろがっていることがわかった。[22] 質的な研究は、そのような剝奪がそれを経験している人々にとってどのような意味を持つのか、より実感させてくれる。一般に、そこに見られる描写は、いつでもなにか制限にぶつかること、必要なものをなしで済ませること、週末までにお金を使い切ってしまうこと、借金、限られた選択肢、閉塞感、自発性の余地がないこと、家族関係の崩壊などである。[23] イギリスの一〇二件の質的研究のレビューから浮かび上がった中心的なテーマは、「多くの世帯の経済状況の脆さの感覚である。綿密な計画にもかかわらず、予期せぬ出来事や支出（それも多くの場合は比較的小さな支出）によって、ぎりぎりの予算が限界を超えてしまう」ことである。また、「安定が失われた感覚は…、低所得者の生活の質に大きな影響を与え、それらの人々はこの感覚を通じて世界を見るようになる」。[24] その結果、ストレスや不安によって、身体的、精神的な健康に有害な影響が生じる。「生きてるんじゃなく、いるだけ」というのが、貧しい人々が貧困の物質的影響を表現する際に、繰り返し用いられるフレーズである。

こうした影響が主観的にはどのように経験されるかは、社会集団によって異なる可能性がある。フーパーらは、その質的研究に基づいて、貧困の物質的側面と社会的、関係的側面が「(貧困の経験には) 織り込まれており、……貧困の経験を理解する上で多様性の問題がますます重要になる」[25]という認識を示している。このことは本章の主な議論を下支えする。すなわち社会的区分とライフコース上の位置との交わりが、ここで述べるような、貧困の影響と経験を構成しているのである。

## ジェンダー

ジェンダーはもっとも大きく異なった区分を構成している。貧困をジェンダー的に分析すると、(多くの国で顕著ではなくなってきているとはいえ) その発生率が不平等であることが明らかになる。しかしそれ以上に、より重要なのは、貧困の原因と結果の両方が深くジェンダー化されていることが明らかになることである。言い換えれば、「貧困そのものがジェンダー化されている」。[26] すなわち概念的にも方法論的にも、単に「見失われていた女性を加える」ことをはるかに超える意味がある。貧困とジェンダーに関するエビデンスをレビューしたある論文には、「ジェンダーのレンズを通して貧困を見るには、社会的・経済的関係、そして制度を検討する必要がある」と説明があるが、それは「貧困に至る過程が本質的にジェンダー化されており、そこからぬけだす可能性を持った道筋も同様に本質的にジェンダー化されている」[27]ためである。タウンゼンドも「［一九九〇年代のジェンダーと貧困をめぐる議論の］影響は根本的なものであった」[28]と認めている。またこれだけでなく、ジェンダー視点での分析は、女性と貧困の関係だけでなく男性と貧困の関係にも光をあてることができる。ゆっくりとではあるが、これも認識されるようになってきている。[29]とくに、伝統的なジェンダー観によるアイデンティティは、貧困の社会的関係に浸透していることがある。[30]たとえば、「稼ぎ手」としての役割を自分自身のアイデンティティとする男性は、家族を十分に支えられなければ恥や罪悪感を感じる可能性が高い。一方、母親は、消費社会におけるスティグマから子どもを守ることができない場合、あるいは子どものために福祉機関とかかわりを持ったりする場合、その結果として恥辱を受ける傾向が高い。[31]

## 「貧困の女性化」？

典型的には、女性は男性よりも大きな貧困リスクに直面している。その事実が注目されはじめたころにEUとアメリカで集積されたエビデンスは、程度の差こそあれ（スウェーデンの明確な例外を除いて）、そう示していた。[32]しかし、ジェンダーに関して生のかたちで目に見える貧困格差は近年狭まり、いまでは必ずしも見分けがつかなくなっている。[33]より目につくのは、女性世帯主の家庭、とくにひとり親家庭や年金受給単身者に分類される世帯の貧困である。[34]イギリスの分析では、子どもの存在によって家計が貧困に陥る可能性は、男性の場合よりも女性の場合の方が高いことが示唆されている。[35] たとえばケアをする人（とくに要介護度の高い人の介護者）のような女性が多数を占める集団もリスクが高い。[36] 対象者を長期にわたって追跡する縦断的な分析では、女性が慢性的な貧困、反復的な貧困に陥りやすいことが示されている。[37]

「貧困の女性化」という用語は、そうしたパターンを捉えるために広く使われてきた。（一九七八年にダイアナ・ピアースによって）アメリカでリスクの高い女性世帯主の世帯数が増加していたことに対して使われるようになった当初、そのレトリックには、アメリカをはじめ世界的に女性の貧困を覆い隠していた霧を吹き払う力があった。しかし、それは多くの点で誤解を招くものでもあった。意味論的には難点がふたつある。まずひとつ、典型的にこれは、「プロセスではなく状態」[38]を指すのに使われ、それによって両者が混同され、混乱することである。ふたつめには、これが新しい現象であることを暗示してしまうことである。シルヴィア・チャントによれば、「理論的にも、解説のためにも、説明にもほとんど役に立たない無骨な用語」[39]であることが次第に認識されつつある。それゆえ、貧困を「ジェンダー化されたもの」として捉える考え方が好まれるようになってきている。

「貧困の女性化」という命題に関する問題のひとつは、それが典型的には世帯内の個人ではなく世帯主に基づいた統計に頼らざるを得ないことである。[40] あるいは別の手段をとるなら、個人についての大まかな「当て推量」[41]に頼らざるを得ない。その代表的な例が、広く引用される「世界の貧困の七〇％は女性」という国連の主張であり、これは「事実というより〈事実のようなもの〉」と評されている。[42] 女性が世帯主である世帯の貧困リスクにばかり目を向けることは、この集団内がそもそも均質ではないことを覆い隠す。さらに、生活様式が国によって異なることの影響（たとえば、該当する世帯が統計上は拡大家族世帯の一部であるためカウントされない場合）も見えなくなる。そしてさらに重要なことには、男性世帯主の世帯における女性の貧困を覆い隠してしまう。[43] 個人をカウントするといいながら、実際には、世帯収入が公平に分配されているというヒーローまがいの前提のもとで世帯収入から貧困の推計をすることは、女性の貧困を過小評価する可能性が高い。

## 隠された貧困

ギータ・センは、「世帯内の不平等を認識しなければ、だれが本当に貧しいのか理解できない」[44]と論じている。家庭内での所得と消費の不平等な分配は、隠れた貧困を意味することがある。男性パートナーが貧困でないが女性が貧困である場合、貧困が女性により強くのしかかる場合がそうである。家計管理に関するイギリスの研究には、所得が家庭内で必ずしも公平に分かち合われないこと、女性の方が男性より「個人的なことにお金を使うこと」が少ないことを示しているものが多数ある。[45] こうした調査の大半は小規模で質的なものだが、量的な調査群によっても、その主な結論は支持されている。[46] EUレベルの分析では、資源を十分に共有していると想定される世帯の三分の一近くが実際にはそうしていないことが示されている。[47]

消費と剝奪に関していえば、質的な調査は、やはり男性の方が食糧のような日常の商品についても、自動車のような耐久消費財についても「特権的な消費者」である傾向を強く示している。しかもミラーとグレンディニングが指摘するように、「それぞれが与える利益と自由という観点から見れば、『彼の』車と『彼女の』洗濯機はとうてい等価物だとはいえない」[48]。PSE-UK調査は、限定的な範囲ではあるものの世帯内の不平等の測定が可能になるように設定されてきた。それによれば、一九九九年以降、男女の剝奪格差は縮小しているが、子どもがいる場合にはより顕著な格差があることがわかった[49]。カラギアンナキとバーチャードは、ヨーロッパの幅広い文献の簡単なレビューに基づいて、女性の不利益になる不平等な世帯内剝奪のエビデンスはたしかに存在するが、その程度は文化的な文脈、経済的な文脈、（とくに福祉国家では）政策の文脈によって一様ではなく、また、家族・世帯の形態によって異なる、と結論づけている。とくに、「各個人が家庭にもたらす収入の配分は、資源に対するコントロールと関連している可能性があるのだが、カップル内では女性の収入比率が男性よりも小さい傾向がある」[50]ことが示されている。カラギアンナキとバーチャードがEU-SILCデータ（第2章参照）を分析した結果、「ヨーロッパの成人の属する世帯のかなりの割合が、成人した世帯員間で不平等な剝奪結果をもたらしている」[51]。これはとくに、複数の家族単位からなる「複合世帯」において顕著である。さらに、明らかに「世帯内の困窮の不平等の程度は、すべての国の全体的な困窮の水準にかなりの影響を与えている」[52]。

### 経済的依存

女性の隠された貧困は、一方では女性の経済的依存と男性の権力に伴う構造的要因を、他方では他の家族構成員、とりわけ子どものために自身のニーズを犠牲にする女性のエイジェンシーを反映している。ジェンダーに基づく分業ではいまだに男性は有給の仕事を担う部分が大きく、女性は無償の家庭内労働を担う部分が大きいのだが、そのなかで支払いうるケアの代価として、（全面的なものであれ部分的なものであれ）女性の経済的依存がある。このことは、多くの女性が適切で自立した所得にアクセスすることを妨げるとともに、男性の経済的自立と権力に寄与する。[53]これはまた、ジェンダー化された貧困のリスクでもある。[54]いまでは男性パートナーへの完全な経済的依存は少なくなってきており、女性の収入は重要性を増している。家族が貧困に陥るのを防いでいるのだ。[55]女性の経済的自立の広がりと程度は、ライフコース上の時期によって、また集団や国によっても違ってくる。たとえばイギリスでもアメリカでも歴史的に黒人女性は白人女性と比べて経済的依存が低く推移してきた。また一般的に、北欧諸国ではこの現象は以前からそれほど顕著ではない。

とはいえ大半の国において、女性の収入（とくにパートタイムによるものである場合）は、真の経済的な自立を支えるには不十分であることが多い。これは世帯内での経済力のバランスという観点から見ても、（「とも稼ぎ」収入に依存する家庭が増えている現実のもと）貧困に陥らず自立している世帯を維持する能力という観点から見ても、不十分である。[56]これはある部分、女性の経済的依存というイデオロギーへの固執が、弱くはなっても続いていることを反映している。このイデオロギーの下では女性は男性に養ってもらうものとされている。労働市場という公的な領域と家庭という私的な領域の両方で、女性の経済的地位の低さを正当化するイデオロギーである。したがって、このイデオロギーの物質的影響を免れているのは、一般には特権的な女性だけである。

女性の経済的依存が意味するのは、家庭内での所得と資源の不平等分配から生じる隠された貧困だけではない。たとえ資源が公平に分け合われていても、自分と子どものニーズを独力で十分に満たせる所得のない女性は、パートナーの裁量に依存した状態にあり、万一ふたりの関係が破綻した場合の備えも十分ではないことから、貧困に対して脆弱なのである。ここでもまた、この種の経済的不安定の影響を理解する上で、ライフコース的な視点が重要であることが強調されるだろう。[57] イギリスのある研究からは、全面的ないし部分的な経済的依存に典型的に見られる不平等な力関係が、多くの女性にとって、資源に対するコントロールの欠如、権利の欠如、義務と服従の感覚として経験されていることが示されている。[58] 経済的な依存は、家庭内暴力への脆弱性を高めることにもなる。[59] たとえば、「女性が金銭へのアクセスをほとんど失っているため、日々の生活から人生全体まで重要なことがらを自分ではなく夫が決めるようになり、自由が根本的に制限されるようになる……経済的暴力」[60] などが挙げられる。現在では経済的な虐待の重要性は認識されているわけだが、これは多くの場合、物理的な暴力につながる。[61] 結果、ひとり親である方がましだと感じる女性も現れる。家庭に入る金銭が少なくとも、それを自分でコントロールできるからだ。[62] 高齢の女性でさえ、男性パートナーや元パートナーから経済的な虐待を受けることがある。[63]

## 自己犠牲

隠された貧困の第二の側面は、女性の自己犠牲によるもので、その歴史は長い。[64] 低所得家庭がどうやりくりしているのかを調べた最近の研究でも、母親が往々にして食事や衣服、暖房なしで済ませていることがわかる。所得が不十分なとき、自分以外の家族、とくに子どもに対する影響をやわらげようとするのだ。[65] この「強制的な利他主義」が当然視されていることがあまりにも多い。[66] これひとつとっても、女性が貧困の緩衝材の役目を果たす傾向が強いことがわかる。低所得家庭で家計管理に全般的な責任を持ち、その一環として貧しさと負債のやりくりをしているのが女性なのだ。[67] こうしたことのストレスから、身体的、精神的な健康が損なわれることもあるが、同時に家計をやりくりすることに誇りを自覚する女性もいる。[68]

## 時間

貧困のやりくりには、いくらでも時間がかかる。しかし「貧困者の時間は価値がないとみなされている」。[69] 裕福な人々は金銭で時間を購《あがな》う。時間の節約になる商品や他者のサービスを購入する。だが、貧困者はたいていその逆で、金銭を節約するために時間を費やす。[70] しかもそのほとんどは女性の時間である。したがって、女性は男性よりも収入の面でも時間の面でも貧困である可能性が高い。働いているひとり親の女性はとくに脆弱だ。[71] それが自身の幸せのためだとときに考えながら、「休日を減らし、時間の使い方をきつくすることで、女性は貧困のコストを内面化している」。[72] 時間を消耗するケアワークに加え、家庭での仕事に費やされる女性の時間があってこそ、所得は生活水準に変換される。食事や清潔な衣服などなど、家族が享受する生活水準はそうやって確保される。であるがゆえに、だれがどれだけの所得をもたらすかだけでなく、責任の配分に関しても考慮しなければならないと、タニア・バーチャードは論じている。[73]

このことは、貧困の概念化と測定に関係してくる。[74] 時間もひとつの資源であり、経済的資源と相互作用する。貧困のジェンダー化された性質を十分に理解するためには、所得を生活水準に変換するために（センのことばに従えば、ケイパビリティとファンクショニングに変換するために）、この資源を男性がどれだけ費やしているのか、女性はどれだけ費やしているのかを知る必要がある。したがって、世帯内では、所得や消費に関してだけでなく、資源を生活に変換したあとに残される自由に使える時間とエネルギーという観点からも、女性が男性よりも貧しいのかもしれない。そしてこれは、女性の相対的な「人生の目標を追求する上での実質的な自由」[75] すなわちケイパビリティに影響しているかもしれない。もちろん物質的貧困を伴わない時間の貧困もありうるが、両者が共存している場合には、状況を悪化させる新たな次元が貧困に加わることになる。また場合によっては、時間の貧困という犠牲によってのみ物質的貧困が回避できるということもあるだろう。[76] さらに、物質的貧困と時間の貧困の両方と相互作用する次元として、交通の問題がある。女性は、貧困をやりくりする過程で、とくに公共交通機関に大きく頼ることになる。[77] お粗末な公共交通は、時間の貧困を深刻化させる。[78]

## 個人か世帯か

第1章・第2章でふれた貧困の概念化と測定に関係してくるジェンダー視点ということで、もうひとつ大切な点がある。それは、この視点が貧困が世帯ではなく個人によって経験される点を強調するということだ。ある時点で享受している物質的な生活水準がどうあれ、資源のコントロールができず、自身を養う自立した手段を持たない女性は、貧困に対して脆弱である。[79] センのケイパビリティによるアプローチやウェルビーイングの考え方は、本質的に個人に着目する。この両者をあわせることで、女性の貧困について考えるための有効な枠組みが得られる。[80] しかし、ここで先に本書で論じた「低所得は貧困の定義の重要な要素だ」ということを思い起こすと、なるほど、第2章で述べた方法論的な問題は解決していないのだと思い至る。すなわち世帯内の個人の所得をどのように測定するのかという問題である。それも、どこまでがその個人に係る支出なのかを含めて測定できるのかという問題である。[81]

ダーモットとパンタシスの結論は、個人についての測定と世帯についての測定の両方が必要だということだ。[82] さらに加えて、いくつかの立場の間には緊張関係がある。女性の隠された貧困のさまざまな側面を明らかにするうえで必要なものとして個人に着目することと、そういった貧困を家族と女性との感情的・道徳的関係に根ざすものとして理解することと、[83] より一般的なジェンダー関係のなかで理解することの三つの立場である。[84] 個人を区別しない世帯分析を〈正〉とし、個人に着目した分析を〈反〉とするなら、個人に着目した貧困の経験の関係的な文脈での理解を〈合〉として獲得する必要がある。個人を対象とするべきだという論にコメントする人々が指摘するところだが、この考えが前提とする自分の資源と「自分であること」を自分自身でコントロールしたいという欲求を、身勝手や個の分断と取り違えるべきではない。[85]

## 家族、労働市場、国家

女性の隠れた貧困は、ジェンダーに基づく分業と継続的な性差別、ジェンダーによるステレオタイプ化、現実とイデオロギーの両面での女性の経済的依存における、女性の権力的地位の低さを反映している。これらが合わさって、労働市場、家族、福祉国家における女性の地位の低さを助長している。この三者の相互作用こそが、生涯にわたって女性の経済的地位を決定し、男性の貧困原因と女性の貧困原因を大まかに分けているのである。しかしながらこの三つの資源システムの正確な配置は、福祉制度によって違いがあり、さまざまな労働市場や福祉政策、家族に対する政策が反映している。[86] ＥＵの研究をもとに、ベネットとデイリーは、労働市場と家族との間に働くジェンダー化された相互作用は男性の労働者の視点と女性の労働者の視点ではむしろ異なって見えると指摘している。「同じように〈仕事がある〉状態で遭遇する貧困でも、男性は家族の状況（収入のないパートナーがいることなど）のために貧困であることが多いのに、女性は自分自身の雇用状況（低賃金、不完全雇用など）によって貧困であることが多い」。[87]

女性の貧困に取り組むための効果的な政策は、労働市場や国家から得られる十分で自立した所得へのアクセスを保証するものでなければならない。そしてそれは、ジェンダー化された分業に対処する行動とともに、労働市場、福祉サービス、所得維持政策の組み合わせを通じて行われねばならない。自立した所得へのアクセスは、カップル間での女性の経済的地位を強化するとともに、自律的な世帯を確立する力をもたらす。このことは、家庭内暴力や虐待がある場合にはとくに重要である。

## 「人種」と民族

ここまでは、貧困がジェンダー化されているようすを、その発生率のみならず、原因と結果の観点からも見てきた。しかしジェンダー化された貧困の経験を形成する社会的区分はほかにもある。もっとも顕著なものは「人種」である。黒人および少数民族集団の女性はとくに貧困のリスクが高く、その経験にも特徴がある。[88] 貧困は大きく三つの意味で人種的な現象である。すなわち、貧困に陥る比率、人種差別と人種差別主義が関与すること、人種によるステレオタイプ化と関連することの三つである。

### 貧困に陥る比率

〈北〉でも〈南〉でも、貧困には人種的、民族的なパターンがある。すなわち白人が支配的な社会においては、非白人の集団は人口比以上に貧困に陥りやすい。さらに、移民、亡命希望者、ロマ、先住民は、とくに貧困に対して脆弱である。[89]〈北〉において、貧困の人種的パターン化がもっとも顕著なのはアメリカで、黒人とヒスパニックの貧困率は、非ヒスパニック系白人よりもつねに顕著に高い（ただし、総数では非ヒスパニック系白人が最大になる）。貧困と「人種」のつながりについては、ヨーロッパでは以前から文献資料が少ない。イギリスで公式の統計によると、少数民族集団ごとに貧困の実態は相当にさまざまであるが、全体として「どの少数民族集団における貧困も、白人における貧困よりはるかに高い比率で発生している」。[90]

## 人種差別と人種差別主義

こうした人種による貧困のパターンはなにを原因としているのだろうか。分析する人の大半は、人種差別主義と人種差別を重要な要素と考えている。たとえば世界銀行は「教育、雇用機会、情報における差別の累積効果」と心理的影響が、白人中心社会における黒人の経済的地位を弱体化させていることを認めている。[91] これは、ロマ、ジプシー、アイリッシュトラベラーに関しても同様である。[92] 空間的には、剝奪を受けた地域にこれらの人々が集中することも、この経済上の不利を強化している。[93] イギリスでは、さまざまな少数民族集団の労働市場での実態が多様化し続けているにもかかわらず、失業、賃金、仕事の質という点では共通してこれらの人々が不利な立場にあるという証拠が十分にある。[94] 入手できる証拠からは、ヨーロッパ全体では、同じことがさらに広くあてはまることが示唆されている。カルワント・ボパールは、根強い人種的不平等の根源として「白人の特権」を挙げている。[95]

少数民族集団は、福祉国家内でも不利であることが多い。これには多くの要因が関係している。たとえば移民の第一世代に対する差別的なルール、文化的な差異に対応しない公共サービス、役所の差別的態度、少数民族コミュニティの受給率の低さ、などが挙げられる。[96] しかも移民と亡命希望者に福祉へのアクセスを減らしていく顕著な傾向がある。黒人の福祉利用者、とりわけ福祉制度・施設にかかわることの多い女性に対する屈辱的な扱いは、日常的な人種差別主義がいかに貧困の経験を深刻化させるかという一例である。

## 人種という基準で行われるステレオタイプ

こうした人種差別主義と密接に結びついているのが、さまざまなことを人種という枠組みにあてはめていくプロセスである。大まかな理解として、これは一方では貧困との関連を通じて、そしてまた、構造的な分析ではなく個人に貧困の原因を求める言説内の「福祉依存」と結びつけて、黒人をステレオタイプ化し、スティグマを強化する働きをする。また他方では、「福祉」を人種差別論的に黒人と結びつけることを通じて、「福祉」受給者のスティグマが強化されることもある。[97] この二重のプロセスがもっとも顕著に見られるのはアメリカである。アメリカでは「貧困を人種の枠組みにあてはめることが、以前から、貧しい人々を政治的に無力化し人々の不満を抑えるうえでの中心的な特徴であり」、隠れた富の不平等をカモフラージュする働きをしてきた。[98] 並行して進行したこれらふたつの（ジェンダー化された）「福祉を人種的な枠組みで捉える」プロセスは、一九九〇年代において実に見事に福祉を受ける権利の解体を促した。[99]

このプロセスでは、メディアが重要な役割を演じてきている。[100] とりわけ（アメリカという文脈で）きわめて人種的に構築された「アンダークラス」という概念を伝播させたことが大きい（第

4章参照）。この構図は番組コメンテーターの言説に広く用いられてきたが、それは「都心部の黒人とほぼ同義語として、価値のない貧民という古い役どころを振り当てた」ものであり、具体的には黒人の十代の母親や若年失業者を語る際に持ち出され、そしてその際には、数ではずっと多い貧しい白人のことを無視するように描くものであった。[101]「黒人のアンダークラスというイデオロギーは、既存の人種的不平等を正当化する助けとなったばかりか、黒人が多くの社会悪の原因だと指弾するものであった」。[102]

しかし、本書の第一版では見落としていたことではあるのだが、イモジェン・タイラーがいみじくも指摘する人種についての次元がもうひとつある。それは、「白人」もまた「人種という枠組みをあてはめられた言説」[103]だということである。「ホワイト・トラッシュ」「トレーラー・トラッシュ」「チャヴ」といったラベル（第4章でさらに論じる）は、「他の形での〈白人らしさ〉から距離を置くことができるよう、労働者階級を人種的な枠組みにあてはめる」。[104]それは、貧困によって汚された「受け入れられない〈白人らしさ〉」[105]なのであり、周縁的な地位によって特徴づけられている。この周縁的な地位とは、これらの人々より以前から差別されていた人種的集団に近接している場合である。[106]あるいはアメリカの例なら、孤立した田舎の「ヒルビリー」や低所得者の移動住宅が集まる駐車場に関係づけられる場合である。[107]いずれにせよ、白人の労働者階級が直面する困難の原因としての構造的な不平等ではなく、人種的な枠組みをあてはめられた黒人の集団や白人の文化的な程度の低さをあげつらうようなかたちで、階級は「人種」と混同され、曖昧なものにされている。[108]このように、黒人と白人の両方の視点から、貧困と「福祉依存」を人種の枠組みから見ることは、「アンダークラス」というラベルとあわせ、「被害者を責める」という古典的な機能を果たしてきたのである。

## 障害

貧困と障害との関係は、ある意味、貧困と「人種」の関係と類似している。たとえば貧困に陥る比率、具体的な要因（差別を反映するものもある）、一般社会による障害者の扱い、などである。とくにジェンダーから見た貧困とは重なる部分が多い。障害者は女性の方が多いからである。[109]

### 貧困に陥る比率

貧困は障害の自動的な結果ではないが、密接な結びつきがある。これは〈北〉でも〈南〉でもいえることだが、原因、経過を含め、そのあり方には違いがある。イギリスのデータを見ると、一方では子ども時代に社会経済的に不利を負った人々が慢性的な障害を伴う状態に至る確率が高く、他方では、障害が高い貧困リスクを伴っている。[110]しかしこれでも、貧困の本当の水準をまだ低く見積もっているというのが大方の見解だ。障害によって通常以上にかかるコストの分を調整していないうえ、障害者支援の福祉給付は含めているからである。[111]EUのデータによると、障害者の貧困リスクは非障害者よりも一貫して高い（ただし、追加的なリスクの大きさはかなり多様である）。[112]たいていの場合、貧困への脆弱性は障害者本人だけでなく、家族構成員にも及ぶ。とくに、介護を行うために労働市場での活動を制限されている家族（一般には女性）についてはそうである。[113]

## いくつかの原因

介護者への影響が間接的な障害のコストとして表現されることもある。さらに根本的なこととして、さまざまな形態の障害に伴って通常以上に発生するニーズは、他の低所得者にはない支出を生み出す。主な例としては、特別食、さまざまな機器や補助具、動けないために通常以上に必要となる暖房、移動のためのコスト、などが挙げられる。しかも障害者は、一般の人々と比べて、情報技術へのアクセスを不可欠と考える傾向が強い。[114] 第1章で触れたように、セン[115]は障害に伴うさまざまなコストの例を挙げて、所得をケイパビリティに変換する方法が、集団ごとにいかに多様であるかを鮮やかに示している。すなわち、非障害者にとって十分な所得額を「x」としたとき、ほかの条件をすべて同じとして、障害者の場合には、通常以上に追加的なコストが存在するため、xはケイパビリティの欠落と貧困を意味するのである。これは、同様の所得で暮らす非障害者に比べて、障害者は大きな物質的剥奪を経験する傾向にあるということである。[116]

障害者は多くのコストを抱えやすいだけでなく、労働市場において不利な立場にあることから、所得も低い傾向がある。[117] 同じ水準の資格を持った非障害者と比べて、失業の可能性が著しく高く、賃金の歩合も悪い。このような「障害による雇用のペナルティ」はヨーロッパ全土を通じて、程度の差はあるもののあらゆる国で見られる。[118] 障害者が労働市場で不利な立場におかれていることには、他の貧困者と共通する要因――もっとも顕著なものは社会階級、そして学歴を持たないこと――と、障害に特有な要因の両方が働いているのである。

## 排除と差別

障害に特有の要素を理解するには、「障害の社会モデル」の枠組みを用いるのがもっともよい。このモデルは、障害に関する個人主義的、医学的な理解を拒絶するもので、問題の源を社会の作為ないし不作為のなかに位置づけるものである。このモデルでは、身体的、精神的な機能・形態障害のある人々は、主流となっている社会的、経済的、政治的活動への十分な参加から社会的な作為または不作為によって排除されていると考える。つまりは、制度的、環境的な差別なのである。たとえば、職場や公共交通機関が対応しないことによって労働市場で劣った立場におかれているのであって、個人の能力が欠如しているためではない。そういった制度的差別のひとつの結果として、貧困が存在する。[119] 障害から生じる不公正とジェンダー的な不公正に二重にとらわれる障害者女性は、「障害者男性と比べても、男女を問わず非障害者と比べても、経済的に苦しい」可能性が高い。[120]

貧困と障害のつながりを強化するのは物理的な障壁だけでない。障害者になにができるんだという、否定的な態度、理解の欠如、期待が低いことによってつくりだされる障壁もある。[121] こうした社会的な障壁は、障害者の排除と周縁化を助長する。障害者は、人間関係で差別にさらされている。このような差別は否定的・敵対的な態度や行動の結果としてもたらされ、もっとも極端な場合には、言語的な虐待、身体的な虐待として表れる。[122] イギリスでは、障害者手当の受給者についてのネガティブな報道が、ときとして「ヘイトクライム」と関連づけられることがある。こういった犯罪は「軽蔑、憎悪、敵意を動機」[123] とするものであり、根底にある「尊重・敬意の欠如」[124] を反映したものである。人種差別主義の場合と同様に、こうした態度は、貧困の経験をさらに深刻なものとする。そしてそのこと自体が、また尊重・敬意の否定として経験されるのである（第4章参照）。

## 年齢

障害は人生の後半に経験されることが多い。[125] そう考えれば、貧困の生活への影響が年齢段階ごとにどのように異なるのかという疑問が湧いてくる。ラウントリーは「貧困のライフサイクル」を見出したが、その考察では子ども期、子育て期、老年期が貧困に陥りやすい時期とされている。このパターンは現在でも正しいが、それは部分的にと留保をつけた上のことであって、実際にはもっと複雑で動的な形態をとる。それを捉えるのが「ライフコース」の考え方である。[126] さらにいえば、貧困が経験されるのはライフコースの初めと終わりの時期であって、そのようすには特徴がある。こういった見方をとることは不平等と構造的な社会的区分から焦点を移すことになるが、それでも不平等や社会構造はライフコースを通じての個人の道筋を形づくるものとなるのである。

## 老年期

従来より、世界的に貧困と老年期の間には強い関連が存在してきた。しかし、多くの国でその関連性は弱まりつつある。実際、イギリスでは、年金生活者の貧困の相対的リスクはいまや人口全体のそれよりも低く、貧困のライフコースの上での位置づけが大きく変化したことを表している。[127] これはまた、EU全体の傾向を反映したものでもある。[128] アメリカでも同じことがいえるが、そちらの傾向はより長期的である。[129] 老年期の貧困の明確な特徴はそこからぬけだすことが難しいことである。年齢が高い層や病弱な層にとってはことさらに難しい。これは、賃金労働がほとんど選択肢に入らないことによる。社会が高齢者の労働市場への継続的な関与を不適当とするようになっているからだ。したがって長期的貧困のリスクは、いまも相対的に高い。イギリスでは人口統計上、シングルペアレントに次いで年金生活者が、持続的な低所得状態に陥りやすい層となっている。[130]

また、高齢者の貧困率が全体的に下がっている国でも、高齢者どうしで大きく差が開いていることが多い。[131] 驚くことでもないが、根本にある階級、ジェンダー、民族といった区分が貧困の経験を形づくるうえで大枠を決めている。高齢女性はとくに、貧困のリスクが一貫して高い。[132]

## 子ども期

子ども期も貧困に対して脆弱な時期である（青年期も同様になってきている）。[133] 子どもは世帯に通常時以上の出費を強いる。しかも、多くの国ではこの時期に親の収入が下がってしまう。労働市場での母親の活動が減るためである。しかし、子どもの貧困の傾向とその比率、さらに全体的な貧困率に対する水準は、社会によって大きく異なっている。[134] たとえば、世界の経済先進国ではアメリカの子どもの貧困率は飛び抜けて高く、北欧諸国ではもっとも低い。[135] アメリカやヨーロッパ諸国のほとんどでは、子どもは大人よりも貧困のリスクが高い。[136] しかし、ＰＳＥ－ＵＫの調査では、子どもと暮らす大人は、当の子どもよりも貧困である可能性が高い。これは子どもを守ろうとする防御行動の反映であると考えられる。[137] 子どもの貧困においても階級と「人種」は重要な決定要因であるが、その人種的パターンや、イギリス国内のジプシーやアイリッシュトラベラー、難民や難民申請中の子どもたちに特有な脆弱性は見落とされがちである。[138]

子ども期の持続的な貧困・再発性の貧困が一部の国で高水準となっていることを懸念する議論では、子どもの将来のライフチャンスに与える悪影響が語られることが多い。[139] ある大規模な調査では、貧困が子どもの発達とその後の教育達成や就職の見通し、健康、行動に不利な影響を及ぼすことが如実に示されている。[140] このような長期的な視点の重要性については異論がない。しかしながら、子どもの権利の観点からは、「子ども時代の子どもの幸福こそが重要なのだ」。[141]「子どもの貧困は大人の貧困とは区別される」。[142] 子どもを中心においた視点の必要性が徐々に認識されつつある。貧困が子どもである時期そのものにとってどんな意味があるのかに力点を置くことが当然であり、子どもを自らの人生における行為主体（エージェント）として扱う視点である。貧困に関する子どもの視点を取り上げた論文集の序文でテス・リッジとピーター・ソーンダーズが論じているように、「貧困の当事者としての経験や、経済的不利に伴う強力な社会的力学・関係的力学を理解するには、貧困を経験している人々と意味ある形でかかわることが重要である」。[143] 子どもを中心においたリッジの画期的な研究は、子どもの貧困の社会的力学、関係的力学に新たな光を当てた。その研究によれば、とくに懸念されるのはスティグマである。すなわち、周囲と「違っている」こと、周囲に「あわせる」ことや「加わる」ことの難しさであり、〈いじめ〉につながることがわかっている。[144] 第4章で見るように、スティグマは成人にとっても問題であるが、アイデンティティの感覚が発達中の子どもや若年者にとっては、とりわけ破壊的な影響となりうるものである。子どもを対象とした研究は、政策課題に対しても新たな視点を提供している。[145] 子どもが遊べるオープンな公共空間の重要性や、単身の母親の時間の貧困が子どもに与える影響などである。[146]

## 地理

ここまで、社会的区分とライフコースがいかに個人の貧困経験を形成するかを見てきたので、こんどはその地理的な次元に目を向けてみよう。これは「場所」「空間」の把握を通じて表現される。[147] 空間という次元は、社会排除の考え方を用いるうえでとくに重要視されてきている。「貧困の地理的側面」には三つの意味がある。第一に「貧困視点から見た人」の空間分布、第二に「貧困が見られる場所」の空間分布（この両者は必ずしも一致しない）、そして第三にその地域の物理的、社会的空間内における実際の経験の空間分布である。[148] ポール・メルボーンは、「貧困の生産、貧困の表象、貧困の物質面、貧困の経験に関する〈貧困の局所地理〉」について論じている。[149] このように、地理は貧困に関与し、これを形成する。

「貧困視点から見た人」の空間分布は、かなりの部分、アーバン地区への集中と富裕地区からの隔離を伴っているのが一般的だが、そのパターンが国によって違うこともある。アーバン地区への隔離がとくに顕著なのはアメリカで、二〇世紀末にこのプロセスが人種的な枠組みを深刻に伴って激化した。[150] イギリスでも、貧困の地理的な集中が進んでいる。[151] 少数民族集団は一般に、剝奪が進んだ地区に集中しやすい。子どもや労働年齢の成人も同様である。[152] 貧困の集中が進むのは、もっと広い意味での空間的な二極化のプロセスの一部でもある。なぜなら裕福な人々の集中も進んでいくからである。ただし、「富裕層の地理的な集中は、政治的な注目を集めることもなく、学術的な研究にもなりにくい」。[153] これを象徴しているのが「ゲーティッド・コミュニティ」の拡大で、フェンスをめぐらしたなかに富裕な者が閉じこもって「貧困者」から身を守る例が増えている。こうしたプロセスによって、貧しい人々が見えにくくなり、政治的な重要性が低下し、裕福な人々は貧困者とその環境にかかわることから隔離されてしまう。[154] ロンドンの再開発地区のように、豊かな人々と貧しい人々とが隣りあって暮らしている都市でさえ、両者が「平行で交わらない世界」に暮らしているために、後者が前者の目にとまらないということが起こっている。[155] 距離は空間的なものであるとともに、社会的なものでもあるのである。

「貧困が見られる場所」という考え方、および貧困地区や剥奪の進んだ近隣地区《ネイバーフード》といったラベルは、単に貧困下にある人が集中しているという以上のことを表すのに用いられる。[156] イギリスの六つの低所得者層の近隣地区を対象とした縦断的質的研究の著者が結論づけているように、「場所が重要なのである。それは単に社会生活の固定的な『設定』や『背景』ではなく、さまざまな条件が集まっただけのもの以上の意味がある……。それは社会的関係や物理的資源を構成・内包し、意味や価値の投機の対象となる」。[157] ここでいう「近隣地区」とは、特定の物理的空間および環境であって、人がその内部に存在したり、その空間・環境と相互作用する場所のことで、境界は固定されない。[158] 地域の社会的、物理的な特徴は、公共／民間の施設やサービスといったインフラと相まって、物質的にも心理的にも貧困の経験を形づくる。[159] とくに子育て世代にとっては、「近隣地区は家族生活の第一歩であり、家族が保護され、つながる場所」[160] である。不利な条件下にあるアーバン地区に典型的な特徴としては、劣悪な住宅、物理的環境の荒廃、放置された公的スペース、不適切なサービスや施設、就労機会の欠如、高率で発生する犯罪や反社会的行動などが挙げられる。[161] さらに、剥奪の進んだ地域は、他の地域に比べて著しく「環境の悪化やさまざまな形の汚染」に悩まされる傾向がある。大気汚染もあれば、アメリカなどでは水質汚染も見られる。[162] こうした環境はすべて身体的・精神的な健康と全般的なウェルビーイングを、とくにライフコースのなかの脆弱な時期に損なう。[163] これは気力を蝕み、自分で生活をコントロールできない感覚、無力だという感覚を生み出していく。[164] 要するに、物理的、社会的に不利な環境にいることで個別の貧困の悪影響が強まり、それによって「低所得で暮らす惨めさが増幅される」[165]のである。

しかし、ライフチャンスに与える影響について「近隣地区」を独立変数として扱うことには、さまざまな見方がある。とくに、その影響を測定することに関連する問題を反映して一部に異論が生じている。[166]一方では、こうした近隣地区に暮らすことに伴う教育や労働市場での機会に及ぶ悪影響が、より広い概念である社会的排除のプロセスの一部として分析されてきた。[167]あるいは、「より進んだ周縁化の結果」として分析されてきた。[168]他方では、「近隣地区」の特定の影響を誇張することへの警告を、とくにアメリカ以外で見ることができる。[169]イギリス世帯パネル調査（ＢＨＰＳ）の分析が示唆するのは中間的な立場である。「地域は重要な影響ではあるが、個人および世帯レベルで、それ以上に重要な影響はほかにもある」。[170]地域の影響がより顕著に現れるのは、生活の質や自らを開花させる能力といった物理的、社会的、心理的な次元への影響である。

警告のことばはほかにもある。第一に、剝奪の進んだ近隣地区に共通する問題も多いが、同時にそうした近隣地区どうしおよび近隣地区内にはかなりの多様性があることだ。低所得住民の集中が必ずしも不適切なサービスや質の低い物理的、社会的環境を意味しているわけではない。[171]ラプトンとパワー[172]は、多くの「保護的要因」によって近隣地区の没落を防止または回復することが可能であることを示唆している。そうした要因には、しっかりとした基本的なサービスと近隣地区管理に加えて、集団的な行動と強い社会ネットワークが含まれてくる。[173]このような保護的要因は、「こうした地域で起こる最悪の問題に対する防御として働く」こともあり、さもなくば困難の多い近隣地域で人々を結びつけることもある。[174] これらの研究に共通する知見は、重要なのは近隣地域に住む地域の人々であり、その地域で知られていることが安心感や安全感、帰属意識をもたらすということである。[175] さらに、希望のない貧困地域というステレオタイプ化されたイメージによって、社会経済的な市民参加の格差にもかかわらず、(女性が推進役になることが多い)コミュニティの参加と活動について、その広がりと活力が見えなくなることも多い。[176]

第二に、貧困状態にある人々がすべて最貧地域に暮らしているというわけでもないことが挙げられる。事実、大多数はこれにあてはまらない。[177] ミルボーンは、「貧困のアーバン空間」に焦点を当てる傾向が、「貧困当事者の大部分を占める社会空間的な経験」を周縁化しているようすを批判している。ここで問題にしているのは、「さまざまな社会構造が混在した都市部、郊外、地方都市、農村地域など他の地域にまつわる」貧困の経験であり、これらの場所では貧困と場の関係がより複雑なのである。[178] 実際、イギリスでもアメリカでも、現在ではインナーシティよりも郊外に住む貧困層が多く、時として彼らは不適切な交通網や周囲から切り離されたことにまつわる固有の問題に直面する。[179] 社会構造が混在した地域で貧困下で暮らすことは、不利な地域よりも強く困難を感じる場合がある。支援の欠如のせいで、また、スティグマが個人により強く感じられるためである。[180]

ミルボーン自身の研究は、「地方の貧困の広範なスペクトル」と呼ぶものに注意を喚起する。このスペクトルは、年齢、性別、民族性、世帯構成、経済活動によって変化していく。[181] もともとアメリカでは、アーバン地区の公民権運動が注目される以前の一九六〇年代、貧困問題への政治的関心はアーバン地区の貧困ではなく「地方」(rural area)の貧困に対してはじまった。[182] 今日、北アメリカの貧困状態にある子どもの大半はアーバン近隣地区に住んでいるが、貧困のリスクは慢性的なものを含めて、依然として地方で高い。[183] 地方の貧困は、一般的にアーバン地区のそれよりも分散しており、さらに目に見えにくい。交通の便が悪いことによって隔離されていることとモビリティの欠如は、(雇用、サービス、社会活動へのアクセスという意味で)イギリスにおける地方の貧困の主な空間的指標である。[184] 身体的、社会的に隔離されている状況は、「地方での貧困の経験に対する広範な言論上の周縁化によって強化される」。[185] また、地方の貧困の見えにくさは、都市に多い見えにくさとは違った形になることがある。すなわち地方の貧困者は富裕者と「頰を接して」暮らしていることが多く、彼らには富裕者のことが明確に見えているのに、富裕者は彼らを見ていないということが起こるのである。[186] これは、剥奪の進んだアーバン地域に典型的に伴うものとは違った「スティグマの地理学」を生み出している。[187] これは違っていることによるスティグマであり、恥辱である。そして、「小さな、または分散したコミュニティ内のものであるだけに、きわめて耐えがたいものとなる」のである。[188] しかし、PSE-UK調査の分析から導き出された結論では、「類似点が差異を上回る。とくに貧困は、都市部でも地方でも同じように恥ずべきものである」[189] となる。アメリカの地方の一部でも同じことがいえる。「持たざる者が持てる者から分かれて暮らしていて、社会的に隔離された状態、主流から外れた状態にあり」階級や人種の尺度に沿って分断されている。この場合、付与されるスティグマは「ヒルビリー」や

「ホワイト・トラッシュ」となる。[190] とはいえ、文化的規範、道徳的規範、ジェンダーに関する規範がアーバン地域よりも伝統的である隔離された地方で生き残ろうとする経験は、非常に特異的なものになり、独自の困難を伴うことがある。これは、ジェニファー・シャーマンの民俗学的研究が明らかにしている。[191]

スケッグスは、「差異を空間化する」ことで、剝奪の進んだアーバン地域に住む人々がどのように封じ込められるかを説明している。[192]「土地にまつわるスティグマ」という概念は、しばしばメディアによって近隣地域自体がスティグマを付与され、その結果、居住者が軽蔑されたり差別されたりすることを表すものである。[193]「犯罪と機能不全と災害」というメディアがつくる歪んだイメージによって、こうした地域は「国民の想像力のなかの荒廃地」[194]へと変わり、「土地にまつわる不名誉」となる。[195] 地域的なスティグマは頑強で、大規模な世代交代があっても容易になくならない場合もある。[196] 剝奪の進んだ団地の研究からは、一度ついたスティグマがいかに「居住者の生活を全分野にわたって悪化させる」[197]かを明らかにしている。これには就労機会も含まれている。[198] 多くの人々はこうしたスティグマを鋭く感じとり、たいていは強い不快感を抱く。[199] スティグマや嘲笑への恐怖から身を守ろうと、外界へのかかわりを断ち切る可能性にもつながる。これは、リサ・マッケンジーがノッティンガムのセント・アンズ地区で行った「インサイダー」研究で示されていることだ。[200] リンジー・ハンリー[201]の「エスタティズム」の概念を用いて、マッケンジーは、外界を遮断してしまう心理を「恐怖、偏見、怨恨から起こるのだが、そこには相互的な力学が働くため、ある程度は当事者を保護するが、同時に巨大な損失の原因となる」[202]と表現している。

しかしそうした問題にもかかわらず、剝奪の進んだ地域には、地元への誇りやそこに住むことのアイデンティティが、強いコミュニティ精神とともに存在している場合がある。もちろん、スティグマを受けることに伴う恥辱やさまざまな欠陥への不満はあるのだが、それでもなお誇りやアイデンティティが存在する。[203] 恥辱や不満、誇りやアイデンティティ、そのどちらの反応も、ウェルビーイングや存在論的な安全、アイデンティティにとっての場所の重要性を反映している。日常的な狭い地理的範囲という意味においても、外へ出て行く能力という意味においても、金銭の不足のために移動が制限されている地域においては、とりわけこのことは重要である。[204]

## 結論

地理、不平等、社会的区分、ライフコースがいかに貧困の枠組みを形づくるかを理解することは、目に見えない構造的な原因要素と、さまざまな貧困の経験の両方に光をあてる。ここからひとつ示唆されるのは、貧困と闘うための政策は、互いに交差しあうさまざまな隠れた不平等に取り組まねばならないということである。そして、そういった政策は、ジェンダー、「人種」、障害についての幅広い平等を前提としたものでなければならず、同時に反差別戦略のなかに組み込まれるのでなければならない。[205] 貧困の経験においては場所の影響が顕著であることから、地域を基盤とした政策を求める主張もある。[206] しかし、そういった政策では、対象地域のスティグマを強化してしまう危険に敏感でなければならないし、そういった政策が構造的な貧困の根本原因に取り組むマクロ政策の代替物として使われることがあってはならない。[207] スティグマについてのここまでの議論から、さらに関係的／象徴的な貧困の理解へと考察は続く。それは次章で扱うことになる。

# 第4章 貧困についての言説——〈他者化〉から尊重・敬意《リスペクト》へ

私の処世訓。ぼろを着るほどの不名誉はないし、貧乏より恥ずべき罪もない。

——ジョージ・ファーカー『伊達男の計略』（一七〇七年）[1]

もっとも痛いのは一般市民からの軽蔑だ。私は、多くの家族は、その軽蔑のうちに暮らしている。

——全国貧困公聴会でのモレーン・ロバーツの発言（一九九六年）[2]

〈他者〉はまず言語に存在する。自己と他者は言語を通して媒介され、表される。

——ピカリング（二〇〇一年）[3]

私たちはメディアや、それに一部の政治家が私たちのことを話すのを耳にして、それで傷つくのです。

——福祉手当で生活している親。一九九九年の「貧困に関する全党議会グループ（APPGP）」集会に参加して[4]

貧しい暮らしで最悪なことは、そのことで他人から、お前などどうでもよいという扱いを受けてしまうことなのです。

——低所得の親のグループによるＡＰＰＧＰでの発言（二〇〇二年）[5]

貧困とは家畜のように扱われることだ。尊厳もなければ個性もない。

——ある貧困者（二〇一九年）[6]

ここに挙げた引用文は、本章の重要なテーマをよく示している。ここからは、序章で提出した貧困の車輪の関係的／象徴的な周縁部へと注意を向けていくからである。序章で論じたように、貧困を物質的な観点だけから理解することはできない。概念としても生活の現実としても、貧困は社会的関係、第一には前章で論じたような不平等の絡み合いによって屈折した「貧困者」と「非貧困者」との関係として理解するのでなければならない。[7]貧困は、社会的なレベルでも対人的なレベルでも関係的である（ここには専門家や公的機関の担当者とのやりとりも含まれる）。[8]この力の関係はどちら向きにも働くのだが、主として「非貧困者」がその成り行きを決める。したがって、その言説や態度や行動は、社会的なレベルでも対人的なレベルでも、貧困がどのように経験され、受け止められるかに深い影響を与える。実際、貧困の「意味」そのものや「貧困層」と呼ばれる集団の特定は、権力を持つ非貧困の人々の反応による産物である。[9]したがって本章のテーマは、権力側の「非貧困者」がいかにして〈他者〉としての「貧困者」をつくり上げるのか、ということとになる。「非貧困者」との関係のなかでの貧困当事者自身のエイジェンシーの問題は、第5章と第6章に譲るつもりである。貧困の動的力学についての第5章の議論は、「貧困者」と「非貧困者」の区分がつねに恣意的であるという先の考察とあわせて、ここでの話が、固定された集団、完全に独立した集団のことではないことを思い出させてくれる。[10] しかしそれでも、これから見るようにこの区分は、任意の時点で貧困者と分類された人々――とりわけ深刻な貧困、慢性的な貧困状態にある人々にとって、強力な標識、象徴的な標識として働くのである。

本章の最大の焦点は、言語とイメージを通してどのように「貧困者」が「〈他者化〉される」かということである。まず〈他者化〉のプロセスから手をつける。言語やイメージの力、そしてそこから発せられる言説について、一般的な考察を行う。この力は、周縁化された社会集団にラベルを貼り、スティグマを与えることで、そうした集団の成員の扱われるようすに根本的な意味合いを持つ。アメリカにおける「アンダークラス」や「福祉依存」などの言説は、近年とくに大きな被害を与えている。「トラッシュ」やイギリスにおける「チャヴ」も同様だ。ここでは貧困とともにこれらについて考察し、まずはこれを歴史的な文脈に位置づけよう。そのうえで、貧困に伴うスティグマ、恥辱、屈辱についてくわしく見ていく。そこで示唆されるのは、「同じ市民からの軽蔑のなかに暮らすこと」から生じる尊重・敬意の欠如と尊厳の喪失こそが、多くの人々にとって貧困を耐えがたくするものだということである。このことは、貧困の車輪の物質的核とともに、関係的/象徴的な周縁部での政治的闘いの重要性を示している。

## 〈他者化〉と言説の力

〈他者化（Othering）〉とは、支配的な集団が、自分たちより力の弱い他者集団に対して「自分たちのアイデンティティを正常で善良であると定めるのに対置するものとして、負の属性を与える」ことによって自らを規定するあり方を指す。[11] ここでは〈他者〉としての「貧困者」という考え方を、「貧困者」がさまざまな面で社会の他の成員と違った扱われ方をする際の扱われる様相を示すために用いる。英語で「Other」と大文字を使っているのは、象徴的な重みを強調するためである。〈他者化〉という考え方は、これが「非貧困者」の能動による進行中のプロセスであって固有の状態ではないことを伝えるためのものでもある。これは差異化を行う二元的なプロセス、境界決定の二元的なプロセスであって、これによって「我ら」と「彼ら」の間に一本の線が引かれる。すなわち強者と弱者との間に線が引かれ、そのことを通して社会的な距離が確立され、維持されていく。[12] これは価値判断から中立に引かれた線ではない。ネガティブな価値判断、「貧困者」を貶め、枠に押し込める価値判断が染みついているからである。いわく、道徳汚染の根源、恐るべき脅威、「救済に値しない」経済的お荷物、哀れみの対象、外来種、さらには人間以下の存在など。大まかに言えば、〈他者化〉とは、「貧困者」をその行いゆえに非難したり、「貧困者」に欠けているとする資質ゆえに見下したりすることである。[13]

〈他者化〉はさまざまなレベルや場で起こるプロセスであり、日々の社会関係から生じる。たとえば、福祉担当者や研究にあたる専門家、メディア、法制度や政策立案の過程との相互作用を通して生起する。[14] 大人だけでなく、子どもたちをも傷つける。[15] たとえばヴァレリー・ポラコウは、アメリカにおいて学校、教員訓練機関、研究機関がすべて「貧しい子どもを他者として枠にはめることと、そうした他者状況の正当性を制度化することに加担している」ようすを述べている。[16]「貧困層の学者」を自認するヴィヴィアン・C・エイダーは、実際にどのように感じられるのか、如実に語っている。「他の生徒のみならず労働者階級の教師でさえ、『トレーラー・トラッシュ』、価値のない、笑えない、危険な存在ということばを使う。それは私のことだ。……私たちにとって……恥であり、屈辱だった。ボロくてサイズの合わないお下がりを着た私たちの身体そのものが〈他者性〉の証だった」。[17] イギリスに場面を移すと、フェザーストーンらが「逆境にある家族や個人を〈他者化〉するプロセスは、子どもと家族、福祉事業と家族、国家とプライベートな人間関係の間に深くて悪質な影響を与える」[18] と警鐘を鳴らしている。「貧困差別」という用語は、人種差別や性差別と同様に、〈他者化〉に内包される差別的態度が制度に埋め込まれることを示すために用いられることがある。[19]

〈他者化〉はステレオタイプ化やスティグマ付与、さらには表面上は中立寄りのカテゴリー化や分類など、関連する多くの社会的プロセスに伴い、またそれによって強化される。ステレオタイプ化はラベリングの差別的な形態である。「あたりまえ」の雰囲気をおびて、特定の社会集団を同質として描き出す働きをする。差異を拡大し、歪曲する言論戦略である。[20] マイケル・ピカリングは「正常・正当の境界を維持するうえで、ステレオタイプは社会的な悪魔払い儀式として働く」[21] と述べている。そして、通常「ステレオタイプ化は、文化的な差違を〈他者性〉へと読み替える試みであって、それは秩序、権力、支配に資する」[22]としている。対照的に「貧困者」の場合には、ステレオタイプ化の機能は、文化的差違をつくりだすことだ。それによって〈他者〉を生み出すことだ。同時に、女性、人種差別的な価値観で語られるマイノリティ、障害者など、第3章で見たような貧困に陥りやすい集団は、それ自体が頻繁に〈他者化〉される集団でもある。

「貧困者」は、序章で述べたように、典型的に「取るに足らない人々と分類され」[23]ているかもしれないが、そのうえでなお、彼らはつねに分類され、階級づけられ、取り上げられている。社会階級に関する主要な研究の中心的な論点は、階級分類の様式は「もともと階層的であり、したがって必然的に道徳まみれの分類を生み出す」[24]というものである。階層分類と類型分類のプロセスは、政府機関や法制度によるものであれ、メディアや社会科学者によるものであれ、分析そのものはステレオタイプ化とは一線を画すとはいえ、ステレオタイプを誘発し、結果として強化することもある。こうしたプロセスは、一般市民が「貧困者」をどう扱うのか、そのあり方に影響する。そして、分類を行う権力機関が「貧困者」を扱う態度にも影響する。[25]以下に見るように、「貧困者」が「救済に値する」か「値しない」かの分岐には、分類とラベルづけが延々と繰り返されたうえに成立するステレオタイプが関与する。そしてこの分岐点は、福祉の対応に深く影響する。これは福祉国家においてもそれ以前においても変わらずそうであった。スティグマ付与の過程で悪印象にまみれた「救済に値しない」貧困者というラベルは、歴史的にも現在も、社会の「貧困者」観、「貧困者」自身の「貧困者」観、さらには福祉制度の「貧困者」対応に影響してきたし、現在も影響している。アーヴィング・ゴフマンの古典的なテクストには、「信用にかかわる深刻な属性」としてのスティグマと、「スティグマのある人々に人間扱いは不要」[26]という信念への言及が見られる。このようにしてスティグマは、〈他者化〉の一部を成す非人間化に寄与しているのである。[27]これは、ゴフマンも強調したように、「関係的な概念」である。[28]

〈他者化〉とそれに関連するプロセスは、「我ら」と「彼ら」にさまざまな影響を与える。このプロセスはたとえばスティグマ付与を伴うのだし、「我ら」と「彼ら」の間に当然生じる関係性にもこのプロセスは影響する。「我ら」に関しては、先に述べたように、〈他者化〉は自己を定義し、アイデンティティを確認するうえで役立つ。[29]対照的に「彼ら」については、「ステレオタイプ化された特徴に矮小化することで、社会的・文化的アイデンティティを」奪う。彼らをものいわぬ対象と決めつけることによっても同様である。[30]これによって、彼らは複雑な人間性と主体性を否定される。実際、ゴフマンのスティグマの特徴描写に従えば、〈他者化〉は「彼ら」からあらゆる人間性を奪っているともいえる。イモジェン・タイラーは、「忌み嫌われることの意味」を理解しようとするなかで、「ことば、イメージ、取り締まりの方針と仕組み、支配が、絶え間なく人間以下の存在に仕立てようとする」と指摘している。そして、「私が集めた多くの人々のことばのなかに繰り返し出てくるのは……自分が人間であるという主張なのだ」[31]と記している。これは、ＡＴＤカールモンド運動の活動家たちが力強く綴った、非人間化の言説に対する反応である。すなわち、「私たちは人間として認められてもいないし、扱われてもいない」[32]のだし、「貧しい人々のステレオタイプ化はすべて、他者の目から見た当事者の人間性を失わせる」[33]のである。

〈他者化〉は「象徴的な排除の戦略」として作用する。〈他者化〉によって、本人の問題、社会の問題だと〈他者〉を簡単に非難できるようになる。その結果、「貧困者」の場合、「貧困者」そのものが「問題」となる。[34]「貧困者」の〈他者化〉は、他者への警告としても働く。その結果、貧困は「妖怪、すなわち社会的に構築された恐れ慄くべき対象」を表すようになる。[35]「我ら」と「彼ら」の関係性に関しては、〈他者化〉は、優越性に根ざした「我ら」の特権を正当化する。これは同時に劣等性に根ざした「彼ら」の搾取と抑圧を正当化することでもあり、貧困の根底にある社会経済的な不平等をも正当化する。そしてこれは構造的な原因を覆い隠すことにもなる。[36]これは、権力関係が〈他者化〉のプロセスにどのように刻み込まれるのかを明確に示すものである。[37]そして、不平等が先鋭化すればするほど〈他者化〉が顕著になることを示唆している。

　これに加えて〈他者化〉の結果として、「自身を名づけ、定義する権利」[38]が否定されるということがある。「〈自己〉に名をつける」力は「基本的人権」[39]であり、重要な「政治的資源」[40]であるとされている。「貧困者」と名づけることは、権力の行使である。なぜならそれは、たとえ同情からであっても、「彼ら」に名づけるのは必ず「我ら」だからである。[41]オーストラリアの貧困に関する洞察に満ちた研究において、マーク・ピールは、貧困層の人々に貼られる否定的なラベルを挙げている。そして、「根本的な部分で自分とは違うのだと見ていなければ、貧しい人々をそこまで厳しく扱うことはできない」[42]と示唆している。他者への名づけあるいはラベリングには、象徴的、文化的、心理的、物質的な効果がある。名前をつけることで他者がこちらをどう見るかが形づくられ、それが自分が自分をどう見るかを形づくる。[43]「物事にどのような名前をつけるかは、その物事に対してどう振る舞うかに影響する。名前ないしラベルは、物事に対する予想を含んでいる」[44]のである。そしてステレオタイプ化は、それを強化することが多い。同様に「我ら」は「彼ら＝貧困者」のイメージをつくり上げ、これが態度や行動に強く影響する。ゆえに「表象のポリティクス」は、貧困のポリティクスにおいて決定的な要素となるのである。[45]以下に見るように、現在はこれが非常に顕著になっていて、貧困状態にある人々の集団のなかで、障害者運動にならって、一般社会による自分たちの表現のされ方や分類のされ方に抵抗するようになっている。言語とイメージの力が認識されているためである。こうした「分類を解く闘い」[46]は、「対抗的なナラティヴ」[47]の発展によって支えられている。この対抗運動は、メアリ・オハラが「有害な貧困ナラティヴ」[48]と表現する支配的な言説に対するものである。これらは、次のふたつの章で見るように、「貧困者」の〈他者化〉に挑戦するものである。

さまざまな言説は社会的な世界での認識や行動に枠組みを与えるが、そうした言説が表現されるのは言語とイメージを通してである。ゆえに〈他者化〉は、「貧困者」に対する「非貧困者」の考え、語り、対応のあり方を、個人間のレベルでも制度的なレベルでも形成する言説行動として理解することができる。〈他者化〉の言説だけが貧困に関する言説として採用されるわけではないとはいえ、先に記したように、国によってはこれが政策、政府関係者、専門家の行動に大きな影響を及ぼしてきている。[49]さらにまた、福祉政策や福祉行政は、それ自体が言説を伴った行為、象徴的な行為として理解することもできる。これが「貧困者」をつくりだし、さまざまに貧困問題の本質をつくり上げているのだともいえるわけだ。[50]このように、言説に焦点をあてることは、貧困の物質的側面と関係的／象徴的側面との関係を浮かび上がらせるうえで、そしてそこを貫いて、「権力の糸」がどのように織りなされているかに光をあてるうえでも、有効なのである。

## 歴史に根ざして

現在の貧困をめぐる言説は、歴史に根ざしている。[51] なぜアメリカやイギリスでとくに〈他者化〉が目立つのか、その理由は歴史を考えれば理解しやすい。[52] 使われることばやラベルの細かなところは時代とともに変わっているが、イギリスでは、〈他者化〉に深く沈殿した「貧困の懲罰的で否定的なイメージ」[53]が染みついている。こうしたイメージは北アメリカの「新世界」にも移植、適用されて、現在も「貧困者」に対する態度や政策を形成し続けている。[54] それは自助の信念、アメリカンドリームへの信念を強化し、貧困を失敗とみなす。二〇世紀初頭の進歩主義の時代には、社会調査を担った人々によって「貧民ではなく貧困について考える」試みが行われたし、短期ではあったが、二〇世紀の半ばには構造的な説明が優勢の時期もあった。しかし、どちらも「ちょっと脇道にそれただけ」で、根底にくっきりと刻まれた「社会的な線引きと道徳的非難」が消えることはなかった。[55] 貧困についての近代アングロサクソンの言説（とくに「アンダークラス」の言説など）の根は深く、古くは浮浪者についての法制度やエリザベス朝の貧民法に発しているのだが、やはりそれを理解するうえで、一九世紀はひとつの節目であろう。[56]

「貧困者」を〈他者化〉していく段階のひとつひとつで必ず行われるのが、類型的な分類、階層的な分類である。とくに「救済の価値がない」とされた人々に関してそれが顕著である。ピーター・ゴールディングとスー・ミドルトンがそのようすを詳細に述べているように、一六世紀以降は「貧困者を必然的なものと自らの意思で困窮している人々に分類することが、貧困救済の中心目的となった」。その結果「貧困者は、物理的にも心理的にも他の階級とは別のものとされるようになっていった。これが富裕者を野放しにつくりだすことになっていき、悲惨な貧困者による醜怪な下層社会についての神話が根拠もなく語られるようになったのである」。[57] この下層社会の幻影は、ヴィクトリア朝イギリスの精神に大きく投影されていた。イギリスのみならずアメリカでも、慈善団体や国家や社会研究者による「貧困者」の分類が行われた。そしてそれがかつてないほどに精密で洗練されたものとなるなかで、境界線がいっそう強固に引かれるようになった。目的は「分離しろ！　分離しろ！　分離しろ！」であった。[58]

境界線は道徳を基準に引かれたものだ。[59] 立派な人々を道徳的に望ましからざる人々から守るために、また道徳的再教育を目指した「訓練目的での社会的介入の巨大な装置」[60] を実現できるようにするために考案されたものだった。これは、皮肉な影響をもたらした。貧困者には大なり小なり道徳的欠陥があるはずだと「すべての貧困者の名を貶める」ものとなり、ポーパリズム（pauperism）ということばが「道徳的な基準による分類」[61] として確立してしまったのである。ポーパリズムとは、貧民法の対象となった人々とその状態の両方を意味する。極度に厳しい貧困状態を指すのではなく、貧困の性格や当事者の行動や道徳的劣悪さとの関係から成立する概念であって、貧困と質的に異なっているとされる。[62]「異なっている」ことの本質は、経済的に依存していることとされ、「自立した労働者」によって獲得される「生活必需品の自己支給」ができないことである。[63]依存は性格的な劣悪さと弱さを意味し、経済的なものではなく、主に道徳的、心理的なものとして性格づけられた。[64]

質的な違いとして構築されてはいたが、ポーパリズムと貧困との境界線は、実際には容易に超えられるもので、個人は両者の間を行き来していた。そこで福祉政策は「貧困からポーパリズムへと落ち込むことへの嫌悪感を煽り、それによって貧困者がポーパリズムへと滑り落ちるのを防ごうとした。これがポーパリズムを劣等処遇とすることやポーパリズムに対するスティグマを正当化した」。[65]劣等処遇は、救貧院が労働能力のある困窮者を扱う際に内在した原則で、救貧院の環境は、最貧の自立した労働者よりも「劣等」ないし望ましからざるものであるべきとするものであった。そしてそこには、さらなる「古色蒼然とした」[66]区別があった。すなわち「救済に値しない」人々と「救済に値する」人々で、前者は「労働能力のある」困窮者、後者は「虚弱な」ないし労働能力のない困窮者である。「値しない」人々と「値する」人々という縦割りの二分法は、その後もさまざまなラベルの下、どこで線を引くのか都合よく使い分けられながら、一般的な「貧困者」をカテゴリー化するために利用されてきた。イギリスと並んでこれがもっとも顕著なのは、アメリカである。[67]したがって、いまも「政治的な機能として生き」続けている。[68]

一九世紀の貧民分類には別の軸もあった。すなわち「危険で犯罪的な階級」を地図に記して、封じ込めることを狙ったのである。[69]この「危険な階級」のイメージは「社会の澱」ともいわれ、犯罪、悪徳、性的不道徳、汚染、社会秩序への脅威といった恐怖心を掻きたてた。そのなかでも女性はとくに軽蔑と非難の対象とされた。一方では家族に道徳を守らせるのに失敗した者として、他方では性的な性格を与えられた存在、未婚の母として、叩かれたのである。[70] 貧しい子どもはどこにでもいたが、ほとんどだれの目にも入らなかった。[71] 汚れて、病気を持っていて、堕落している危険な階級は、身体面と道徳面の両方で穢れと汚染の根源として恐れられ、遠ざけるべきものとされた。[72] 一九世紀ロンドンの貧困者について年代記的な記録を残していることで後に影響を与えた作家ヘンリー・メイヒューは、繰り返される「疫病」の描写や、浮浪者を「悪徳と病の流れる川」とする表現など、現象と道徳の組み合わせ方において、まさに典型である[73]〔補記1〕。危険な階級はもっと根本的に「別の種」あるいは「別の人種」として描かれた。[74] そういった状況下、彼らはある種の「国内植民地主義」の対象となった。中流階級の「探検家」や「宣教師」が「異質な、知られざる」領域に入り込んでこの階級の「野蛮」を調査し、それが示す脅威を封じ込めようとしたのである。[75]

この二〇世紀版と見ることができるのが、ソーシャルワーカーなどの専門家が「問題家庭」（一九四〇～五〇年代に始まるラベル）を支援・管理しようとした介入である。[76] 一九世紀の残響は、二〇世紀の社会改革家が展開した貧困に関する病理学的な言説にも聞くことができる。ダニエル・モイニハンによる重要かつ大いに議論を呼んだ一九六五年のアメリカの公式報告書「黒人家族（The Negro Family）」はその一例である。[77]「貧困の文化」という考え方をめぐっても、同様の議論がある。多大な影響力を持ったこの考え方は、アメリカの人類学者オスカー・ルイスが命名したものである。ルイスは貧困の文化を「家系に沿って世代から世代へと受け継がれていく生活様式であって、独自の構造と正当化の論理を持ったサブカルチャー」[78]と定義した。このサブカルチャーは、多数派とは異なった価値観・姿勢・信念が組み合わさって機能している。しかし、その存在については、多くの論者から異論が提出された。たとえば、同じ人類学者のチャールズ・ヴァレンタインがそうである。[79]

しかし、ルイスが強調したのは、この文化が持つ機能であった。「無視できない病理性」の存在に目を奪われて見落としてはならないその機能とは、不平等な資本主義社会における「周縁的立場への貧困者の適応と対応」である。ルイスは、貧しい家庭が持つ「不屈の精神、活力、回復力、中流階級の人間が立ち往生するような問題にも対処していく能力」について述べている。[80]同じ時期、ミカエル・ハリントンは、貧困の文化を構造的な分析と結びつけている。その著作の『もう一つのアメリカ――合衆国の貧困』は重要な問題提起となった。[81]しかし、この概念は「〈部族〉タイプのスティグマ理論」と結びつくことになった。[82]「貧困は結局のところ個人の問題――すなわち、貧困からぬけだすのを阻害し成功を妨げるものとしての個人や家庭に根づいた一群の特徴――とされた」。[83]したがってこの概念は、ルイスやハリントン当人の意思とは異なって、貧しさのゆえに「貧困者」を非難する人々に役立つ結果となってしまった。この点では、ルイスの観察を支持する人々も批判する人々も同意見である。[84]

イギリスでは、貧困の文化という考えはアメリカほどの政治的影響力を持たなかった。イギリスでは、類似した「剝奪のサイクル」という考え方が一九七〇年代に登場し、保守党のベテラン政治家だった故サー・キース・ジョセフによって広く知られるようになった。これは、以前に流布した「問題家庭」というラベルの焼き直しであり、主には親の態度や価値観を通じての剝奪の世代間伝達に注目するものであった。そして、育児姿勢の改善や教育といった行動主義的な対策によって予防しようとするものであった。[85] しかし、剝奪のサイクルという当初のテーマは、これに意欲的な政府の支援する調査プログラムで確認されることはなかった。ただし、世代を超えて不利が継続するという新たな証拠が現れたことから、貧困の問題の枠組みとしてサイクルの比喩が二一世紀になって再び装い新たに政治的に用いられるようになってきている。[86]

## 二〇世紀終盤から二一世紀にかけてのラベリング

剝奪のサイクル論は、前述の以前からある言説から「アンダークラス」の言説へと歩みを進めるときに一歩をおく「踏み石」となったのだと説明されている。「アンダークラス」の直系にあたる言説は、一九八〇年代から一九九〇年代初めにアメリカとイギリスで盛んに行われたものである（ただし、それ以外の場所ではそうではなかった）。[87] たしかに貧困に関する言説は国境をまたぐが、社会的構築物としての言説は、その国の文化や歴史に埋め込まれ、文化や歴史を反映するものでもあるわけだ。[88]「アンダークラス」は、貧困をめぐる最近の言説のなかでは、学問の場でも政治の場でも、もっとも激しく論争を引き起こしてきた。社会科学的な分析ツールとしての働きも、また大衆メディア的・政治的な構造物としての働きも同時に果たしてきたが、両者の境界線はたびたび曖昧にされてきた。原因となるメカニズムと言語に関しても論争が絶えないのだが、なによりも論争の中心を占めてきたのは「アンダークラス」の存在そのものである。

以前から社会科学者は「アンダークラス」という用語を使ってはいたが、一九七〇年代末から八〇年代初めにかけてアメリカでこの用語が浮上してきたのは、ジャーナリズムのつくりだした虚像としてだった。それが表していたのは異質なゲットー集団、社会の底辺の吹きだまり、価値観や行動パターンが異なるためにアメリカの主流からも、機会が皆に開かれているというアメリカンドリームからも切り離された人々であった。[89] そして一九八〇年代の後半、同じ現象について新たな、洗練された視点を提供したのが、社会学者のウィリアム・ジュリアス・ウィルソンである。ウィルソンもまた、ゲットーでの行動についての病理学的な解釈に賛同していると批判されている。[90] しかし一方で、ウィルソンは、労働市場における「アンダークラス」の構造的な立場に力点をおいていた。「人種」や階級区分によって、都心部の黒人の間で「本当に不利な人々」が生み出される道筋を示して、構造的な問題を取り上げたのである。[91] 象徴的であるのは、一九九〇年にアメリカ社会学会の会長に就任した際の演説である。ウィルソンは、もはや「意味が絶望的に汚染されて」しまったとして、この用語から距離を取るようになっていたのである。

イギリスで汚染する側にいた人々のなかの第一人者が、マスコミへの登場も多く多大な影響力を持ったアメリカ人、チャールズ・マレーである。マレーはこのラベルを広めるのに一役買ったのだが、やがてそれは左右を問わず政界のメディアや政治家によって、往々にして軽率に使用されていった。しかし、マレーによれば、二〇世紀末には「アンダークラス」は突然「視界から消え」、同様にアメリカでこのラベルが使われることもなくなった。[92] 今世紀に入ってイギリスでは「アンダークラス」が社会的排除の概念にとって代わられた時期もあったが（第1章参照）、それでも、顕著な道徳的社会的排除の言説はその痕跡を残している[93]〔補記2〕。最近では、「問題を抱えた家族」という公式の言説が、特定の政府プログラムの名称というひねりを加えた上で、またしても「広義の〈アンダークラス〉概念のリサイクル」を示している。[94] 後述するように、そのアンダークラスに想定されているものは、たとえば「福祉依存」や「チャヴ」ということばを通じて、一般に広まった貧困の概念化の枠組みを生み出し続けてきたものでもある。さらに、「アンダークラス」があまり使われなかった時期であっても、二〇一一年の暴動のように「アンダークラス」と呼ばれる人々が再び脅威となりはじめるとたちまち、政治家やメディアにとって便利なその場しのぎのラベルになるのが常であった。[95]

「アンダークラス」という考えは、それを定義しようとする試み以前に大衆化してしまった。そのためさまざまな定義があり、その多くは根本的な説明を構造的なものと考えるか、行動にかかわるものもしくは文化的なものと考えるかの、どちらかである。ただし両方を統合しようという試みもなされてはいる。[96] マレーは「アンダークラスとは、貧困の度合いではなく貧困のタイプのことで」行動によって定義されると明言している。[97] マレーが主な指標としたのは、非合法性、暴力的犯罪、若い男性が労働人口から脱落することであった。行動学上の定義は捉えどころないあやふやさをおびていて、同じように周縁化されていても本質的には異なる集団が同じひとつのスティグマを付与され、恐怖を誘う「包括的なラベル」にまとめられてしまうことにもなる。この点こそが、分析的概念、政治的概念としての「アンダークラス」が批判される根源である。[98] ハートリー・ディーンとピーター・テイラー＝グービィがいうように、この用語は周縁的な人々を定義するのではなく、これによって定義された人々を文化表象的に周縁化してしまうのである。[99]

これに代わる定義へのアプローチは、イギリスの社会学者の間に見出すことができる。「アンダークラス」を階級構造の枠内に、あるいはその下に位置づけようというのである。力点のおき方はさまざまで、労働市場や国家との関係から成員の経済的地位を強調する人々もいれば、共通の文化的外観や価値観の存在ないし不在を強調する人々もいる。[100] さまざまな定義に共通しているのは、いわゆる「アンダークラス」と、それよりも広範な集団である「貧困者」との間に線を引こうとしていることである。その一方でメディアは、両者を同義語として扱うことが多く、明確な定義なしにこのラベルを利用している。これは一九世紀のポーパリズムと同じで、「貧困者」一般に無分別にスティグマという泥を刷毛で塗ることになる。いったいなにが「アンダークラス」を構成するのかについての合意がないため、「アンダークラス」を実証的に数量化する試みはいずれも問題の多いものとなっている。実際、マレーはそうした試みを回避して、「アンダークラス」をカウントしようとしても時間のムダだということを認めている。「成員をどう定義するかによってまったく違ってくる」からである。[101] しかも実証的証拠の比較考察は、文化的に別の集団という主張を支持するものではなく、アメリカでもイギリスでも、「アンダークラス」の特徴を示してはいない〔補記3〕。

実証的な証拠がないからといって、「アンダークラス」という概念の大衆向けの説得力が弱まるわけではなかった。これには「アンダークラス」という概念によって、それまで蓄積されてきた不安が噴き出したという部分もある。すなわち社会の二極化、アメリカではそれに加えて人種的な二極化の激化と、現に目の前で起こっている社会変化や経済的な変化によって表面化していなかった不安がこの概念によって出口とことばを見つけたのである。アメリカでは、この脅威は、あからさまに人種差別的な扱いをされてきた。それは白人の中流階級によってつくり上げられてきた人種差別的に広範に符号化された福祉政治の一部でもあったし、また、周縁化された「黒人サブプロレタリアート」に対する恐怖を「科学的正統性のベニヤ板」でもっともらしくする試みでもあった。[102] 対照的に、イギリスでは、「アンダークラス」の言説に含まれる人種的な意味はおそらくそれほど明白ではなく、主に「下品な白人的態度のある種のものを蔓延させる」ようすにある。[103] どちらの場合も、「アンダークラス」は、階級そのものというよりは、むしろ異質な「人種」として表象されている。[104]「アンダークラス」という考え方は、問題を周縁化された個人の行動のなかに、すなわち主流社会の外側に位置づけることで、内在する階級的、ジェンダー的、「人種」的な不平等関係と構造的原因から注意をそらす働きをする。[105] そのため、これはトレイシー・シルドリックの唱える「貧困プロパガンダ」の好例となっている。すなわち、「権力を持つ人々にとって重要なリソース」を提供するプロパガンダとして、影響力を発揮しているのだ。[106]
「アンダークラス」の言説は、貧困問題の枠組みを行動上の双子の問題である「依存と怠惰」という枠組みへと変えてしまう。[107]「福祉依存」の概念とそれに関連する「依存文化」の概念は、

「貧困プロパガンダ」のもうひとつの例であり、「アンダークラス」のナラティヴの推進力となってきた。それだけではなく、これらの概念独自でも機能してきた。この概念は、同様に、貧困の構造的原因を差し置いて行動的な原因に焦点を当てるものである。さらに、この概念には薬物乱用の意味合いも含まれている〔補記4〕。その本質についてはさまざまな理解がなされており、たとえばもっとも顕著なものは「気前のよい」福祉給付に対する合理的反応だとするもの、あるいは「福祉」に依存することで生まれる受動的な道徳的／心理学的状態とするものがある。[108] もっともこれらは、一般的な言説を通じて統合されている。「福祉」そのものも福祉に頼る人々（アメリカではとくにシングルマザーとアフリカ系アメリカ人）もどちらも異常なのだとする言説である。[109] そのイデオロギーとしての力は、二〇世紀末のアメリカ福祉改革の分析によって補強されている。[110] 不平等の拡大に直面するなかで、福祉についての「新たなコンセンサス」が生まれ、貧困の問題を「アンダークラス」の「行動上の依存」という道徳問題にすり替えたのである。[111] これが力となって福祉議論の性質が変わり、やがて、ビル・クリントン大統領いうところの「私たちが知っている福祉の終わり」へ続く道が準備された。

その影響は大きく広がり、先進的な西欧福祉国家における一般的な社会保障に関する議論にも影響を与えた。そのもっとも明確な事例がイギリスだ。保守党の政治家もニューレイバーの政治家も、こぞってこの言説を採用し、それを常識としての前提に組み込んだ。その際、「社会保障」の代わりにアメリカの用語である「福祉」を導入したが、そこにまつわるマイナスのイメージも同時に持ち込んだ。[112]「福祉依存」の概念は、政治的な「スティグマの武器化」[113] の一例である。それは、「救済に値する」「勤勉な家族」「努力家」と「値しない」「怠け者」の間に政治的に引かれる懲罰的な境界線の根拠となった。[114] 同時にそれは、福祉給付や税額控除で賃金を補う有給労働者まで含むように拡張され、「福祉依存」かどうかを分ける重要な境界線は、就業状態の如何にかかわらず国に依存する人としない人を分けるものとなった。[115] また、「福祉依存」の概念は「世代間にまたがる不就業」という主張によって強化されてきたが、これは「依存文化」の概念と同様に、研究によって疑問を投げかけられてきた〔補記5〕。一九七〇年代半ばのイギリスで起きた「たかり屋非難キャンペーン」[116]のときほど悪質なものではないが、イギリスでは「不正受給と制度の乱用」の言説がその後もたびたび用いられてきており、そのたびに社会保障受給者が法をないがしろにするものと非難されてきている。[117]

「アンダークラス」と犯罪・非行と依存との結びつきに歴史的な共鳴があることは間違いないし、そもそもこの「アンダークラス」ということば自体もそうである。[118] 一九世紀にも似たようなことばが使われ、救済に値せず脅威であるとされた「貧困者」の集団を表していた。[119] 実際にアメリカ人でこの用語を好んで使った人々、たとえばマレー[120]やジャーナリストのケン・オーレッタは、メイヒューによるヴィクトリア朝の望ましからざる底辺層の描写を明示的に引用している。これと関連するアメリカの大衆的な言説である「ホワイト・トラッシュ」で用いられる「トラッシュ」や「トレーラー・トラッシュ」にもまた、歴史的に深い根源がある。[121] 現代的な用法の起源はアメリカの地方にあるが、その歴史はもっと古くイギリスにさかのぼり、[122] 下水道の廃棄物や都市の貧困層、すなわち「人間性の末路」[123]を示すヴィクトリア朝の残滓がそこにこびりついている。それは「嫌悪、過剰、無駄」の言説であり、より広い社会を汚染するおそれがあるものとされるのだ。[124]

タイラーは嫌悪について、また〈他者化〉のプロセスにおける嫌悪の役割についての分析において、関連する罵倒語である「スカム」を介して、より最近のイギリスのラベルである「チャヴ」との関連性を示している（とくにその視点は、女性の外見における「グロテスクでコミカルな姿」に向けられている）。[125] タイラーの主張では、大衆メディア文化は、「チャヴ」を「大衆的な敵役」、嫌悪と軽蔑の対象としてつくり上げてきた。[126]「チャヴ」は「貧困者」と同義ではないが、ウェブサイト chavscum.com ではっきりと「イギリスの田舎アンダークラス」に言及されているように、「アンダークラス」と関連が深いのは一目瞭然だ。[127] しかし、キース・ヘイワードとマジッド・ヤーは、「アンダークラス」というラベルが生産（再生産も加えるべきかもしれないが）との病理学的な関連を語るのに用いられるのに対し、「チャヴ」がスティグマを与えるのは文化的に貧しいとか「下品」な消費形態とみなされるものに対してであると指摘している。[128]「ホワイト・トラッシュ」もまた、上品な趣味が欠落していることが特徴とされることがある。[129]

「アンダークラス」やその周辺の言説が染みついた否定的な歴史的堆積物は、そこから伝わるイメージとともに、現代の貧困ラベルのなかでももっとも侮蔑的なものとなっている。そして、その消すことのできない刻印は「彼ら」と「我ら」を分断している。マレー自身も認めているように、「アンダークラス」は意図的に「醜いことば」である。[130] これについて書く人々のことばも、すでに述べたように同様である。病気や汚染といった比喩がしばしば用いられる。「屑」ぐらいではとどまらない。「疫病」[131]「癌」[132]「野良猫」も、「アンダークラス」に付随してよく用いられる形容である。[133] 動物のイメージを用いて、人間以下の質ということを伝える場合もある。これは過去に「血統」ということばを「階級による特権の存在を否定して人々をカテゴリーに分断するために」用いたアメリカでの歴史の遠い余韻ともいえる。[134]「メスの種馬」「繁殖用のラバ」「サル」といった形容は、アメリカの議員が福祉で暮らす母親に対して使ったことばの一例である。[135] こうした非人間化は、〈他者〉への中傷と排除を正当化する。[136] したがって、当然のことながら貧困下の人々は（そもそも尋ねられることがほとんどないのだが）この「アンダークラス」というラベルをスティグマの付与だと受けとる。[137] それは、「〈他者〉に押し付けるためだけのラベルであって、だれも自分のものだと主張しないし、だれも使いたがらないネガティブなラベル」である。[138]

「アンダークラス」という概念に批判的な人々の間でも、この用語の使用については意見が分かれている。社会学の役には立たず、政治的にもダメージを与えるだけだから、全面的にやめるべきだという人々もいれば、注意深く用いれば有効に機能して、貧困問題に注意を引くことができる、いまは「貧困」ということば自体にそういう力がなくなっているから、と提起してきた人々もいる。私自身は、この語を善意で使用するのは「炎を弄ぶ」ように危険なことだと考えている。ある集団を、こうした病理学的な理由をつけるやり方、明らかに〈他者化〉するやり方でラベリングすれば、社会のほかの成員は彼らのことを、同じ市民としてのつながりを超えた存在として、容易に除外できるようになる。その結果は、包摂的な反貧困戦略というよりも、「懲罰化」[139]となるだろう。

## 「P」ワード

ここまで「アンダークラス」や「福祉依存」という語句について、その使用に反対する主張をしてきた。「価値のない貧民」という歴史的なカテゴリー化がそこに影響しているという文脈からの批判である。ただし、価値判断の少ない言説ならまったく問題がないという意味にとってはならない。ハーバート・J・ガンズは、スティグマの付与作用のある「ラベル」と説明に用いる用語との間に線を引く。[140]「貧しい（poor）」や「貧困（poverty）」といった「P」ワードは後者のグループに入るのだが、歴史的な使われ方、現代的な使われ方から見ると、こうしたものも中立的な用語だとはいえない。いずれも「貧困者」を異質なもの、逸脱したものとみなす「不当な区別をするための語彙」である。[141]「P」ワードは「我ら」が「彼ら」に対して使うのであって、貧困下の人々自身が使うことはほとんどない。[142]またふつう、「彼ら」に直接、あなたたちはどう呼ばれたいですかと尋ねることもない。したがって、「尋ねられもせず、意図もない対象」である人々にとって、「貧困」「貧しい」といったことばは、往々にしてスティグマの付与作用のあるラベルとして経験されることになる。[143]

貧困経験を持つ人々についてのイギリスの調査で明らかになったところでは、対象者の多くから「P」ワードについてネガティブな反応が得られた。たとえば、「ひどく不快な」または「ひどく嫌な」ことば、「スティグマ」「社会的に劣る」「冷たくあしらう」などの反応があった。[144]また「貧しい」という形容詞は、たとえば「質的に落ちる」あるいは「不完全な」という意味も併せ持っている。これはことばにマイナスのイメージを与える。したがって、これを形容詞として使うことは、侮辱的・侮蔑的に受けとられかねない。[145] さらにこのことばには、アイデンティティを定めてしまう意味合いもある。ところが、貧困は個人の質ではなく個人が経験する状況のことなのだから、これは不適切となるはずだ（第5章も参照）。このように、貧困下の人々は、多くの場合にスティグマと認識されるラベルを貼られることを嫌がるのだし、それは子どもでも同じことである。[146]

貧困を経験している人々がどのように貧困について語っているかを研究して、ジャン・フラハーティは、次のように結論を書いている。当事者が経済的苦境を包み隠さないことに続けて、「自分が〈貧困〉だという考えを人々が拒むのは、けっして状況を隠そうというのではなく、〈貧困〉ということばそのもの、〈貧困〉ということばによる認識がもたらす意味だった」[147]。同様に、ジョセフ・ラウントリー財団（JRF）が資金を提供した研究では、「深刻な貧困下にあるように見える」にもかかわらず、「その逆境を説明するために貧困ということばを使いたがらない」人々がいた。[148] どちらの研究でも、当事者がさまざまに距離を置く戦略をとることが観察された。[149]「本当の」貧困は「別の場所」、とくに〈南〉に存在すると話す傾向があった。[150] イギリスに貧困が存在すると認めた場合でも、それは管理能力の欠如や個人の行動における失敗とみなされた。フラハーティはまた、貧困が目に見えるという前提に立脚した、いわば場所ベースの絶対的理解が当事者間に存在することを発見した。このようにして、「貧困や剝奪に対する非難は、〈貧しく〉見える他の場所に向きを変えられる」[151]。

このような認識は、「日常的な苦難の正常化」と対になる。自分の生活を説明する際に、ふつうを強調するのだ。[152] トレイシー・シルドリックとロバート・マクドナルドによれば、「情報提供者は〈救済の価値のない貧困〉以外の貧困は認識しない」ので、「道徳や個人の失敗」に対するものだと思っている〈貧困〉のラベルは自分に関係がないと考えるのである。[153] そして、自分たちのことは〈貧困〉ではなく「ほとんど目立たない存在」[154] と説明する。この「ふつう」あるいは「平均的」と見られたいという欲求は、社会階級を超越したもので、[155]「違っている」と思われたくない子どもたちにとって、ときにはとくに重要である。[156] その帰結のひとつとして、他の貧困下の人たちを〈他者化〉する傾向が発生する。これは「防衛的他者化」[157] のプロセスを通じて起こるものであり、多くの研究で観察されている。これは、エレイン・チェイスとロバート・ウォーカーが述べるように、「〈貧困者〉の屈辱的で否定的な構造から距離を置こうと努力することである。……〈他者〉と決めつけられたと感じる人々は、そのラベルを他の〈他者〉に渡すことで自分自身をそこから遠ざけようとするようだ」。[158] シェルドリックとマクドナルドは、自分を「ふつうの人」と同一視し、「救済に値しない人々」と自分を区別するために、貧困下の人々は、「幻の〈他者〉、つまり経済的、文化的、社会的、道徳的に自分より下に位置する『アンダークラス』の想念に引き込まれる」のだと指摘している。[159]

相対的剝奪についてのW・G・ランシマン[160] の理論にある程度沿って考えれば、これは狭い範囲の「準拠集団」を用いて自身の経済状況を評価する現象だと解釈できよう。[161] そうした準拠集団は、自分よりも暮らし向きの悪い人々であることが多い。ここには、自分のことを「貧しい」といってしまったら、同じ国やもっと貧しい国の、もっと状況の悪い人たちの苦境を軽く見てしまうことになるという感覚が働くという面もあるかもしれない。[162] しかしながら、上記のような戦略を見ると、どうやらそれ以上の心の動きがあるようだ。人々は、自分より下の社会階層と認識する人々と自分との間に明確な境界線を引こうとしているのだろう。[163] したがって、人が「自分を貧しいと認めること」を望まないのは、やはり「恥ずかしさに基づく屈辱への恐怖が第一の要因」なのだろう。[164]

貧困に関連づけられたスティグマ付与の忌避は、地域研究からもうかがえる。[165] これが強く表れているのは、イギリスの貧困地域を研究したアン・コーデンの研究のなかの描写である。コーデンの文章は、このことが研究者や運動家にもたらすジレンマをも明確に浮き上がらせている。研究の参加者ははっきりと、自分や自分のコミュニティを「貧困」という用語と結びつけてほしくないといっていた。しかし、研究結果が公表されると、地元の新聞は、まさに住民が抵抗を示していたとおりのスティグマの付与を伴う方法でこれを伝え、住民の間に「怒りと……無力さと挫折」の感覚を残してしまった。コーデンは、このことで自身が感じたジレンマについて次のように述べている。

文書や発言で「貧困」という語の使用を避けようとしたら、貧困をめぐる議論に加わることが難しくなる。そうなれば、自分の出会った貧しい人々の利益に大きく貢献するはずのものが抑え込まれてしまう。ものを書く際に「貧困」という語を使用しなければ、私は事実上、貧困は消滅したとする政府見解と共謀することになってしまうのである。[166]

コーデンのジレンマは、運動家たちにも重要な問題を提起している。〈貧困〉は「有毒」で否定的で分断を引き起こすことばであり、効果的な行動を阻害するという意見もある。[167] イギリスの文脈では、〈貧困〉は一般大衆の心に響かないことが意識調査から示唆されている。[168] 貧困層とみなされる多くの人々がこのラベルに同調することを拒否していることと合わせて、このことばをキャンペーンツールとして廃棄するよう求める声もあがっている。[169] しかしながら、貧困経験のある人々のなかには、このことばを自分のことだと認めることに抵抗があっても、やはり政治行動の基礎として、この用語は必要だという主張もある。[170] 同様に、多くの反貧困運動家や研究者が危惧するのは、「貧困」を「暮らし向きがよくない」といったきれいな語句で置き換えることで、共感する人々が握る道徳的、政治的な剣の刃が鈍ってしまうことだ。[171]「この語を避ける」ことで「問題を避ける」ことが容易になってしまうのである。[172] また「低所得」のような色のない用語も貧困の辛い経験を陰に隠してしまい、問題を中和してしまうことになる。ただし、「苦労している」や「ぎりぎり生きている」[173]、「苦難」[174] など、貧困下の人々にもっと直接に語りかけることができる用語と組み合わせるケースもありうるだろう。

こうしたことばをめぐる議論は、多くの論点を提起してくれる。ひとつは、貧困を研究して文章を書く者の責任として、敬意のあることば、「よそよそしくない」ことばを使うことである。[175]
またひとつは、矛盾するようだが、「P」ワードは、スティグマの付与作用のある分類と、道徳的、政治的な課題の両方を同時に表しうるということである（序章参照）。この両者の相対的な重さは、政治的、経済的な風向きによって変わる。しかし、「犠牲者か悪者か」にかかわらず、「貧困者」ということばはつねに〈他者〉として構築される傾向にある。自身の運命に責任を持つ立場からにせよ、エイジェンシー抜きに受動的な関心の対象となるかにせよ、〈他者化〉と無関係ではない（第5章参照）。よくて「非貧困者」の哀れみの対象となるか、そうでなければ無視されるか、最悪の場合には恐怖や軽蔑や敵意の標的にされてしまう。「救済されるか懲罰を受けるか、無視されるか研究されるか」という場合が大半で、平等な諸権利を持った同朋市民として扱われることは、ほとんどないのである。[176]

## 貧困の表現

こうした構造や「P」ワードに伴う問題は、さらに一般的な「貧困者」の表現を通じて強められている。その対象となる人々は「表現行為におけるエイジェンシー」[177]を否定されているわけだ。そうした表現は〈他者化〉のプロセスにおいて重要な要素となる。多くの評論家がつくり上げるイメージは「我らのなかのよそ者」[178]である。あたかも一九世紀の「探検家」のように、評論家たちは「密林のなかの古代人の住処」や「エキゾチックな新種」の世界に分け入る。[179]「被害者たたき」のために意図的にそういったしくみが利用されることもある。同情的な観察者が、社会に衝撃を与え行動を起こさせるためにそんな表現を使うこともある。「〈他者〉の世界を可視化する」ことを目的としたこうした「旅行記」は、たとえばジェレミー・ブレントが批判しているが、これが生み出す課題は計り知れない。[180]「他者性」のイメージが強烈なことばがあまりにも多く用いられている。一例が先に挙げたハリントンの『もう一つのアメリカ』で、同書ではたとえば「内なる異邦人」「アンダーワールド」といったイメージが展開された。[181]イギリスでは、進歩的ジャーナリストのニック・デイヴィーズが『暗い気持ち――隠されたイギリスのショッキングな真実』を書いて話題となった。[182]この本は「同情による〈他者化〉」とでも呼ぶべきものである。デイヴィーズは自らを「遠くの密林に分け入るヴィクトリア朝の探検家」として示し、「もうひとつの」「まだ発見されていない国」に「貧困者」が暮らしているとする。デイヴィーズは貧困によって人々が受ける損害を強調しているが、こうしたイメージの多用は、「違い」という形容の頻出と相まって、おそらく読者に距離をおかせ、恐怖を抱かせる面の方が大きくて、彼が求めるような「貧困と闘う十字軍」を呼び起こすことにはならないであろう。[183]

同情的な〈他者化〉のもうひとつの形は、憐憫を呼び起こすものである。たとえば、これはイギリスのテレビニュースにおけるホームレスの描写の分析でも明らかにされている。当事者は「慈善的な援助を待つ哀れな、ひとつの側面しか持たない人物」として位置づけられているのだ。[184]ハイロ・ルゴ＝オカンド[185]は、権力者が連帯の代用品としての同情を利用しているのだと示唆している。その結果、社会的距離が強化される。苦しむ当事者に直接に無力感を与えることにもなる。〈他者化〉によってそうなるのだと、研究は示唆している。[186]

ジャーナリストは〈他者〉イメージの重要な情報源である。貧困の経験を伝え、枠組みをつくることで、認識や態度を形成する。とくに貧困を直接知らない人々に対して、大きな役割を果たす。[187]その情報は、あまりにも多くの場合、否定的なステレオタイプに偏る。「我ら」と「彼ら」の間の距離をつくりだし、壁をつくる。あるメディア評論家は、これをジャーナリズムの「〈他者化〉する文化」と表現した。[188]これは、とくにイギリスやアメリカのような自由主義的な福祉政策を実行する政権下にあてはまり、社会民主主義的な北欧の政治体制下にはあてはまらない。[189]勇気をもらえるのは、イギリスやアメリカにおいてさえ、支配的なナラティヴに対抗して声をあげるジャーナリズムである。たとえ「恥辱や非難をかき消す」[190]ことはできなかったとしても、そういうジャーナリズムの活動を認めることはできるのである。

一方で、貧困は一般に大手メディアでは周縁化されている。憂鬱なもの、報道する価値のないものとみなされている。[191]しかしその一方、イギリスをはじめとする各地（たとえばドイツ[192]）では近年、「貧困ポルノ」を流すテレビというメディアを通じて娯楽的価値を獲得してきた。これは、「観戦スポーツ」のように貧困下の人々をモノ化するものとして、多くの批判を受けている。[193]トレーシー・ジェンセンの論じるところでは、

〈貧困ポルノは〉貧困に対する既存の恥知らずな好奇心を利用するだけでなく、貧困層の生活を道徳的な目線であげつらう場、つまり覗き見し、解剖し、評価する対象として位置づけている。福祉改革の「議論」のためと言い訳して、〈アンダークラス〉を再発明している。……画面のなかの〈他者〉を、選択や行動が機能不全に陥ったものとして見せ、また、そう

した「ライフスタイル」がトクだと思わせるような福祉国家の機能不全を見せ物にしている。[194]

貧困ポルノは、広く視聴され、貧困下の人々に対する一般の認識を形成する力を持つ。[195] 登場人物に対する誹謗中傷は、しばしばソーシャルメディアを通じて増幅される。ただ、これは批判の場を提供し、貧困下の人々自身が声をあげ、そのような中傷的な描写に抵抗する可能性も増大させている。[196] 女性（とりわけ「福祉によって生きる母親としての女性」とその身体）は、とくに標的とされてきた。[197] 一方、アメリカの研究のテーマは、メディアがつくりだす人種的な偏見をおびた否定的なイメージの本質に向かっている。[198]

イギリスやアメリカの研究では、貧困下の人々一般、なかでも社会保障受給者に対するスティグマ付与行動、懲罰的な態度、政策に対してメディアの否定的表現が寄与することが強調されている。ただし、メディアは支配的な政策や政治的レトリックを反映し、伝える傾向もある。[199] 政治的言説、メディアの言説、大衆の言説は、互いに互いを増幅させながら、〈他者化〉の悪循環のなかで修辞的な「救済に値するかどうかにかかわる語彙」を広めていく。[200] この語彙は、「貧困者」をごく限られた種類の役割にあてはめる。すなわち、救済に値しない悪人、救済に値する犠牲者、英雄のいずれかである。[201] 一見ポジティブな「英雄的な生存者」としての描写も、実際には日常的にかつかつで生存している人々に対してとうてい無理な水準の暮らしを要求することになる。「犠牲者」のイメージは、「貧困下の人々を痛ましく、希望もなく、打ちひしがれて、受動的に苦境を受け入れているものとして示す」。[202] こうしたイメージの、とくに視覚的なものが、福祉団体や運動組織によって使われることもある。しかしこれは、批判にさらされるようになっており、障害者の運動も、民間福祉団体が伝統的に用いてきた屈辱的で犠牲者化するようなイメージに異を唱える方向を示している。

貧困犠牲者の受動的な表現をさらに強化しているのが、貧困下の人々のメディアでの取り上げられ方である。彼らは主体ではなく対象でしかない。[203] いくらかの特記すべき例外はあるにせよ、大手メディアが貧困を取り上げるのは、だいたいが「専門家」を介してのことである。[204]「貧困者」本人が登場し、話しているときも、たいていはジャーナリストが自分のいいたいことを説明させているのか、「苦しみの声」を聞かせるためであって、貧困者自身が自分の状況分析を提供しているのではない。[205]「哀れな事例の従属的な立場」から話すことになる。[206] 貧困下の人々には、このような限定的な声と条件つきの可視性しか与えられない。そしてそのことによって、貧困者の直面する問題を個人の責任に帰するというメディアの考え方はいっそう強化され、幅広い構造的な文脈や原因の探求がないがしろにされていく。[207] このことは、広い社会が貧困の原因をどう理解するかにも影響していく。[208]

## スティグマ、恥辱、屈辱

貧困下の人々も、もちろん自身がメディアの消費者である。汚名を着せるようなイメージやことばを見聞きし、自分自身や自分の住む地域がメディアによって軽んじられ、悪者にされていると感じることがある。これはアメリカやイギリスで顕著であるが、もちろんそれに限ったことではない。[209] さらに、メディアの否定的な表現が、周囲の対応に影響すると感じている人もいる。[210]

日常のやりとりで経験されるスティグマは、「社会的スティグマ」と表現されている。[211] さらに、制度的なレベルでも、スティグマは働くことがある。[212] いずれの場合も、第3章で論じたように異なった形態の偏見や差別と交錯する。[213] 制度的スティグマは、（アメリカやイギリスなどの自由主義的な福祉国家で多い傾向にある）選別的な給付金の受給者にとくにつきまとうことがある。[214] これは、給付事務が非人間的な慣行、尊重・敬意を欠いた扱い、価値判断を含んだ方法で実施されているときに悪化する。[215] 一般化して浮かび上がるテーマは、貧困下の人々の人生・生活に対して権力をふるう国家機関が雇用する公務員や専門家とかかわる際に経験する、スティグマや非人間化である。[216]「サービスが提供される際のあり方が［貧困者の］生活や経験に対して尊重・敬意を欠いていることがあまりにも多く」[217]、「貧困差別的な態度」[218] が表れているのである。こういった人々とのかかわりは、「精神的な犠牲」[219] を及ぼしかねない。たとえば、スティグマ付与や懲罰的な扱いを恐れて公共サービスを回避するようになるといった防御行動である。[220] イギリスをはじめとする各地でのフードバンクへの依存の高まりは、強烈な恥のもうひとつの原因をつくりだしている。尊重・敬意を示し、歓迎される雰囲気をつくりだすためにあらゆる努力がなされているのがほとんどであるにもかかわらず、そうなるのだ。[221]

貧困と福祉受給者に貼りつくスティグマの程度と性質は、社会によってさまざまである。そこには、歴史的な「貧困者」の扱いや文化的な差異、貧困についての大衆的な説明、さらには先に述べたような社会保障制度の性質といった要因を反映している。[222] とはいえ、国による違いはあるものの、ウォーカーらによる多国間調査によって明らかになったのは、「福祉給付の原理は……重度にスティグマ化されている。これは意図的に生み出されたものであるか、あるいは無関心や受動的軽蔑の結果である」。[223] マッケンジーのエスノグラフィック研究をつらぬいている中心的な糸は、「スティグマとステレオタイプはどちらも受動的であり、致命的である」ということだ。住民、とくに女性が、自分たちと近隣がいかに「見下され」「軽蔑され」ているかについて語ることから明らかにされていることである。[224] これはまた、「領域的なスティグマ化」と「他者化の空間的側面」を反映しており、これも専門家や役人による扱いに影響を与える可能性がある。[225]

スティグマの影響は深刻なものとなりうるが、全員が同じように反応するわけではないし、どんな影響が出るかも状況によって、また地理的な位置によって変わってくる。[226] ある貧困研究で明らかになったところでは、自分自身の状況に責任を持てると考えているかどうかによって、反応が大きく変わる部分がある。[227] アイデンティティや自尊感情に破壊的な意味を持つ内面化、あるいは抵抗という両極端の反応が起こりうるのだが、[228] この矛盾する反応は共存する場合もあり、当事者の感情に複雑な影響を及ぼす。[229] スティグマ付与に対する抵抗行動はさまざまな形になるだろう（そのうちのいくつかは第5章でさらに検討する）。顕示的消費という手段でスティグマ化を避けようとする人もいる（そして多くは失敗する）。これはとくに子どものために行われることが多い。[230] あるいは、リンダ・ティラードが自伝的著作で書いているように、反抗的な「恥知らず」な態度を「鎧」として身につける。[231] また、これまで見てきたように、〈他者〉とされた人々は、それをさらなる〈他者〉へと転嫁させて身を守ろうとすることもある。これは、そういった〈他者〉から距離を置くことや二次的な〈他者化〉のプロセスを通じて行われる。[232] あるいは、地元のコミュニティに避難することもある。たとえそれ自体がスティグマ化の対象であっても、そこに安全を求めるのだ。[233] ピールが記述するオーストラリアで貧困に苦しむ人々の話によれば、「自分たちのような人間はどうでもいいからとして、されたこと、言われたことに対する怒り、焼けつくような怒りの閃光」がある。ピールはまた、一部の人々がその怒りを「スティグマを逆手にとって金持ちを道徳的貧困と利己主義で告発する」ことで解消しているのを目にしている。[234] 極端な場合、日々の屈辱や尊重・敬意の欠如に対する怒りは、二〇〇五年にパリ郊外のバンリュー地区で起こったように、暴動やその他の暴力行為によって表現されることがある。[235]

貧困のスティグマに対する反応が内面化されると、個人的なものとなり、結果として恥辱感につながることが多い。[236] ウォーカーらが複数の国をまたいだ研究のなかで見い出したことによれば、「恥辱は普遍的に貧困に付随する」のであり、「貧困と恥辱は一対として機能する」。[237] その結論は、「物質的条件の大きな違いにもかかわらず、貧困の心理社会的経験は非常に似ており、貧困下の人々がさらされる恥辱や、頻繁に受けるスティグマや差別的慣行によって多くが形成されている」。[238] 同様に、第2章で紹介したベルギーとフランスの「知識の融合」プロジェクトの報告書は、「恥辱は我々の研究の中心テーマである」と宣言している。[239] 恥辱と密接に関連するのが屈辱で、「単に個人や集団の属性として欠陥があるとされるだけでなく、その劣等性を公に肯定されることによって引き起こされる」[240]。屈辱は、日常的な他者との遭遇からも構造化された不平等からも芽生え、さらに「貧困者」を敗者と位置づける消費主義の横行もそれを悪化させる。[241]

消費文明以前の時代においてさえ、アダム・スミスが二世紀以上前に認識していたように、衣服は相対的貧困を示す重要なもので（第1章参照）、恥辱と屈辱の目に見えるバッジとなる。[242]これはとくに子どもにあてはまる。子ども期の貧困に関するリッジの研究は、（とても買えないような）きちんとしたファッショナブルな衣服を着ていることが、「仲間に入ること」や友情にとって、また、いじめや社会的排除の回避にとって、決定的に重要であることを示している。[243]この研究や、それに先立つミドルトンらの研究[244]は、子どもや若者にとっての衣服の重要さを、育ちつつあるアイデンティティの表現として強調している。さらに一般的には、貧困に伴う恥辱と屈辱は、この年齢の集団にとってはとくに耐えがたいものになることがある。ひとりひとりのアイデンティティが形成されている時期に「社会的関係に深く入り込む」ためである。[245]貧困の恥辱から子どもを守ろうと、重荷と罪悪感を背負いこむのは、母親になりがちだ。[246]恥辱とスティグマの経験がジェンダー化されているようすが、この例からもうかがえる。[247]

恥辱は「別格」あるいは「もっとも悪質な感情」と表現されてきた。[248]本来恥辱は社会的で関係的なものであり、「文化的、社会的要因や制度的な力関係に根ざした循環によって強められるもの」[249]と表現されている。恥辱は、屈辱とともに、そうした感情を生み出す不平等と社会的ヒエラルキーを維持する上で重要な役割を担っている。恥辱と屈辱は、「関係性による傷」、「傷つけられた尊厳」による「心の傷」を構成し、貧困下の人々に「社会的・心理的な苦痛」を与え、健康に深刻な害を及ぼすことがある。[250]恥辱と屈辱は、アイデンティティや自尊心、自尊感情を、言い換えれば自分自身についての感じ方を痛いほどに傷つける。[251]アンドリュー・セイヤーは、「恥辱を経験するということは、自分が場違いで、価値がなく、尊厳や人間として備えているべきものを欠いているのかもと感じることである」[252]と述べている。これを追認する研究もあるし、[253]貧困のなかで生きる人々自身もその考えを補強している。たとえば、「イギリス反貧困連合（UKCAP）」のワークショップのある参加者は、次のように述べている。「自分がタマネギになったようで、少しずつ、全部の皮を剝がされて、最後にはなにも残らなくなる。自分自身についての評価と感覚がすべてなくなってしまう――自分がなんの値打ちもないように思えてきて、やがて家族もそんなふうに感じるようになる」。[254]恥辱と屈辱は、貧困を経験している人々の多くから、薄皮を剝ぐように自尊感情を奪っていき、アイデンティティを否定してしまう。社会的アイデンティティに関する研究でリチャード・ジェンキンズは、「他者が、我々のアイデンティティを認識するだけでなく、積極的にこれを形づくる。しかも、名づけること、カテゴリーに分けることだけでなく、我々にどう対応するか、我々をどう扱うかによってもそうしている」ようすは、ゴフマンのスティグマ分析によって示されるとしている。[255]ラベリングはけっして一定の方法でアイデンティティを規定していくものではないが、ジェンキンズによれば「世間が自分を見るイメージが自己イメージになってしまうこともある。自分の人間性の感覚は、他者によるカテゴリー判断に縛られているのである」。[256]

アイデンティティの問題には、貧困下の人々の政治的なエイジェンシーに向けた意味合いもある。とりわけ恥辱は当事者間の社会的連帯を弱める可能性がある。[257] これらは、貧困による恥辱に対処するために用いられる戦略のいくつかとともに、第5章で検討される。ここでは尊厳と尊重・敬意をもってアイデンティティを扱われたいという、貧困下の人々の欲求に関連づけるだけにしておきたい。

## 尊厳と尊重《リスペクト》・敬意

「尊厳と尊重・敬意」ということばは、口あたりのよい決まり文句のようになっているのだが、これは非常に重要なことを語っている。尊厳と尊重・敬意を希求することは、(最終章で論じる)政治理論家・社会理論家が「承認の政治学」と呼ぶものの礎石となるものだ。承認に関する第一線の理論家アクセル・ホネットが指摘するように、承認を求める行動は「屈辱や軽蔑の経験」から生じる。[258] チャールズ・テイラーは、承認とは「我々が人々に負うべき単なる礼儀ではない。人間の重要なニーズである」[259] と論じている。このニーズは、他者によってのみ提供されうる。そのため、自尊心が大きく依存する各人の固有の尊厳、つまり固有の価値を尊重し、敬意を払う心理的な必要性に根ざすのである。[260]

リチャード・セネットは、承認と尊重・敬意を示さないことがなにを意味するかを次のように綴っている。「尊重・敬意の欠如は露骨な侮辱ほど暴力的ではないが、同じくらい人を傷つける形態となりうる。だれかから侮辱されるわけではないが、承認の手を差し伸べてくれるわけでもない。ただ目に入らないのである——その存在が大切な、完全な人としては」。[261] クレメンス・セドマックの人間の尊厳と貧困に関するエッセイに記された観察によれば、軽視される〈他者〉におけるこの「人間性の無視」は、貧困下の人々の経験に共通するものであり、「自尊心の源である尊厳の感覚を侵食する」。[262] これは、サイモン・チャールズワースが引用したある情報提供者のことばにも傍証されている。この人物は、自分が「ゼロ」として扱われているように感じ、「〈まったく無価値〉という評価は破滅的な経験だ。まるで透明人間だ」と述べている。[263] 一方で、貧困下の人々が目に見えるとすれば、それは先に考察したように、一般に否定的な意味での見え方である。よって、ベルギーとフランスの「知識の融合」プロジェクトの報告書は、貧困当事者を「解決すべき問題としてではなく、人間として」認識する必要性を強調している。[264]

〈南〉では、直面する恥辱と屈辱に抵抗しようとして、力を奪われた人たちが「尊厳と尊重・敬意の場所を社会のなかに見つけるべく」苦闘していることが、参加型調査によって証明されている。[265] 同様の反応は〈北〉にも認められる。アメリカでは、ウォルマートの労働者が「ウゴルマートに尊重・敬意を求める連帯」の旗印のもとに組織化された。彼らの「リスペクト宣言」の前文では、「尊重・敬意を示してもらいたいという根本的な欲求が、私たちを私たちのウォルマート（OUR Walmart）として団結させた」と説明されている。[266] オーストラリアのピール[267]やイギリスのマッケンジー[268]など、コミュニティを基盤とした研究からは、尊重・敬意を欠いた扱いや誤った認識に直面する状況のなかで、尊重・敬意をもって扱われたいという願望が広がっていることが明らかにされている。このうちのピールによれば、当事者は単に「尊重・敬意を示してもらいたい、尊厳を保ちたい、無能力で愚かな劣等生として扱われたくない」[269]のである。クリス・アーナーディはアメリカの「下層の人たち」について、「私たちはその尊厳を否定し、そこに空白を残した。その空白を安易に埋めたのは、ドラッグ、怒り、恨みだった」と書いている。当然のことながら、「彼らは軽蔑されていると感じている」。しかし、彼が出会った人々のほとんどは、「尊厳を保つために闘っていた」のである。[270]ベレスフォードらの研究に登場するある母親の説明によれば、「貧困は尊厳を剝ぎ取る。貧しければ尊厳を持つことができない」[271]。また失業中の若い女性、ミリセント・シムズはイギリス全国貧困公聴会で「まったく腹立たしいのは、私たちも人間であり、尊重・敬意が必要なのだということに気づかない人がいるのである」[272]と語っている。シムズの怒りはイギリスの「貧困・参加・権力と力に関する委員会（ＣｏＰＰＰ）」が受けとった証拠の多くにも反映していた。その報告書は、次のような観察結果を出発点としている。「ほとんどの場合、貧困を経験している人は尊重・敬意をもって扱われない。一般からも、もっともよく接する人たちからも。……貧困状態に暮らす人々への尊重・敬意の欠如は、委員会の我々に届いたもっとも明解な、またもっとも心に響くメッセージのひとつであった」[273]。

貧困状態にある人が尊重・敬意をもって扱われると、自信ができ、エイジェンシーの感覚が増す。本章の前の方で発言を引用したＡＴＤカールモンド運動のキャシーによれば、貧困に苦しむ人々の貢献を認めようとするプロジェクトの存在は、「私にとって非常に重要なこと。なぜなら、私がもう透明人間ではなくなるということだから。思考、感情、願望を持ったひとりの人間として認められるのです。尊重・敬意をもって受け止められていると感じます。もっと前向きに自分の役割を考えることができるし、社会で果たすべき価値があると感じることができる」[274]のである。

ジョン・ロールズによれば、自尊心は「おそらくもっとも重要な基本財である」[275]。センも、[276]自尊心を重要なファンクショニングと認定している（第1章参照）。自尊心の重要性は、ヌスバウムの著作でさらに深く探究されている。ヌスバウムは人間の中心的な機能的ケイパビリティをリストアップし、それに自尊心を含めている。すなわち「自尊心があって屈辱を受けないという社会的基盤があること。ほかの人々と同じ価値を持つ存在、尊厳を持った存在として扱われること」である。[277]貧困状態に暮らす人々についてこの原則を実現することは、日々の社会関係での彼らの扱いが改善されるだけでなく、社会をつくり上げていくうえでも意味がある。このことを、少なくとも原則的には認めたのが、一九九八年フランスの「社会的排除との闘いに関する基本法」である。その第一条は「排除に対する闘いは、あらゆる人間存在が持つ平等の価値の尊重に基づく国家的必要事項である」と謳っている。ヨーロッパ全体のレベルでは、ECが加盟各国に対し、社会構成員が「人間の尊厳にふさわしい暮らしをする」のに十分な水準の社会的支援を受けられるよう、その権利を認めるべきであると勧告している。[278]

しかし、ほとんどの社会は、平等な価値と人間の尊厳を認める大原則をリップサービスだけで済ませてしまっている。社会経済的な不平等が大きい現実社会では、これは絵空事だ。[279]アン・フィリップスが述べているように「豊かさのなかに広がる貧困をそれでよしとする社会、あるスキルがあることで他のスキルの百倍もの賃金が取り放題とされる社会は、市民すべてを人として同じ価値を持つものと認めていない」[280]社会なのである。よい暮らしをする人々は社会的に、そしてときには地理的にも貧しい人々から遠く離れているため、そういった人々が自分と同じ「尊厳ある存在」であると感じられない。尊重・敬意は「不平等の境界」[281]をそう簡単には超えられない。尊厳の否定は道徳的に「階級によって傷つけられること」につながる。[282]アメリカやイギリスのような自称「能力主義社会」では、「尊重・敬意の枠内に失敗の入る余地がない」。[283]貧困は失敗のしるしである。福祉手当の受給がスティグマを付与された「依存」と同一視されることで、自尊感情というタマネギの皮がまた一枚、剝がされていくのである。

そしてこれこそが、一部の「アンダークラス」論者の意図するところなのである。たとえば「勤勉な母親」のような賃金が支払われない社会への貢献が存在することを認めているにもかかわらず、マレーは主張する。すなわち、長期的な福祉受給者は「自らの尊厳のためになにをしようとも、自尊心を感じることができない」、彼女らは社会の「本当の貢献者」ではないからである、と。[284]これほどの悪意は見せないが、ミッキー・カウスも「アンダークラス」の成員が低賃金の仕事を自分のものとして受け入れるならば、「尊重・敬意」を約束しようと述べている。[285]対照的に、アメリカの作家バーバラ・エーレンライクは、低賃金労働者として暮らしてみて、なによりも「驚き、傷ついた」のは「日常的に尊厳を損なわれた」ことと、「そこまで基本的人権と……自尊心を放棄しなければならないのか」ということだったと述べている。[286]さらに根本的なこととして、貧困下の人々の多くが暗に指摘しているのは、尊厳の承認や自尊心への権利が、いわゆる「成功」や、あるいはマレーのことばとは裏腹に、有給の仕事への従事に条件づけられるべきではない、ということである。当事者が求めるのは、テイラー[287]いうところの「無条件の」尊重・敬意を貧困当事者のそのままの姿に対して示すこと、つまり、同等の価値を持つ人間として認めることなのだ。[288]マレーのような人たちは、貧困当事者の行動に依存する「条件付き」の尊重・敬意しかいわない。そのうえで、純粋に条件付きの尊重・敬意につながる仕事を得る機会は、公平なものではない。セイヤーが指摘するように、「条件付きで認めてもらえるようなことを達成するチャンスといっても、現実には経済的な不平等が左右する」[289]からだ。このことはまた、どんな仕事が条件付きの尊重・敬意を集めるのかということでも、さらに広い視点でジェンダー的な問題を提起している。とくに価値が正しく評価されることはほとんどないケアワークについての問題は注目すべきだろう。[290]

## 結論

本章では、こうした理想を実現するために「表象のポリティクス」の重要性を強調してきた。ベル・フックスは、貧困状態に暮らす人々の「尊厳と品位」を確実なものとして社会が認めるためには「生活のあらゆる面での表現を建設的に変えること」が必要だと主張している。[291]このことが提起するのは文化的シチズンシップというより広い問題で、その要素のひとつが「尊厳ある表現をされる権利」なのである。[292]ヤン・パクルスキーによれば「文化的シチズンシップには『違っている』権利、スティグマを付与されたアイデンティティに価値を取り戻す権利が含まれている」[293]。しかしながら、「貧困者」の場合には、逆に「同じである」権利が大切になってくる。違って見られることの恐怖は、子どもの貧困面についての報告にとくに強く表れている[294]。

本章の中心テーマは、「貧困者」を「異なる者」あるいは〈他者〉、はては人間以下の存在として規定してしまう言説の力、ことばとイメージを通じて発揮される力であった。こうしてつくりだされた〈他者〉は無責任で、犯罪的で、不適切な存在であり、非難され、恐れられ、哀れまれるべきものとされる。同時に、本章での議論から、また別の、根底にある力の形態も示される。すなわち、支配的な集団が「貧困者」を〈他者〉として定義する力である。承認は、権力関係と切り離せない概念だ[295]。言語の背後には、権力関係、文化的態度や経済的区分があり、これは「名づけのポリティクス」だけで解決されることはない[296]。つまりフックス[297]が認めているように（また本書の終章で展開するように）、表象・承認のポリティクスは再分配のポリティクスと結びつけて考えなければならないのである。さらには、第6章で述べるように、こうしたポリティクスは、貧困下の人々自身を社会的な行為者として巻き込むものでなければならない。このことは、次章の主要なメッセージである、彼らのエイジェンシーを認めることの必要性へとつながる。承認のことば、人権のことば（第6章）とともに、これは支配的な〈他者化〉や非人間化の物語に対する「対抗的な物語」を提供するものである[298]。

# 第5章 貧困とエイジェンシー――〈やりくり〉から〈組織化〉へ

前章の主たる主張は、〈他者化〉が、「貧困者」を受動的な対象に引き下げてしまうことであった。それは、救われぬ犠牲者に対する好意的な形態をとる場合でも、怠惰、仕事嫌い、福祉依存という悪意の見方をとる場合でも、同じである。この受動的な性格づけが、「彼ら」と「我ら」との間に社会的距離をつくりだす。したがって、エイジェンシーという視点に立った「対抗的なナラティヴ」は、こうした特徴づけに対する解毒剤となる。[1] 実際、他者のエイジェンシーを認めることは、尊重・敬意のしるしであることが示唆されている。[2] つい最近まで、貧困下に暮らす人々のエイジェンシー、あるいは行為する能力については、限られた認識しかなかった。エイジェンシーを認識する場合でも、たいていは個人の貧困に対する責任を特定するという視点からのもので、逆境をなんとか生き抜こうとしている同じ人間としての複雑な主体性を認識するという視点はほとんどなかったのである。

本章では、まずエイジェンシーという考え方について一般的に論じ、それが貧困のさまざまな説明のなかでいかに重要なのかを見たうえで、貧困下の人々のエイジェンシーについて、四つの側面から探っていく。すなわち、日々のコーピングである〈やりくり（getting by）〉あるいは〈やりすごし（getting through）〉、「日常的抵抗」を通じての〈やりかえし（getting [back] at）〉、貧困からの〈ぬけだし（getting out）〉、そして変化をもたらすための〈組織化（getting organized）〉である。変化をもたらす「組織化」は、「貧困者」としての自覚、あるいは貧困集団の成員であるという自覚に立脚している。したがって、この四番目の部分では、検討の範囲をさらに広げ、貧困下の人々が、自分や自分の立場をどのように見ているかという問題から考えていく。これは前章にも関係することである。

　本書のような性質のものを執筆する際には、綱渡り的な部分が少なからず含まれるものだが、本章ではそれがとくに先鋭なかたちで表れている。なにより、貧困下の人々について豊かな者の立場から書くという行為は、たとえ彼らを主体や行為者としたとしても、やはりそのこと自体、あるレベルでは、すでにして散々に対象化され、根掘り葉掘り調べられてきた集団を、さらにそのうえ対象化するという行為である。また、貧困下の人々のエイジェンシーを認めることと、貧困を本人の責任だとすることとの間には、紙一重の違いしかない。当事者だって人間、だれしも同じように失敗や「誤った」決断をしてしまうこともある。現に、あるコメンテーターは一部の人々が低所得のなかでやりくりしていることを根拠に、そうできない人は「家事能力が低く」、「道徳的責任感」が欠けているのだと主張する。だから、「それじゃダメだってみんなで声を上げて直してもらいましょう」というのだ。[3] 対照的に、最近の研究で指摘されたところでは、「貧困下の生活の認知的制約」があって、一見「最適でない」意思決定が実はその状況において「合理的あるいは適応的」である場合もある。[4] より根本的には、欠乏が「だれにでも影響を与えうる心理状態（およびそれに伴う行動）」を生じさせることが示されている。[5] センディル・モーニスンとエルダー・シャファーによれば、結果として、貧困は「心に負荷をかけ」、「帯域幅」を減らし、「認知能力」や「実行制御」機能（たとえば計画立案）の両方に不利益をもたらす。[6] これは、貧困が「限界状態」を示す一例である。貧困そのものが、貧困を緩和したり貧困からぬけだそうとする試みを制約してしまうのだ。[7]

また同時に、エイジェンシーを強調することは、ロマン主義化や理想化の危険を冒すことでもある。すべてのエイジェンシーがその個人ないし他者にとって建設的だとは限らない。それが「構造的に周縁化された場所からの行使」であったとしてもそうだ。[8] たとえば、エイジェンシーが暴力行為を通じて表現されることもある。尊重・敬意が無視された場合や屈辱が引き金となるようなときである。[9] さらに、エイジェンシーを理想化することの裏面性として、貧困からの〈ぬけだし〉〈組織化〉もできない人や、完全に打ちひしがれて抑うつ状態となってしまい、〈やりくり〉（もしくは〈やりすごし〉）や当局への〈反抗〉すらできない人を、さらなる軽蔑と〈他者化〉の対象としてしまい（社会福祉機関によるものを含む）、それによって失敗と恥辱の感覚、抑うつを悪化させてしまうことにもなりかねない[10]〔補記1〕。以前から、抑うつは「エイジェンシーの崩壊と同じ」といわれている。[11] 恥辱、ストレス、不安定があるということは、抑うつや心理的な苦悩が貧困下の人々、とりわけ女性にはごくふつうに見られるということである。[12] ただし、アメリカでの試験的研究の示唆によれば、抑うつの治療を受ければ貧困下の人々も「自身が主体として物事を行う力がもたらされ、これを用いるようになっていった。彼らは、とても乗り越えられそうにない障害があっても前進したのである――たいていは速やかに、少なからぬ者はかなり遠くまで」。[13]

## エイジェンシー

エイジェンシーという概念は、典型的には自律した、目的のある、創造性を持った行為者、ある程度の選択能力と選択可能性のある行為者としての個人を性格づけるのに用いられる。意識的なエイジェンシーの感覚は、個人の自己アイデンティティや自尊感情にとって重要である。抑圧や剥奪に直面した際にも、たとえごく限られた範囲であっても、なんらかの手段を使って自分の生活をコントロールできると思えれば、生き残るうえで大きな助けとなる。エイジェンシーに関する社会学的な議論には、貧困下の人々の状況の理解にとくに関連が深い相互に関連した三つの側面がある。具体的にはエイジェンシーと構造の関係、エイジェンシーのモデル、エイジェンシーのタイプである。

### エイジェンシーと構造

社会で起きることのうち、どこまでを個人の行為（エイジェンシー）の産物だと考え、どこまでを、もっと広い、社会的、経済的、政治的な制度と構造（プロセス）によるものだと理解するかということは、長きにわたり、社会学理論の中心的な問題であり続けている。理論の振り子は、あるときにはエイジェンシーを強調する側へ、またあるときには構造を強調する側へと振れてきたが、近年は、両者の関係が関心の中心になってきている。貧困研究でとくに重要なのは、一方では、構造がさまざまな集団のエイジェンシーをどこまで可能なものと（あるいは抑制）するかであり、他方では、さまざまな集団のエイジェンシーがどこまで構造に影響を及ぼすかということである。個人の選択と行為を強調している個人化の理論[14]に沿うかたちでこれを言い直すと、貧困下の人々がどこまで自分の自伝の作者になれるのか、という問題提起になるだろう。[15]その答えは、広い「階層型の」政治的、経済的、社会的な権力関係において従属的な位置にあるなかで、彼らがどこまで「生成的な」能力を発揮して、自身の生活をコントロールするかにかかってくるのである。このような権力関係は、より強力な者が自らの利益のためにエイジェンシーを行使することを可能にする。そのために、このような階層的な関係を正当化するための「スティグマ・パワー」を用いる場合もあるだろう。[16]マシュー・デズモンドが不安定な居住環境の研究で観察しているように、こうした権力関係は搾取的でありうるし、「貧困の議論から削ぎ落とされたことば」[17]にもなりうるのである。制約が大きければ大きいほど、「エイジェンシーの貧困」と表現される自律性の毀損リスクも大きくなる。[18]

戦後のイギリスの社会政策は、ほんのつい最近まで、貧困下における個人のエイジェンシーを否認してきたのが特徴であった。これはもっぱら構造的な要因を最大の関心事としてきたことと、

「犠牲者を非難」してしまわないようにという配慮によるものである。[19] 実際には、構造主義者の説明がすべて個人のエイジェンシーと責任を否定していたわけではない。[20] にもかかわらず、一般にエイジェンシーを軽視したことで隙間が生じ、だからチャールズ・マレーのような「アンダークラス」論の提唱者が入り込めたのだという主張がなされている。[21] アメリカでも、二〇世紀の後半には、貧困の原因を社会的、経済的構造によるとする人々と、文化と個人的行動によるとする人々との間での二極化した論議が増えていった。この後者の見方が急速に支配的になっていったのである。[22]

本章でのエイジェンシーの扱いは、「人々が相互依存的存在、関係的存在としてどのように振る舞うか」に焦点をあてた、広範で「各分野に及ぶ社会的実践と社会的関係に関する文献」に根ざしている。[23] 福祉の理論化における最近の展開を反映して、個人主義的なアプローチと構造主義的なアプローチという二分法の超克を目指している。この「福祉の新たなパラダイム」の中心となっているのは、「人が創造的で物事を熟考して再び現実に反映させるような人間存在である能力、すなわち積極的な行為者として自身の生活を形成し、経験し、福祉政策の結果にさまざまに影響を与え、これを再構成する能力」[24] の強調である。この分析の枠組みは、エイジェンシーを「幅広い形態の階層化や社会的権力関係との関連のなかでの」個人の社会的位置という文脈に位置づける。[25] そうすることで、この枠組みは「制約されたエイジェンシー」という概念とともに、貧困状態にある個人のエイジェンシーに焦点をあてる手段を提供する。しかもそれらの人々のエイジェンシーが物質的資源や力の欠如によってどのように抑制されているかを見失わず、「構造の内部でのエイジェンシー」を行使しているようすに焦点をあてるのである。[26] あるいは、ATDカールモンド運動研究の著者が観察したように、「個人は自分の生活についてはエイジェンシーを持っているが、これはそれをコントロールできるという意味ではない」。[27] また、当事者の選択が強く制約されていることを否定するものでもない。[28]

このようなアプローチは、エイジェンシーとそれに関連した概念であるレジリエンスの「イデオロギー的搾取」に対する懸念に対処するものである。これは、「(当事者が) その社会的条件から切り離して考えられる」ような場合に発生する懸念である。[29] こうした状況におけるエイジェンシーの形態は主に、ダーデヴィランとドナヒューが主張するように、[30] 構造的制約に対する「吸収的」あるいは「適応的」調整を表しているかもしれない。それはときに関係者にダメージを与えることがあっても、エイジェンシーの形態として効力を失うわけではない。心理社会的な観点から、意思決定と貧困に関する研究は、社会経済的、文化的、環境的な文脈がどのように行動を制約するのかを理解することの重要性を強調している。[31] また、子どもを社会的主体として位置づける現代の子ども社会学もここに関連してくる。[32]

## エイジェンシーのモデル

ここで採用するエイジェンシーのモデルは、「アンダークラス」理論やその関連の理論を推進するものとは大きく違っている。「アンダークラス」理論では、エイジェンシーは貧困の個人責任と同一視されるし、福祉給付金の受給者に「要求される」ものとされている。[33] そこでモデルとなるのは一般に「経済的に合理的な人間」で、自身の自己利益を機械的に追求し、経済的動機に敏感である。政治的立場は大きく違うが、ビル・ジョーダンは経済的なエイジェンシーのモデルを展開していて、犠牲者ではない「合理的な行為者としての貧困者」という姿を描き出している。[34]

社会学的な視点からこうしたモデルが批判されているのは、その「人間的活動の狭い概念化」によるものであり、これによって「人間のエイジェンシーを各々が別個に存在する原子のように扱い、人間の活動主体が埋め込まれている文化的、社会的構造をほとんど無視している」とされる点である。[35] エイジェンシーは社会的、文化的文脈のなかで行使されるものであり、研究結果からは「文化的価値観が重要な役割を果たし、経済的選択に影響を与えている」[36]ことが示されている。シングルマザーに関するふたつの研究（一方はアメリカ、他方はイギリス）にも、この点がはっきりと表れている。アメリカでの研究結果は、複数の競合する「文化モデル」を提示している。これは、「仕事探しや子育て、質のよい就学前教育を得るための交渉などに関する〈適切な〉アプローチがどのようなものかについて、女性が抱く暗黙の（ときには明白な）概念」の基礎となるものである。[37] 一方、イギリスの研究は「経済的に合理的な人間」というモデルに異議を唱えるもので、文脈にあてはめた「ジェンダー化された道徳合理性」という考え方を持ち出す。これは「母親であることと有給の仕事との適切な関係がどのようなものかについての集合的かつ社会的理解」と定義される。[38] これは、母親を対象としたもっと最近の研究によって補強される。すなわち、母親は「どのような行動が正しくかつ適切であるか、道徳的、社会的に形成されてきた規範を参考に」ケアワークと仕事の両立について意思決定していることが明らかになっている。[39]これは、エイジェンシーは「関係的」であるというデイヴィッド・テイラーの議論を支持している。すなわち、「行動する能力は、単に個人にどれだけの力があるのかということではなく、文脈に依存している。他者の文脈、他者との関係性の文脈のなかで、どれだけ自分の力を発揮できるのかによるわけだ」。[40]したがって、本質的にはエイジェンシーは個人主義的なものとして理解されるべきではない。それどころか、以下で見るように、それは集団的に発揮して大きな効果をあげることができるものなのだ。

上記のテイラーの関係的な概念化は、センの著作からもたらされる貧困に関する研究に見るエイジェンシーのモデルともよく符合する。[41]ケイパビリティという考え方（第1章参照）そのものが社会的な文脈におけるエイジェンシーを前提として含んでいるからである。[42]さらに加えて、センの見方では、「エイジェンシーの役割を理解することは、人間を自らの行動に対して因果の一端を担うものであると認識するうえで中心的なことである。その人のウェルビーイングへの影響の如何のみならず、行動するのか拒むのか、行動のあり方を選べるのか――そこを担える存在と認識するには、エイジェンシーの理解が欠かせない。……これは大きな違いを生み出す」。[43]事実、違いを生み出すのは、貧困下の人々がどのような行動を選択するかだけでなく、より力のある者が、彼らとの関係でどのような行動を選択するかでもある。言い換えれば構造はエイジェンシー、すなわち個人的な行動の有無・集合的な行為および不作為によって強固なものとなるのだし、また変わっていくものでもあるわけだ。

## エイジェンシーのタイプ

複雑で精緻な芸当のように不十分な家計で生活をやりくりすること、社会福祉機関の要求に従うのを拒否すること、子どもの世話と有給の仕事をどう組み合わせるか決定すること、集団訴訟にかかわって地区の状況を改善したり社会福祉給付を守ったりすること、こうしたものはすべてエイジェンシーの実例である。ただし、すべて異なる種類のエイジェンシーを表している。先行研究を見ても、数々の分類が提出されている。[44]

本書の目的にとって重要な次元は、選択を含む人々の生活にとってどのような因果関係上での意味、戦略上の意味を持つようになるのかということである。[45] たとえば、有給の仕事に就くかどうかは戦略的なエイジェンシーを含んでいるが、その因果として、家計の収支合わせの際の日常的なエイジェンシーにも影響する。日常的なエイジェンシーは、個人の人生の軌跡にそれほど大きく影響しないかもしれないが、その人が貧困をどのように経験するのかを形づくるものにはなる。[46] また別の区別として、一方に個人的なエイジェンシー、他方に政治的エイジェンシーと、シチズンシップにかかわるエイジェンシーがある。本章でも用いられているように、前者は広い理解での個人の生計上の戦略やコーピング戦略（〈やりくり〉〈やりすごし〉〈ぬけだし〉）に着目するものであるのに対し、後者の政治的エイジェンシー、シチズンシップにかかわるエイジェンシーは抵抗や幅広い変化を実現しようとする試み（〈やりかえし〉〈組織化〉）にかかわる。個人的なエイジェンシーと政治的／シチズンシップにかかわるエイジェンシーは、かなりの程度まで相互関連している。すなわち、政治的ないし市民としての行動にはエイジェンシーの感覚、つまり自分

**図 5-1　貧困状態にある人が行うエイジェンシーのタイプ**

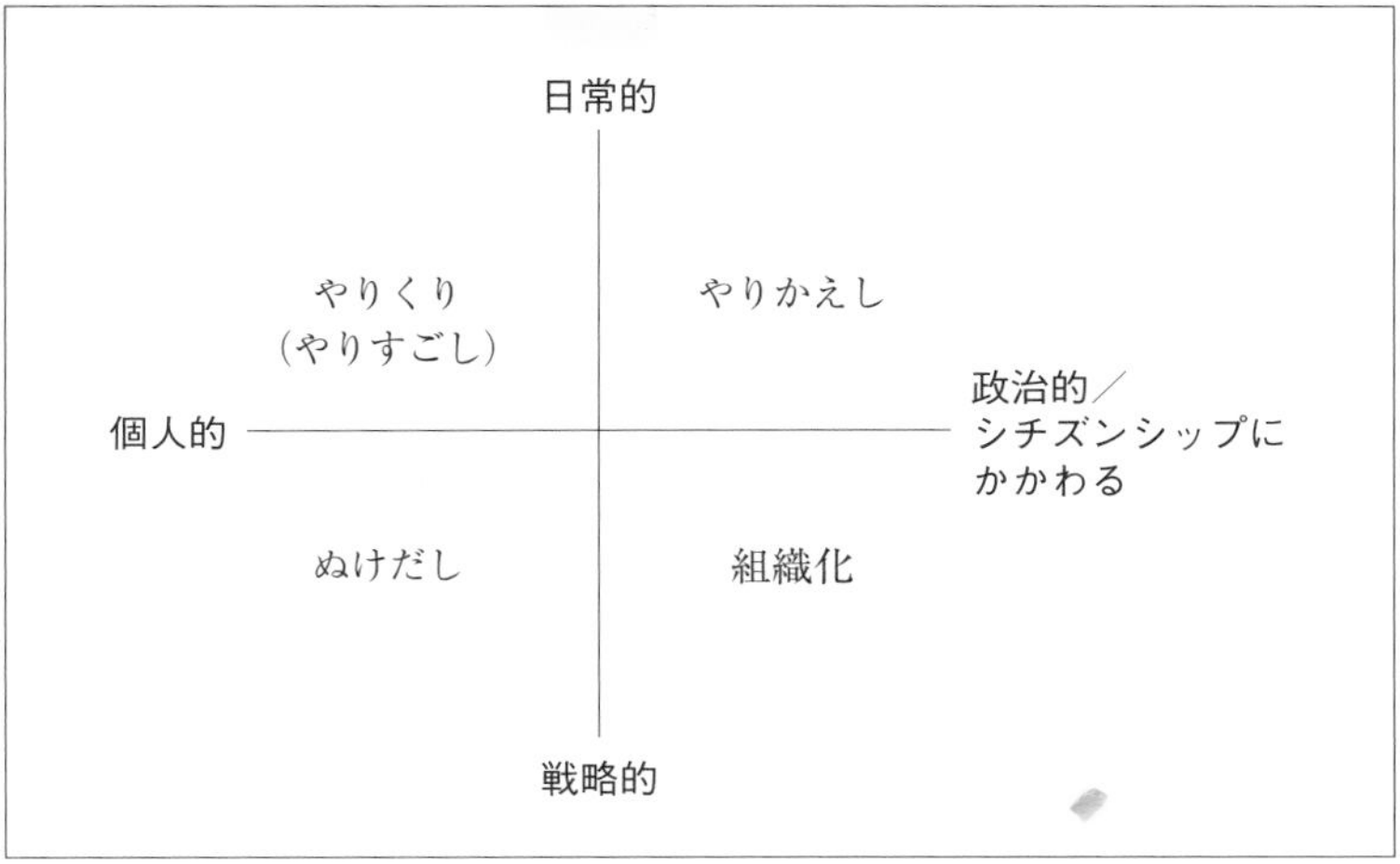


は行動できるのだという信念が必要となるし、政治的／シチズンシップにかかわる（とくに集団的な）行動は、逆にエイジェンシーの感覚を育てることになる[47]。

図5-1の分類は、「日常的↕戦略的」な次元と「個人的↕政治的／シチズンシップにかかわる」次元をもとにつくったものだが、これは各区分を分割したものとしてではなく連続体として理解してほしい。とくに、「日常的」と「戦略的」の境界線は明確なものではない。これは「エンパワメントへの道筋」を明確にする意図のもとにウィリアムズとチャーチル[48]が作成したより詳細な分類法で明らかになったことと同じである。彼らの図には、たとえば、（自信や技術を身につけることなどで）「日常生活が楽になる」が加えられているが、これは〈やりくり〉だけでなく〈ぬけだし〉や〈組織化〉にも役立つものである。

またこれは、行為の分類であって行為者の分類ではない。したがって、ある個人が四つの領域にあるすべての形態のエイジェンシーを行使しているということはあるだろう。さらに、これから見るように、エイジェンシーの表れ方はすべてきれいに分類できるわけではない。図5-1をここで持ち出したのは、貧困とエイジェンシーの議論の枠組みをつくるためだ。以下、四つの領域を順に見ていこう。

## 〈やりくり〉

貧困における〈やりくり〉は、図の分類では日常的・個人的な象限に入る。「生存のための継続的な闘い」は、「さまざまな形をとるが、その多くは社会の他の部分からは見えないまま」であり、貧困の「中核的な経験」の一部であると、第2章で述べた国際的な「貧困の隠れた次元」研究で説明されている。[49]〈やりくり〉は透明マントをまとっており、破綻して状況が「問題」として分類されるようになってはじめて白日のもとにさらされるケースがほとんどである。〈やりくり〉は安易に当然視されることが多く、エイジェンシーの表れとして認識されにくい。とくに、〈やりくり〉をしている当事者自身がそのことを〈うまくやってる〉と思っている状況下では、外部からわかりにくい。[50]苦境を前にして「なんとかやっていこうと闘う」ことに対して一般社会は「なんの重要性も意味も与えていない」[51]のである。しかし、これよりも広い考え方である「コーピング」は、先に述べた「福祉の新たなパラダイム」において重要な構成要素となっている。[52]〈やりくり〉は、コーピングの一例と考えてよかろう。この「パラダイム」の創始者のひとりであるマイケル・ティタートンは、個人の幸福を脅かすものに対するコーピングにおける「創造的な人間のエイジェンシーの役割」を強調している。そして「新たなパラダイムは、なににも増して、日常的な方法でのコーピングと援助要請（help-seeking）を重んずるべきであり、人が自身の問題に対応する際の、また他者の対応を援助する際の、創造的で多様な方法に対して、さらに繊細な注意を生み出すものであるべきである」と主張するのである。[53]

ティタートンは、不平等に分配されたコーピングの「資源」という考え方を用いている。これがストレス状況に対するコーピング能力の個人差をもたらす要因のひとつだとするわけだ。この資源には、個人的資源、社会的資源、物質的資源が含まれる。個人的な資源としてティタートンの文献に挙げられているのは、予算を考えるスキル（後述）、そして、あまり具体的ではないけれど貧困下の人々が〈やりくり〉するのに使えそうな資源である。たとえば、ポジティブな心構えである。これは、ある研究に参加した当事者が「生き残るための鍵であり将来への希望」[54]と呼んだものだ。また、ユーモアである。これは別の研究で当事者が「生きる技術」としたものだ。これは「構造的な苦境、あるいは個人的な苦境からくる難題に立ち向かうために」引き出すことができるリソースともいえよう。[55]ほかに貧困下で生きる人々が挙げたのは、「感情面での資源」であり、鍵になる資産は「愛」だとしている。[56]「周縁化された母親」に関するヴァル・ギリーズの研究で強調されたのは、「感情資本」のこれら母親たちにとっての重要性であった。それは子どもを支え、守り、防衛するうえで「短期的には決定的な利益をもたらす資源」として機能している。[57]これは、メアリ・デイリーいうところの「道徳・関係的エイジェンシー」の一例であって、とくに家族がかかわってくる文脈では重要である。[58]アメリカの地方の貧困に関するエスノグラフィックな研究では、「道徳資本（moral capital）」が導入されている。これは「生き残るための日々の闘い」における「もっとも重要なツール」のひとつである。「道徳資本」（実質的には価値づけ（deservingness）の尺度）は、ジェニファー・シャーマンのことばによると、たとえば、仕事や手伝ってほしいことがあるときに、「社会資本や経済資本と交換可能」である。[59]このコミュニティでは、道徳資本は分割可能な「象徴的資源」を表していた。対照的に、尊重・敬意は潜在的に統合的な「象徴的資源」を提供している。ただし、第4章で述べたように、これは外部の広い社会に欠けているのかもしれない。[60]

文化面での資源もまた、役割を果たす。これは、人々が自分の状況を理解し、必要な情報にアクセスできるようにするものであり、とくに貧困からぬけだそうとするときにそういった情報は必要になる（後述）。[61]人々が〈やりくり〉していくのに役立つ特定の文化面での資源、たとえばスタイルで表現したり、地元団地の文化を受け入れたりするなどが、場合によっては、より広い社会ではなんの価値もないこともある。[62]時間もまた資源である。低賃金労働に六か月間従事したジャーナリストのジェームズ・ブラッドワースは、貧困を「時間の泥棒」と表現している。金銭がなければ日常生活に時間がかかり、「中流階級の生活を特徴づけるスピーディーな効率性」を欠くからだ。[63]それは、第3章で見たように、高度にジェンダー化された資源である。[64]また、貧困下にある人々は、緑地やきれいな空気といった「自然資源」を享受することができず、精神的、身体的な健康が損なわれる可能性が高い。[65]

資源という考え方は、第1章で引用したファイト＝ウィルソンによるニーズの定義につながっていく。人が多様な資源を利用して生活を管理しようとするという考えは、心理学の研究にも社会学の研究にも見ることができる。社会学において、この考え方はエイジェンシーと構造とのなかだちとなる。[66]なかでも貧困という文脈においては、開発に関する文献で、この考え方がとくに強調されている。これは、急激に影響力を強めつつある「持続可能な生計アプローチ（SLA）」の一部を成している。生計（livelihood）とは「生活の手段として必要になるケイパビリティ、資産（蓄え、資源、請求の権利、アクセス）、活動」と定義される。[67]このアプローチが切り開いたのは、「学際的観点、政策に関連する観点から、人々が暮らしを成り立たせていく際の多岐にわたり、流動的で、往々にして入り組んだ方法に取り組む」ための空間であり、これは世帯単位での分析だけでなく、世帯内の分析も可能にしている。[68]貧困下の人々は「複雑な資産ポートフォリオの経営者」と性格づけられ、自分の資産の活用について、つねに決断を下しているとされる。[69]「持続可能な生計アプローチ」には批判的な論者も増えてきている。社会関係を「資産」「資本」といった経済主義的な言語に還元することを警戒するわけだ。そこでこれに代わって「生計を構成していくプロセスにおいてアクセスが必要な資源という幅広い概念」という定式が提案されている。[70]この考え方によれば、私たちはより中立的な考えである「資源」へと立ち戻るべきであり、「管理」のところへ「構成」という考えを挿入し、アクセスの問題に力点をおくべきである。そしてアクセスという観点は、経済構造、政治構造、社会構造の文脈へとつながり、さらに多様な資源の分配に関する問題へと広がっていく。[71] 貧困下の人々がエイジェンシーを行使して入手可能な資源を総動員する一方で、特権を持つ人々は並外れて大きい資源を生涯設計に活用して自らの特権を確固たるものにしていくことができる。前者に注目することで、後者の道筋を曖昧にしてはならない。

「持続可能な生計アプローチ」は、まずは開発に関するツールではあるが、異なる文脈でもその価値が認識されるようになっている。イギリスでは、これを支持する人々がこのアプローチに関して「人々が直面するリスクの評価、利用可能な（しばしば限られた）機会の評価をどのように行うのかを説明し、貧困に新しい視点をもたらすことができる。これは、人々が行う選択について、また、状況を改善しようとする試みを台無しにしかねない脆弱性について、より大きな理解をもたらす」と主張している。[72] フードバンクの利用に関する研究において「持続可能な生計アプローチ」を導入した研究で、その論文の著者らはこの手法によって「人々が暮らす特定の状況における人々の生活の複雑さ」を理解することができたと述べている。[73] この研究者たちは、このアプローチが「人々が生活を〈やりくり〉したり改善したりするために、自分の自由になる資源を使うために最善をつくす能動的な行為主体であることを強調する」ことを力説している。フードバンクへの支援要請は、一般に「藁をもつかむ」最後の手段、「収入の緊急事態」への対応であるが、死別や病気などの「累積的かつ複合的」な生活を脅かす事態や、それ以前に発生した同様の事態の「負債」である脆弱性や継続的な家計圧迫などの文脈でも生じるものであることがわかっている。[74]

フードバンクの利用の増加は、第1章で述べたように、多くの国々で食糧供給の不安定さが増加していることに関連している。[75] 家族単位での食糧の不安定は、プレカリテの薄氷の上をスケートで移動するような〈やりくり〉を通じて、それ以外のさまざまな不安定さに反映され、さらに安定を損なっていくことがある。[76]「深刻な予測不可能性」「蔓延する不安感」「不安定な生活」は、いずれも脆弱性の状況を表す典型的な表現であり、〈やりくり〉の闘いのなかに繰り返し登場する。[77] これは、住居を失った状況や仮住まいの状況下でとくに深刻（かつ子どもたちにとって耐えがたいもの）になる場合がある。このように住居が安定した生活に欠かせないことは、デズモンドが行った立ち退きに関するエスノグラフィー研究で明瞭に示されている。[78]「不確実性は例外的に現れるものではない。原則として、現れるものだ」。[79] つまり、突然の出来事に対処できる貯蓄がある人はほとんどいない。どれほど小さな出費でも突然は厳しい。よって、負債を負う可能性が高まる。[80] エマ・ミッチェルは、「貧困はくる日もくる日も変わらないしんどさのなかに、ときどき大ピンチがやってくる」のであって、結局それは「緊急事態が日常化している」からだと述べている。[81] 一年間にわたって収入を追跡調査したある分析では、低所得の回答者にとって、予期せず必要となる支出への対応は、所得変動が大きいこと以上の難題であることがわかった。[82] 別の調査では、当事者が「家計をまわしていくのは、いつ大揺れがきてもおかしくない綱渡りをしているようなものだ」と話している。[83] ＡＴＤカールモンド運動のあるメンバーは、自身の経験から、この綱渡りのような状態を次のように表現している。[84]

貧乏であることは、なにをさておき、お金だ。壊れたばかりの洗濯機を修理するお金がない……。次がいつくるのか心配で、危機を解決するための余分なお金がない。そして、壊れた冷蔵庫を買い換えるお金がなくてローンを組んで、その借金をずっと払い続けなければならない……。貧乏であることは、お金の心配をしなくていい週が来ることを夢見ること。その夢がいつまでも夢であること。

まとめると、「安定を失った感覚（一般に恐怖と不安を伴う）は、豊かな福祉国家の貧困層にとって実存の真実」[85]となる。これがキエル・アンダリッドがノルウェーの研究に基づいて導き出した結論であるが、それは今日幅広い領域で経験されている不安定より深刻である。[86]貧困に苦しむ人々を苦しめる恐怖と不安は、「日常的な不安定」を反映したものだけではない。生活の重要な側面や自分に影響する決定をコントロールすることができないことから生じる無力感の結果としての根深い「存在論的不安」も、そこに反映されている。[87]このことは、ＣＯＶＩＤ‐19の大流行によって安定というものがいかに脆弱であるかが露呈された多くの人々にとって、今ならもっとよく理解できるかもしれない。不安定は、それ自体がエイジェンシーを損なう可能性を持つのである。[88]

コーピングという考え方や、資源ないし資産管理という考え方は、全体的な資源分配という文脈において、ある人のケイパビリティと実現できているファンクショニングとをつなぐ媒介物として理解することができる（第1章参照）。こうしたものは、貧困状態にあるときに〈やりくり〉

する方法にエイジェンシーの行使がかかわってくるようすに光をあてる助けとなる。エイジェンシーと構造の複雑な相互作用においては、多くの研究者がこの状況を直視し、貧困下の人々が直面する制約、選択の欠如、自分の生活をコントロールできない感覚を強調している。しかし、貧困下の人々が行使できるエイジェンシーの本質的な制約にかかわらず、「大半の貧困者の物質的条件や人生経験は、あらゆる意味において、自身の状況にどう対処するかをまったく自分で決定できないほど制約されているわけではない」のである。[89]

## コーピングの戦略

貧困のコーピングには、現実的な戦略と心理的な戦略のふたつがある。[90] 現実的なコーピング（あるいは〈やりくり〉）に最低限必要なのは、つじつま合わせ、つなぎ合わせ、間に合わせといった能動的なプロセス、つまり大変な「貧困特有の作業」である。[91] その詳細は、民族集団によって必ずしも同じではないだろう。[92] コーピングがかなり困難になるのは、たとえば慢性的な負債、[93] 極度の貧困、[94] 居住に関する不安定と繰り返される立ち退きに直面するときである。子どもたち（幼児や未成年を含む）もコーピングの一翼を担うことが多い。[95] たとえば、現金収入、手中にある限られた資源でつじつまをあわせること、自己否定や我慢などによって、「自身や家族に対する経済的逆境の影響を減らすために創造的にエイジェンシーを」行使するのである。[96] スティーヴン・ギリアットによれば「コーピングとは、強い経済力とその主体によって構築された世界にあって、剝奪に直面した人々の生き残りや〈やりくり〉や〈しのぎ〉を可能にするものである」。[97]

これには「制約の範囲内に隙間をつくり、工夫の余地を生み出す」[98]ことも含まれる。このことは、イギリスの低所得世帯の縦断的研究において、「日常生活を形づくる上で制約された行動可能な空間」という観点から、当事者が自分たちのエイジェンシーをどのように表現しているかを見れば明らかである。[99]「貧困者が資本主義のなかで貧困にどう適応しているか」についての研究で、ギリアットはコーピングの主要な三形態を認めている。すなわち「資源の増大」「支出の最少化」「ストレス管理」である。[100]本章での焦点は、第一に既存資源の管理、第二にその資源を増大させることにおけるエイジェンシーである。このどちらもストレスを増大させるので、次の段階として、ストレスの管理が必要になってくる。ギリアットのことばによれば、

貧困者の多くは、自分の貧しさを非常にうまく切り回している。彼らは才覚があって、金と時間をきわめて有効に使っている。家計の計画は的確で、支出については情け容赦なく削減して、負債を抱えないようにする。優先順位をはかり、贅沢品を切り詰める……。これほどの成果にもかかわらず、彼らがこうした作業を犠牲であり非常な苦しみであるとしているのは理解できる。[101]

同様の結論は、イギリスの複数の研究を概観した結果にも示されている。[102]実際、ある研究では、貧困下の人々は「少なくとも裕福な家庭と同じかそれ以上にしっかり」[103]家計を管理していることがわかった。しかし、デイヴィッド・マクローンは、一日一日の単位で〈やりくり〉する

「計画者タイプ」と「無計画者タイプ」と、長期的な戦略を展開することでの〈しのぎ〉をする「計画者タイプ」との区別は可能だと主張している。そして、この区別が「ごく細い線」であって優秀さの問題ではない点を強調する。なぜなら「〈やりくり〉は、ある種の入り組んだ、非常に質の高い手順を含んでいるからである」[104]。さらにいえば、〈やりくり〉の負担そのもの、すなわち前述の貧困下の「認知的制約」のひとつによって、戦略的に考えたり行動したりするのが困難になることもあるだろう[105]。しかし、現実に没頭することで、「押し寄せる未来の不確実性」から生じる不安から身を守ることはできない[106]。

マクローンの区別、さらには「戦略」ということばの用法が「社会関係の複雑性」よりも合理性を優先しているという見方[107]があっても、「南」と「北」の貧困研究の大半は、コーピングに関して一般的な「生き残り」ないし「生計戦略」、そして「北」ではもっと限定的に「予算戦略」という観点から記述を展開している。このような「戦略」という語をエイジェンシーを語る際に用いるのは、このことばが「マクロな経済環境、社会的文脈、文化的、イデオロギー的な期待、資源へのアクセスによって、大なり小なり制約される一連の選択を簡単明瞭に表したもの」[108]だからである。戦略は明解なものとは限らず暗示的なものである場合もあるし、必ずしも効果的とは限らない[109]。このことばに添えられる典型的な形容詞は「複雑な」「革新的な」「洗練された」「創造的な」などである[110]。デイヴィッド・ヴィンセントによると、二〇世紀初めには貧困は「ある行為」を表したことばだったのだが、これは現在にあてはめても違和感はない。「まったく望みのない者でも、入り組んだ生き残り戦略を追求していた。その戦略は複雑な願望、規範的な願望、物質的な願望を体現するものであり、さまざまな個人や機関との細かな交渉を含むものであった。どのケースでも、資源が少ないときほど、それを使うのに費やす思考とエネルギーは大きかった」[111]。

現代のイギリスでの研究からも、こうした戦略の多様性が明らかである。人々が具体的な環境や構造的な制約に適応しようとするからである[112]。しかし、ふたつの大きな戦略、すなわち「請求書のつじつま合わせと借金」、もしくは「厳しい金銭管理と切り詰め」のどちらも、「望ましい結果」を生み出さない。不安と負債か、それとも「容認できるとはだれも思わないような生活」か、いずれにしても「実質的には選択といえないような選択」でしかないからだ[113]。せいぜい「貧困という禁欲の強制に対する『諦観的な適応』」[114]程度かもしれない。とはいえ、第1章で述べたように、周囲の目を気にして周囲に合わせるための物品に対して支出することで、「少しの隙間、自由になる小さな余裕をつくりだすためのエイジェンシー」を行使する場合もある[115]。このような「ささやかな喜び」を購うことは、〈やりくり〉に心理的に貢献する[116]。

これは、〈やりくり〉の重要な心理的次元を思い起こさせるものとなっている。そしてこれは、第4章で説明した〈他者化〉する態度や〈他者化〉的な扱いに対処することにもかかわってくるかもしれない。不足する金銭で折り合いをつけるのと同様に、恥辱の痛みに折り合いをつけていくには、必ずしも意識的ではない一連の戦略が必要である[117]。これらは、金銭における〈やりくり〉と同じように、〈やりすごし〉と表現できるかもしれない。ほとんどの行動は、「ふつう」に見えるように、また、折り合いをつけられるように、体裁を整えたいという願望を中心として存在する。実際、なんとか折り合いをつけられるという事実、〈やりくり〉できているという事実そのものが、貧困でないことの証として用いられることもある。そしてこれは、第4章で論じたように、「貧困」というラベルから距離をおくための方法でもあるわけだ。[118]〈やりすごし〉の戦略には、「アイデンティティ・ワーク」がかかわってくる。[119]距離を置くことは、デイヴィッド・テイラーが「限定されたエイジェンシーは……、単純に自分自身の人間としての統合性・全体性を保とうとすることであって、明確な行動指向の結果を求めようとすることであるとは限らない」と表現している内容の具体例である。[120]

「よい」親としての自分を見せることは、スティグマを負わされた人々が「そうではない」と自分を認識するために用いる戦略のひとつである。[121]第4章で触れたキャシー・ハミルトンの研究に登場する女性たちにとっての「よい母性」は、子どもへのスティグマ化を回避することであった。この研究では、母親たちが「スティグマ化の社会的影響を回避し、社会的アイデンティティへの悪影響を緩和するための戦略を開始する」ことが明らかになっている。とくにその手段として、「子どもが『正しい』ブランドへのアクセスを確保することに重点を置いた顕示的消費」によっている。このような「コーピングの戦略は、エンパワメントと自己価値の感情を生み出す」一方で、逆説的にこういった戦略をとることで「さらなるスティグマ化を助長」し、当然ながらコストも伴う。[122]対照的に、恥辱に対処する戦略としてもうひとつよくとられるものが社会的関係や約束からの撤退であるが、これは、金銭の節約を可能にするが、同時に必要なときに潜在的な支援源である社会的ネットワークからの孤立を意味する。[123]

足りない金銭の切り回しや恥辱に折り合いをつけていくことに加えて、貧困下の人々もまた「一般の人々と同じ問題に対処しなければならない……、日々〈やりすごす〉ときにしつこくつきまとうさまざまな不運に」対処しなければならない。[124] これには、個人的なトラウマに対するコーピング、そしてトラウマを抱えながら生き延びることも含まれるかもしれない。[125] 実際、そのようなトラウマは当事者の人生に亡霊のようにつきまとうことが多い。ある研究では、ほとんどの親が「過去の、あるいは現在進行中の虐待（ボーイフレンドなどによるレイプ、幼少期の虐待や家庭内暴力）、心身の不調、人間関係の破綻、死別などのトラウマや困難」に対処しなければならなかった。[126] もっと日常的には、彼らは、一般同様に子育てに関連するようなライフコースの課題を負っている。[127] 貧困と不安定は、子育てに付随するさまざまな問題への対処を、いやが上にも困難にしてしまう。[128] 貧困に付随するストレスは、ライフコース上の逆境やスティグマとともに、子育ての能力・可能性を損ない、親が採用した生き残り戦略そのものが「子どもそれぞれのニーズへの関心を上回ってしまう」可能性もある。[129]

しかし、それでも大半の者は、できるかぎり自分の子どもの世話をしようと苦闘している。親、とくに母親が〈やりくり〉の苦闘のなかでいかに子どもを優先させるかについて一貫してテーマとしてとりくみ続けている貧困研究の一群がある。[130] ギリーズは、自身の研究に登場する母親たちが「子育てに価値を見出し、献身している」ことを強調している。母親たちの子育ての実践は、「独特の道徳的論理」によって導かれており、この論理は支配的な中産階級の子育て価値観とは異なるが「個人と社会の経験に根ざした」ものである。[131] 苦難や不安定と闘いながら、母親たちが「自分と子どもの生活をよりよくするために」積極的に闘ったことが述べられている。[132] ダンカン・エクスリーは、親たちが「英雄的な努力をしていること、自分たちが直面している不安定、不足、日常の屈辱から子どもを守るために努力していること、安心と楽天的な雰囲気のなかで子どもが成長できるよう、子どもの夢と自己信頼が十分に育まれるよう、自分の長期的な健康という大きな犠牲を払ってまでも努力し続けていること」について述べている。[133] シャーマンのアメリカの地方の貧困に関する研究では、親にとって、子どものために安全な環境を維持することが最優先であった。[134] 低所得のアフリカ系アメリカ人の母親に関する少し前の研究では、母親たちが「緩衝効果があって」「向上性のある」「母親による管理戦略」を展開して「子どもを危険から守り、積極的な社会面での発達、文化面での発達、学習面での発達を推進」しようとしているようすが詳述されている。[135]

### 個人的資源

不十分な物質的資源を補うために主に負担を強いられるのは、女性である（第3章参照）。そのため女性は、自身の個人的資源を利用する。先に述べたように、心理学の研究によって、欠乏がいかにして、〈やりくり〉のために利用可能な認知資源を枯渇させるかが明らかになっている。[136] このような障害にもかかわらず、生き残るための闘いにおいて利用される個人的資源、すなわちレジリエンスとやりくりの才覚というこのふたつの語句は、「北」でも「南」でも、貧困に関する研究で繰り返し使われている。[137] しかしながら、縦断的に行われた質的研究において、おそらくは「耐久力」の方が、「不利な経済状況に打ち勝つというより、むしろそれをなんとかやりすごす個人や家庭のあり方」や「執拗で絶え間ない闘いの感覚」を伝えるには、「逆境に遭遇したときのエピソード」をイメージさせるレジリエンスよりも適しているかもしれないと指摘されている。[138] イギリスおよびアメリカの研究から、不十分な所得で〈やりくり〉するためには、予算や買い物や食事の計画に相当なスキルが必要になることがわかっている。[139] 多くの研究で実証されているように、これは時間のかかる、疲れる作業である。[140]「疲れるだけ。だって、……貧乏って忙しい。一年中、やることがいっぱい」。[141]

なかには、工夫をして生き残ることや低所得でやりくりできているという事実そのものが、満足とプライドの源になるという場合もある。[142] そして、これはそれ自体が個人的な資源となり得る。つまり、「毎日の生活がどんどんうまくいくようになっていく」[143] なかで「安心と幸福」の感覚、達成感とエイジェンシーの感覚がもたらされることになるのだから、[144] 個人的な資源といえるわけだ。また、これは先に述べた「道徳資本」[145] の構築にもつながる。しかしながら、このようなポジティブな結果をつねに期待することはできない。たとえば、失業中の社会保障受給者を対象とした縦断的な質的研究では、「個人が人生を切り開くのに役立つとされるさまざまなスキル、知識、経験の上に築かれた高度なレジリエンスが……誇りや自尊心の源となることはほとんどない」[146] ことが明らかになっている。

同時に、数え切れないほどの研究が指摘するのは、「機知に富んだ女性というあまりにバラ色に過ぎる絵を描く危険性である。こういった現実離れしたイメージが女性の多くに与える負担を無視して描かれる」のだし、とくに負債に直面している場合には顕著である。[147] エリザベス・ハリソンの見るところ、警告すべきは「過剰にロマンティックにレジリエンスを讃えること」であり、逆境や金銭の切迫に直面しても「いくらでも元気を汲み出せる底なしの井戸ではない」のである。[148]〈やりくり〉の苦闘そのものに疲れ果てたとき、個人的資源という井戸から汲み出せるものはほとんどない。貧困がもたらす意気消沈、絶望、無力感、コントロールの欠如といった感情に圧倒されたとき、（しばしばすでに枯渇してしまっている）個人的資源を活用することは困難なのだ。[149] ダレン・マクガーベイの実体験による表現では、貧困から生じる慢性的なストレスは「疲れるばかりだ。どろりとした液体の中を毎日あっぷあっぷあっぷと泳いでいるようなもの」[150]である。驚くことではないが、先に述べたように、貧困は身体の健康・精神の健康の毀損と関連することがあまりにも多い。[151] 結果、コーピングがさらに難しくなり得る。また、喫煙や（健康的な）食べ物を控えるなどのコーピング戦略やメカニズムは、また別な筋道で、それ自体が健康を損なう可能性がある。[152] 家族の〈やりくり〉を手伝うなかでの子どもや若者の「生存戦略」は、「（彼らの）ウェルビーイングに非常に有害」である可能性もある。[153]

**社会的資源**

個人的資源が、強い社会的ネットワークから得られる社会的資源によって支えられることもある。[154] その強さや性質は社会や地域によって異なる。また、経済・社会の変化や個人のライフコースに応じて時間とともに変動し、民族集団間でも異なる場合がある。[155] 剥奪の進んだコミュニティにおいて、親族間（あるいはさらに広く）の社会的ネットワークを維持するのは、ここでも主に女性である。[156] 支えとなる社会資源をもたらしてくれる「社会的関係をつくりだし、維持し、活性化する能力」そのものが、エイジェンシーの表れである。[157]

　社会的ネットワーク、すなわち親族、友人、そこまでいかなくとも隣人は、程度の差こそあれ、感情的な支えにもなり、物質的な支援を提供することもできる。[158] 感情的なサポートは、貧困の緊張に対する心理的なコーピングに役立つことがある。[159] 感情的な面でも物質的な面でも、社会的ネットワークは、帰属意識を生み出すことによって、スティグマに対する緩衝材としても機能する。[160] 現金や現物による物質的な支援は、〈やりくり〉の上で非常に重要である。[161] それはしばしば互酬性のパターンを構成する。[162] つまり、社会的資源を活用することは、与えるだけでなく、受けとるという能動的なプロセスなのである。しかしまたこのことは、場合によっては、互恵的な関係に費やせる資源が非常に限られている人々にとって、互恵性が負担となることも意味する。

　貧困そのものが社会的ネットワークの形成と維持の障害となることもあるし、互恵的な関係の維持が困難な状況では物質的な助けを求めることに消極的になることもある。[163] アメリカの自助福祉権団体における互恵性への期待の影響に関する研究では、互恵性が「社会資本の両刃の剣をむき出しにする」ようすが描かれている。すなわち、「投資するには、時間やその他の資源を手放さなければならない」一方で、その強みはそうした投資に依存しているのである。[164]（なんらかの理由で）このような社会資本に対する投資をすることができない、あるいはしたくない人々は存在するし、それ自体はエイジェンシーの行使であるともいえる。[165] しかし、そういう社会的に孤立した人々にとって、貧困のなかでの〈やりくり〉の困難は、往々にして深刻さの度合いを深める。[166] ＵＫ－ＰＳＥ調査から得られた結論のひとつとして、「貧困は、社会的ネットワークと社会的支援の重要性を高め、その必要性を高める。その一方、同時にそれらを侵食する」。[167] ネットワークそのものが苦境にある場合、そこからの支援は一時的なものにしかならないかもしれない。[168] 負債、それに伴う苦難や恥辱は、社会的孤立を悪化させることがある。[169] 社会的紐帯が存在しない場合、とくに安定性を欠いた状況下の人々は、一過性の「使い捨てのつながり」に頼って〈やりくり〉するかもしれない。実際、デズモンドが観察するように、深刻な貧困をひとりで生き抜くことは実質的に不可能なのだ。[170] さらに、デズモンドのコメントによれば、「人間の基本的ニーズを満たすために」このような一過性のつながりに日常的に頼らなければならないのは、貧困下の人々だけである。[171]

互恵的な支援は、相互扶助の形にもなり得る。社会的ネットワークの成員の間での現実的な手間や物品の交換である。これは、「社会的ネットワークの潤滑」に役立つ「恩返し」といわれてきたものだ。[172] 子どもの世話をすることは、重要な援助の一形態である。これは互恵的である場合もそうでない場合もある。また、その内容も幅広く、たとえば、一時的な子守や地域の子どもたちの安全を確保するための見守りに過ぎない場合がある。[173] あるいは、シャーマンがその研究対象の田舎の地域で一般的であると述べているのは、実の親が子どもの面倒を見ることができないときに、非公式の代理子育てが行われることである。互恵的ではないものの、このような子育てをかなりのコストをかけて引き受けた人々は、「経済的にも労働市場的にも失うもの」があるにもかかわらず、「道徳資本」を獲得する。[174] これら両極端な事例の間に、現実的な育児の手伝いがある。これは、女性どうしの間でごくふつうに交換されるものである。[175]

人々が貧困からぬけだすために社会的資源を利用するようすは、育児にその事例がよく観察される。以下でも見ていくことになるのだが、これは同時に「生存戦略」を表す事例でもある。[176] 文化的資源の源としてのネットワークは、ある状況下では、仕事、とくにインフォーマルな仕事を見つけるのに役立つこともある。[177] しかし、オーストラリアの研究では、長期失業者には、「スティグマ関連の恥辱の整理」戦略として、そういったネットワークから撤退する傾向があることがわかった。[178] 逆に、ネットワークが正規の労働市場から切り離されている場合、そのネットワークからたどり着ける仕事は低賃金で不安定なものになる可能性が高い。[179] 実際、そのようなネットワークは、人々が貧困からぬけだすことを阻むことがあると示唆されている。これは、時間のかかる期待などさまざまな種類の微妙な同調圧力によるか、あるいは、〈やりくり〉の役に立つ社会的ネットワークそのものを失うことを恐れて仕事を見つけるために動くのを躊躇するためである。[180] 貧困下の〈やりくり〉や〈ぬけだし〉のために社会的ネットワークが果たす役割は、個人的、社会的関係のなかで、エイジェンシーがどのように行使されるかを示している。こういった関係性は、状況や文脈に応じて有効にも制約にもなりうる。これから見るように、ネットワークはエイジェンシーの四分割の図表の一象限を占める「組織化」への移行に役立つものでもあるのだから。

## 資源の増大

社会的ネットワークの利用が「資源増大」の手段となることもあるが[181]、そうした交流の多くが持つ互恵的な性格は、物質的資源の増大がほとんど一時的なものであることを意味している（それでも重要なものには違いないが）。エレイン・ケンプソンらの研究は、可処分所得を最大化するために利用可能な選択肢のなかに、〈受け入れやすさ〉の階層構造を認めている。いちばん上にくるのはフルタイムの（または高賃金の）仕事を見つけることで、これについては〈ぬけだし〉のところで論じる。また階層構造のいちばん下にあるもの、つまり犯罪に手を染めることも、最後の手段としては一般に認められていた。その一方で、物乞いは受け入れがたく、リストにはまったく上がってこなかった」[182]〔補記2〕。とはいえ、物乞いは、「極度の貧困」に分類される多くの人々によって採用される戦略である。とくに「複雑なニーズ」がある場合はそうである[183]。ホームレスの路上雑誌販売（たとえば『ビッグイシュー』）に参加することで物乞いを回避する人々もいるが、ある研究では、これが「自分を売るような仕事」であることが示唆されている。これは、とくに笑顔のパフォーマンス、すなわち「感情労働」の形をとることから理解できるだろう[184]。その他の選択肢（後述する違法な戦略を含む）をとれば、物乞いの場合と同様に、「一般社会から切り離される」結果を生むことがある。これはエディンとシーファーの研究で強調されていることである[185]。アメリカの極度の貧困に関するその研究の結論では、「ほとんどのアメリカ人は、同じアメリカ人が何時間もかけてアルミ缶を探したり、週に二回献血するため鉄剤を飲んだりしなければならないと聞けば眉をひそめる。そうしなければ家族が飢えてしまうのだけれど」という観察が述べられている。[186]

インフォーマル経済での日雇仕事は、上記のケンプソンによる階層構造では中間あたりにくる。社会的支援に関する法制度のため、福祉国家では、こうした仕事に不正受給がからんでくることも多い。後で見るように、これを〈日常的抵抗〉の表れと解釈するアナリストもいる。しかしながら、一般的な理解としては、これは〈やりくり〉のひとつの形態で、「所得パッケージング」もしくは「つぎはぎ」のプロセスの一部であって、かなり複雑な作業になっていることも多い。[187] エディンとレインは、「福祉」受給者が行う仕事を三種に区分している。ひとつは福祉機関に「届出済み」のものである。もうひとつは「無届け」のものであり、これには通常の雇用によるものと、日払いのインフォーマルセクターのものがあり、後者の方がふつうである。そして三つめが非合法な「地下」での仕事で、麻薬取引などがこれにあたる。[188] さらに最近のエディンらの研究によれば、アメリカでは「福祉改革」によって、インフォーマルな労働による利得の増大という「戦略」が「おおむね」排除されたという。[189]

イギリスその他のヨーロッパ諸国において、社会保障の受給者が利得を増やすためにどの程度無申告の仕事に従事しているかについては、分析者の間でほとんどコンセンサスが得られていない。多くの要因に依存するため地域によって事情が異なるからである。[190] それでも多くの研究者は、これはふつうは「生存戦略の一形態」を表しているものであって、「欲ではなく必要性」によって動機づけられているという見方を支持している。その背景には、不十分な給付水準と労働市場の規制緩和という状況がある。[191] 多くの受給者にとって、無申告の労働は基本的なニーズを満たし、生きていくための唯一の方法であると考えられている。給付が不十分で、報告が不利になる法制度であればなおさらだ。デイヴィッド・スミスは、「日払い労働者にとって、無申告労働と福祉給付は、正規の労働市場における安定性の欠如に対する保険として機能し」、正規経済における低賃金労働よりも高度な自律性をもたらすと指摘している。[192] これに加え、別の研究によれば、無申告労働は「自己充足と労働倫理」を示すことで、脱工業化した地域経済における労働者階級の男性の「アイデンティティの必要性」を満たすのに役立つという。[193] ここでもまた、エイジェンシーの重要性が浮かび上がる。同様に、子どもたちが「さまざまな積極的、創造的な戦略を採用する」ようすを示す証拠もある。合法的、ときには非合法に、自分自身や家族のために資源を獲得するのである。[194]

同じことは、インフォーマルな仕事が、単なる生存にとどまらない「努力」を目的としている場合にもあてはまる。たとえば子どもの教育費にまわせるよう節約する場合である。[195] 同様に、インフォーマルな仕事が貧困からの〈ぬけだし〉のための一歩となる場合もある。それがきっかけで合法的な自営業につながる場合もあるし、技能や自信、仕事の経験が身につくことで正規の労働市場におけるチャンスが向上するかもしれない。[196] スミスは、このような仕事によってもたらされる「わずかな物質的安定」は、「失業者が有給の仕事に就く潜在的な要因をつくりだし、可能性を高める」と論じている。なぜならそれは「自信を高め、仕事の世界との結びつきを強め、仕事の習慣や仕事に向けての姿勢を維持し、最終的に正規の仕事に就く可能性を高める」からだ。[197]

驚くことではないが、〈やりくり〉のために貧困下の人々がどの程度「地下」労働やしばしば危険な「生存のための犯罪」[198]に走るのか、証拠は限られている。例としては、万引き、[199]盗品の取引、[200]「かつあげ」のような路上犯罪、[201]売春または取引行為としての性的活動などが挙げられる。ポプキンらの二〇一六年のアメリカでの研究によれば、この「取引行為としての性的活動」は、食料品などの家族が必要とする物品との引き換えに行われる性行為であり、一〇代の子どもによる場合もある。[202]麻薬取引は、一部の剝奪が進んだコミュニティにおける複数の「生存戦略」のなかのひとつとされてきた。[203]たしかにこれは、一部の若者にとって生活保護レベルの日々よりも魅力的で、しばしば一攫千金の夢を見せてくれる代替案を提供する。とくに「絶望的な状況」に直面している若者にとってはそうだろう。しかしながら、これはリスクが高くストレスも多いため、「ほんの少しのやすらぎを得る」ことさえできないことも少なくない。[204]地下労働たとえば正式な記録に残らない仕事は、剝奪の進んだ地域では、生存戦略として容認されている場合もある。[205]薬物取引はあまり容認されない傾向にあり、しばしば緊張の原因となり、親にとって「大きな心配」の種となる。[206]しかし、反感や不安は、ある部分では共謀と重なるものでもある。たとえば、違法取引で生み出される資源から家族やコミュニティの成員が間接的に利益を得ている場合がそうである。あるいは、若者の経済的な周縁性を理解していたり、コミュニティに対して向けられた懲罰的な刑事司法政策に憤慨していたりする場合もあてはまるだろう。[207]七年間のエスノグラフィック研究を行ったアメリカの小都市の近隣地域についてウェイヴァリー・ダックが説明するところでは、この文脈ではこうした加担は「薬物取引を擁護するものではなく、単にこの近隣地域の存在の要件である」。[208]

地下労働を通じて資源を増強する戦略は違法だったり、反社会的だったりその両方だったりするかもしれないが、それらはしばしば「絶望的な選択」に直面した際のエイジェンシー行使の表現であるし、機知と実行力の強さを表してもいる。[209] ダックは、アフリカ系アメリカ人の若者を対象とする研究に関連して、そのような仕事は、「これら若者の合法的な職業での成功に寄与する多くの貴重なスキルを学ぶ」ことになり得ると指摘している。ただし、そのような合法的な仕事が「与えられるのであれば」ということなのだが。[210]

## 〈やりかえし〉

〈やりくり〉と〈やりかえし〉の境界線をまたぐ活動もある。これは収入をもたらすとともに、「国家や富裕層に仕返しをする機会」も提供する。[211]〈やりかえし〉は、抵抗の一形態であり、図5-1の四分割の座標のなかで「日常」と「政治」が交差する象限に位置づけられる。いくつかの研究、とくにエスノグラフィック寄りの研究で明らかになったのは、貧困コミュニティでは、そこに属する人々が貧困、無力感、周囲からの蔑視からぬけだせないと感じたような場合、「恐怖、怒り、絶望、脆さに満ちた圧力釜」[212]がつくられるということだ。この怒りが役人や専門家に向けられることもある。それは日常化する「無視され、見放され、いじめられたと感じる」ことへの憤りを反映している。[213]「攻撃的で敵対的」と解釈されやすいが、怒りは「かなりの程度の強さとレジリエンス」の源でもあり、ゆえに個人的資源を表していると見ることができる。[214] しかしながら、マクガーヴィーの観察したところでは、「貧困に関連する深刻な心理的困難によって肥大化した怒りと恨みは……当事者のだれにとっても大きな感情的負担になる」。[215] フロストとホゲットは、苦難や屈辱に遭遇して素直に「高貴なる抵抗」を起こす人はめったにいないことを指摘している。「私たちは不平不満の感覚を自分自身や無実の他者に向ける可能性が同じくらいある」。[216]「圧力釜」は時として、内向きまたは外向きに破裂する。これは破壊的なエイジェンシーの表出であり、家族、隣人、一般社会に対して向けられる。[217]

第4章で述べたように、これはごく稀に、組織化されていないとはいえ、集団的な抵抗の形態へと進んで噴出することがある。たとえばタイラーの記述によると、フランスで「バンリュー地区における日常的な屈辱に対する反応が……、暴動やその他の暴力行為に表れた」。[218] また、タイラーは、ガーディアン／LSEの研究を引用して、二〇一一年のイギリスの暴動参加者は、「見えないという感覚、スティグマを着せられたという感覚」に反応していた部分があると論じている。[219] また、この研究では、「暴徒たちのナラティヴの中心にある」不公正と不平等の生身の感情が強調されている。[220] しかし、より典型的には、ウォーカーらは、そのような怒りが「静かな抵抗」と「フラストレーション」を通じて表現される傾向があることを、多国間研究において発見した。「調査協力者は、自分に対する力が大きすぎて意味のある挑戦ができず、自分の自由になるエネルギーはすべて生き延びるだけ、せめてまともであることだけで手いっぱいだと感じている」のである。[221] なかには、中毒性の高いハードドラッグやアルコールへの依存が、貧困、羞恥、ホームレス状態の痛みや絶望を「一時的に忘れる」あるいは「麻痺させる」目的で用いられるケースもある[222]〔補記3〕。深刻な薬物の誤用が戦略的なエイジェンシーを損ないやすい一方で、イングランド北西部のマーシーサイドでの薬物使用の研究は、インフォーマル経済での日々の薬物供給確保にかかわる〈がんばり〉（つまり日常的なエイジェンシー）を強調している。[223]

### 「日常の抵抗」

これまでのところ「日常的な抵抗」について論じる貧困に関する過去の研究は、主にインフォーマルセクターでの仕事や社会福祉給付当局とのかけひきに焦点をあてる傾向にあった。「日常的抵抗」という用語を考えたのはジェームズ・C・スコットで、このときは「小作人経済」という文脈で、「相対的に力のない集団の通常の武器、すなわち遅滞、猫かぶり・法令遵守のふり、ちょろまかし、素知らぬ顔、悪口、放火、妨害行為など」に言及していた。[224]組織立った抵抗とは違い、これは「非公式で、だいたいは陰で行われるもので、主として目前の現実的利益に関心があり」、それは自分よりも権力がある側にツケをまわすことで得られ、「公共のための目的、象徴的な目標」を持たない。[225]目標は政治的変化ではなく「生き残り、生きながらえることであるのがほとんど」である。[226]活力の源は「自己利益と抵抗の融合」であり、たとえば「小作人が収穫の一部を隠して税を逃れようとするとき、彼は、自らの腹を満たすとともに、国家から穀物を奪い取っている」ことになるのである。[227]この行動はふつう個人的なもので、集団として行われることはないが、たいていは「理解と実践のネットワーク」によって援助される。[228]

研究者のなかには、分析に日常的抵抗という考え方を用いて、多くの社会扶助受給者の給付制度とのかかわり方、とくに規則違反を通してのかかわり方を解釈しようとする者もいる。アメリカでの研究としては、キャサリン・キングフィッシャー[229]とジョン・ギリオムの二例が挙げられる。キングフィッシャーはミシガン州の女性福祉受給者を研究し、「公的救済[230]のさまざまな不都合に対応するための戦略」[231]をふたつ発見した。一般的で、明らかに抵抗の本質を備えているのは「ごまかし」だった。これには嘘や隠匿ないしは「印象操作」（素知らぬ顔をしたり法令を遵守するふりをするなど）が含まれる。[232]多くの女性が、福祉制度自体が不正直を奨励していると主張することで、抵抗を表現していた。これに代わる戦略が「過度な忠誠」で、これは「規則に従った大げさな演技を伴う」ことが多かった。[233]

ギリオムは、オハイオ州南東部のアパラチア山麓地域で低所得の母親が「何世代も前から伝わる」「生き残り戦略」を追求しているようすを書いている。髪を切ったり物を売ったりするのだが、これは福祉法制度と行政当局の監視の下では「違法」とされている。ギリオムによれば、母親たちがこれをやめないのは、

違反を見つけてはやめさせようという行政の巨大な意思を前にして、あれこれ言い訳しながらも、州の政治的命令を拒絶し、異を唱える姿勢を見せているわけだ。母親たちは自らの生き残りをもっぱら考えているのであって「政治」ではないのだが、彼女たちが政治的命令に対して非常に象徴的かつ具体的な反対を表明していることは明らかである。……これは抵抗のひとつの型であって、それは明白な結果をもたらす。すなわち絶対に必要な物質的利益

であり、福祉に依存した生活に直面した際にでも自律性を発揮できる空間を維持することであり、母親としてのアイデンティティを共有することで暮らしを維持することであり（母親として互いを支えあっている）、監視業務そのものを弱体化することである。[234]

ニュージーランドでの最近の研究で明らかになったところでは、当事者のなかには、無条件で認められるべき社会的シチズンシップが条件付きのもの、懲罰的な姿勢で与えられるものになってきていると感じられることに反応して、「直接的な抵抗行動」をとる人々がいる。ある場合には、「破壊的戦略」の形をとって、「盲目的に」定められた市民としての行動様式に従うことを拒否する。あるいは、勤労意欲は表明していても、就労を促す措置に対しては「受動的な〈形だけの行動〉」によって」対応する。また、当事者は、「書類不備戦術」をとる場合もある。申請拒否に直面した際の権利の行使として実行するわけだ。上記のふたつの事例では、不正行為は「社会経済的な不公平」と「福祉改革」によって生じた苦難を理由として明示的に正当化される。また同様の理由で広く容認されている。[235] ニュージーランドの別の研究の著者は、ますます条件付きになるワークフェア政策に対する社会保障受給者の「反抗的な忍耐」を「日常の抵抗」と表現している。なお、この抵抗には反貧困機関の支援も入っている。[236] 他にも、抑圧的な社会保障政策に対する一部の受給者の対応として、うわべだけの規則遵守、破壊活動、制度からの撤退が見られたというイギリスの研究事例がある。[237]

イギリスでは主にビル・ジョーダンが、以前から「日常的抵抗としての社会保障不正受給」理論を提唱している。ジョーダンは、こうした不正受給は「孤立した個人的行動」以上のものを表しているが、それは貧困地域のネットワークを通じて「抵抗の文化が……それ自体で……公的制度の執行に反対する日常的活動へと発展する」からだとする。そして、こうした抵抗によって「貧困者は、主流コミュニティの利益から排除されたことを、ある程度まで埋め合わせ」できるのだと論じる。[238] これは無届けの仕事を通じて、社会保障制度の運営における抑圧的な条件に「貧しい者が反撃」しているのである、と。[239] 彼らは（ときに巧妙に）「自らの資源管理にごまかしの余地を残すように」規則を解釈する。[240] 彼らの「抵抗の実践と異議申し立て」は、「自律と尊厳を獲得する試み」でもある。[241]

他方、ハートリー・ディーンは「抵抗の文化」の存在を疑問視している。社会保障の不正受給者三五人を独自に調査したところ、七人にとっては「ごまかしが、ある意味で自覚的な破壊行為であり、抑圧感への反応であった」ものの、「とりたててラディカルな人物」ではなかったからである。大半のケースでは、まだ労働倫理に強い執着があった。[242] ディーンは次のように結論づけている。

回答者が抵抗行為に関与している範囲内では、それは非常に保守的な形態での抵抗であった。多くの者は、自分の福祉国家に対する正当な期待が裏切られたと感じており、だから不正直は正当化されると考えていた。しかし、彼らが望んでいるのは国家への挑戦ではなく、「きちんとした」仕事に就くことであり、適正な、しかしつましい生活水準なのであった。[243]

とはいえディーンは、マイノリティの住む「正規の労働市場へのアクセスの機会がない地域や場所では、代替的な生存戦略への関与が孤立した抵抗行動でなくなり、規範となることもある」と認めている。[244]実際にそうであろうとなかろうと、ここで含意されているのは、「代替的な生存戦略」の形をとった「孤立した抵抗行動」が先立って起こっていることである。判断が難しいのは、スコット[245]が小作人社会との関連で認めているように、生き残りを主目的とする行動のうちのどれが、どこまで政治的な抵抗の動機を反映しているかである。社会保障制度への鬱積した憤りが存在するという証拠がある以上、多少とも抵抗につながる要素があることは、けっして稀ではないのではないか。すすんで制度を「ごまかす」人々は、多くがその制度を不公平であり懲罰的だと受けとっているのだし、たとえ生き残りが主たる動機であるにしても、そこに抵抗の要素がないわけではない。[246]第一の動機が「欲ではなく必要性」であることを示した先に引用したイギリスのある研究の著者は、「インフォーマルな有給の仕事が一種の社会正義をもたらすという意識もあった」とも述べている。[247]ごく稀には、こうした鬱積した憤りが、組織された公然たる政治的形態での抵抗につながることもある。義務の強化や賃下げに反対があったのはその例である。[248]

ディーンとメルローズ[249]が警告するように、社会保障の不正受給を日常的抵抗と解釈する急進派には、美化ないし希望的観測の要素があるのかもしれない。対照的にギリアット[250]は、こうした対処戦略が表しているのは、抵抗ではなく適応のひとつの形態であり、結局のところ、社会経済的秩序の再生産の役割を果たすものだとしている。さらに一般的にいえば、一部の急進的な社会法学者は、ほとんどなんの変化をもたらさない個人の「ごく小さな反抗行動」や「無益に近い対処や生き残りのための出来事」の政治的意義について懐疑的である。[251]こうした行動は「尊厳を高めエイジェンシーへの意欲を高める」といわれるが、うまくいかないときには、本当にそうなのかと疑われてしまうのである。[252]

### 心理的抵抗・言説による抵抗

にもかかわらず、幅広い政治的枠組みのなかでの重要度がどうであれ、日常的抵抗の行動が、貧困を受動的であることやエイジェンシーの欠如と同一視することに、異を唱えるものであることはたしかである。貧困下の人々は、これを用いることによって、社会経済的秩序が押し付けてくる制約の拒絶と、力をふるう者への〈やりかえし〉を、たとえ秩序や権力を直接変えようとするものではないにせよ、主張できるのである。「政治的なもの」の広範な構築物は、権力関係のミクロなプロセスへのフェミニズム的、フーコー的な関心に根ざしたものであり、日々の「ミクロの政治」ないし「ミクロの抵抗」に重要性を見出している。たとえそこに含まれる行動が、政治的目的を動機とせず、その実現に失敗したとしても、である。[253]イヴォンヌ・ルナは、単身の母親が「福祉給付を受けていることで低く見られるのをできるだけ回避する」ため、そして自らの処遇に反撃するための抵抗を、目に見える形、目に見えない形でどのようにとるのかを調査した。[254]その主張によれば、抵抗の形態はさまざまであるが、それらは周縁化された集団にエンパワメントの感覚を与えている。福祉給付を受けていることで低く見られていると感じている女性たちは、スティグマを中和し、制度と闘う方法を見出す。その例として、意図的に無能を演じること、調査・面談を回避すること、担当者に会わないこと、関係を断つことなどが挙げられる。抵抗することには感情的な利点もあるが、加えて、貧困を生き抜くための現実的な方法にもなる。[255]

アメリカの研究をもうひとつ引用すると、E・ブルック・ケリーは、地方の低所得層の母親を対象とした研究において、抑圧的な低賃金の仕事を辞めるという当事者らの決断を「日常の抵抗行為」であり、エイジェンシーの表れであると解釈している。そうすることで、「押し付けられたアイデンティティ」を拒否し、「それとは別のアイデンティティ」を定め、それによって「①自尊感情を高め、②低所得の女性とその生活についての新しい考え方の可能性を生み出す」ことが示唆されたのである。[256]

また、スコットの研究を参考に、オーストラリアの失業者を対象とした研究の著者らは、失業者の一部が「自分たちを中傷し、処罰するような」アクティベーション政策に対して表明した怒りは、「日常の抵抗の一形態」としての「感情から生まれた異議申し立て」の一例であると主張している。[257] さらに、恥辱、失敗、怒りの感情をうまく処理することは、「相当な感情面での作業」を伴うものであった。[258] そして、スコット[259]を引用して、屈辱や尊厳の否定を含む地位の否定が「表面には表れない怒り、攻撃性、尊厳についての言説に触れる」とき、日常の抵抗が見られることを述べている。[260]

「尊厳についての言説」への言及は、日常の抵抗が「言説的な異議申し立て」「言説的な抵抗」「反体制的な言説」を通じて象徴的なレベル、文化的なレベルでも働く可能性を示している。[261] 二〇一七年六月にロンドンで起きた凄惨なグレンフェル・タワー火災の被災者の反応は、「抵抗の言語がいかに機知に富み、深く、創造的か」[262] の実例になっている。長期失業者のフィンランド人に関する研究の著者は、「異議を唱え、反論する行為としての抵抗」について語っているが、「これは、つまり、自分たちに押し付けられた、文化的に否定的なカテゴリー化や貶められた社会的アイデンティティの形成に対抗する機会」[263] であると述べている。このように抵抗は、否定的な表象や恥辱の付与に対峙して、肯定的なアイデンティティと自己意識を維持しようとする闘いの象徴ともなる。[264] これは「心理的抵抗」と呼ばれてきたものであり、「自分の不利な状況の心理的意味を自分で決定することによって支配的な力への対立を示すことであり、……不利な立場にある人々が、自分自身と世界についての自分の見方を主張する無数の方法であって、それに反する社会的メッセージを受け入れさせようとする支配的な圧力をはねかえす」ものである。[265] 上述のものとは別のフィンランドの研究では、社会福祉事業の受給者のなかから「経験による専門家」として指定された人々による「批判的言動」や「対抗的な行動」を用いた抵抗が確認された。この「経験による専門家」らは、多くの公的資金によるプロジェクトで行われる参加型社会政策による「エンパワメント」の試みを経験したのだが、それは形式的に利用されたもので実際には自分たちの専門性が本当に評価されていないと感じたのである。[266]
第4章で述べた〈他者化〉のプロセスに対する言説的な抵抗の試みは、さまざまな形をとる。こうしたプロセスの重要性を前提に、カレン・マコーマック[267]は、貧困が集中した地域で貧困の経験が住民の間で似通っているときに、言説的な抵抗がより強くなる可能性があることを示唆している。個別の当事者が集団的な反抗の「レパートリー」を共有し、活用することができれば、成功の可能性が高くなる。[268]その例として、北アイルランドの参加型アクション・プロジェクトが挙げられる。このプロジェクトでは、「目的のあるストーリーテリング」を通じて、低所得の住民が主流派の「非難と恥辱を与える」社会保障の言説に対抗することができたのである。[269]
個人が心理的抵抗を試みるさまざまな方法が研究によって示されている。それは、〈やりくり〉の能力の証明であったり、[270]自己価値を表明することで名誉を守り、「日常的実践」と「ささやかな成果」を展開することで「スティグマをはねかえし、自らを道徳的な主体として位置づける」こと、[271]また、分類されること、ステレオタイプにあてはめられることの拒否である。[272]集団的な言説的な抵抗の例は、ATDカールモンド運動のプロジェクトにもいくつか見られる。ひとつめは、貧困下の人々が参加する創作プロジェクトがもとになった詩集である。詩の多くは、無関心と尊重・敬意の欠落に直面したときに表出する感動的な人間の尊厳を表している。[273]二〇一四年の「私たちの果たす役割」プロジェクトは、貧困下で生きる人々を被写体とした写真集を生み出した。この写真集では貧困当事者が写真撮影に自分の意思を反映させている。これは、その貢献を認めることでネガティブなステレオタイプに対抗しようとする意図的な試みである〔補記4〕。参加した当事者の多くが、写真集の仕上がりを誇りに感じた。[274] たとえば、参加した当事者のひとりであるアリソンは、以下のように説明している。

これは、ふつうの人々のためのプラットフォームです。充実した生活、価値ある人生を送っている人々のためのものです。福祉給付を受けているかどうかは関係ありません。人生で比類ない苦労をしている人々が、自分自身のことばで真実を伝えます。実際にはなにも知らないくせに「経済に貢献していない」と他人のことを否定的に判断してラベルを貼るような人々のことばではないのです。[275]

「認められていない貢献」は、ATDの国際「貧困の隠れた次元」調査でも重要なテーマである。「困難にもかかわらず、(貧困を経験する人々は) 多くの重要な役割を果たし、しばしば他者を支え、経済的にも社会的にも大きな貢献をしている。しかし、社会はそうした貢献を無視したり、無関心に扱ったりする。そのせいで当事者自身が自らの知識や技能を過小評価してしまうほどに」。[276]

個別の個人的な証言もまた、示唆に富んでいる。ティラドは、「貧困者として」身につけていた攻撃的な姿勢を「防具」と表現している。[277] ティラドのブログと本には先に触れたが、これらの文章は怒りに満ちた言説的な抵抗の行為として読むことができる。これはマクガーヴィーの「貧困サファリ」も同様で、これはマクガーヴィー自身が「ゆるやかにつながった一連の暴言」と称している。[278] キャッシュ・キャラウェイも著書「無一文の住む公団住宅」のなかで「わ・た・

し・は・怒・っ・て・る」と宣言しているが、これは「社会が与えたスティグマによって深い穴に投げ込まれ、埋もれてしまった周縁化された市民としての声」[279]を見つけようとする試みを表すものである。しかし、これまでの研究に見られる言説的な抵抗の事例を並べてみると、それがいかに複雑で矛盾したものであるか、また、それがしばしば諦観、無関心、支配的価値観の受容といった要素と組み合わされるようすも示されている。[280]

## 〈ぬけだし〉

抵抗に支配的価値観を受容する態度が混合したものは、同様に、貧困からの〈ぬけだし〉に向けた姿勢にも見られることがある。これは図5-1の座標平面の個人的と戦略的とが交差する象限にあたる。事情によっては（とくに単身の母親の場合）、少なくとも短期的には[281]地位の向上よりも安定と保障が優先され、（一般的に低賃金の）仕事に対して不満をいだきながらも執着する心理が一般的に見られる。[282]キングフィッシャーの研究では、賃金が安くても有給の仕事がある方が福祉に頼るよりましだという一般人が無意識に抱く前提に対して、女性の福祉給付の受給者がどのように抵抗を示す傾向があるのかが述べられている。しかしまた同時に、彼女たちは「達成と成功の主流モデル」を受け入れていて、教育こそが「『身を立てる』ために決定的に重要である」と考えてもいた。[283]雇用と教育は、貧困から〈ぬけだす〉王道であると多くの人が思っている。ひとりひとりが戦略的にエイジェンシーを行使して、そうした王道を通り抜けていこうとするのだが、この王道そのものが構造的・文化的な要因でつくられているのであって、そういった要因がエイジェンシーの行使を助けることもあれば、その障害となることもある。

構造とエイジェンシーが個人の貧困の軌跡を形成するなかで、どう相互作用しているのかということが、貧困の動的な力学に関する現代理論の中心となっている。[284] 言い換えれば、貧困状態に陥ったりそこから逃れたりという動態は、一方では（貧困当事者および非当事者による）個人の行動の産物でもあり、そして他方では経済的、社会的プロセスおよび政府の政策の産物でもある。このように理論化されたことは、貧困の概念化における近年の展開でも、もっとも重要なもののひとつである。こうした理論化は、同一個人を追跡調査した長期的データの確立がいくつかの国で行われたことによって可能になった。こうしたパネル調査では、貧困が長期化している人々（それゆえ、前章で述べた〈他者化〉のプロセスに対してとくに脆弱な人々）を同定することができる。また同時に、先進各国では、貧困状態になったりぬけだしたりする率が高いこともわかる。したがって、スナップ写真的な手法で同定される以上に多くの人々が貧困を経験していることになる。

貧困の軌跡、とくに貧困に陥る軌跡は、子どもの誕生やパートナーとの離別といったライフサイクルの出来事から生じることがあり、とくに女性に影響を与える。[285] COVID-19のパンデミックからはっきりしたのは、適切で包括的な社会保障の基盤がない場合、外的ショックが多くの人々（とくに不安定な雇用にある人々）を貧困に陥れるようすである。二二か国の調査では、経済的なレジリエンスが限られていることが明らかになった。そのうちの一五か国では、「全世帯の半分未満しか三か月分の収入を賄えるだけの貯蓄を持っていなかった」し、多くは「パンデミック以前にすでに過剰債務を負っていた」のである。[286]

貧困からぬけでる動きは雇用形態や報酬の変化に伴うものが多いが、これは世帯内のパートナーの一方の変化、双方の変化のどちらにもあてはまる。世帯内に複数の稼ぎ手がいることはとくに重要で、ジェンダー的な観点からとくにそうである。[287]ただし、貧困からの脱出には労働市場での地位改善が必要不可欠だというわけではない。こうした動きは短期的なものが多く、必ずしも持続しないで、人々は頻繁に貧困状態に陥ったりぬけでたりしている。その軌跡は、貧困の力学の「ゴムバンド」モデルに縛られているのである。[288]女性は、再発性の貧困にも長期的な貧困にも脆弱であるので、とくにこのゴムバンドの縛り方がきついように思われる。[289]長期的な貧困には、障害や長期にわたる疾患も関係している。[290]

この種の調査は、「社会関係の構築における構造とエイジェンシーの相互作用の理解」を促進し、貧困下の人々を、自身の生活における能動的な主体とする見方を促すものとして、もてはやされてきた。[291]しかし、貧困の動的な力学の実証的研究は、多くが量的なものであり、非個人的なマクロレベルにおける全体像を提供しているに過ぎない。それはそれで重要なものではあるが、こうした研究では得られない洞察もある。たとえば、当事者個人のエイジェンシーがこうした動的側面にどう反映されるか、あるいは、貧困からの〈ぬけだし〉の闘いの苦しさといったものはわからない。だからこそ、エイジェンシーの理解や、エイジェンシーが構造・文化とどう関係するのかといった視点から考えた場合、ミクロレベルでの研究（とくに質的な長期研究）が、長期的なマクロレベルでの貧困調査を補完するうえで、非常に重要となるのである。[292]

貧困下の人々が貧困からぬけだすために、あるいは自分の子どもが貧困からぬけだすのを援助するために、どこまで戦略的なエイジェンシーを発揮するかが人それぞれであるのは驚くことではない。たとえば教育を通じて、あるいは職探しによってなど、戦略は多岐にわたる。個人がこういったエイジェンシーをどの程度行使できるのかは、ある程度、自分自身の行動の有効性に対する信念に依存しているし、利用できる物質的資源・その他の資源が反映されてもいる。先に述べた個人的資源や社会的資源と同様に、文化的資源（文化資本）の欠如は〈ぬけだし〉、そして〈うまくやる〉ことを大きく妨げることになる。ここでいう文化資本とは、すなわち教育制度をうまく利用し、労働市場でうまく立ち回るために必要な知識、経験、身体的な「身だしなみ」、自己を売り込むことである。[293]その他に重要になる要因は、社会的環境、文化的環境、家族のなかで（ジェンダー化された）構造によって与えられる機会や制約がどのように認識され、義務となるのかということである。[294]ダンカン・エクスリーの観察によれば、もっとも貧しい人々は「そもそもゲームに参加する」能力という点で分が悪いのだから、「一般の人々が当然と思っている将来の夢（aspiration）さえ高望みになる」こともあり得るのだ。[295]

これらの要因を一覧することは、未来に対して抱く夢の役割を理解する上で重要である。コメンテーターや政治家はことあるごとに、貧困からぬけだせないのは「夢が貧しい」からだと指摘する。モラグ・トリーナーは、これに異議を唱えている。自身や他の研究者の成果をもとに、これが「貧しい家庭が子どもたちに提供できるものについての誤った理解」を助長する神話であると断ずる。[296]貧困にもかかわらず、子どもや若者の間に夢や希望がある証拠は多数存在する。[297]親は子どもに対して夢や希望を持つし、大人でさえ自分自身のため、家族のために（教育を受けることを含めて）夢や希望を持つ。[299] たとえそれが控えめであることが多くても、夢や希望を持つ。[298] とはいえ、夢の有無は単純な二項対立ではない。夢はつねに変化する。[300] 経験に応じて変化する。その経験が困難や拒絶の連続であれば、夢は弱まり、親子ともに諦めや宿命論、野心の欠如に変わることがあっても不思議ではない。[301] 構造的・文化的制約が無力感とともに、野心の達成に必要な資源の欠如と結びつき、時を経て、夢を蝕むことになる。[302] ATDカールモンドの研究に参加した当事者のことばを借りれば、「貧困は夢を殺し、夢見る人を閉じ込める」。[303] こうした制約や障害物を意識し、さらに当事者の子どもたちが教育上の不利な状況に置かれがちなことを意識して、[304] 学校の成績よりも子どもの安全や幸福を優先する親もいる。[305]

また、実際には社会移動や地理的な移動に対するコストが感情的にも社会的にも潜在的に大きいことからくる恐怖であるものが、夢が欠落しているのだと安易に解釈されることもある。[306] 底辺からの社会移動に関するある研究から見出されたのは、「上に向かう旅は……、いまも昔も変わらず困難なことが多く、居心地のいいものではなく、苦痛ですらある」こと、アイデンティティの葛藤や不安や自信喪失の感情に対処するためにかなりの「感情労働」が必要となることである。[307] 貧困からの脱出は、上方への社会移動、または外部への地理的な移動に必ずしも依存する必要はない。充実した人生を送る方法はほかにもあるだろう。[308] さらに、ケリー・ハドソンが呈した疑問も考える必要がある。「残忍に身を拉《ひし》ぐような、しばしば人間性を奪う」貧困から脱出した体験の記録のなかに、この問いはある。「毎日毎日、なんの役にも立たない者、社会にとってなんの価値もない者と言われ続けたとしたら、どれだけ豊かになったとしても、その〈下層民〉としての意識から逃れられるだろうか」。[309]

調査結果も、いわゆる「〈依存の文化〉に沈み込んで満足している受け身の福祉受給者」[310]という、大衆的なステレオタイプを支持していない。それどころか、大多数は福祉給付からの脱却に熱心で、有給労働への強い熱意を示している。[311]場合によっては、最初のステップとして、学校に戻ることや高等教育、訓練を受けることもある。[312]これは、それ自体が戦略的エイジェンシーを強化することにもなる。より一般的には、有給の仕事を見つけることが目的である。いますぐできる仕事を探す人々もいれば、単身の母親の場合なら、子どもが少し大きくなってからという人々もいるし、相当な困難を乗り越えて仕事を見つけている人々もいる。仕事探しで意気消沈したり、コストがかかったりすることもある。ジャーナリストのポリー・トインビーが自ら最低賃金での暮らしを試みて発見したように「貧しい人々がわざわざ遠くまで身銭を切って探し求めに行く仕事は、会ったこともなければ顔を見ることもない人々の気まぐれで、与えられたりなくなったりするのである」。[313]EU全体でのある研究で、執筆者らは、貧困そのものが、失業者が仕事を得る障害となっていることを発見した。これは「所得のないことが仕事探しに課す資源上の制約」によって説明できるのかもしれない。[314]苦しさが大きければ大きいほど、意気消沈して自信を失いやすく、有給雇用を通じて貧困からぬけだすことが難しくなる。[315]コーピングの行動そのものが、貧困からぬけだす方法を模索するのに必要なエネルギーを奪う可能性がある。経済的に不安定なことは、将来への計画や投資をより困難にする。[316]逆説的だが、〈時には「福祉依存」を減らすという名目で行われる）社会保障給付の削減や制限は、エイジェンシーを損ない、仕事の機会を追求する能力や意欲を蝕むことがある。[317]

より根本的には、日々の〈やりくり〉の緊張、とくに安定が急激に失われた状況下での緊張は、つまり先のことが「年単位ではなく、一日単位、時間単位でしか考えられない」ことでもある。[318] あるいは、ティラドのことばを借りれば、「貧困は見通しが真っ暗で、脳みその先を考える部分を切り離してしまう」。[319] これが物質的な欠乏のもたらすダメージのひとつであり、先に触れたムライナサンとシャファーの研究で述べられ、[320] また、これを引用したアメリカの研究もある。すなわち、「『足りない』が限度を超えて切迫すると、長期的なことに注意を向けることが〈次から次へと押し寄せる雑踏〉のなかに失われてしまい、自分自身をコントロールするために必要な〈体力〉を消耗してしまう」。[321] さらに、サイモン・ペンバートンによれば、貧困に伴う圧倒的な経済的不安定は、「長期的な生存戦略を定める能力、さらに、その目標に向かって行動を起こす能力を損なう役割を果たすため、自律という面で有害である」。[322]

貧困からぬけだす道を探そうという勇気や動機をさらに蝕んでいくのが、不健康である。身体的なものも精神的なものも、不健康は多くの者にとって有給の仕事への障害となる。[323] 仕事がないうえに「複数の問題やニーズを抱えた人々」は、その「トラウマ的な」生活が続くため、とりあえず目の前の生きることで手いっぱいで、最低限の労働意欲すら持てなくなることがある。[324] 経済ハラスメントを含めて家庭内暴力も、貧困状態にある女性が戦略的エイジェンシーを発揮する能力を抑制する。雇用や教育を受けることを通じて貧困からぬけだそうとする試みを男性パートナーが故意に怠るような場合は、とくにそうである。[325] 要するに、個人的資源その他の資源が限られており、障壁が高いとき、戦略的なエイジェンシーを維持するのは困難なのだ。

戦略的なエイジェンシーは、ときに変化を達成するためではなく、変化を回避するために展開されることもある。[326] たとえば文化的な規範や、先にふれた「ジェンダー化された道徳的合理性」によって、自分の第一の責任はフルタイムでの子育てだと感じている母親は、そのように感じているかぎり、エイジェンシーを行使して有給雇用を追求することはない。[327] こうした規範は、以前ほどではないにせよ、とくにパキスタン系やバングラデシュ系の少数民族コミュニティにおいて、母親の雇用に対する態度に影響を与えている。[328] 別のもっと一般的な場合、適当な雇用機会や保育施設、公共交通の欠如などを含めた構造的な障壁が高すぎるということもある。[329]

有給の仕事は、政治家が貧困からぬけだす主要なルートとして典型的に強調するものだ。イギリスの縦断的な分析も、これをある程度支持する。ただし、仕事への移行が貧困のリスクを減らし、有給のなかでの貧困が一時的な現象であるのは、とくに世帯内に複数の稼ぎ手がいる場合である。[330] 実際には、有給の仕事は万能ではなく、きわめて不安定な労働市場で不利な立場に置かれた人々にとっては雇用の袋小路と化すこともある。[331] この労働市場の生々しい姿は、ブラッドワースの「低賃金イギリス」での「潜入」取材の記録に示されている。すなわち、「低賃金がそのまま横柄な家主、ひどい上司、圧倒的な絶望感と同義である暗く不安な世界」が、「尊厳に対する人間性を奪う攻撃」に伴うのだ。[332] ブラッドワースはさらに、「仕事のあまりの悲惨さに、刺激が欲しくなる。タバコ、アルコール、気持ちを引き立たせてくれるなら（不健康な食べ物など）

なんでもよかった」[333]と観察を述べている。これがつまり、先に述べた「ささやかな喜び」への出費の例である。

アメリカの文脈では、ヴィクトリア・ユーバンクスが「貧困は孤島のように孤立しているのではない。陸続きの国境地帯のようなものだ」と書いている。つまり、その「経済的な境界地帯ではいろいろと多くの動きがある。とくに貧困層と労働者階級の間の曖昧な境界にわたって状況は日々変化する」[334]。イギリスのジョセフ・ラウントリー財団（ＪＲＦ）による再発性の貧困に関する一連の研究は、雇用に移行する人々にとっても貧困からぬけだすことがいかに困難であるかを明らかにしている。「強靱な労働意欲と経歴があっても困難である。これまで繰り返し仕事に従事してきたこと教育を受けてきたことがそれを証明しているにもかかわらず」[335]。これらの人々にとって、「低賃金と無賃金の間を往復するサイクル」と呼ばれるものからぬけだすための障壁はあまりにも大きい[336]。物事がうまくいかないときに頼れる資源がない場合、結果として生じる不安定に対してコーピングするためのコストは、痛みを伴うことがある[337]。「低賃金と無賃金のサイクル」に陥らずにすんだとしても、低賃金労働者の仕事は、もっと給料のいい仕事への「はしごの最初の一段」であることはほとんどなく、むしろ「唯一の一段」であることがあまりにも多い（とくに女性にとって）[338]。前進を阻む労働市場やその他の構造的な障壁が鍵で、時にはそういった障壁が個人的な要因と相互作用して、〈うまくやる〉のを阻んだり、モチベーションを低下させたりすることもある[339]。

これはとくに単身の母親の場合にあてはまる。シングルマザーが有給雇用されると、日常生活において複雑なバランスをとる作業に直面することが多く、これはこれで〈やりくり〉上の負担となる。とくに組織的な育児支援が十分でない場合、家族や友人などの社会的資源に大きく依存する。[340]このことは、有給労働に移行した単身の母親とその子どもたちに関するイギリスの縦断的な質的研究によってよく示されている。著者らは、母親たちが複数の不安定要因に直面しながらもある程度の安定を確保しようと苦闘するなかで「これらの家族が経験しているのは、貧困の力学の『ゴムひも』の生活であった。非常に小さな衝撃にさえ脆弱である」と、観察を記している。[341]雇用を維持することはすなわち、母親に「激しく、しばしば厳しい家事」を、子どもには「生活の変化に対応するだけでなく、母親の雇用を支えるために、多種多様なケアリングとコーピングの戦略をとる」[342]ことを要求する。つまり、有給労働を通じて貧困から〈ぬけだし〉をはかることは、母親と子どもの双方の決意に基づいたエイジェンシーを伴う「継続的かつ能動的なプロセス」であり、つまりは「家族の協同プロジェクト（family-work project）」なのである。[343]子どもたちが成長するにつれ、このプロジェクトとそれに伴う安定性の欠如は、ひるがえって子どもたちの大人への移行を形づくることになる。[344]

このプロジェクトにかかわる緊張やそこで奪われる時間、そしてそれが母親と子どもの双方に与える影響も明らかにされている。[345]他の調査では、有給の仕事をすることと、貧困からぬけだすための重要な道筋として広く認められている子どもの教育にもっと関与することという、方針上では相反する圧力の間で緊張が生じる可能性があることが示唆されている。[346]不安定な労働市場において適切な子育てケアに対する支援がないなかで競合する複数の「よい母親であること」[347]

からくる圧力をうまく縫っていくことは一例であって、貧困下の人々が見せる個人的な戦略的エイジェンシーは、彼らが直面する構造的、文化的、政策的な制約と、ほかの人よりも限定的な機会という文脈で理解しなければならないのである。

## 〈組織化〉

構造的、文化的な文脈は、集団的で戦略的なエイジェンシーを発揮する機会をつくりだす。これは図5-1では、横軸の政治的／シチズンシップにかかわる側と縦軸の戦略的な側のつくる象限に存在する。マクロレベルの調査では、多くの場合、貧困と剝奪に伴って、政治的、市民的活動や集団的行動の水準が、一般と比較して低くなることが示唆されている。これは、あらゆる形態の政治活動に共通して見られる社会経済的な状態による「〈参加〉格差」あるいは「分断」の一部である。[348]このことは、第4章で述べた〈他者化〉のプロセスと相まって、「政治的エイジェンシー、積極的な（政治）行動をとる能力・可能性」の欠けた存在としての「貧困者」というイメージを助長する。[349]しかし、剝奪の進んだいくつかの地域から得られたミクロレベルの証拠は、ある程度まではあるが、少なからぬ住人が、多くの障害に直面しているにもかかわらず、たしかに〈組織化〉され、市民として活動していることを明らかにしている。こうした行動は、集団的な自助の形態（たいていは〈やりくり〉の組織化された形態）をとったり、もっと直接的な政治活動の形をとったりする。この両者が重なることも多い。また、これほど一般的ではないが、地元コミュニティを超えた政治行動も、知られていないわけではない。以下こうした集団的なエイジェンシーの証拠をいくつか検討していくが、その前にそこに課されている、きわめて現実的な制約について知っておくことが重要だろう。

## 組織化を制約するもの

### † 主観性とアイデンティティ

もっとも基本的な制約のひとつは主観性（subjectivities）とアイデンティティにかかわるものである。すなわち「自身の経験……［と］存在・所属の感覚について人がどう理解し説明するか」にかかわっている。これは先にふれた、福祉の新たなパラダイムにおける重要な要素である。[350] 主観性とアイデンティティに意識を向けることで、第4章で言及した「貧困者」や「福祉受給者」のような、努力で変えようのない硬直した十把一絡《から》げの社会的カテゴリーよりも、複雑さや流動性が生まれてくる。[351] しかし一方、社会的カテゴリーは主観性とアイデンティティを侵すものではあるが、いったん受け入れられれば「カテゴリーとしてのアイデンティティ」の基礎を提供するものともなる。これは所属感ないし他者と同じであるという感覚のことで、そこから集合的アイデンティティの感覚が生まれてくる。[352] たとえば「障害者」というカテゴリーは、一方では分類の役割を果たし、場合によってはスティグマを付与する機能を果たすが、他方では、積極的な集合的アイデンティティ獲得の基礎を提供してくれる。[353] 逆にカテゴリー的アイデンティティが「存在論的アイデンティティ」、すなわちその人独自の自己感覚ないし存在感覚を生み出すこともある。[354]

この相互に関連したふたつのアイデンティティの要素は、主観性とともに、政治的なエイジェンシー展開に重要なものとなる。[355] 自身の状況をどう理解するかで、人々の対応は決まる。この文脈で重要なのは、貧困下の人々が、自分たちの状況を主に個人的な原因によるものと考えるか、構造的な原因によるものと考えるか、ということである。[356] 政治的エイジェンシーの能力・可能性は、ある程度の「自尊感情、すなわち他の人から独立した安定的なアイデンティティ感覚と、政治的生活に参加する価値があるという自信」[357]を必要とする。集団的な政治的エイジェンシーおよび集団による政治的主張の表明には、「変化をもたらす集合的な能力」[358]に対する信頼と、同様の立場にある他者と共通する、カテゴリー的アイデンティティの感覚と、双方とも求められる。

貧困の経験と〈他者化〉のプロセスは、往々にしてアイデンティティを（存在論的にもカテゴリー的にも）損ない、主観性を損なう。自尊感情への、すなわち自己感覚へのダメージについては前章で論じた。主観性については、まず貧困の問題が個人化され、政治家やメディアによって「貧困者」が非難されるケースが多い状況が前提としてある。そのなかで、苦しめられている側が、個人化された（しかもたいていは自己非難的な）用語で自身の状況を理解し、集合的な解決策よりも個人的な解決策に眼を向けてしまうことが起こる。[359] 解決できそうもない問題、「目の前で固く扉を閉ざす」ように見える制度に直面して、絶望感や無力感や運命論的な諦めを抱いてしまったら、本当の変革が可能だと信じることは難しくなるだろうし、エイジェンシーも〈やりくり〉の範囲を超えられないだろう。[360] 驚くべきことではないが、政治が有効だと思う感覚は政治参加にとって重要だと考えられているものの、貧しい集団や教育水準の低い集団、そして最貧地区で一般に弱い。[361] しかしアメリカのある研究では、これが必ずしも、個人の政治的な能力における自信のなさを示すものではないことが示唆されている。すなわち、これは福祉制度についてのネガティブな経験を反映しているのであって、それがさらに政治制度一般へと投影されて、政治があてにならないという思いとなって表れているのである。[362] さらに新しいアメリカの研究では、社会福祉制度の設計が「貧困層の市民的・政治的関与の水準に影響を与えうる」ことが明らかになっている。制度が懲罰的になるほど、この関与の水準が弱まる。おそらくこれは、上記の見解を支持している。[363]

それに加えて、相互に関連した数多くの要因が、貧困下の人々の間でのカテゴリー的アイデンティティ共有が進展するのを妨げている。第一に「貧しい」ということは、その人の個人的アイデンティティの一部ですらないかもしれないし、ジェンダーや親であること、民族性、年齢など、アイデンティティを示す他のものと比べて顕著でないこともあるだろう。[364] 貧困は、その人を定義する特徴というよりも、社会経済的な地位を表すものなのである。力の強い他者（政治家、専門家、メディア、研究者）が用いる「貧しい」というカテゴリーは、そのようなラベルを貼られる個人の主観性やアイデンティティを失わせる。[365] 貧困下の人々と専門家との協働関係を発展させるプロジェクトに関する報告にもあるように、貧しい人々は「自分のことを貧しさという文脈だけで見てほしくないと思っている」。[366]「貧しい」ということが個人的アイデンティティの要素として内面化されているかぎり、そこにはネガティブな含意があるのだから、その人は、それを公然と担おうとは思わないだろう。この問題について、アイデンティティの視点から直接取り組んだ研究はほとんどない。しかし、ニューヨークの炊き出しに関する研究では、炊き出しの利用者が「貧困者」について語るときには、このカテゴリーから距離をおくかたちで、自身のアイデンティティを構築していると分析されている。[367]

第二に、たとえば「貧しい」といったカテゴリーへの帰属が、必ずしも集合的なカテゴリー的アイデンティティの感覚を導くわけではない。[368] この場合の理由は、ひとつには、そのようにカテゴリー化される集団が本質的につねに不均一であり断片化されているからである。ここには、先に論じた貧困の動的な力学にもかかわってくる。[369] 人々を動かす中心になる「共有された経験」が見出せない。[370] つまり、貧困状態にある（準）恒久的ないし確立された集団があるというだけで、「彼らが共有するもの、すなわち彼らをひとつの階級と認定するものは、統計と日常生活が単調に再生する経済的苦境のみなのである」。[371] アイリス・ヤングはサルトルの「連続性」という考え方を取り上げ、〈共通のアイデンティティを持つ集団よりも弱い集合形態〉を意味するこの考え方が、そのような共通の性質があるからとか「共有のアイデンティティが構築されているからとかいうのでなくても、社会的な主体の実現可能性を条件づける構造的な人々の関係」を理解するのに役立つとしている。[372] 言い換えれば、連続性は共通の条件を示唆するが、アイデンティティや特徴の共有は含意しないということである。したがって、貧困下の人々が一連の集団行動を構成することはあるだろうが、そこには貧困とそれに対する社会の反応以外、必ずしも共通するものはないかもしれないのである。

「貧しい」というカテゴリー的アイデンティティが集合的なものとして欠如していることは、第4章で論じたように、このラベルで認識されることが不本意である場合が多いことを反映している。早い時期の参加型研究で、貧困下の人々の多くが反貧困キャンペーンに参加しない理由のひとつとして、これが挙げられている。[373] インドで研究を重ねてきたコミュニティワーカー夫妻がグラスゴーで言われたことばであるが、「立ち上がって『私は貧しい。私はほかの貧しい人たちとともに自分の権利のために闘う』と言う者はひとりもいない。貧しいことに対して恥ずかしいという感覚があるからだ」。対照的に「ゲイや身体障害者などの集団は……誇りをもって団体抗議行動を行い、自分たちが同じアイデンティティを持つことを認め合っていた」。[374] こうした集団（あるいは少なくともメンバーの一部）は、否定的な意味で押し付けられたカテゴリーを積極的で肯定的なカテゴリー的アイデンティティに昇華し、自分たちの差違を政治的に承認させる基礎としていた。[375]

このような転換は、貧困下の人々には容易ではない。なにしろ大多数は、好んで貧しくなろうとは思っていないのだから。「貧しい」という語句は、物質的資源の「欠如」を表しており、これは社会的にスティグマを付与される対象である。この種の欠如は、アイデンティティ共有の確固とした基礎とはならない。「貧しいことへの誇り」という旗印の下に行進する者は多くはないだろう。したがって貧困が、それに苦しんでいる人々にとって、連続性のあるカテゴリー的なアイデンティティを構成するようにはとても思えないのは当然である。そして集合的な行動は、共通するアイデンティティなしには困難になる。さらに第4章で確認された、貧困下の人々による貧困下の人々の〈他者化〉という分断的な「波及効果」は、連帯と集合的行動を阻害する。[376] このように、カテゴリー的なアイデンティティは、存在論的アイデンティティを守ろうとする試みとして理解されるはずのものによって、かえって阻まれるのである。人々が「実効性ある社会的存在として自分たちを正当化できる」ようにするはずの試みが、カテゴリー的アイデンティティの成立を困難にするわけだ。[377]

しかし、（単身の）母親、年金生活者、地域住民、障害者の権利のための活動家など、ほかのカテゴリー的アイデンティティに目を向ければ、貧困下にある人々に集合的行動の基礎を提供しうるものが見えてくる。[378] 個々のアイデンティティの連続性は状況によって違ってくる。ただ、貧困がその集合的行動の焦点であるということだけでいえば、貧困を伴う特定のアイデンティティの連続性のみを中心として組織化することは危険であるかもしれず、かえって限られた資源をめぐって競合する集団どうしで、分裂を強めることになりかねない。[379] さらに、レイヴンスバーゲンとヴァンダープラートは、それが可能性のある解決策と「貧困の問題を断片化」し、それによって根本的な原因から政策の関心をそらす役割を果たしかねないと警告している。[380] その一方で、住宅闘争は時としてグループをまとめ、また可能性をつくり上げる能力を実証してきた。[381] 具体的事例としては、ロンドンのニューアムでは若い単身の母親のグループがフォーカスE15と名乗って立ち退き通知に立ち向かい、公営住宅の提供を求めるキャンペーンを始めた。[382] ジェンセンは、「彼らがスティグマを付与されることを拒否し……、なんとかまとまって」ふつうならばらばらになる活動の集団を保ったことを称賛している。[383]

### ✝ 組織化への障壁

ここまでは、貧困というスティグマを付与されたかたちで認識されたくないという気持ちが、〈組織化〉のもっとも基本的な制約を構成することを述べてきた。それ以外にも、貧困下の人々は重要な資源を欠くことが多く、さまざまな障壁に直面している。政治学者は、政治参加のための資源——もっとも顕著なものは「物質的富、教育、技能」の重要性、とくに教育の重要性を強調する。[384] しかし、「個人的なものであれ、不利な地区に暮らしているという理由であれ、個人に不利に働くものは、どれも集合的活動への参加を困難にする働きをする。具体的には、貧弱な公共交通機関、金銭の欠如、安全の欠如、気の滅入るような環境、電気や水道の不備、家から出られないこと、などである」。[385]

不安定な状況下での日々の生き残りのための闘いは、すでに見たように、人々のエネルギーと健康を消耗させ、集合的な行動に使えるはずの個人的資源を枯渇させてしまう。[386] ある研究では、貧困に関連する過去と現在の「トラウマ」が「市民参加への巨大な障壁」となり、「政府や機関への不信、幻滅、そこからの回避」を引き起こしていると指摘している。[387] 同様に、（第6章で論じる）政治的プロセスから周縁化されることや政治的発言を否定されることは、政治的有効性の感覚を弱め、政治的無関心につながる可能性がある。[388] さらには官僚的で組織的な障壁も、すでにして政治的資源を欠いている人々の集合的行動を、いっそう困難なものにしている。[389]

## 制約の克服

しかし、貧困下の人々のなかにもごく少数ながら、制約や障壁を乗り越え、〈組織化〉して変化をもたらそうとしている人たちが確実にいる。必ずしも「貧困の旗の下に」ではないにせよ、これは刮目《かつもく》すべきことだ。時には、当事者に欠けている資源を持つ外部の人々の援助や支持を受ける場合もある。[390] ある例では、フィラデルフィアのＡＩＤＳ活動家が、低所得のアフリカ系アメリカ人を居住権キャンペーンに動員した。このキャンペーンは「アーバン地区の貧困層、とくにアフリカ系アメリカ人に政治参加の重要な手段を提供」しただけでなく、その運動のなかでアフリカ系アメリカ人たちがキャンペーンそのものを「はるかに明確な反貧困と人種的正義の姿勢」に転換させることにもなった。[391] これと対照的なのが、「貧しい人々や労働者階級の人々が率いる」組織が、「プロの中産階級の活動家を含む進歩的な連合のなかで、彼らの言動が運動文化の一般的な規範に必ずしも合わないために疎外されている」事例である。[392]

このように人々が集まってくるプロセスそのものが、主観性とアイデンティティのかたちを変え、政治的エイジェンシーを強化することもあるだろう。それが、人々が「自分自身の自己価値観を高め、共有のアイデンティティの感覚を強めてそれがエネルギー源ともなり、自分を支える力にもなる」ような発展強化を遂げることもあるだろう。[393] たとえば、先に引用した北アイルランドの「目的のあるストーリーテリング」プロジェクトは、「エイジェンシーとレジリエンスの新しい場」を生み出し、「集団行動の可能性」を提供した。[394] このように人々が集まることは、肯定的な「集合的想像力」を育み、支配的な〈他者化〉の言説や表象に対抗する助けとなるし、そのなかで「変化を成し遂げるために他者と……ともに動きだす能力を形づくることができる」[395]のである。以下では、こうした集団的な自助活動と、さらに明確な政治行動とを、実際にはこの区別は必ずしも明解ではないのだが別々に見ていき、そのうえでこうした活動のジェンダー化された性質にも眼を向けていく。

### ✝集団的自助

〈やりくり〉にインフォーマルな社会的ネットワークに存在する社会的資源の利用が含まれることは、すでに見た。こうしたネットワークが土壌を提供し、そこから、さらに組織化された形態での集団的自助が育ってくることもあるし、さらにそれが、貧困下の人々の入手できる社会的資源を強化することもある。「地域のコミュニティに根ざした行動」に関するヨーロッパのある研究では、このような行動を「その地域に暮らす人々の認識するニーズに取り組む、住民による無償の参加に係る集団としての公的ないし疑似公的なあらゆる努力」と定義している。[396]少数しか積極的にかかわっていないにせよ、この研究は「不利な条件下にある地元住民の状態の改善に果たす重要な役割」を強調し、さらに資源があればより有効であっただろうと述べている。[397]典型的にはこうした活動は、子ども・若者のニーズ、地域に公共施設がないこと、環境問題、負債などに焦点をあてる。いくつかの事例では、難民や亡命希望者などの高度に周縁化されたコミュニティは、「個人的・集団的な貧困、困窮、隔離」に「互恵性、連帯、相互扶助の実践」を通じて対応し、相互に力を与えている。[398]バセルとエメジュルは、フランスとイギリスにおけるマイノリティ女性の緊縮財政への抵抗の研究において、これを「生存とセルフケアのポリティクス」と表現している。[399]

地域的な研究でも、一部の剝奪が進んだ地域における集団的自助活動の力と重要性は証明されている。その程度や性格はひとつの社会の内部でも異なる社会の間でもさまざまだが、これが盛んなところについては、集合的エイジェンシーと能動的シチズンシップの表現として、その重要性を過小評価するべきではない。さらに、集団的な自助活動は、人々の個人的な資源を強化するのに役立つ。[400] ときによっては、集団的な自助活動によって、当事者が「自分の個人的な問題は、自分では制御できない力によって形成されている部分が大きいことを認識するようになり」、活動そのものが変化を達成するための明確な政治的行動へと変化していくことにつながるのである。[401]

## ✝ 政治的な行動

すでに指摘したように、貧困下の人々の集団的政治活動は、必ずしも「貧困」に焦点をあてているわけでも、これを旗印にしているわけでもない。ではあっても、貧困や関連の問題を中心にした集団的な組織の例はいくつもある。こうした行動は、つねに政治のレーダー画面に映っているわけではないが、実際に政治的に注目された例がアメリカにある。一九六〇年代、貧困下の多くの人々が「全米福祉権機構（NWRO）」の旗の下に組織された。一九八〇年および一九九〇年代以降にも、福祉権と反貧困・反低賃金キャンペーンの復活を思わせるものがあった。[402] 一例がケンジントン福祉権同盟である。これは「貧しい人々とホームレスによる会員組織で、そのプログラムには、基本的なニーズを満たすための地域を基盤とした組織化と、そうしたニーズを生み出す政治的・経済的構造に取り組むための全国的、さらには世界的な組織化までを包括するものである」[403]。互恵的な自助活動を出発点にしながら、「自らの貧困を意識をもって公に明らかにし、その根本原因を断罪し、同じ境遇の多くの人々を苦しめる自責の念を払拭する活動を行う人々」が中心になっている[404]。これまでに直接的な行動キャンペーンを組織し、全国的および国際的な行進や集会を実現したほか、全国的な「貧しい人々の経済的人権キャンペーン」をつくり上げてきた（第6章参照）。

さらに近年には、アメリカ全国規模の「貧しい人々のキャンペーン」（マーティン・ルーサー・キングが始めた取り組みにちなんだ名称）が始められているが、これは「当事者自らが経験する共通の貧困と構造的不平等をめぐって、人種の壁を越えて人々を団結させる」ためのものである[405]。この運動は、貧困経験のある人々や草の根の反貧困団体の参加を目指している[406]。また、アメリカ（イギリスも同様）で以前から目立つのは、尊厳あるまともな賃金や労働条件を求めるキャンペーンである。たとえば、最低賃金の引き上げ（「生活賃金」の導入）を求める「ウォルマートに尊重・敬意を求める連帯（私たちのウォルマート）」や「世界の声の連合」などがある[407]。そのほか、政治的行動の共通の焦点には、社会保障の削減や制限、さらにもっと一般的な「緊縮財政」[408]、住宅がある[409]。イギリスでは、「実体験を通して貧困に取り組む運動（APLE共同体）」や「貧困から解決へ（P2S）」が例として挙げられる。これらは、後退しつつある社会保障政策や、さらにもっと一般的な貧困に対して実体験から発言してきたグループのネットワークである。[410]

アメリカからもうひとつ例を挙げるのだが、これは、集団的自助努力と政治的行動を組み合わせることによって、組織化がいかにアイデンティティを変容させ、また時には〈ぬけだし〉を目的の一部におくことができるのかを示している。以下は、高等教育を受けたいと望む福祉受給者のためのピア・アドボカシーを実施するプロジェクトについてのシーラ・カッツの回想による。このプロジェクトは、「当事者が個人的な悩みを解決し、さらに抑圧の原因である構造に疑問を呈するために政治的にかかわっていくことを支援する」[411]ものである。カッツはこれを「対立的な立場にいるのだという意識」の発達と表現し、これによって女性たちが「〈ウェルフェアマザー〉というアイデンティティを自分のものとして取り戻し、恥辱を自分たちのせいではないのだと認め、原因を外部に求める」[412]意味があったと述べている。

ときには、政治参加の制約に働く要因そのものが、逆説的に、(個人レベルでも集団レベルでも)行動を促進することがある。従来の知見とは逆に、ニューヨークの研究で見出されたのは、「もっとも悲惨な経済状態にある回答者が、かえって政治活動によく参加していた。……質的な回答から……明らかなように、全面的に極度の貧困、もっとも絶望的な状況に陥ることがきっかけとなって、市民が動くこともある」ことだ。[413]アクセル・ホネットによれば、〈他者化〉のプロセスに含まれる尊重・敬意の欠如そのものも、「承認のための闘いの原動力となる」。ただし、「社会運動という表現手段が手に入り」さえすれば、である。[414]先述のように社会運動が欠如する場合でも、貧困下の人々のなかには、ボランティア組織が提供する機会をつかんで、尊重・敬意を欠いた態度や扱いに反対の声を上げる人々が見られる。これがタイラーいうところの「被分類化を解除するための闘争」である。[415]

## ✝ジェンダー化された行動

第3章では、貧困がいかにジェンダー化された現象であるかを見たが、ここで述べているような集団的行動も、おおむね同様である。NWROは黒人女性が始めたキャンペーンから生まれたが、いったん公式の組織ができてしまうと、男性が支配的になっていった。[416] これは、以前からずっと、コミュニティ活動でも典型的なパターンである。[417]

このように、コミュニティのレベルでこそ、貧困下の人々の集団行動におけるジェンダー化された性質がもっとも明らかになる。さまざまな国での研究から一貫して明らかになっているのは、「女性が多くの地域活動の推進力であること」[418]だ。ただし、そういった行動は目に見えないことの方が多い。ナンシー・ネイプルズによる「活動家の母親的役割」（ここでは「母親的役割」をコミュニティの行動原理を包摂するところまで拡張している）の研究では、有償・無償のいずれの女性活動家も、それぞれに変革のための闘争のなかで、また、「闘争中のコミュニティが生き残っていくなかでの中心的人物としての地位を確立している」ことが強調されている。[419] バセルとエメジュルの引用によると、パリの労働者階級の多い行政区の女性たちのグループについて、自分たちとその地域が直面しているスティグマと差別に対して組織されたそのグループは、「最前線に立って、貧困の結果を背負っている」女性でもある。[420] マルセイユの団地の母親たちは、組織犯罪からの没収金を暴力に苦しむ貧困団地に還元するよう、政府へのアピールを主導している。[421]スーザン・ハイアットは「偶発的行動主義」という用語をつくりだし、貧しい労働者階級の「女性で、それまでいかなる意味でも自分を『政治的』とは見ていなかった人が、社会変革の唱道者や主体になっていく」プロセスを描き出した。[422]こうした行動主義は、能動的シチズンシップのモデルとして理解できることを、ハイアットは示唆している。[423]

## 結論

次章ではシチズンシップというテーマをさらに探求していくが、それは、これが貧困下の人々の発言・権利の問題とエイジェンシーとの関係を形づくるからである。本章の目的は、貧困の概念化におけるエイジェンシーそのものの重要性を、日常レベルの〈やりくり〉から戦略的レベルの〈組織化〉にわたって論じることにあった。さまざまな実証的資料を引用し、貧困を経験している人々が自身の生活の行為者である様を示してきた。ただしその行為は多くの場合、強大で抑圧的な構造的・文化的制約に縛られていること、そしてそうした制約自体も、他者のエイジェンシーの産物であることも同時に示してきた。このようなエイジェンシーと構造の間の関係は、現代的な貧困の概念化にとってきわめて重要である。このような貧困の概念では、貧困を固定された状態ではなく、動的なプロセスとして捉えている。そしてこれは、エイジェンシーに核心をおくセンのケイパビリティのアプローチを形成するのにも役立つであろう。

動的な貧困研究から得られる教訓のひとつは、社会政策は「非貧困層」と「貧困層」、つまり「我ら」と「彼ら」という静的で別々のふたつのグループを想定するべきではないということである。人々の生活の複雑さの移り変わりに敏感でなければならない。もうひとつの政策的教訓は、人々が貧困からぬけだせるように、あるいは貧困に陥らないように、運命を分ける転換点になる時期を見つけて介入することの重要性である。[424] しかしながら、それでも政策は、構造的な決定因子とその帰結に取り組むものでなくてはならない。同時に、個人がそれぞれに道を切り拓くのを助けることも、とくに典型的には安定性を大きく欠いた状況では必要である。そして、個人が〈やりくり〉のための日々の闘いに利用できる多様な資源を強化することもしなくてはならない。[425] 政策は、貧困下の人々のシチズンシップを推進するうえでも重要な役割を果たす。次章では、この点について述べようと思う。

# 第6章　貧困、人権、シチズンシップ

貧困は、世界の人権侵害の主要な原因である。貧困は、人々が個人としての義務を果たすことばかりか、市民、親、労働者、選挙民としての集合的義務を果たすことをも妨げている。　――国連人権高等弁務官事務所[1]

力の欠如は、貧困の普遍的かつ基本的な特徴……。無力であることはさまざまな形で現れるが、その根底にあるのは、自分の人生に大きな影響を与える決定に参加したり、影響を与えたりすることができないことだ。　――セポルヴェダ[2]

結局のところ、私たちは皆、ただの人間なのです。人は、同情されたいのではなく、ただ話を聞いてほしいだけなのです。　――マリー・マコーマック[3]

だれも私たちの意見を聞いてはくれません。けれど、私たちは自分たちの希望や願望の本当の専門家なのです。……私たちが自分たちの未来、そしてこの国の未来にパートナーとして参加できるように、あなたたちが少しだけ権力をあきらめる覚悟があれば、私たちも貢献できるのです。

——全国貧困公聴会でのモレーン・ロバーツの発言[4]

人権の核心は……法廷ではなく、街角に見出される。人権に触発された行動によって社会をよりよく変えようとする活動家や運動家の魂のなかに。——ジャーティ[5]

ここに挙げた引用に見られるような人権（あるいはそれらの欠如）相互の関係が、シチズンシップや〈声〉、力・権力とともに、本章のテーマである。こうした観点での貧困理解は、貧困の車輪の図における関係的／象徴的な周縁部にしっかりと位置づけられる。権利は「関係すなわち、権力関係、責任関係、応答責任の関係」[6]のなかで行使され、またそれを構築するものとして理解することができる。権力関係が意味するものは非常に具体的だが、同時に文化表象に影響してくる含みもあって、それが貧困の概念化とポリティクスにとって重要な意味を持つ。したがって、たとえば権利に関する言説が、具体的な法的請求・受給資格を主張することもあるだろうが、そうした具体的な結果を求めないケースでも、象徴的で修辞的な力を生み出して想像力に訴えることができる。たとえば、ATDカールモンド運動の「芸術へのアクセスは人権である」[7]という主張がそうだ。実際、人権活動家や理論家のなかには、人権は法的な概念としてではなく、まず第一に倫理的な概念として理解されるべきであると主張する人々もいる。「人権の『人』

には、『権』と同じくらい、いやそれ以上に注意を払うべきである」。[8] ATDカールモンド運動の創設者であるジョセフ・ウレシンスキーのことばを借りれば、「人権について語るとき忘れがちであるのは、人権のために闘うことはつまり人間であるための権利のために闘うことだということだ」。[9] 人間であるための権利は、第4章で見たように、一般社会によって人間性を奪われていると感じている人々にとってもっとも基本的な権利である。これは、貧困の関係的理解[10]に沿うものであり、あたりまえで尊重・敬意を備えた社会的相互作用を通じた社会的存在であることへの権利を含むものである。[11] 人間であるための権利は、「人権についての民主的な考え方であり、……ふつうの人々、日常的な人々、どこにでもいる人々、平凡な人々のものである。エレノア・ルーズベルトのことばを借りれば、世界地図上ではほとんど見えない小さな場所の人々のための権利なのである」。[12] 人間中心のこのような言説ならば、貧困に対する人権的アプローチが一般市民から「過度に敵対的」で法律主義的と見られるかもしれないという懸念を、おそらくうち消すことができるだろう。[13]

国連や世界銀行から、アメリカの「貧しい人々の経済的人権キャンペーン」や「ヨーロッパ反貧困ネットワーク（EAPN）」といった反貧困キャンペーンまで、こうした権利、〈声〉、力・権力といったことばの各要素が盛り込まれた人権の言説が用いられ、それが第4章で論じられた「貧困の言説」に対抗するナラティヴとなっている。こうした活動には多様な人々がかかわっているので、用語の統一的な解釈が必ずしも合意されているわけではないが、反貧困キャンペーンの活動家のなかには、こうした語句を政治的論議のなかで使用することで、自分たちの闘いを、人権やシチズンシップや民主主義についての幅広い関心を結びつけるのに役立てている人々もいる。このように、人権は貧困について考え、語り、そしてその根絶に向けて立ち上がる橋渡しをする力を秘めているといえる。[14] 本章では、〈経験による専門家〉の視点に注意を払いながら、人権とシチズンシップの抑圧や〈声〉の欠如、力・権力の欠如という観点から貧困を概念化することで私たちの貧困理解がどのように広がっていくかを探ってみたい。

## 人権

極度の貧困は人権の否定と同一だとする考えは、一九九三年国連世界人権会議のウィーン宣言で正式に確認された。国連のこの考えに重要な影響を与えたのは、センの研究と、フランス経済社会会議が採用した一九八七年ウレシンスキー報告である。報告はＡＴＤの哲学に沿ったもので、根強い貧困のなかで暮らす人々との対話から書き起こされた。[15] その中心的な主張のひとつは、「物質的、文化的、社会的、市民的な、さまざまな不安定が蓄積されるにつれて互いに強化され、基本的人権の喪失につながる」というものである。[16]

センは国連開発計画（ＵＮＤＰ）の二〇〇〇年「人間開発報告」に概念的枠組みを提供した。報告のタイトルは「人権と人間開発」である。その第一章でセンは、「あらゆる社会において個人の自由、幸福、尊厳の尊重を推進するためにできる基本的な努力」について語っている。[17] センは自身の著作でも、人権は「倫理的な請求権の一群である」とみなすのがもっともよかろうと卓見を述べている。[18] したがって、人権は「究極的に、人間が生きるうえでの自由の重要性に基づく」ものである。[19] この考え方における〈自由〉は、ニューライトの思想家が主張するような、支配や介入「からの」自由といった単純なものではなく、「人が理由を持って大切だと思える人生を選択する」ことへの、積極的で実質的なケイパビリティを意味している。[20] こうした「〜への」自由が、貧困によって束縛されているのである。人間の尊厳と自由という共通の問題意識があることから、貧困に対するセンのケイパビリティのアプローチと人権のアプローチは「相互に補強し合う」ものとみなすことができよう。とくに前者のアプローチでは、焦点は形式的な権利から人々が実際にそれらの権利を行使する能力に移る。そして、経済的有利と社会的権利に十分な配慮を払うものになるのである。[21]

国連のウィーン宣言以後、国連は「人権と極度の貧困」についての専門家報告を（一般論としても特定の国に関するものとしても）数多く発表し、「貧困削減戦略に向けた人権アプローチ」についても、一連のガイドライン草稿を明らかにしてきた。なお、この草稿はケイパビリティによった「概念的枠組み」にアップデートされている。[22]「経済的・社会的・文化的権利委員会（CESCR）」も「貧困が人権否定を構成するという確固たる見解」を表明している。[23] 国連人権高等弁務官事務所（OHCHR）によれば、人権の視点での貧困の概念化は、

> 貧困の多くの面への適切な対応につながっている……。これは、貧困に伴って起こる重大な脆弱性と、人間の尊厳への日常的で従属を強いるような攻撃に、適切な配慮を払うもので

ある。重要なことは、これが資源のみでなく、適切な生活水準をはじめとする市民的・文化的・政治的・社会的基本権を享受するのに必要なケイパビリティ、選択、安全、力にも目を向けている点である。[24]

この声明の裏づけとなっているのは、ふたつの原理である。第一は「あらゆる人権の……基礎となる、人類全員が持つ生得的な尊厳の尊重」である。[25] 世界人権宣言の第二二条には「すべて人は……その尊厳に不可欠の経済的、社会的、文化的権利を……実現する権利を有する」と述べられている。ノーベル経済学賞を受賞したエスター・デュフロとアビジット・バナジーは、「尊厳を求める人間の根本にある欲求」に「中心的な位置」を与えることは、「経済の優先順位を見直し、さらに社会がその構成員をケアする方法を大きく見直すきっかけとなる可能性がある」[26]、と主張している。社会的公正を求めるアメリカのある団体の研究によると、人権を用いれば、貧困にあえぐコミュニティに「人間としての尊厳と平等を肯定し、力強く共鳴させる」ことができる。[27] 日々に尊厳を毀損されれば、貧困が耐えがたくなることもある。たとえば、貧困活動家のウィリー・バプティストは、アメリカのホームレスの集団でなによりも気にされていたのは、配給されるトイレットペーパー五巻を受けとるために、毎日列をつくらねばならないことの屈辱に対してだったと、そのようすを語っている。その描写によると、「これは腹立たしいことだった。尊厳の最低水準さえ下回っていた」。このホームレスの集団が組織化されていったのは、ホームレスであるという大きな問題からではなく、むしろあの屈辱感をめぐってのことからであったのだ。[28]

第二は人権の「不可分性」と「相互依存性」という考え方で、これは「ある権利の享受は他の権利の享受に依存し、また他の権利の享受に貢献するという事実」のことである。この差異、相互依存する権利の間には分類上の関連性があるわけでもないし、階層関係があるわけでもない。[29]したがって、たとえば飢餓ないしホームレスの状態で、政治的、市民的権利を十全に行使することは困難である。一方に市民的、政治的権利、他方に社会経済的、文化的な権利という二者択一的なやり方で、権利の否定が経験されることはない。[30]この原理は、一九七六年に発効した国連の「経済的、社会的、文化的権利に関する国際規約」に正式に記されている。この規約の前文は「自由な人間は、恐怖及び欠乏からの自由を享受することであるという理想は、すべての者がその市民的及び政治的権利とともに、経済的、社会的及び文化的権利を享受できる条件が作り出された場合に初めて達成される」〔外務省訳〕と宣言している。この原理は、のちの国連ウィーン宣言やコペンハーゲン宣言、さらにはヨーロッパ委員会（ＥＣ）の「基本権に関する専門家グループ」の報告書[31]でも承認されている。しかし、現実には「二者を別々のものとするアプローチ」がとられることが多く、社会経済的、文化的権利は「国内および国際的な人権制度のなかで……第二級としての地位を与えられている」に過ぎない。[32]

人権による貧困へのアプローチについては、ほかにも有利な点が数多く主張されている。[33]たとえば、これは「倫理的」ないし「道徳的」主張を含んでおり、それは読み替えれば、他の人々がこれらの権利の実現を助ける義務を持つことにもなる。よって、非当事者側には「権利を尊重し保護する」応答責任が生じることになる。[34]これは、「貧困を経験している人々から貧困に対する責任の重荷を移し、代わりに義務を負う人々、とくに国家の役割に焦点を当てる」ものであり、構造的原因に注意を向けるものである。[35] そうすることで、貧困下の人々を積極的で「正当な権利の主張者」として位置づけることができ、「政府の大盤振る舞いの受益者」という位置づけを排除できるのである。[36] そしてこれは、ニーズに基づいた資源の要求を補強する。[37] このことは、第5章で論じた生計による枠組みを下支えし、より鮮明にすることをも意味している。[38] そうすることで、人権は個人に注目することになるのだが、これはジェンダーの観点から重要なことでもある[39]一方で、上述のように、本質的に関係的なものである。人権アプローチの意義は、結果はもちろんとしてもそれ以上に、権利が展開していくプロセスにあるのだし、そのプロセスでは人々の参加が重要視される。[40] そのため、声が聞かれるということ自体、そもそも動的で力を与える可能性を持ち、貧困下にある人々の要求を支える（これは下記に論じる）。とくにその可能性は、権利が「現場の闘争を通じて形成される」ときに実現するのだが、このような闘争は、「自分たちがなにをする権利があるのかについての人々自身の理解によってつくられる」[41]ものである。

人権アプローチは、このように、貧困下の人々のエイジェンシー、とくに政治的エイジェンシーを認め、促進するものである。反貧困活動において人権を用いることに関する国際的な評価研究の報告によれば、このようなアプローチは「国家に対したときの〈自己という意識〉」を構築することができ、それが「高い意識を持った政治的エイジェンシー」に寄与する。[42] その「錬金術的な力」[43]は、ある「変容を促す」プロジェクトで実証された。このプロジェクトでは、「自信と自尊感情」を高めることで「人々の生活と自らに対する見方が変容した」のであるが、すなわち、参加者は「しばしば初めて、自分が人間である」ことに気づき、「人間であるというだけで価値があり、尊厳と尊重・敬意をもって扱われる権利がある」ことを意識したのである。[44] このように、人権ということばは、〈他者化〉や人間疎外のプロセスに対抗する。なぜならこのことばは、私たちを隔てるものではなく、人間として共有しているもの、共通しているものについて語るからだ。アメリカで実際に経験されたことからわかるのは、この「人間であるという根本にある単純な共通性」を強調することが、アイデンティティや信念といった他の区分を超越する可能性を持つことである。[45]

よって、人権の不可分性という用語を貴重な「言説のための資源」、結集のためのツールとして現実に活用している組織や集団も見られる。[46] ヨーロッパでは、「ヨーロッパ反貧困ネットワーク」[47]の提唱する反貧困・反社会的排除の戦略を補強するようになっているし、開発の文脈に置き換えられて、ATDカールモンド運動やオックスファムのような組織によって推進されている。[48] 子どもに関してさらに具体的にいえば、ユーロネット、ユーロチャイルドなどが国連「子どもの権利条約」を参照しながら分析や要求項目の枠組みをつくり上げており、そこに「身体的、感情的、精神的、道徳的、社会的な発達のための適切な生活水準に対するすべての子どもの権利」を含めている。[49] 子どもの権利の視点は、EUの子どもの貧困戦略にも反映されている。[50] とりわけ、このような視点は、「家族」という文脈内ではあったとしても、子どもを独立した一個の人格として扱い、子どもの声に耳を傾けることを要求している。[51]

アメリカでは、（一九六〇年代に福祉権運動、市民権運動があったにもかかわらず）社会経済的な権利の伝統が強くないが、そんなアメリカでさえ、反貧困活動家（第5章も参照）は、勃興しつつある人権と社会正義の運動においてきわめて重要な役割を果たしてきた。[52] 一九九〇年代、（第5章でも触れた）ケンジントン福祉権同盟は、人権のなかに「一連の国際的な権利原則、法、方法、戦略」を見出した。これは「運動に必要な統一的な概念的・実践的基盤となる」ものであった。[53] その運動が「貧しい人々の経済的人権キャンペーン」につながるのだが、そこに貧困下の人々やホームレスの人々が結集して「人権侵害としての貧困の問題を提起する」ようになっている。[54] その活動には、全国的な行進、草の根の政治教育や人権教育、法廷闘争などがある。そして、「女性の権利を人権として主張するさまざまな組織・集団のなかで確固たる地位を築いている」。[55] ドナルドとモターショーは、その他の事例をひいて「人権と貧困に関する国内の活動が急増している」ようすを詳述している。食料に対する人権は、長く反貧困活動の焦点となってきた。カナダその他の多くの国々において、世帯における食料の不安定さが顕著になってきているからである。[56]

人権の視点を主張する人々は、人権に基づいた要求が正当であることの証拠は、それに対して世界的な反響があることだと主張している。[57] しかし、現実には、（少なくとも原則として採用している）フランスという顕著な例外、あるいは（結論で見るように社会保障が人権として法体系に明記されている）スコットランドのような国はあるものの、西欧各国の政府は、おしなべて国内の対貧困政策の「核心部分」に人権の不可分性によるアプローチを認めていない。[58] 二〇〇八年の財政危機対応においても、人権が脚光を浴びることはなかった。[59] しかも、懐疑論者は、国際的人権機関の約束と、とりわけ社会経済的権利の「達成不足」という現実とのギャップを強調している。[60]

人権の言説には、重要で象徴的な機能、人を動かす機能があり、貧困の意味について新たな光を投げかけるものではあるのだが、政治的手段としての有効性は、最終的には約束と現実のギャップを埋められるかどうかということで試されるだろう。

## シチズンシップ

### シチズンシップの権利

個別の国民国家という文脈では、以上の議論から一歩進めれば、シチズンシップの権利という領域に行き着く。それは抽象的で普遍化された〈人権〉の具体的解釈と概念化として理解することができる。したがって、たとえば「貧しい人々の経済的人権キャンペーン」が「経済的人権という概念を現実の人々のための現実のプログラムへと転換する闘い」として説明されることになる。[61] 人権に関していえば、T・H・マーシャル[62]による三つのシチズンシップの権利、すなわち市民的権利、政治的権利、社会的権利は不可分であり、また、相互依存的なものである。人権の言説とシチズンシップの言説は重なり合うことがある。とくに尊厳の概念においては、共通する。たとえば、リオデジャネイロの貧しいコミュニティにおけるシチズンシップの研究では、「尊厳」が「シチズンシップのもっとも重要な側面」として認識されていることがわかった。[63] シチズンシップの権利は、人権同様、人間の尊厳と尊重・敬意にとって死活的に重要なものとしても理解することができる。[64] あるイギリスの研究では、貧困状態にある市民の間では、責任あるシチズンシップということばを「ケア、尊重・敬意、尊厳」ということばの関連のなかで語る傾向があることがわかった。[65] 対照的に、多くの国の社会政策では、有給労働を重要な市民的責任として前面に押し出す傾向がある。[66] ではあっても、低賃金労働は「尊厳に対する……人間性を奪う暴力」[67] を意味することもあり得る。第5章で述べたように、ウォルマートの労働者は、「ウォルマートに尊重・敬意を求める連帯」の旗印のもとに行動しているが、これは「敬意を示されたいという根本的な願望」を反映したものである。[68] イギリスでは、周縁化された不安定労働者のための運動を行う組合「世界の〈声〉連合」が組織され、尊厳ある賃金や労働条件、「尊厳ある人生」を求めている。[69] 尊厳と尊重・敬意への関心は、さらに近年の〈文化面でのシチズンシップの権利〉という考え方をも活性化させている。これには「文化表象的存在および〈周縁化に対抗するものとしての〉可視性」や「〈スティグマ付与に対抗するものとしての〉尊厳ある自己表象のあり方」への権利が含まれている。[70] こうした諸権利が法的な請求・受給資格という形式で具体化されている例はほとんどないが、第4章での議論で強調したように、貧困下の人々にとって潜在的な文化表象は重要である。

新たな形態のシチズンシップの権利を明確に打ち出すことで、権利にまつわる要求の主張がいかにエイジェンシーにかかわる動的なプロセスであるかが強調される。それは、政治行動を通して既存の権利を防衛し、拡張する闘いだけではないのだ。「福祉改革」は、多くの国々で社会的シチズンシップについてますます排他的で懲罰的になっていく制度をさらに断片的なものに変えてきたのだが、その文脈において、社会的権利を求めて闘う反体制的な「シチズンシップの行為」

にとりくむ意欲が、要求を突きつける人々の間で以前よりも高まっていることが、ニュージーランドの研究で確認されている。[71]

歴史的に、イギリス、アメリカ、フランスといった国々では、公的扶助を受けることは、一定の政治的、市民的権利の喪失を意味していた。今日では、社会扶助と引き換えに「貧困者」が公式に政治的、市民的権利の放棄を求められることはない。それでも、アメリカにおける社会扶助は、「シチズンシップに属する社会的権利の不可欠な一部としてではなく、それを置き換えるものとして認識されている。福祉を請求するには、貧しい世帯は社会的な意味での市民であることをやめなければならない」。これは、「シチズンシップを認める行為として」、それにより「ふさわしい」低所得労働者に付与する還付税額控除とは対照的である。[72] これがあてはまらないような国でも、貧しい福祉国家の受給者のシチズンシップは、非対称的な「クライアントシップ」として説明されてきた。[73] さらに貧困は、社会扶助の受給ともども、やはり政治的、市民的権利が実際上は損なわれることを意味しうる。たとえば、固定した住所がないホームレスの人々は、しばしば投票することができない。先に記したように、エーレンライクにとっては「基本的シチズンシップ」の放棄が、低賃金の仕事で生きていくなかでもっとも侮辱的な特徴であった。労働者は、ハンドバッグのなかみのチェックや薬物テストなど「日常的な侮辱」の対象となっていたわけだ。[74] ギリオムによるアメリカでの研究では、福祉受給に関する調査のテクニックがどんどん巧妙かつ広範なものになっていて、インタビューした女性たちは、ほとんどが「日常的な調査による不名誉と苛立ち」のことばかり語っていた[75]〔補記1〕。同様に、ピールは、オーストラリアの状況を研究し、福祉受給に関する当局の調査と「根拠のない義務と不合理な制裁の重苦しい構造」に対する当事者の反応について、「問題は彼らがどれだけ受けとったかではなかった。調査に伴う屈辱の方がよっぽど苦痛だった」とコメントしている。[76] スコットランドの障害者給付金受給者を対象とした小規模な研究によれば、ますます強化される「福祉調査」の下で暮らしているという感覚が、「当事者の日常生活に大きな影響を与え、だれと交流できるのか、どんな活動に参加できるのかといった感覚に影響を与えていた」。[77]

国連の「極度の貧困と人権の特別報告」では、デジタル技術の使用における市民的権利や政治的権利に関する警告を発している。すなわち、「福祉国家において、受給者、とくにそのなかでももっとも貧しく脆弱な人々を監視し、標的とし、嫌がらせをし、罰するために」デジタル技術が使用され、社会保障やその他の社会的権利の行使に伴ってプライバシー権やデータ保護の権利を失う危険があることを指摘している。[78] このようすは、ヴィクトリア・ユーバンクスのアメリカでの研究に示されており、「デジタル上の救貧院」を通じた「ハイテク・デジタル身体検査」が発達することで、「貧困当事者の人間性についての意識」と「尊厳と自律性」を犠牲にして、「貧困当事者の情報を取得し、取り締まり、処罰する」かたちで作用するのである。[79]

ギリオムは、一般に福祉受給に関する調査は「受給者の尊厳にほとんど注意を払うことなく」設計されているとコメントしている。[80] このことは、二〇一六年のイギリス映画『わたしは、ダニエル・ブレイク』で力強く描かれている。ブレイクの心の叫びを通じてこの映画が訴えるのは、「シチズンシップの感覚の再認識である。私は不払い者でも、物乞いでも、泥棒でもない。……私は犬ではなく、人間である。だから、自分の権利を要求する。敬意をもって私を扱うことを要求する。私、ダニエル・ブレイクは市民である。それ以上でも以下でもない」[81]。第4章で観察したように、福祉国家が貧困下の人々を尊敬に値する市民として扱わない事例があまりにも多いのだ。

福祉国家における制度の利用者を尊厳と尊重・敬意をもって扱うことは「手続きに関する」シチズンシップの権利として認められている。これは「結果」よりも「プロセス」を問題にするものである。手続きに関する権利は「市民的権利と政治的権利の交配種」のようなものである[82]。ここには、サービスへのアクセスのしやすさや包括的な情報の入手しやすさが含まれるが、こうしたものは、とくに不利な状況におかれた集団が、形式上の権利と事実上の権利とのギャップに直面した場合、そこに橋を架けるうえで決定的に重要なものとなる。たとえば、資産調査を伴う給付の申請用紙が異常に複雑な場合がある。そのために捕捉が不完全になることもある。その一方で、申請を必要とする人々は、読み書き能力が低くて「文書リテラシー」に欠ける人たちのなかにとくに多いのである[83]。デジタル時代には、情報・通信テクノロジーへのアクセスができないことによって、「デフォルトはデジタル」という公共サービスの前提がどんどん広がっていくなか、不利な立場にある集団のシチズンシップは悪影響を受けてしまうのである[84]。

### シチズンシップと〈参加〉

シチズンシップの権利は、特定の社会の成員であることに由来する。二〇〇一年に開かれた第一回「貧困状態に暮らす市民のヨーロッパ会議」で「参加者は、自分たちがまずなによりも『市民』であって、『貧困を経験している人々』であることは二の次であることを強調していた」。シチズンシップとは、だれもが主張を持つ当事者であることであり、「社会の主流の一部分であること」を意味する[85]〔補記2〕。「社会の主流の一部分であること」には、社会的、経済的、政治的、市民的、文化的に共有されるものへの参加が含まれる。貧困は、「〈参加〉に関する同等性」を確保する上での第一の障害物となることで[86]、〈参加〉をさまたげ、それが第二級のシチズンシップの形成につながっていくこともある。八〇〇人を超える社会科学者が署名した「ヨーロッパにおける社会の質に関するアムステルダム宣言」は、次のように述べている。

> 〈参加〉可能になるために市民に必要なことは、受容できる水準の経済的保障や社会的包摂へのアクセスであり、凝集力のあるコミュニティでの暮らしであり、また、すべての能力を発揮できるよう支援が受けられることである。言い換えれば社会の質は、経済的、社会的、政治的なシチズンシップが、全ヨーロッパの住民にどこまで享受されているかで決まるのである。[87]

宣言は続けて、〈参加〉と社会の質の達成に不可欠な、実施可能なシチズンシップの権利をリストアップしている。しかし政府によるシチズンシップの議論は、今日では権利よりも義務、とりわけ働く義務を強調するようになっている。しかしウレシンスキー報告が強調していたように、貧困が人々の市民としての責任をまっとうするための能力・可能性を損なうこともある。権利は責任の基礎となる働きをする。障害者のシチズンシップに関するある研究のことばを借りれば、「完全な市民として社会に貢献し、あるいは参加する能力には、不可欠な商品やサービス、施設への基本的レベルでのアクセスが必要なのである」。

シチズンシップの意味においてその中心に〈参加〉があるということは、シチズンシップが地位であるだけでなく実践でもあることを表している。権利と責任だけでなく、エイジェンシーに伴う日々の行為も伴ってのシチズンシップなのだ。歴史的に市民的共和制においてシチズンシップの本質が政治参加であったことを考えると、広義における政治参加はとくに重要である。〈参加〉と権利はともに、〈北〉においても〈南〉においても、説明責任を伴った民主的形態での福祉の提供に対する要求を高めていく。そしてそこでは、利用者が「発言」の権利を持つのである。

〈声〉

数々の政治理論家が、「社会的、経済的、文化的、政治的生活での意思決定に参加する「基本的な」権利」という考えを肯定している。[88]「国際的な人権法に〈参加〉の権利は織り込まれているのである」。[89]とくに貧困に関しては、国連による次のような勧告がある。

貧困削減への人権アプローチは……貧困削減戦略の策定、実施、モニタリングに対する貧困者の積極的かつ情報に基づいた参加を必要とする。参加する権利は、他と分かちがたく結びついた重要な人権であり、基本的な民主主義の原則と密接につながっている。人権に関する標準的な国際的枠組みには、公共のことがらの実施に参加する権利が含まれるのである。[90]

これが重要な人権（およびシチズンシップ）であるとされているのは、そこに「本質的な価値……、すなわち個人がその人間性の価値によって生得的に与えられた基本的な権利……これは人間であることのもっとも基礎的な理解と権利の目的に照らしてのもの」があって、その価値のなかには「尊厳を取り戻し」、「人間として認められる」ことが伴うからである。[91] これは、権利保持者のエイジェンシーを明確に認め、他の諸権利の効果的な実現を後押しする。[92] そして、貧困に伴う「声」の欠如や無力さの核心部にかかわっていく。[93] ＡＴＤカールモンド運動の貧困に関する活動家であるエリックのことばによれば、「貧困には〈声〉がない」。[94]〈声〉とは「発言の権利」があるということである。[95] それは民主的空間において無視されないこと、耳を傾けられることを意味している。これを要約しているのが、ＣｏＰＰＰ報告のタイトルとなった「聴け・聞け――聞かれる権利」[96] である。ということは、周縁化された〈声〉に耳を傾けることもまた、シチズンシップの責任として理解することができる。[97] この責任を果たせなかったことが、二〇一七年に西ロンドンのグレンフェル・タワーを全焼させた火災で悲劇的な結果を招いた。地域住民との会話に基づく報告書のなかで、地元のイギリス国教会の司教はこう述べている。

他のなによりも響いたのは、だれも耳を傾けてくれなかったと感じる地域社会の〈声〉だった。地元の人々からは、自分たちの生活の細部に影響を与えるような決定から排除されていると感じているという話を何度も耳にした。ある参加者が語ったことだが、「グレンフェルの重要な問題は、聞いてもらえないと感じることだ」。また別の参加者のことばでは、「根本的に人々に言い分が認められていない」。[98]

〈北〉でも〈南〉でも、貧困下の人々は〈声〉の欠如を、自分たちの状況を理解するうえで決定的に重要だと認識している。[99] このことは、以下で論じる「貧困者」の無力さを反映し、強化する。第4章のテーマであった対象化と〈他者化〉のプロセスについても同様である。政策立案やキャンペーン行動において、周縁化された者の〈声〉を聴けという要求はいっそう高まりつつある。こういった動きの初期の例としては、第一回「貧困状態に暮らす市民のヨーロッパ会議」の最終文書が挙げられよう。ここでは、「貧困と社会的排除に直面している私たち自身である市民に、政策立案のプロセス全般で〈声〉を与えるべきであり……、私たちの参加の権利を必須のものにする法的枠組みをつくるべきである」と要求が述べられている。[100] 低所得下の生活経験があるある子ども、若者、親から成るあるグループは、「認められること」という観点から、「私たちは政治家その他の意思決定をする人々に耳を傾けてもらいたいのだ。複雑な生活や現実を理解してもらいたい。風刺画に描かれた姿だけ見るのではなく」と説明している。[101]

人権およびシチズンシップの権利としての〈参加〉の基本的な柱であるということに加えて、この議論は多くの主張のうえになされている。ひとつは、参加型の民主主義に関するものである。アイリス・ヤングが主張するように「民主的な公共体は、自分たちの社会を構成する集団のうちの、抑圧された人々、不利な状況におかれた人々について、その独自の明確な〈声〉と視点の効果的な承認と表現を確保するメカニズムを提供するべきなのである」。[102]〈参加〉のプロセスは、民主主義を強化し、説明責任を持った政府をつくりだす。[103] 人々が影響力のある市民として行動する能力と可能性を高めもする。[104] 国連の「極度の貧困と人権に関する特別報告」には、「意味のある〈参加〉、実効的な〈参加〉を通して、人々はエイジェンシー、自律性、自己決定権を行使することができる。……権利として受け止められてこそ、〈参加〉は、支配の形態に挑戦する手段となり、人々のエイジェンシーと自己決定を制限する支配を変えていくものになる」と述べられている。[105] 貧困を経験している人々のEU会合の参加者は、「私は尊厳の権利を持つことの意味をはじめて理解した人々を見た」と書いている。[106] イギリスで経験された事実から、貧困下の人々も、支援があれば、〈参加〉の経験によって自身の発言能力に自信を持つようになり、能動的な市民になっていくことが示されている。[107]（第5章で触れた）ＡＴＤの「私たちの果たす役割」プロジェクトを評価した報告では、プロジェクトの参加者が「自信、新しいスキル、達成したことへの誇り、発言する勇気を得た」ことを喜んでいる。[108] アメリカでも、参加型の貧困プログラムにかかわることで、一般に「政治的関与への積極的な姿勢が促進される」ことが、調査によって示されている。[109]

## 経験による専門知識

次の議論は、「国際的な経験から、貧困下の人々の経験を政策提言や政策議論に生かすと、反貧困活動が強化されることがわかっている」ことである。[110] 政治および政策立案のプロセスが強化されるのは、影響を受ける集団の立場や視点や経験が、代表者によって直接表明されたときである。[111]〈参加〉の権利が貧困のなかで生きる人々の尊厳を認める重要な手段であることの第一の理由は、それによって当事者の〈声〉が無視されないと明らかになるからであり、当事者の貢献が重要なことがわかるからである。これは、国連報告[112]に見られる主張でもある。ここで問題となっているのは、経験から生まれた理解や知見を承認し、尊重・敬意を示せという要求である〔補記3〕。これは、伝統的に特権を与えられてきた形態での知識や知見に匹敵するものである。ミカル・クルマー＝ニヴォ[113]は、このような「知識」を認めることは、〈声〉を認めることよりも重要であると考えている。それは権力関係に挑むことになるし、注意深い傾聴を必要とすることでそれ自体が貧困下にある人々への真の敬意を示すことになるからだ。この種の経験的知識は、抑圧された人々に「洞察の観点」という特別席[114]を与えると論じられてきた。ティラド、[115]マクガーヴィー、[116]キャラウェイ、[117]ハドソン[118]のような個人的な洞察がその実例となるだろう。「貧困状態に暮らす市民のヨーロッパ会議」の声明では「貧しい市民は専門家として承認されなければならない」[119]と表現されている。この要求は「自分たちの発展を描きうる者としてではなく他の人々の知識の対象として、独自の見解と〈声〉を持った者としてではなく問題として」扱われることへの不満を反映したものである。[120] 当事者は「見識ある人々」であるのだから、単に自分の話を語り、貧しいことがどのようなものかを表現する場を求めているわけではない。それ以上に、自分たちの分析や解決法が聞かれることを求めているのである。オーストラリアで貧困のなかで暮らす人々の話を聞いたピールも、同様に「当事者は教えてもらう必要もなく、説教される必要もない。そうではなく、信頼され、尊重・敬意を示され、耳を傾けてもらう必要があるのだ」と結論づけている。そして、「もし彼らがなにかひとつでも変わってほしいと望むことがあるとすれば、それは自分たちが知識ある人として扱われること、部外者が学び、耳を傾けようとしてくれること」であったとも述べている。[121]

〈南〉での参加型調査には、「貧しい人々に自身の経験を分析し問題化する能力があること」がはっきりと示されている。[122]〈北〉でも、ATDカールモンド運動が慢性的な貧困状態にある人々と行った研究によって、当事者が「自身で考える能力を持っていること、自身の困難と夢についてだれよりもよく知っていること」の証言が得られている。[123]第2章で言及したベルギーとフランスのATDプロジェクトは「知識の融合」アプローチをつくり上げたものであるが、具体的には「三種類の知識の間に対話と相互関係をつくりだした。……極度の貧困と排除のなかで生きてきた人々の知識、貧しい人々と共に働いてきた人々の知識、そして学術的知識の三種である」。[124]この「知識の融合」の初期評価では、それによって生み出された知識（仏語＝connaissance）が「承認／再認識（仏語＝reconnaissance）の源となった」こと、そしてこの「再認識」がおそらくプロジェクト全体の鍵であるとされている。[125]「知識の融合」アプローチは、貧困の隠れた次元に関するATDの最近の国際的な参加型研究プロジェクトにおいても採用され、「貧困に直面している人々、現場の実践者、学者の三者による研究の共同的なリーダーシップ」の実現につながっている。これは、「知識の生成と共有を通じて、個人レベル、コミュニティのレベル、国家レベルでの思考の変容を可能にした」[126]。イギリスでは、「貧困から解決へ（P2S）」プロジェクトが同様に、貧困に対する解決策を練り上げるうえで、異なる形態の専門性を融合させている[127]。CoPPはメンバーの半数が直接の貧困経験を持っているが、これも、早い時期から経験に基づいた、学問的で、専門的な知識源から、新たな形式の知識をつくりだそうとする試みを続けてきたものであった。繰り返すが、この「特別なプロセス」を通して参加者は、困難ではあったものの他の参加者の知見に尊重・敬意を示すことを学んだ。その結実である報告書は、これまでと「違った洞察を、違ったトーンで提示するものとして一般に見られている。心から語りかけることで人々の心に『ふれて』いるからである」[128]。

「知識の融合」その他の参加型研究や実践は、新しい形の「貧困の知識」を形成するのに役立っている。これはアリス・オコナー[129]が呼びかける概念でもある。「知識の融合」アプローチは、学術的、専門的、経験的な知識の各形態がそれぞれなりにいかに正当であるか、そしてそれらが互いに組み合わされることでいかに強化されるのかの裏づけとなっている。新たな「貧困の知識」という概念は、これら三つのうちの「経験的な知識」を強調するものであるが、それは過去にそれが無視されてきた経緯があるからである。「経験に関するギャップ」を認めることで、それは「変革をもたらすことができる知識」として歓迎されてきた。生《なま》の（lived）経験に立脚し、権力関係に挑戦し、当事者の「専門性、エイジェンシー、人間性」とともに「他者を認めることを可能にする」ものと称賛されているのである。[130] このような知識の有効性と価値、そしてより一般的に「生の経験」に注目することは、研究者や政策立案者の間で、限定的ではあるが、徐々に受け入れられるようになってきている。[131] これは「世界銀行内部での、またそれを超えた流れであり、個人的、専門的、組織的な標準に異議を唱えるものである」。[132] たとえば、世界銀行の報告書は、「貧しい人々自身の知識に耳を傾ける必要がある」ことを認めている。[133] ベルギーでは、この原則は対貧困政策において正式に認識されている。[134]

### 影響力のない〈声〉?

ベルギーの経験は、貴重ではあるが、それにもかかわらず、権力構造が放置されたままであれば、参加の原則が受け入れられつつあることが必ずしも「影響力を持つ〈声〉」につながらないことを示している。[135] アムネスティ・インターナショナルの元事務局長が警告しているように、参加への美辞麗句のコミットメントは十分ではなく、「〈声〉は単に発言する権利と機会のことではない。貧しい人々の参加が機能するためには、……国家は提起された声に対して説明責任を果たさなければならない」。[136]

より一般的には、文献によれば、政策参加にはふたつの主要なモデルが見出されている。「形だけの」参加が提供されているのか、「意味のある形の」参加が提供されているのかである。ただ、この区別には、実際にはより連続性がある。[137] 前者は、真に民主的で参加型の「市民行動のための空間」をつくりだし、そこでは市民の役割が「サービスを利用する人々・サービスを選ぶ人々から、社会を作る人々・社会を形成する人々」へと変容する。[138] モレーン・ロバーツは、ATDカールモンド運動の「私たちの果たす役割」プロジェクトを振り返って、「貧困のなかで生きる人々の参加が意味を持つのは、相談ができることではない。エンパワメントのプロセスが重要で、それは会議、議論、考察、準備を通じて得られる」のであるが、そのプロセスでは、当事者が対等のパートナーとして、ある程度の主導権を持ち、「このプロジェクトは自分のものだという感覚」を感じるのだと、強調している。[139]「経験による専門家」は、話を聞いてもらうだけでなく、「会話の形をつくり、内容の整理、要約と共有を行う」人でなければならない。[140] 国連の特別報告では、貧困下にある人々の尊厳と平等に対して尊重・敬意を払うことが参加プロセスに反映されなければならないことが強調されている。

したがって、形式的で形だけの、あるいはあらかじめ決められた政策に正当性のうわべを与えるために行われる「参加型」とされるいくつかのプロセスとは対照的に、権利に基づく参加は、表面的であったり手続きとして行われるものではなく、変革をもたらすものとなることを目指すものである。そして、貧困のなかで生きる人々に影響を与える政策の立案、実施、評価のすべての段階において、当事者が、情報に基づいて、自由に、積極的に、有意義に参加することを促し、またそのような参加を要求するものである。[141]

しかし、一般的であるのは国連報告が否定するような「手続きとして行われる」アプローチないし「消費主義的／管理主義的」なアプローチであり、課題はやはり上から設定される。[142] これでは「貧困者の〈声〉を『聞く』ためというよりも、管理のための道具」になってしまいがちである。当事者は取り込まれるか無視され、参加してもフラストレーションがたまるばかりか、あるいは利用されるだけである。[143] ピールの警告によると、「答えをきちんと聞く気がないのに質問したり、あらかじめ決められた結果があってそこに影響を与えないのがわかっているのに意見聴取・協議をするのは、残酷だ。質問だけして耳を傾けないのは、まったく質問しないことよりもはるかにひどい」。[144] マクガーヴィーは、「コミュニティが〈声〉を上げるというものではなく、むしろ、密室であらかじめ決められた目的地へ群れを誘導するための」参加への怒りと幻滅を語っている。[145] CoPPPが受けとった明確なメッセージのひとつは、「貧困を経験している人々は、責任を伴わない意見聴取・協議と、変化をもたらす力のない〈見せかけの参加〉を尊重・敬意の欠如の極みだと見ている」というものである。[146] 意見聴取・協議についてのフィードバックがなければ、このプロセスに価値はないし、参加者には、自分が大切にされていないような感情を残すことにもなりかねない。[147]

こうした〈見せかけの参加〉は、貧困下の人々の多くが公式の政治制度に抱いている不信感を強める。[148] 当然のことながら、機会を与えられても参加したがらないということにもなる。ゆえに、これがCoPPPをはじめとするいくつかの研究で明らかになった、参加への制度的な障壁のひとつである。専門家の文化と慣習は、参加の実践が当事者にとって排除的なものとして経験される可能性を意味している。専門用語に満ちた話し方、複雑なことばでは「気持ちが通じず、新たな障壁をつくる」。[149] 専門家の基準によるコミュニケーションや「明確さ」が、〈参加〉に必要なコミュニケーションのためのスキルがないと感じている人々を萎縮させ、沈黙させることもある。[150] ひとつの重要な事実が、グレンフェルの悲劇の後のコンサルテーションに対するコミュニティのメンバーの批判において明らかになっている。「もっとも大きな声は聞いてもらえることが多いのだが、それは本当に聞いてほしいもっとも重要な声ではないことが多い」。もっとも脆弱な状況にある人々の声は「聞かれない」のである。[151]

このことは、〈声〉が届かないこと以外の障壁に対する取り組みがうまくいっていないことを反映しているのかもしれない。つまり、貧困に伴う物質的、個人的、文化的、身体的な資源の欠如や、先の各章で述べた〈他者化〉のプロセスから派生する障壁である。これには「ちゃんとした」服を持っていないこと、場違いに感じること、自信が持てないこと、情報の欠如、手ごろな保育施設や公共交通の利用困難、健康状態の不良や疲労困憊、生き残るための闘いに要する費用などが含まれる。[152] 効果的な本当の〈参加〉には、時間、資源、そして貧困下の人々のみならず専門家も含めた「能力開発」が必要となる。[153] 参加はじっくりと育てることが必要なプロセスであって、「お手軽な確立された解決策」ではない。[154]「政府や機関への不信感、忌避感、幻滅を引き起こす」「貧困のトラウマ」という「大きな壁」に対処しなければならないことが、カナダの参加型プロジェクトで指摘されている。[155] また参加は、純粋に自発的なものでなければならない。それが他者の要求で、いままで以上の無力感を覚えるというようなことは、あってはならないのである。[156] 国連の報告では、参加への障壁が特定され、取り組まれなければならないことが強調されている。「人権的アプローチでは、権力の非対称性に焦点を当てねばならない。……周縁化された集団の人々が〈参加〉する権利を享受することを阻む物理的、経済的、法的、文化的、政治的障害を取り除くことが求められている」。[157]

## 「哀れみではなく力を」〔補記4〕

国連特別報告書で述べられているように、効果をもたらすだけの〈声〉と〈参加〉の要求は、力・権力の問題と分かちがたく結びついている。オックスファムは貧困を「無力な状態であって、人々が基本的人権を行使できない、あるいは生活のいかなる側面についても実質的にコントロールできない場合」と定義している。[158] 力・権力の概念は、個別の貧困経験を理解するうえでも、その政治的な文脈を理解するうえでも、欠かせない。[159] 国連開発計画（UNDP）のことばでは、「貧困の削減は、貧困下の人々の経済状態改善の機会のみならず、その人々がどこまで政治的な力を持てるかにかかっている」としている。[160]〈声〉の欠如は、貧困下の人々の経済的無力と政治的無力の絡み合った結びつきを示すものであるとともに、その無力感の原因でもある。[161]〈参加〉は力・権力の力学によって形成され、拡大していく空間の内部で行われる。[162] 効果的な本当の意味での参加は、この力・権力の力学を揺さぶり、力の弱い者に有利にしていくことを含んでいる。[163] 対照的に〈見せかけの参加〉は、力・権力の力学を隠すイチジクの葉として働くので、かえって貧困下の人々の経験する無力さを強めてしまうこともある。[164]

人権とシチズンシップの権利の本質を理解するうえで、力・権力の理解も重要である。権力関係は権利の構造や権利の行使を規定する。ではあっても、同時に権利は、貧困下の人々に、力・権力の不平等に異を唱えるための武器を提供する。[165]国連の「経済的、社会的及び文化的権利に関する委員会」によれば「貧しい人々の経験に内在する共通テーマは無力さに関するものであるが、人権は、……社会内および社会間の力・権力の配分とその行使の平等化を支援することができる」。[166]とくに、人権は、先に述べたように、国家を義務の担い手と規定することを通じて、貧困下の人々と国家との関係を再構築する。[167]スコットランドとアイルランドのホームレス男性に関する研究では、貧困下の人々が享受する法的な居住権は、人々に力を与える効果があるらしいことがわかっている。この権利が、人々を「権利の保持者」と位置づけることで、「ありがたく受けとる物乞い」ではないということをはっきりさせるからである。そしてこの効果のなかには、批判的エイジェンシーの行使や「国家に対する主張を明確にする」意欲をより拡大していくことも含まれる。[168]エイジェンシーが強化されることは、これまで論じてきたように、力・権力がいかに貧困の他の次元を形づくるかのひとつの例である。第3章で述べた構造的な社会区分と構造的なプロセスが交差するところから、〈他者化〉の関係的／象徴的なプロセス（第4章）を経て、貧困下の人々がエイジェンシーを行使するのに利用可能なさまざまな資源、さらにその直面する制約（第5章）まで、すべて力・権力の問題が軸となっている。したがって、無力さと生活状況へのコントロールの欠如が、〈北〉でも〈南〉でも、貧困下の人々の話に繰り返し登場するテーマとなるのは当然のことである。[169]

キンケイドは次のように述べている。「貧困は、特定の種類の無力さを含んでいる。すなわち社会でより力・権力の強い集団を前にして、自分の生活の状況をコントロールできないということである」[170]。キンケイドのいう「特定の種類の無力さ」には、相互に関連したふたつの面の力・権力が働いている。すなわち「〜する」力・権力と「〜に対する」力・権力である[171]。「〜する」力・権力とは、望む結果を獲得するための「生成的」あるいは「変容をもたらす」能力である。「〜に対する」力・権力とは、集団ないし個人が他者を自分の意思に服させる「強者から弱者に作用する」力・権力を意味している[172]。このほかにも、第三の面が力・権力にはある。「意思決定に参加しない」プロセスを通じて無意識に既存の秩序を正当化してしまう、語られず内面化された思い込みである。このようなプロセスによって、既存の秩序に対する異議申し立てが政治課題に上らなくなる[173]。

階級的で黙示的な力・権力のプロセスは、物質的な面でも関係的／象徴的な面でも、貧困の経験をつくり上げていく[174]。それらはまた、貧困下の人々が「〜する」力を行使する能力を制約する。これは多くの場合、心理的な無力感となって表れる[175]。その影響は知らぬうちに浸透していく。無力さは、貧困下の人々が図5－1で示した次元のすべての座標象限で、実行可能なことをさまざまな形態で制限する。のみならず、考えることや感じることにも影響して、その世界観を束縛し、個人的にも集団的にも、少しでもよいものを求める願望を、抑え込んでしまうのである[176]。

## エンパワメント

貧困に伴う無力さへの回答は、一般には「エンパワメント」だと考えられている。エンパワメントの言説は、開発の分野、コミュニティ再生の分野でとくに支配的となっている。しかしこれはカメレオン的な「心地よい」用語で、さまざまな文脈で、さまざまな人に対して、さまざまなことを意味するものとなっている。これはある部分では、「エンパワメント」の単語の内部に存在する「パワー（力・権力）」の持つさまざまな意味合いがその用法を屈折させることを反映しているのである。[177]「かつては抑圧された人々が〈声〉と権利と承認を求める闘いの匂いがしていたが、いまは経済的・制度的な改革課題の簡潔表現として使われるようになってきている。そうした改革は、だいたいは超国家的機関によって推進されることになっている」。[178]深刻な不平等という文脈では、こうしたトップダウンのアプローチは、経済構造の両構成の結果にあわせるために無力な人々に権限を与えるだけで、根本的な社会経済的構造や権力構造には取り組まない。[179]これは市民の力・権力というより消費者の力・権力のモデルであって、そこでは「選択」があたかも力・権力であるかのように扱われているのである。

これにかわるものとしての貧困に対する人権アプローチにより合致したエンパワメントの概念では、エンパワメントには「まず既存の力・権力関係とその関係のなかに存在する自分自身を認識する段階、そしてそれを変えるための行動を考え、実行する段階がある」と理解される。[180]前述の力・権力の三つの側面すべてを考慮した影響力のある定義によれば、エンパワメントは「個人や組織化された集団が自分たちの世界をそれまでと異なった形で構想することができるとき、そして、自分たちを貧困にとどめている力・権力関係を変えることによってその構想を現実のものにしていくことができるときに生じる」のである。[181] 個人的なエンパワメントが「生きていくうえで戦略的な選択をし、意思決定のプロセスに参加して、そうした選択の枠組みづくりを助ける」能力を表出させることはありうる。[182] さらに、変革につながることを強く意識した理解では、そうした個人的エンパワメントが、集合的、政治的／シチズンシップにかかわる戦略的エイジェンシーへの可能性を開き、そこからひるがえって、個人と集団の両方にさらなる力が与えられていく可能性が開ける。これは「人々に対してなされるものではなく、人々が自力で、自分たち自身のためにすることである」。もちろんそこに専門家、とりわけコミュニティ開発に携わるワーカーの支援があってのことではあるにせよ。[183] 貧困を経験し、現に経験している人々の知識と専門性を認識し、力・権力関係を認め、それに挑戦する、本当の意味での参加型の政策立案イニシアティヴとその研究は、自信、自尊感情、エイジェンシーを強化する手助けをすることによって、エンパワメントのプロセスを支えることができる。[184] このようなイニシアティヴが個人をまとめることができるなら、「コミュニティのレベルで、そして政治のレベルで集合的行動を起こすためのエネルギーを秘めた『知識の力』が織りなす緻密なタペストリー」を紡ぎだすことができる。[185] 「力・権力における小さなシフトでさえ、権利の実現に向けたより大きなシフトの触媒となることができる」。[186] リーズ貧困真相究明委員会（公共と民間企業の意思決定者および貧困の「経験による専門家」のグループ）のメンバーのなかには、「グループの他の人と経験を共有することは、困難ではあったが、自分が直面した不正義を特定し、これを他の人と共有することができるエンパワメントのプロセスであった」と感じた人々もいた。「〈経験による貧困専門家〉にとって、〈彼らが行った〉活動は、市全体の意思決定に対する彼らの力・権力と影響力の感覚を高めるものであった」[187]。このように当事者の関与は、変化をもたらすものとしての「〜する」力を高めている。しかしながら、大きな変革のためには、究極的には、序列づけられた権力関係を変えること、そして、現状よりもさらに多くの人々がかかわってくることが必要となるだろう。

## 結論

貧困下の個人や集団のなかに見られる闘い、自分たちの生活にこれまで以上の力・権力を要求する闘いは、「貧しい人々の経済的人権キャンペーン」が表明している「哀れみではなく力を」という要求を明解に表している。人権・シチズンシップ・〈声〉・無力さという視点から貧困を概念化することは、貧困の分析をより強固なものにする。貧困下の人々のエイジェンシー、そして相対的な無力さがそのエイジェンシーに課す制約についての先の議論を補強することにもなる。これは対貧困政策への権利に基づくアプローチおよび参加型のアプローチを示している。しかしそれだけではない。貧困下の人々自身の話に依拠することで、貧困のポリティクスに関する新たな思考法を開くことができるのである。終章では、この点についてさらに考察を深めていく。

# 終　章――概念からポリティクスへ

本書の焦点は、貧困の概念であった。その主たる目的は、貧困がなにを意味するのか、私たちの理解を深めることにあった。これは、日々痛みと屈辱に耐えている数多くの人々にとっても、広い社会にとっても、重要なことである。その締めくくりとなる本章は、大きく三つの部分に分かれている。第一に、多くの重要なテーマを振り返る。第二に、研究、政策、実践に対して、これまでの各章でふれてきた幅広い意味合いについていくらか考察する。そして最後の部分では、図0-2で描かれた貧困の車輪に立ち返り、貧困のポリティクスの再概念化について論じる。それは、再分配と承認、尊重・敬意の統合されたポリティクスにおける、物質的なものと関係的／象徴的なものをあわせたものとなる。

## 重要なテーマ

概念と定義と測定基準との関係は、図0-1で示したとおりである。私はここまで、一方で、かなり狭い定義、貧困とそうでない状態とを明確に区別する、焦点をしぼった貧困の定義について論じてきた。また他方では、幅広い概念化、貧困とそれがもたらす苦しみが物質的および心理的現象として経験される多種多様なあり方をよりよく把握できる概念化について論じてきた。第1章でよしとした定義は相対的な定義だったが、それは絶対的／相対的という伝統的な二分論の批判的検討という文脈においてのことだった。そこでの「絶対的」と「相対的」は、種類の異なるふたつの貧困を表しているのではなく、ヒューマン・ニーズの本質についての異なった理解に根ざして見えてくる別々の構造としての貧困を表しているのである。

かなり狭く焦点をしぼった定義は、貧困の発生率や深刻さを見積もるために考案された測定基準の基礎となる。しかし、これはそれ自体としては、貧困の現実のうちのごく一部の姿を表しているに過ぎない。そこで、幅広い概念化に焦点をあてることが重要となってくる。ここでもたらされる概念化は、主にふたつの方法で、これまで以上に豊かな理解を提供しようと試みるものである。第一は、双眼的な貧困理解を中心にしている。つまり、物質的現象とともに関係的／象徴的現象にも注目しているということである。第二は、貧困の研究を社会科学的な枠組みのなかに位置づけていることである。そこで使用する概念は「ウェルビーイング」「人間の繁栄」「社会の質」「ケイパビリティ」「社会的区分」「人権」「シチズンシップ」「民主主義」である。さらに、貧困にまつわる深刻な不安定も見出された。これは、COVID-19のパンデミックの影響によって浮き彫りにされたより広範囲な経済的不安定の文脈のなかで浮かび上がってきたものである。

## 構造とエイジェンシー

貧困の定義は、なぜ貧困が存在するのか、なぜ貧困が生まれるのか、その暗示的な説明を含んでいる。また、一般の人々の貧困に対する態度や貧困政策を支えるものともなる。そして、貧困の原因を特定していく。個人にあるのだろうか、一般社会にあるのだろうか。また、個人のエイジェンシーの問題か、集合的なエイジェンシーの問題なのだろうか、それとも、運不運の問題なのだろうか。[1] 個人のエイジェンシーに基づく説明は、貧困下の人々が〈すること／しないこと〉に焦点をあてる。社会的ないし構造的な説明は、より力・権力のある立場にいる人々が（そのエイジェンシーによって）個人として、さらに制度として〈すること／しないこと〉にスポットライトをあてることができる。その行動の累積的な影響がシステムとしてのレベルでどう働くのかも明らかにする。ここでは、貧困の原因については深く議論はしないが、構造とエイジェンシーの関係は、貧困の意味が持つ多様な側面を議論するなかでは、つねに重要なテーマである。

構造的な視点は、不平等と社会的区分をめぐる第3章の議論の中心であった。貧困と不平等は世界的にも、個々の国民国家の内部でも相互に絡み合っている。すなわち、不平等の大きな国ほど貧困が広がって傷が大きくなる傾向にある。貧困と不平等は、「ともに人間の尊厳を脅かしている」。[2] 貧困は、社会階級、ジェンダー、〈人種〉、障害、年齢といった構造化された相互に交差する区分によって、また空間的な区分によっても形成される。ひるがえって、こうした区分は、個人のたどるライフコースの仲介になる。構造的な不平等は力・権力の不平等、エイジェンシーの不平等を反映したものであり、同時に構造的な不平等が力・権力の不平等、エイジェンシーの不平等に反映する。第6章では、貧困下の人々が自身の状況を語る際に、無力であること、どうしようにも生活を変えられないといった観点を多用するようすを述べた。力・権力の不平等は、物質的レベルと関係的／象徴的レベルの両方で表れる。力・権力の強い行為者が、貧困下の人々に与えられる賃金、給付、サービス、機会をコントロールしている。また第4章で見たように、強者の側には、ことばやイメージや行為を通じて〈他者〉としての「貧困者」を構築する力もある。

構造的・文化的な制約があるにもかかわらず、貧困下の人々は、自分の生活における行為者として、たしかにエイジェンシーを行使している。それは、日々の〈やりくり〉あるいは〈やりすごし〉というもがきのなかから、力の強い者への〈やりかえし〉や、貧困から〈ぬけだし〉て戻らないための試みを経て、集団的な形態である〈組織化〉や、自身の生活に影響する政策・意思決定への参加要求へと至る。個人主義的なエイジェンシーに基づく貧困の説明を支持する人々は、個人が経験する貧困はその個人の責任であるという結論を引き出す。そこで「貧困者」のエイジェンシーの問題は、彼らの行動が貧困をもたらし、それを固定化するのかどうかという論争からぬけだせなくなってしまう。それに代わる見解として本書で明らかになったものは、貧困下の個人の行動が一因として関与することもあるが、やはり貧困の根本的な原因は、より広い一般社会にみつかるというものである。貧困下の人々による積極的なエイジェンシーの行使には、もっと注意を払わねばならない。しかしながら、このことは、深刻な不利を抱えた彼らの構造的な立場からも、さらに力・権力のある行為者によるエイジェンシーの行使からも、切り離すことはできない。これが構造的な立場を固定する一助となっているのである。[3]

## 動的な力学とプロセス

エイジェンシーに着目することで、より動的な分析が促される。そういった分析は、個人の軌跡と幅広い社会的な力の両方の観点から、プロセスに関心を向ける。このことは、伝統的な見方が、貧困の短期的、長期的な影響に表れてくる結果に着目するのと対照的である。これは、貧困の一瞬を切り取った静的なイメージに不満が募っていることと、時間が測定結果に影響することが気づかれはじめたことによる（第2章）。ある程度の期間をとってみるとその期間内に貧困を出入りする人はけっして少なくないのに、そのなかからある時点を切りとって貧困にあたる人数を測定しても、それは見逃される。これは長期的な研究からも明らかである。ただし、一度か二度、短期間だけ貧困を経験する人もいれば、生涯とはいわないまでも、長年にわたって貧困状態にあり続ける人もいる。あるいは長い年月の間、貧困状態へ出たり入ったりを繰り返し、本当の安定をまったく享受できない人もいる。生涯を無傷で過ごす人もいる。

第5章で指摘したように、この貧困の動的側面への関心を下支えしているのは、個人の軌跡を形成するなかでの、エイジェンシーと構造の相互作用に力点をおいた貧困の理論化である。第5章でのエイジェンシーの議論では、行為者の立場に立った〈やりくり〉や〈ぬけだし〉といった用語を意図的に用いたが、これは貧困へのコーピングが能動的なプロセスであることを強調するためであった。第6章の権利に関する議論では、人権のアプローチが、貧困下の人々を、能動的に権利を主張する人々として構築することを指摘した。そういった人々は、個別の具体的な権利をつくり上げる道筋を形成するなかで、ますます〈声〉を求めるようになっている。そうした姿とは対照的に、メディアや政治家には、仕事のない人々を「受動的な」福祉受給者として描き出す傾向がある。福祉受給者を社会の受動的なお荷物とする「依存文化」や「アンダークラス」という描写は、いかに「非貧困者」が「貧困者」を〈他者化〉しているかを示す一例であって、害の多いものである。ただ、長期的に見れば「貧困者」も「非貧困者」も、必ずしも集団として完全に固定され、区別されているわけではない。深刻で固定的な貧困状態にある人々は、第3章で論じた不平等が交差する立場にある人々とともに、この〈他者化〉のプロセスに対してもっとも脆弱である。そしてここでも、〈他者化〉という考え方によって、〈他者〉としての「貧困者」という考えが言及しているのは生得的な状態のことではなく、社会的構造と区別と境界決定に関する進行中のプロセスであるということが明らかになるのである。

### 言説と表象

第4章の〈他者化〉についての議論に内在する前提は、貧困についての支配的な言説や表象の重要性であった。その影響力の深刻さは、周縁化された社会集団にラベルを貼り、スティグマを付与することばとイメージの力にあり、それは関係者や専門家、政治家や一般市民からどう扱われるかにつながっている。「非貧困者」の「貧困者」に対する語り口は、往々にして、屈辱的で尊重・敬意を欠いたものとなる。これは貧困下の人々の人間性が奪われることにつながっていく。

「アンダークラス」のような非難めいた用語だけでなく（これはこれで有害だが）、「貧しい（poor）」「貧困（poverty）」といった「P」ワードの歴史的、現代的な含意も、当事者そのものがあたかも問題であるかのように変えてしまう。

代替的な言説、あるいは「対抗的なナラティヴ」[4]は、〈他者化〉と非人間化のプロセスに対抗するものであるが、貧困下の人々の組織から国連まで、さまざまな団体によってますます前面に出されるようになってきている。それは、シチズンシップ、力・権力、〈声〉といったことばを含めた人権のことばである。「人間である権利」[5]という概念に集約される人権の「人間」という部分に重点を置くことで、これはより説得力のあるものになる可能性があることは、すでに論じたところである。この言説は、もし積極的な要求へと転換されるようになれば、貧困との闘いを人権のみならず民主主義、反差別、シチズンシップをめぐる幅広いポリティクスに結びつける一助となるだろう。対抗的なナラティヴは、無力感や絶望感といった従来の〈他者化〉への呪文を助長するのではなく、貧困を経験している人々の個性、エイジェンシー、尊厳、人々に共通する人間性を描いた写真の使用が増加していることからも、支持されているといえるだろう。[6]

## 実体験からの視点と専門知識

こういった代替的な言説や表象は、経験者のことばに耳を傾けることで、いかに私たちの貧困理解が向上するかという一例である。これは、そもそもは開発の文脈で学ばれた教訓だが、〈北〉でもゆっくりと受け入れられつつある。本書の執筆にもこの学びをあてはめようと、可能なところでは、参加型の調査や、貧困下の人々を積極的に巻き込んでいる組織の報告を利用してきた。そして、貧困下の人々が自分たちの受けている侮辱や尊重・敬意の欠如、そこから生じる恥辱感や無価値の感覚、非人間化について語ることばから、貧困の関係的／象徴的側面について理解を深めることができた。豊かな者の視点から貧困に関する本を書くからには、だれよりも対象化されてきた集団を、ある程度とはいえ、さらに対象化することは避けられない。ではあっても、貧困下の人々の視点や専門知識、エイジェンシーを強調することは、当事者の主観性に適切な承認を与えようという試みを表すことになったのではなかろうか。そしてひるがえってこれが、研究や政策立案、そして貧困のポリティクスと密接な関係を持つようになるのである。

## 研究、政策、実践

### 調査研究

貧困調査への参加型のアプローチについては、これまでの各章で何度もふれてきた。第2章で指摘したように、いままでのところその影響力は開発の文脈においていちばん大きいが、いくつかの例は〈北〉でも見ることができる。[7] 参加型のアプローチにはさまざまな参加の程度や種別を反映して、多様な形態がある。たとえばある水準の研究では、調査主体としての貧困下の人々の見解が、その多様性を保ちながら、調査結果の執筆過程に表現されるようにして、当事者の視点が研究に適切に反映され、政策へとつながるようにすることが大切になる。[8] また、別の水準の研究では、貧困下の人々を調査過程そのものに巻き込むことが大切になる。その意義は、調査過程のさまざまな段階でさまざまな度合いの当事者によるコントロールが働くこと、また調査結果を分析して文章化する際にもさまざまな度合いで当事者が影響を与えられることである。いずれにせよ大切なことは、貧困下の人々を主体者、すなわち「自らの生活に関する研究における考察者」として扱うことであって、ただの対象物として、データや際立った発言を引き出すだけではいけないということである。[9] 知識の融合アプローチを採用した貧困の隠れた次元についての研究は、第2章と第6章で引用したものであるが、参加型研究の連続した幅広いバリエーションのなかでも究極の例であろう。共同リーダーとして参加する「貧困の生の経験のある人々が、研究計画、データ収集から執筆、研究結果を広めるところまで、研究の主導と実施に関与するものであって……、関係者の間の力・権力の不均衡を克服するために意識的な努力がなされた」のである。[10]

もちろん、このときに必要となる資源の不足、実務的困難、倫理的困難を過小評価してはならない。[11] とはいえ、貧困経験のある人々、貧困を現に経験している人々が「経験による専門家」であることが受け入れられれば、調査過程で当事者の専門知識を活用することは賢明なことであるといえよう。従来の専門的な情報源に加えてそうすることが、より正確で完全な記述を生み出す可能性が高いためである。[12] さらに、先に明らかにした承認、尊重・敬意、シチズンシップ、力・権力、エイジェンシー、〈声〉をめぐる一般的な議論も、象徴的な力とともに、貧困研究に応用することができるだろう。[13] 参加型研究は、社会のレベルでも個人のレベルでも「変容をもたらす」潜在可能性を持つものとしてその価値を語られてきた。[14] 研究への参加と貧困との闘いはまったく別個のプロセスであるが、それにもかかわらず、両者は時に結びつく。たとえば、ルース・パトリックは、参加型研究が「貧困を経験した（している）人々が『組織化』することを支援し、そうすることで『福祉』と貧困について、彼ら自身の経験をよりよく表すもうひとつの物語を生み出す」のに役立った例を指摘している。[15]

貧困下の人々を調査研究の対象として扱うか主体として扱うかということは、ある部分では研究倫理の問題である。このことを強調しているのが、貧困地域の研究について述べたコーデンである。それによれば、地元メディアがその地域を取材したところ、住民から怒りの反応が返ってきた。自分たちや自分たちの地域に「貧しい」というラベルを貼られたくないからだ（第5章参照）。コーデン[16]は自身の倫理的ジレンマについて述べている。すなわち一方では、研究資金の提供者や一般社会への義務として、この地域で経験されている剝奪や排除に注目を集めたい。しかし他方では、地域と住民の弱さよりも強さに光をあててほしいという参加者の望みにも尊重・敬意を払いたいのである。

参加型の貧困調査は、必ずとはいわないまでも、やはり質的なものが多いので、人々に、自分にとっての貧困の意味について語ってもらうことができる。しかし、多くの貧困調査は量的なので、その目的は、貧困の広がりや深さ、時間を追っての変化を測定することにある。さらには、異なる集団間での広がりぐあいや交差する社会的区分との関係、地理的な発生率、長期的な影響なども見ていくことになる。第2章では、貧困測定にまつわる主な議論を簡単に紹介した。そこでの結論は、測定技術が洗練されてくるにつれ、逆にどれをとっても単独の測定基準では限界があるということが明らかになり、したがって、さまざまな手法をあわせて用いる「三角測量」が望ましいというものであった。

参加型手法をより強調するとともに、ここで展開してきた貧困の概念化に関する研究の主要な含意として、なににも増していいたいのは、量的な研究は不可欠だが、貧困を経験している人々にとって貧困がどのような意味を持つのかを理解するためには、自由な回答形式での質的調査による補完をもっと強調する必要があるということである。そのためには、貧困の物質的側面とともに、関係的／象徴的な側面、心理社会的な側面にも分け入っていかなければならないし、貧困経験のある人々とない人々の両方の視点から、貧困の言説を研究する必要がある。その双方の集団が、一方で〈他者化〉の言説にどう反応するか、また一方、対抗的な言説の試みにどのように反応するかについて、より焦点を絞った研究があれば、とくに貴重なものとなるであろう。

マクロレベルの量的調査をミクロレベルの質的調査によって補完することがいかに有効かを示す明確な例を二件、先に示しておいた。ひとつは、貧困と剥奪に関する量的指標の案出に関係するものである。これはとくに多次元的なアプローチに関連が深いものであって、（第2章で触れたものだが）、隠されることが常態化している貧困経験の側面に光をあてる際に役立つ可能性を持つ。[17] もうひとつは貧困の力学・動態把握の分野に属する。これは、貧困からの〈ぬけだし〉の試みや貧困のなかで直面しうる困難に際して個人がどのようにエイジェンシーを行使しているかについて、これまで以上に理解を深める必要があると主張する。この分野では、さらに質的な観点を盛り込んだ長期研究がとくに役立つだろう。さらに一般的には、第5章でのエイジェンシーをめぐる議論から、豊富な調査課題が示唆されている。例としては、人々がどう〈やりくり〉しているかについて、〈北〉で主流となる研究を構築することが挙げられる。そこには〈南〉で開発された持続可能な生計と資源／資産管理の枠組みを活用すべきである。このような研究は、貧困下の人々によって展開されるエイジェンシーと、その人々が直面する力・権力関係や構造的な制約の両方を明らかにすることができる。そうすることで、政策立案者や現場の人々に、当事者の「生きのびるための選択」や不安定に対する感受性を高めることができる。そうやって、人々が「尊厳ある生活、安定した生活を築き、維持する」ことを支援するためのツールが、政策立案や現場での活動に与えられるのである。[18] 別の例としては、貧困下の人々が〈組織化〉していく方法と、彼らが直面する障壁に明確に焦点をしぼった調査が挙げられるだろう。これらの障壁、さらには貧困からの〈ぬけだし〉のための障壁のなかには、部分的には、力・権力がより強い人々のエイジェンシーの産物であるものもある。クロスリーは、「貧困の地理学」についての研究を、「スタディングアップ」［「スタンドアップ＝立ち上がれ」の「スタディ＝学び」版］の呼びかけで締めくくっている。貧困下の人々の生活を「権力の座にある人々の生活と」結びつけ、「力・権力が強大な集団、そしてその活動する空間に焦点を当てた研究は、なぜ貧困が存在し続けるのかを理解するのにきっと役立つ」のである。[19]

### 政策と実践

貧困研究は政策へのひとつの影響力を持つだろうが、研究結果が必ず政策に反映されると考えるなら、それは青臭いというものである。貧困への政策対応は、幅広い政治的配慮を反映する。この幅広い政治的文脈のなかで政策対応を形成するのは、貧困の概念化と定義と測定基準であり、それにそれらに暗黙に含まれている解釈が加わっていく。しかし、政策面での教訓をくわしく展開しても、とくに国としての政策の文脈によって違ったものになってしまうので、ここで述べるにはふさわしくない。そこで代わりとして、これまでの各章でふれてきた貧困の批判的概念化によってもたらされる政策と実践への道標を以下に述べておこう。これらは主に社会保障に関連しているが、これは社会保障が貧困下の人々の生活において中心的な役割を果たしていること、そして、より広い目標に加えて社会保障に人権としての役割を認めるからである。[20]

羅針盤となるのは、恥辱についてのウォーカーらの多国間研究から導き出された政策分析であろう。この研究では、対貧困政策が「恥辱誘発型から尊厳促進型」へと転換されることを求めている。[21] 研究で収集された証拠に基づいて得られた結論は、「受給者の尊厳への配慮は、あらゆる反貧困の取り組みの長期的な成功に不可欠である」[22]となる。この理念は、ケベック州とフランスの法律に反映されており、どちらの司法制度でも、貧困に基づく差別は違法とされている[23]〔補記1〕。

研究者によって示唆されるのは、出発点は「(政策)枠組みの批判的な評価」であるべきで、「尊厳を重視する政策への移行は、政策の設計そのもののみならず、政策決定プロセスを形成する基盤となっている言説を変えることに根ざすものでなければならない」[24]ことである。貧困の言説の「枠組みを変える」議論は、多くの論者のなしてきたことであるが、そこではそれが政策と大衆の態度を変えて政策立案者に影響を与えることができる（あるいは政策立案者に影響を与えて政策と大衆の態度を変えることができる）重要なステップとされてきた[25]〔補記2〕。それは、先の章で議論してきた〈他者化〉していく圧倒的な貧困の言説に対する「対抗的なナラティヴ」についての議論と符合する。そしてこれは「表象のポリティクス」の一部でもある。[26]オハラの示唆するところでは、新しいナラティヴが徐々に形を現しはじめている。支配的な「有毒な貧困のナラティヴ」によってもたらされた損傷は、ますます疑いの目を向けられるようになってきている。それを行う人々のなかには貧困の実体験のある人々もおり、そのなかには、ソーシャルメディアなどを通じて「自らの物語を語る」ためのプラットフォームを見つけつつある人々もいる。[27]オハラ、さらにアメリカのユーバンクス[28]は、貧困に対する認識を変えるストーリーテリングの力を称賛している。しかし、これは、関連はしているものの、政策における有効策の議論における経験による専門家の承認という別の問題と混同してはならない。ハリントンらが主張するように、ストーリーテリングは「席を確保する」ための入場券として必須のものであるべきではない。[29]

この文脈でも関連するのが、第4章で論じた〈他者化〉するメディアの表現である。国連の「極度の貧困と人権に関する特別報告」では、「国家は倫理的なジャーナリズムを振興すべきであって、貧困下の人々、ホームレス、失業者、社会給付受給者に対するネガティブな描写を終わらせるための行動規範の採択を推奨すべきである」と勧告されている。[30]ここでも、そういった規範を採用するジャーナリズムの例はどんどん一般化してきている。[31]とはいえ、一部メディアの「対抗的な言説」とされるもののなかにはネガティブな描写一般に抵抗するのではなく、暗黙のうちに「ふさわしい」「ふさわしくない」といった分断を繰り返すものもあると、ジェームズ・モリソン[32]は警告を発している〔補記3〕。

具体的な政策に関して、ウォーカーらが提起した政策立案者への課題は、当事者に対する「恥辱を防ぐ方法を見つけること」である。これは、「政策やプログラムには、貧困のなかで生きることの結果として人々が感じる恥辱を強化する働きも軽減する働きもある」という研究結果を踏まえたものである。[33]この研究は、恥辱は「貧困者」に限定された制度に関連して発生しがちであるという主張を支持している。すなわち、「選別的な制度は、しばしば、一方には道徳的優越感を高め、他方にはスティグマと社会的排除をもたらす」。[34]同様に、ウォルフとデ・シャリットは、資産調査を伴う給付の際の調査を受けなければならないプロセスそのものが「尊厳と自尊感情」を傷つけ、社会的連帯を損なうと主張している。[35]これらとは逆に、普遍主義は「社会的平等の中核的理想の表現」であると説かれてきた。それが表現するのは「社会の同じ成員としてのあり方」であり、平等なシチズンシップの共有である。[36]「普遍的な社会政策」は、「貧困者」に別枠を与えるのではなく、「平等な配慮と尊重・敬意の原則に従って基本的なケイパビリティを市民が持てるようにし、それによって、自律した市民として行動する能力については多かれ少なかれ平等な立脚点に置く」ことを目指すものである。[37]

普遍的なアプローチは、貧困の予防、社会的・経済的不安定の予防の効果が提唱されてきた。それによって、社会全体にも利益をもたらす。[38]このメッセージは、ＣＯＶＩＤ-19のパンデミックにあたってさらに大きな含みを持つことが明らかになった。この時期に露呈されたのは、多くの社会保障制度の設計が包括的で適切な保障を提供できないことであった。最終的にこれは、ある種の普遍的な無条件ベーシック・インカムによる下支えを求める前例のないレベルの支持につながったのである。[39] 貧困を予防しようとすれば、どんどんと「上流におけるアプローチ」が求められることになる。「予防の文化」に基づいて行動するなら、そして「崖下に救急車を送るのではなく、崖上に柵を作る」という原則に基づくなら、そうならざるを得ないはずである。[40] エイドリアン・シンフィールドは、社会保障が持っている貧困予防の可能性は、一般的に受け入れられている「能動的-受動的」の二項対立によって損なわれてきたと主張している。この二項対立は、一方に「福祉から仕事へ」という思い込み、他方に「福祉依存」のような受け身があるのだという思い込みによって、「実際には優れた福祉給付制度の支援があれば、人々はさまざまな方法で貧困を回避したり脱出できるようになるという証拠を無視する」ことにつながる。[41] 適切な水準の給付は、「無収入に陥ったり収入が下がってしまうような問題に直面したとき、それにコーピングし、計画を立てやすくしてくれる」堅固な下支えになる。[42] 第5章で引用したモーニスンとシャファーが観察したように、低収入でつじつまを合わせることは、経済的な不安定と同様に「(「欠乏の罠」から)の〈ぬけだし〉をさらに困難にする」。[43] 不十分な社会保障政策、屈辱的な社会保障政策、懲罰的な社会保障政策は、不安定を悪化させるものであって、実際の求職活動を通じて「エイジェンシーを行使する可能性を高めるどころか、その可能性を損なう」ことにつながるだろう。[44]

第5章で取り上げた生計の枠組みは、「能動的」対貧困政策についてやや異なる概念化を示唆している。正式の有給の仕事は、それがそこそこの賃金の仕事であれば、どのような対貧困戦略においても重要な役割を果たすのだが、本書のアプローチによる「能動的」対貧困政策という考え方は、もっと焦点の幅が広い。当事者のエイジェンシーを育て促進することの目的は、貧困下の人々が日々の〈やりくり〉や〈やりすごし〉から貧困からの〈ぬけだし〉にまで利用するさまざまな資源（経済的資源、人的資源、社会的資源、文化的資源）への投資を通じて、自らの生活を繁栄させる営みを支援することにある。貧困下の人々の「生計の選択肢を合法化ないし改善する」ことも目的になるだろう。[45] 場合によっては、無償の仕事（ケア、コミュニティ活動、ボランティアの仕事）が人々の生活で果たす重要な役割を認めることも含まれるだろう。これも、ユニバーサル・ベーシックインカム制度を支持する論拠のひとつである。

エイジェンシーを支援するというこの処方は、第1章で論じたケイパビリティのモデルとつじつまがあう。さらにひるがえって、これは人間の尊厳を重視する人権アプローチとも共通する。[46] 国際人権法は、社会保障が「人間の尊厳を保障する上で中心的な重要性を持つ」[47] ことを認めている。このことは、国際労働機関（ＩＬＯ）の「社会保護に関する勧告」に反映されている。ここでは、社会保障が人権であることを認めたうえで、「対象となる人々の権利と尊厳に対する尊重・敬意」を主要原則としている。[48]

スコットランドは、社会保障が基本的人権であることを明確に認める点で世界でも際立っている。社会保障は「その他の人権の実現に不可欠な」ものであり、「個人の尊厳の尊重がスコットランドの社会保障制度の中心になる」とする法律が採択されているのである。[49] パトリックとシンプソン[50]は、社会保障制度が尊厳の原則を達成するために必要な三つの相互に関連する次元を提唱している。すなわち、分配に関する次元、関係的次元、内発的（intrinsic）な次元である。分配に関する次元とは、ＩＬＯが推奨するように、給付水準が「尊厳ある生活を可能にする」のに十分であるべきことを意味する。[51] 関係的次元は、給付、さらにはサービスの提供が行われるありかたに取り組む必要性についての話である。第４章で指摘されたように、[52] 給付やサービス提供の実際では、恥辱を経験し、人間性が阻害されることがあまりにも多い。この次元では、サービス利用者の人間的尊厳と平等なシチズンシップに対する尊重・敬意を前提とした人権文化の採用が目標となる。経験が示唆するのは、このことが「変容をもたらす」可能性である。[53] 貧困活動家は、この文化の変革には、貧困がどのように経験されるのかへの理解、そして尊重・敬意を欠いた扱いがもたらす有害な影響についての理解がなければならないと主張している。そのための手段のひとつとして、専門家や行政職員の研修に貧困を経験した（している）人々が参加することがある。その先駆的な試みは、イギリスでソーシャルワークの学生を巻き込んだウェールズのジョブセンター職員が開発した手法である。[54]「貧困を意識した」実践を発展させることは、専門家と貧困のなかで生きる人々との関係における力・権力の不均衡に対する理解を深めることにもつながる。[55] クルマー＝ニヴォがソーシャルワークの文脈で定式化したように、そういった実践は、貧困の個々の心理社会的経験に対する感受性を、人権およびその構造的な概念化と説明に結びつけていくのである。

研修や政策策定に向けた議論への参加（第６章で論じたもの）は、内発的な次元での強化に役立つだろう。これは、パトリックとシンプソンが「個人の自己価値感」[56]と関連づけたものである。「極度の貧困と人権に関する特別報告」によると、「有意義で効果的な（そして真に力を与える）〈参加〉」によって、自尊心と自信を築き、「人間として」認められることで他者からの尊重・敬意を得ることができるようになる。[57]スコットランドでは、権限委譲された社会保障制度の実現に向けた議論において〈参加〉が重要な役割を果たした。これは「経験パネル委員会」のネットワークを通じて実現したことであるし、また、社会保障憲章の設計思想によるものでもあって、利用者と現場スタッフの両方の専門知識を活用するものとなった。[58]スコットランド平等と人権委員会（ＥＨＲＣ）の報告書には、本当の意味でユーザーを巻き込むことには、いかに関係者全員の持続的な能力と関係構築が必要であったのかが強調されている。[59]参加型アプローチが「尊厳の保護に貢献」することに加え、シンプソンらはその「民主主義の実験室としての」可能性を歓迎している。[60]重要なことは、特定少数の人々以外の人々をも参加させること、さらに確認すべきなのがもっとも周縁化された集団を含めること、そして、交差する不平等を考慮することである。

対貧困政策に対する参加型アプローチが持つ民主的な可能性は、それに伴うシチズンシップや人権の強化とともに、ここでの多くの議論を貫く経糸である。すなわち、より広い政策論議のなかに対貧困政策を組み込む必要性が議論の共通項であったわけだ。その合理的な理由は、貧困が他の政策課題といかに重なり合うかを明確にするためのみならず、さらに重要なこととして、貧困問題を残存させる傾向に対抗することで一般の人々を巻き込むためでもある。貧困の負の部分に執拗に論点をしぼりこんでいくのではなく、「貧困のないよい社会」とはどのようなものになるのか、もっと希望に満ちた会話に社会全体を巻き込む必要がある。[61] このようなビジョンの枠組みのなかで、対貧困戦略は、より広い社会経済的不平等[62]や、第3章で検討したジェンダー、〈人種〉、障害、年齢といった交差する不平等[63]を軽減する政策と統合される必要がある。さらに、不平等は、気候変動という緊急事態に大きくかかわっているし、気候変動によって激しさを増している。[64] これに関して、ニコラス・スターンは、「二重の不平等」を指摘している。すなわち、「世界の最貧困層は、どこの地域の人々であれ、気候変動の原因に対してほとんど影響を与えていないが、その一方でその影響でもっとも苦しんでいる」。[65] このように、環境的正義と社会経済的正義は絡み合っている。よい社会のポジティブなビジョンという考え方は、社会のすべての構成員に達成してほしいと私たちだれもが望むような生活のあり方を重視するという第1章で行った議論とも共鳴するものである。このような考え方はケイパビリティ論者が強調するものでもあり、「人間の繁栄」「ウェルビーイング」「生活の質」「社会の質」といった概念に集約されるものでもあろう。

## 再分配のポリティクス、承認と尊重《リスペクト》・敬意のポリティクス

対貧困政策をもっと広範な「よい社会」のビジョンのなかに位置づけることによって、それに密接に関連した疑問が浮上する。貧困のポリティクスの問題だ。本書の冒頭で私は、貧困が広い社会で、いや実際にはグローバルな文脈で、国際社会において提示する（あるいは提示すべき）政

治的な要求、道徳的な要求を強調した。貧困の概念化、貧困の定義、貧困の測定は、すべて政治的な意味合いを持ち、政治的な立場を反映している。ここでいう「政治的」とは政党政治のことではない。もちろん、政党は貧困へのアプローチで立場を異にする傾向にはある。けれど、私の関心はそこにではなく、もっと一般的なもの、すなわち「社会的な主体となる個人、団体、機関が、自らのその社会的、物理的環境を維持し、変容する能力と可能性にある。……それは協働、交渉、そして資源の利用と分配をめぐる闘争など、あらゆる活動に表れてくるし」、文化表象的な表現をめぐっても表れてくる。[66]

序章に掲げた図0-2の貧困の車輪は、貧困のポリティクスを構成する闘争を再概念化するための枠組みを提供する。貧困のポリティクスは、この車輪の物質的な中心部では再分配のポリティクスとして、関係的／象徴的な周縁部では承認と尊重・敬意のポリティクスとして理解すればわかりやすい。貧困問題を幅広い現代政治および理論的な論議に統合する道筋は、ここにも見出されるだろう。この文脈の理論的な議論でもっとも目をひくのは、政治理論家ナンシー・フレイザーの研究である。フレイザーは、再分配のポリティクスを社会経済的な不正義に対する闘いに、そして承認のポリティクスを文化的ないし象徴的な不正義に対する闘いに根ざすものとして位置づけている。前者は長らく貧困のポリティクスを基礎づけてきたが、このポリティクスでは、物質的資源を貧困下の人々にどのように、またどの程度まで再分配するべきかをめぐって闘争が行われてきた。後者が貧困のポリティクスに応用されることはあまり一般的ではないが、それも本書で展開された概念化から生じてくる。[67]このことは、セネットの尊重・敬意に関する命題「尊重・敬意と不平等の関係」の中心テーマをも反映しているし、[68] 階級社会における「社会的に認められる機会の永続的不平等」についてホネットの見出したことをも反映している。[69]

図0-2では、輪の中心にある車軸の部分は「容認できない困窮」の物質的核を表している。その困窮の広がりと深刻さ、そしてそれに続く苦しみは、日々を蝕む不安定とともに、政府に対する厳しい告訴状である。それは、多くの裕福な社会においては、その政府を選んだ非貧困市民に対するものでもある。COVID-19による危機は、まるでバリウム造影剤のように、この事実を眼前に晒しだした。貧困は不平等と同義語ではないが、第3章で論じたように、同じ社会経済的な構造と二極化のプロセスに根ざしている。暮らし向きのいい人々から社会経済的階層の底辺にいる人々へと資源を再分配せよという主張は、すでにいまどきの流行ではなくなっている。しかし、イギリスやアメリカのように残酷なまでに不平等な社会では、再分配の主張は、過去最高レベルを超えるとはいわないまでも、それに匹敵するまでに強くなっている。そのように大きな不平等が避けられないわけはない。[70]「再分配の平等主義的なポリティクスにもう一花さかせてもらうこと」[71]が必要なのだ。要するに、「貧しい者」には金銭、あるいはその他の必要な資源が足りていないのだ。有給の仕事（インフォーマル経済のものを含む）は、すでに見たように、困窮からの脱出を保証するパスポートとはならない。そうだとすれば貧困を撲滅するためには、必要より多く持っている人々から、尊厳ある暮らしに必要なだけのものを持っていない人々へと資源を再分配することもまた、必要だということだ。デイヴィッド・ブレイディ[72]の分析では、豊かな西

洋民主主義諸国における貧困水準の国家間のばらつきの説明として、福祉国家の寛大さの違いが重要であることが明らかにされている。さらに、世界規模での正義やシチズンシップという考え方が受け入れられるようになるにつれて、世界的なレベルでの再分配の主張にも、耳を傾けなければならなくなるだろう。[73]

貧困の車輪の関係的／象徴的な周縁部へと進むと、承認と尊重・敬意のポリティクスにたどり着く。先行研究では「承認」のポリティクスとして扱われてきたが、私はこれに「尊重・敬意《リスペクト》」を加えることにした。貧困下の人々が使っていることばを反映させるためだ。実際のところ、フレイザーは「文化的ないし象徴的な不正義」の一例としての尊重・敬意の欠如に言及している。すなわち「不承認（その人が属する文化による権威的な表現習慣、伝達習慣、解釈の習慣を通じて不可視化されること）、および尊重・敬意の欠如（ステレオタイプ的な大衆文化の表現や日常生活での交流において日常的に誹謗され軽蔑されること）」である。[74] このような定式化は、第4章で分析した〈他者化〉のプロセスをよく要約している。すでに見たように、分野によっては貧困のポリティクスが〈声〉、尊重・敬意、権利についての非物質主義的な言説に表れることが増えつつある。これを言い換えたものが、承認と尊重・敬意のポリティクスである。ただし、承認のポリティクスは、典型的には集団的な差違とアイデンティティの承認を主張するものと考えられている。女性、LGBTQ＋、障害者、「人種的」集団が求めるものである。そういった集団的なアイデンティティは貧困下の人々にとってさえたしかに重要なものであるにせよ、貧困下の人々は貧困であるがゆえに異なるものであると扱われることを望まない。そうではなく、彼らの闘いは、同じ人間性とシチズンシップの承認、そしてそこから生み出される平等の価値のためのものである。このことは、エイジェンシーと政治的な〈声〉の承認を求める闘いでもある。[75]

フレイザーによる承認のポリティクスに関する明確な表現は、貧困について書かれたものではないが、ここで大いに役立つ〔補記4〕。承認のポリティクスはアイデンティティのポリティクスと同一視されることが一般に多いが、フレイザーは、それは誤解を招くとして退けている。適切な形態での承認の主張は、誤った承認の性質によって変わってくる。すなわち「誤った承認が……共通する人間性の……否定を含んでいる場合には、それを訂正するものは普遍的な承認なのである」。[76] フレイザーは誤った承認を、アイデンティティの問題ではなく、社会的地位の従属と不正義の問題として扱っている。「承認が求められるのは、集団に特有のアイデンティティではなく、社会的相互作用における十全な一員としての集団成員の地位なのである」。[77] フレイザーは「正義の包括的な規範原則」を「参加の同等性」であるとしている。[78] 参加の同等性への障害には、文化的なものも物質的なものもあるし、さらに政治的なものもある。[79]

承認は文化的領域に属し、再分配は経済的領域に属するといった分け方をこのモデルはとらない。そうではなく、社会正義のふたつの次元、社会正義に対するふたつの視点を表しているとする。そして社会正義は、互いに結びついたふたつの領域の双方に適用することが可能なのである。ピールの研究は、社会正義と貧困との関連性を強調し、さらにそれを政治的な領域にもつなげている。

社会正義が貧困への対応であるとすれば、それは経済的な帰結に対する対応だけでなく、貧困の心理的な傷、感情的な傷口への対応でなければならない。……（貧困に陥った人々に対する）正義の執行は……耳を傾けることに依存する。……（彼らは）教えられる必要はなく、説教される必要もない。信頼され、尊重・敬意をもって扱われ、耳を傾けてもらうことが必要なのだ。不正義についての話を、つねに最後に招かれる立場としてではなく、自らから始めたいと願っているのだ。[80]

フレイザー[81]は、社会正義のための闘いには、承認のポリティクスと再分配のポリティクスの統合が必要だと主張している。本書で展開してきた貧困の概念化も、同じ結論につながっていく。貧困下の人々は、〈参加〉の同等性を否定されている。その原因は物質的な剥奪であり、〈他者化〉と非人間化のプロセスであり、人権とシチズンシップの権利の侵害であり、〈声〉の欠如であり、相対的な無力さである。とくに相対的な無力さは、政治的次元とそこにかかわる力・権力関係への理解の重要性を想起させるものである。[82] 社会正義のための闘いには、再分配および、承認と尊重・敬意の両方がかかわってこなければならない。したがって、たとえば、低賃金労働者が適正な賃金を要求する場合、そこで問われているのは、彼らの労働に対して他者と比較してどれだけの賃金が支払われているかという物質的な問題のみならず、その賃金が彼らの価値の認識についてなにを語っているかという文化表象的な問題でもあるのだ。どちらの問題についても、それは賃金（そして同様の意味で社会保障給付）が、人権の原則が求める「尊厳ある生活」を提供するのに十分であるかどうかということが問われているのでもある。

再分配のポリティクスおよび承認と尊重・敬意のポリティクスという貧困のポリティクスにおける二重性は、本書で展開した概念化から生じるものである。貧困についての理解と貧困に対する態度は、貧困に対してなにかをするという決意とあわせて、貧困をどう概念化するかを陰に陽に規定する。私の一貫した目的は、ひとつの概念化を提供して貧困の理解を深めるとともに、貧困とそれがもたらす苦しみに対する「貧困者」および「非貧困者」の闘いを支援することである。

# 補記

## 序章

1　これはエルウッドとローソンが提唱する関係的なアプローチとは（整合しないわけではないが）やや異なる。エルウッドらの説明では、関係的なアプローチは「貧困と特権は互いに相手を成り立たせるものとして扱い、貧困をカテゴリーとして扱うのではなく、あるいは物質的な状態として扱うのでもなく、関係性として、また、摩擦、危機、論争の現況として精査するものである」。[1]

2　これらの問題には、オルコックらによってさらに深い議論がなされているものもある。[2]

## 第1章　貧困を定義する

1　ただし、デイヴィッド・テイラーは、「関係的で文脈依存の」ウェルビーイングの理解も論じている。これは、ケイパビリティのアプローチに典型的でもある個人主義的な前提を打ち消すためである。[3]

2　実際には、EUは所得中央値の六〇パーセントの境界値を採用して実質的に「金銭的リスク状態にある貧困」と「慢性的に金銭的リスク状態にある貧困」に対する政策を行う傾向がある。

3　社会排除とその貧困との関連性についてのより充実した議論は、本書第一版の第4章を参照されたい。

4　アンドリュー・ダンは、これと貧困に対する大衆の理解を用いて、社会科学の行う貧困の相対的理解に対して異を唱えている。[4]

5　貧困に対する多様な説明についてのより充実した議論は、タウンゼンドらを参照されたい。[5]

## 第2章　貧困を測定する

1　本章の改訂にあたっては、ポール・ドーランの貴重な支援を頂いたことに感謝したい。

2　測定の問題に関してはアトキンソンらの概論が情報源として有用である。[6]

3　ただし、PSE-UK調査においては、低所得側の人々の方がテレビを必要品目として挙げる傾向があった。[7]

## 第4章　貧困についての言説――〈他者化〉から尊重・敬意《リスペクト》へ

1　マルクスは同様のことばを使って最底辺の社会階級、あるいは「ルンペンプロレタリア」を記述していた。[8]

2　レヴィタス[9]は、これをMUD（a moral underclass discourse）と名づけた。すなわち、社会排除における「道徳的なアンダークラスの言説」であり、それと競合する社会排除に対するSID（social integrationist／社会統合論者）やRED（redistributionist／再分配論者）の言説と対比させている。[10]

3　先行するイギリスのエビデンスの多くはリスターらがまとめている。先行研究の方法論的欠陥を克服したと主張するある研究の結論によれば、「危険な福祉依存のアンダークラスという理論は、単純に誤っている」。[11]アメリカに関するエビデンスはたとえばワカントらに見られる。[12]

4　この知見はフラン・ベネットの教示による。

5　これに関してはディーンらを参照。[13]「就労支援員」のなかに見られる、クライエントの「依存文化」に対する受け止め方の意味に関しては議論が続いている。[14]

## 第5章　貧困とエイジェンシー――〈やりくり〉から〈組織化〉へ

1　同じことが関連する概念であるレジリエンスについても適用できる。[15]

2　物乞いに関して少しずつ形を変えながら繰り返し起こるテーマは、それが「仕事の一種」あるいは「インフォーマル経済活動」をどのように表しているのかということである。生き残り戦略の最下層にあって、相当なリスクも含む活動であることはたしかなのだが。[16]「極度の貧困」に関しては、第1章で論じた。

3　ただし、イギリスでのエビデンスによれば、貧困下の人々は、そうでない人々に比べて違法薬物の使用や過剰な飲酒の報告が少ない傾向にあることが示されていることには留意しておくべきであろう。[17]

4　イギリスの緊縮財政政策によって悪影響を受けている周縁化された人々が自らの声をあげられるようにと企画された別の写真集の序文で、ポール・スナッグは「抵抗の最前線」で見たことを記述している。[18]

## 第6章　貧困、人権、シチズンシップ

1　しかしながら、プライバシーの権利が問題になっているとはいえ、この女性グループは自分たちの辛い思いを表現するのに一般的には権利の言説を用いてはいない。ギリオムはしたがって、これが福祉受給者にとって持つ価値については懐疑的である。権利に基づいたアプローチに関する論争の一部を論じたものとして、ディーンを参照のこと。[19]

2　ただし、これは「シチズンシップ」を排除的な狭い法律用語として理解した場合にはそうではないことになる。そこで被害を受けるのは難民申請者や難民といった周縁化された集団である。こういった人々にとっては、人権に基づいた言説がよりふさわしい。[20]

3　この要求は、さらに幅の広い「知識のポリティクス」に寄与する。そしてこの「知識のポリティクス」は、「公共政策においてだれの知識が……重要なのか、公的な意思決定においてどんな種類の思考、発想、信念、感情のやりとり、技術の実践が専門性や知識として意味を持つのか、そしてそれはなぜなのかという問題にかかわってくる。そしてそれは、政治的な力・権力の行使と絡み合っている」。[21]

4　この発言は、ケンジントン福祉権同盟および「貧しい人々の経済的人権キャンペーン」のウィ

リー・バプティストのことばである。[22]

## 終章――概念からポリティクスへ

1　さらなる情報はWebサイトを参照。[23]

2　イギリスでの文脈における研究に基づいて、フレームワーク研究所がJRFとの協同で、同感と正義の価値観を前提とした上での「道徳というレンズを貧困を新たな枠組みで捉え直すために」用いることを推奨している。これは、「哀れみでも……父権的な慈善でも」ないところを出発点とするものであり、「人々の人間としての価値を認めるところ、人間どうしを結びつける道徳的な絆、社会を、世界を結びつける絆」に基礎をおくものである。[24]

3　貧困のスティグマ化された描写に対する抗議の試みの事例は、二〇一一年の「あなたに貼られたラベルを突き刺せ！」キャンペーンに見られる。これは「貧困連盟」が実施したもので、スコットランドの政治指導者のすべてが賛同している。

4　フレイザーの公式化には、チャールズ・テイラー[25]やアクセル・ホネット[26]などの承認に関する理論家が提唱する承認の別の「アイデンティティ・モデル」を認めないということが含まれている。たしかに、これらのモデルは貧困下の人々に対しては適切ではないのだが、テイラーやホネットが位置づけた誤った承認によって受ける心理的な傷に関しては見落とすべきでなかろう。[27]さらにまた、ホネットは尊重・敬意に対する要求は、再分配に対する要求と一体的なものであると論じている。[28]

# 初版 監訳者解説

## 本書と著者について

本書はルース・リスター著 *Poverty*（Polity 2004）の全訳であり、著者の単著の初の邦訳である。著者は現在のイギリスの貧困研究・社会政策研究を代表する研究者のひとりで、原著はイギリスの社会政策、社会学の学生、研究者に広く読まれているテクストのひとつである。ポーランド語、マケドニア語での翻訳が、すでに出版されている。

原著は社会科学の基礎概念を取り上げるPolity出版、「key concepts シリーズ」の一冊であり、他に「時間」「ジェンダー」「正義」「リスク」「ケア」など、二〇一一年三月時点で三〇タイトルが刊行されている。この一環であれば邦題も原題のとおり「貧困」とするのが自然であるが、ひとつの単行本として出た場合、類書の少ない日本の読者には内容のイメージがつくりにくい。そこで貧困の概念や意味、本質について議論しているということを示唆する「貧困とはなにか」というタイトルをつけ、キーワードのいくつかをサブタイトルとした。著者からは「貧困の再概念化」というタイトルの提案があったが、貧困概念そのものの議論自体にまだなじみが薄い日本において「再概念化」というタイトルは「早すぎる」気がして、「概念」をサブタイトルに入れることで著者の了解を得た。

著者は一九七一年から一九八七年まで、イギリスの反貧困運動団体の中心的存在である「チャイルド・ポバティ・アクション・グループ（CPAG）」のスタッフとして活動、最後の八年間は代表を務めた。その後ブラッドフォード大学を経て一九九四年よりラフバラ大学教授、二〇一〇年一〇月からラフバラ大学名誉教授となった。二〇一〇年一二月には本書にも頻繁に登場する、戦後イギリスの貧困研究の第一人者でありCPAGの創始者でもあるピーター・タウンゼンド教授（二〇〇九年死去）のあとを受けてCPAG名誉総裁に選出、二〇一一年二月には貴族院議員（労働党）に就任している。英国学士院会員、イギリス社会政策学会終身会員でもあり、現在も研究と運動・実践の双方の領域で広く活動、また尊敬を集めている。

著者の研究テーマは貧困と社会的排除のほか、シチズンシップ、ジェンダー、社会保障と福祉改革、子どもと若者等多岐にわたる。本書とともに主著に挙げられるのが、*Citizenship: Feminist Perspectives*〔シチズンシップ――フェミニストの視点から〕（2nd edition, Palgrave 2003）、*Gendering Citizenship in Western Europe*〔西ヨーロッパにおけるジェンダー化されたシチズンシップ〕（with F. Williams and others, The Policy Press 2007）であり、貧困研究とともにジェンダー視点からのシチズンシップ研究が理論研究の柱である。この点は、本書においても十分に生かされている。また近著に *Understanding theories and concepts in social policy*〔社会政策における諸理論と諸概念の理解〕（Policy Press 2010）があり、これは社会政策における基礎理論と概念を網羅するよい教科書である。

著者はしばらく前から第二版の執筆を行いたいという希望を持っているが、多方面での活躍から伺えるようになかなか時間が取れないようである。監訳者への私信では、①本書で十分にふれられなかった「不安定（insecurity）」について付け加えること、②この本を書いてから「貧困と人権」についての研究が多く見られるようになったので、この点についてより詳細に検討すること、の二点が、第二版での課題だとのことである。「不安定」は日本の貧困研究でも鍵概念のひとつであったから、この概念を筆者がどのように展開するのかいまから興味深い。

監訳者である松本は二〇〇九年秋に著者を訪問、本書について討論する機会を得た。討論といっても、松本の一方的な質問と著者の丁寧な回答がその内実であるが、二日間にわたり辛抱強くかつにこやかにお付き合いくださり、誠実な人柄を感じることができた。何杯コーヒーを入れてくださったことか。この討論なしには、監訳作業は不可能だったろう。本書が出版される二〇一一年春には北海道大学の招聘で来日、ワークショップが開催される予定である。これを機に、日本の研究者との交流がより深まることが期待される。

## 本書の魅力

本書の内容については序章と終章によく整理されているので、ここでの無用の「おさらい」は避けたい。下手なまとめと論評は本書のような良書の価値を下げかねないし、とくに本書のように論争的な性格を持つ書物の場合、監訳者の役割を超えかねない。以下では監訳者が感じている本書の魅力、すなわち日本へ紹介したいと思った理由を簡単に述べて、解説にかえたい。

第一に、これまでのイギリスの貧困研究の蓄積を踏まえ、貧困の概念について大変よく整理されていることである。とくに本書の前半部分がそれにあたる。日本では貧困について書かれているものは近年多く見られてきているが、貧困概念そのものについて正面から整理、議論をしているものは大変少ない。概念、定義、測定基準を混同しないことから議論が開始されるところなどは、政策、実践と実証研究と深く関係しながら行われきたイギリスの貧困研究の蓄積の厚さを感じさせる。これまでの貧困研究の成果がよく整理され、教科書としても読み応えがある。

第二に単に整理された概念の説明にとどまらず、これまでの研究を発展させるべく貧困の「再概念化」が試みられていることである。この場合の再概念化は人間の「行為における主体性、行為能力《エイジェンシー》」を組み込み、「尊重・敬意《リスペクト》」の重要性を主張する。また〈他者化《アザリング》〉という概念を用いて、貧困に歴史的につきまとう偏見や差別、スティグマを正面から分析し、貧困概念を豊富化する。結果として、再分配のポリティクスとともに、承認と尊重・敬意のポリティクスの重要性が浮き彫りにされる。この点は、一線の支援者に自らの仕事の意味を再確認させ、勇気づけると思う。

ところで筆者自身が何度も繰り返すように、この主張は「資源の不足」に由来する貧困の物的側面や、それを招く構造的側面を軽視しているわけではない。著者の最近の編著に *Why Money Matters?*〔なぜお金が大事か〕(Save the Children, 2008) があるように、著者は一貫して貧困の物的側面の重要性を基底においている。そのうえで「貧困の車輪」に表現されているように、貧困の内実としての両者の切り離しがたい関係が議論されているのである。この点「物質的貧困」ではなく「精神的貧困」が問題という言説にあふれている日本では、誤読されやすい点だと思う。

第三に、これは第二点とかかわるのだが、著者がつねに「人間」に寄り添い、人間の存在と可能性に対する深い信頼を寄せていることが随所に感じられることである。貧困はその渦中におかれそれを経験している人々にはどのような意味があるのか、この点への関心と再概念化に重要な要素として位置づける視点は、人間への深い信頼なしには生まれない。監訳者には、これは本書全体を通してにじみ出てくるトーンのように思える。もうひとつのトーンは、冒頭でピアショのことばを引きながら「なんのための貧困研究か」にふれるところから本書の扉を開けているように、不公正への怒りと正義の実現への関心である。貧困を問題にするということは、個々の人間と「人生」に具体的に現れる社会的不公正、容認できない不平等を緩和することを通して正義の実現を目指すということであるから、本書はそうした「姿勢」や「立ち位置」の点でも、貧困研究の教科書であるように思える。

第四に、貧困の議論を広く他の社会問題につなげようとする、議論の立て方である。「貧困は社会の問題である」というとき、我々は広く社会の構造や政策変化を論じて、その帰結として貧困を論じるという方法をよく採る。たとえば、新自由主義に基づく「規制緩和」の帰結として格差が拡大し貧困が増大した、といった立て方である。もちろんこの立て方自体はなにも間違っていない。しかし本書は逆の構成をとる。すなわち狭い「貧困」の概念的議論からスタートし、最後に広くシチズンシップの問題を論じて、貧困の「再概念化」をはかる。換言すれば、貧困研究の伝統と蓄積の上に立って、焦点化された貧困の議論を社会にもう一度返していく。

監訳者には、この立て方は、貧困の解決に関する筆者の戦略を表しているように思える。タマネギの皮をむくように「本当の貧困」を探してそれにつける薬を考案するのではなく、すべての人が社会の構成員として敬意をもって尊重される社会をどうつくるか、この点が鍵である。このように考えて、貧困はその原因と背景のみならず、解決の道筋においても社会の問題であることが説得的に示される。その際、「承認と尊重・敬意のポリティクス」と「再分配のポリティクス」はどのように相互を支えることができるのか、その具体的な構想が重要になってくる。鍵はシチズンシップであるように思うが、これ以上論じることは監訳者の越権行為であるのでやめなければならない。ただ本書は、貧困の概念を深めるとともに、貧困の視点から広く社会科学を豊富化する書物であることは、間違いない。

## 訳語、翻訳について

浅学菲才の監訳者は、すべての訳語に苦労した。翻訳では避けられないことであるが、原語の含意を伝えきれていないところも多い。以下、本書の中心的な議論にかかわる用語について、何点か補足しておきたい。

〈容認できない困窮（unacceptable hardship）〉

「物質的核（material core）」とともに、「貧困の車輪」の中核におかれる概念である。unacceptable には「耐えがたい」という訳語が与えられる場合があるが、一定の社会規範を前提として「社会が許容できない」という意味があるので、「容認できない」という訳語を与えた。また hardship には「困難」「辛苦」という訳語が与えられる場合があるが、「物質的」な側面であることをより意味する「困窮」という訳語を与えた。

〈潜在能力（capabilities）〉

「機能（functioning）」とともに、アマルティア・センの貧困理論の鍵概念である。本書第1章にあるように、「機能」とはある人物が実際に〈なにかをする、なにかができる〉ということで、「潜在能力」とは可能性として〈なにかができる、なにかであることができる〉という、その人物に実際に開かれている「選択の範囲」のことである。「潜在能力」とすると個体に付随する能力に限定して理解される恐れがあるので、「ケイパビリティ」とカタカナ表記されることが多い。本書では初学者のわかりやすさを考慮して「潜在能力」とし、センの用法を強調するために各頁の初出にルビを振ることとした。学び始めの方々も理解が進めば、「ケイパビリティ」という概念で理解してほしい。

〈行為における主体性・主体的行為・行為能力（agency）〉

第6章に詳細に論じられている本書の鍵概念のひとつであるが、訳語を与えるのがもっとも困難であった。監訳者の理解では本書での用法には「行為における主体性」「主体的行為」「行為能力」の三つの側面が含まれているが、これを適切に表現する単語が日本語にない。したがって単一の訳語を与えることをあきらめ、文脈に応じて訳し分け、それぞれ各頁の初出に「エイジェンシー」というルビを振った。類語である agent も同様に扱った。日本語の学術論文では「行為主体性」という訳語が与えられることがあるので、「行為における主体性」を一応の基本訳と考え、目次等にはこれを使った。訳に立ち往生して著者に問い合わせたところ、この三つの側面では「行為能力」の意味がもっとも近いということであったので、全体的にこの点をもう少し強調する訳の方がよかったかもしれない。ただこれらの意味は agency という用語のなかでは不可分なので、できれば読者には agency という単一の概念で理解し読んで頂きたいし、本書での日本語訳がその手助けになればと思う。

〈シチズンシップ（citizenship）〉

一般的に「市民権」と訳されることがあるが、本書ではあえて「シチズンシップ」とした。イギリスの社会学、社会政策研究では、T・H・マーシャルのシチズンシップの概念に依拠することが多い。著者もその伝統の上にあり、その点は本書でも言及されている。マーシャルによれば、シチズンシップとは「ある共同社会（a community）の完全な構成員（full members）に与えられた地位身分（status）」であり、権利と責任の双方を含む。またシチズンシップの権利は、市民的、政治的、社会的という三つの部分で構成されている。「市民権」と訳すとこうした含意が見えにくくなるおそれがある。なおマーシャルのシチズンシップについては、邦訳がある（本書参考文献欄を参照）。

〈ポリティクス（politics）〉

本書をはじめとする社会科学の分野では、国家や自治体の統治にかかわる「政治」のみに限定せず、多様な場や領域における実践、闘争、討論や合意形成の過程など、広義の実践や働きかけといった意味を含んで使用されることが多い。この用法だと、メディアでの取り上げ方に対する働きかけなどは、「承認のポリティクス」の一例である。日本語の「政治」は、政府や議会での活動やそれに対する働きかけに限定されて使用、理解されることが多いので、ここではあえて「ポリティクス」のままとした。

翻訳は、まず翻訳家である立木勝氏が訳稿を作成し、松本が貧困研究者の立場から用語の検討等の監訳作業を行った。立木氏の作業はずいぶん早くに終了していたが、松本の「怠惰」で出版が年余の遅れとなった。後押ししてくれたのは北大教育学研究院教育福祉研究グループの同僚の鳥山まどかさんと院生諸君、前任の札幌学院大学の卒業生で、演習において原著と訳稿を検討し、いくつもの有益な修正提案を出してくれた。教師が学生に「依存」しているよい例である。編集担当の赤瀬智彦氏には、最後の土壇場までご迷惑をかけた。大学教師に安易にカタカナを使わせないという赤瀬氏のこだわりがなければ、本書はもっと読みにくいものになっただろう。たとえば「エイジェンシー」をいくつかのパターンに訳し分けて表記したのは、赤瀬氏の強い要求の結果である。皆さんに感謝申し上げるとともに、原著の誤読や不適切な述語があれば監訳者の責任であることを確認しておきたい。より適切な用語や表現がありうると思う。お気づきの点は、ご指摘頂ければ幸いである。

まだ雪深い北海道で春を待ちわびて

松本伊智朗

# 新版 監訳者解説

二〇一一年に初版の翻訳を出版してから、一二年になる。その間、二〇二一年に原著の新版が出版された。本書はその全訳である。原著の初版は二〇〇四年の出版であるから、実に一七年後の改訂ということになる。本書が基本文献として長く読まれていることの証しである。そしてなにより、著者であるルース・リスターさんの研究の息の長さに敬服する。部分的な修正にとどまらず、初版から三割弱の記述をカットし、それを超える分量の加筆がなされている。したがって、出版にあたって新版として改訳することとした。

著者と本書の紹介、魅力については初版の監訳者解説（本書に収録）で述べたので、そちらをお読み頂きたい。ここでは初版からの変更点について簡単な解説を加えたのち、訳語について何点か述べる。

## 初版からの加筆について

初版の監訳者解説で述べたように、著者は以前から新版の執筆を希望しており、その理由は、「不安定（insecurity）」について加筆すること、「貧困と人権」に関する最近の多くの研究について詳細に検討することの二点であった。著者による新版の「まえがき」と「日本語版への序文」でも示されているように、今回の変更は、この二点を基本としている。前述のように大幅な削除と加筆がなされているが、初版の論旨は新版においても一貫している。新版は、最近の研究成果で初版を補強したものだといえる。社会的排除に関する章を削除、関係する記述を大幅に縮小して貧困の定義に関する章（第1章）に組み込んでいることを除いて、全体の構成もほぼ初版を踏襲している。

最近の研究成果に基づく加筆は、全編でなされている。とくに本書の後半（第4章以降）に多く、その四割強が加筆された部分である（初版から約二割を削除）。これは前述の「貧困と人権」に関する文献のみならず、「それが持つ政策的、実践的な含意」（日本語版新版への序文）に関してもより詳細に展開したことによる。

「不安定」に十分言及していなかったことは、「重大な欠落」（新版まえがき）であると著者はいう。たしかに初版では、「不安定」という用語は一切使われていない。新版においてはとくにまとまった解説をしているわけではないが、全体を通してこのことばを使いながら、あるいは「不安定」に言及している最近の研究を引用しながら、加筆がなされている。原語の「insecurity」は「不安定」を基本訳としているが、文脈によって「安定の欠如」としている箇所もある。初版の監訳者解説でも述べたが、「不安定」は日本の貧困研究史でも鍵概念の一つであるから――たとえば、戦後日本の貧困研究をリードした江口英一は主著『現代の「低所得層」』（未來社、一九七九年）の序章において、「これら（貧困の多側面の特徴）を総括して、一つのさらに高い共通の要因に集約するとすれば（中略）、わたしはそれを『生活不安定』という言葉‐概念によって表現したい」と述べる――筆者の「不安定」への関心は興味深い。

## 社会的排除に関する章の削除について

ところでもっとも大きな変更は、「社会的排除」に関する章の削除である。初版では、第3章「不平等、社会的区分、さまざまな貧困の経験」と第4章「貧困についての言説――〈他者化〉から尊重・敬意へ」の間に、第4章（旧）「貧困と社会的排除」があった。これを丸ごと削除し、社会的排除に関する短い説明を第1章に入れている。他の章のタイトルと構成は新版と同じで、章の番号が一つずつ繰り上がった（ただし原著の総ページ数は、文献欄を除いて三〇数頁増えている）。理由について、「新版まえがき」では加筆のためのページ数を確保するためと述べられている。「日本語版新版への序文」では監訳者の求めに応じてやや踏み込んで説明されており、初版の執筆時には「社会的排除の概念は政治的、学術的に注目をあつめていた」が「いまではそうではなく」、重要な「新しい研究成果もほとんどない」と、辛口のコメントである。

初版でも新版でも、「社会的排除」概念に対する筆者の評価は、「貧困の代替物（これまでの貧困概念にとって代わるもの）」として扱われてはならないが、貧困を見る「レンズ」としては有効というものので、貧困と社会的排除を明確に区別している。一九九七年に政権を保守党から奪取した「ニューレイバー」は、内閣に「社会的排除対策室（social exclusion unit）」を設置し、社会的排除という用語を多用して政策を進めてきた経過がある。この動きは、従来の「貧困」に代わる新しい政策概念の採用として前向きな評価がある一方、階級的な対立を想起させる「貧困」ということばを避けることで中産階級の支持を得るという政治的な方便、という評価もある。

初版が出版された二〇〇四年は、こうした背景のもとで、政策的、学術的に「社会的排除」が大きな焦点になっていた時期である。この時期だからこそ、貧困と社会的排除の関係について整理し、貧困の代替物としての扱いにくぎを刺す必要があったのだろう。新労働党は二〇〇七年に保守党に政権の座を渡し、政策的用語としての「社会的排除」は影をひそめる。監訳者は、社会的排除の章を削除したことで「寄り道」がなくなり、初版で展開されている議論の筋がより明確になったのではないかと感じている。もちろん、初版の社会的排除の章は、貧困と社会的排除の関係を考える示唆深いもので、関心のあるかたはあわせてお読みになることを勧める。参考までに、初版の社会的排除の章の末尾の「結論」を、やや長くなるが引用しておきたい。

ここまで、社会的排除について、概念的な視点と実証的な視点の両方から論じてきたが、そこで示唆されるのは、排除のプロセスも、あるいは排除の具体的な形態や側面の状態でさえも認識することは可能だが、それでも明確に特徴づけることのできる、これまで以上に一般化された現象としての社会的排除の実証的証拠は、現在のところないということである。その代わりに、きわめて深刻な形態を除いては（そのようなケースは非常に少ないと思われるが）、社会的排除は潜在的に啓発的な概念として、またさまざまな政策的含意を持った政治的言説として理解した方がよい。貧困の代替物として扱いさえしなければ、社会的排除はレンズとして有効な概念的機能を行使する。すなわち、貧困の重要な諸側面に鋭く焦点を絞るとともに、本章の各章で述べているような、貧困分析の幅広い枠組みを促進させてくれるのである。

## 訳語・翻訳について

初版の監訳者解説で、いくつかの訳語について述べた。そのうち新版で変更したものについて、以下記しておきたい。変更がないものを含めて、初版の解説をあわせて参照されたい。

〈ケイパビリティ(capabilities)/ファンクショニング(functioning)〉

いずれもアマルティア・センの貧困理論の基礎概念である。初版ではそれぞれ「潜在能力」「機能」という訳語を用い、前者にはページの初出箇所に「ケイパビリティ」というルビを振った。この新版では「ケイパビリティ」「ファンクショニング」と、カタカナでそのまま記載している。本書三九頁にあるように、「ケイパビリティ」とは、可能性として〈なにかができること、なにかであることの実現可能な範囲〉という、その人物に実際に開かれている選択の範囲のことである。「ファンクショニング」とは、ある人物が実際に〈なにかであること、なにかをすること〉を意味する。

ケイパビリティ概念の初期の紹介では「潜在能力」が基本訳であったが、日本語の持つ語感とケイパビリティ概念の持つ意味にずれがあって誤解が生じやすいこと、現時点では「ケイパビリティ」という用語が定着していることから、原語のカタカナ表記を使用することとした。原語は複数形なので、「ケイパビリティズ」の方がより正確かもしれない。「ファンクショニング」の基本訳は「機能」であり、現時点でもこの訳語が使用されることが多い。ただ、これも原語と日本語の語感にずれがあることと、ケイパビリティと対になる用語であることから、あわせてカタカナ表記とした。

〈エイジェンシー（agency）〉

本書の鍵概念の一つであるが、日本語の語彙に適語がない。初版の翻訳では、文脈に応じて「行為における主体性」「主体的行為」「行為能力」の三つに訳し分けたが、あまりピタッとせず居心地が悪かった。日本の学術領域で「エイジェンシー」という用語が定着してきたこともあり、改訳にあたって原語のまま「エイジェンシー」とすることにした。本書では人間を行為主体として理解することを議論する際に用いられるが、用語の定義はとくに述べられていない。改訳にあたって改めて筆者に問い合わせたところ、筆者の使用法としてもっともシンプルで短い定義は「行為する能力（the capacity to act）」とのことであった。

なお、「日本語版新版への序文」で著者は、初版に比してエイジェンシーの関係的側面への言及を行っていること、その点は二〇一一年の来日時の議論に触発されていることを述べている。筆者は二〇一一年三月、初版の翻訳版刊行に合わせて北海道大学の招聘で来日し、日本の研究者を交えて活発な議論を行った。その際の講演と討論は以下の論考に収録されているので、関心のある方はご参照頂きたい。

・ルース・リスター「哀れみではなく力（パワー）を――貧困、人権、シチズンシップ」『貧困研究』第七号（二〇一一年一一月　貧困研究会、明石書店）
・ルース・リスター「貧困の再概念化」『教育福祉研究』第一七号（二〇一一年一一月　北海道大学教育学研究院・教育福祉論分野）

・ルース・リスター、丸山里美、大澤真平、鳥山まどか、堅田香緒里「貧困――理論から実践、そしてポリティクス」（同前）

翻訳にあたっては、旧知の翻訳家である松本淳さんが訳稿を作成し、松本が貧困研究者の立場から用語の検討等の監訳作業を行った。松本淳さんは、リスターさんも寄稿している『子どもの貧困とライフチャンス』（Child Poverty Action Group 編、松本伊智朗監訳、松本淳訳、かもがわ出版、二〇二〇年）の翻訳出版の際にご一緒したのだが、翻訳者としての力量の高さに敬服した。今回も完成度の高い翻訳をして頂いたが、監訳者が専門用語に合わせる形で手を入れて、日本語としてはかえって読みにくくなったところがある。また、初版の翻訳者である立木勝さんの訳をずいぶん参考にさせて頂き、そのままの訳文にしている箇所も多い。記して感謝申し上げたい。

今回の改訳にあたって、二〇二三年二月に著者をイギリスに訪問して議論の機会を持った。主な論点（というか当方の質問）は、社会的排除の章を削除した理由、新版で新たに登場した「不安定（insecurity）」の含意、初版の翻訳時からの難問である「agency」の理解の三点である。多忙にもかかわらず丁寧に議論に応じて頂き、監訳作業に非常に有益であった。堅田香緒里さん（法政大学）、関あゆみさん（北海道大学）のおふたりはこの議論に合流してくださり、貴重なコメントを頂いた。お三方に感謝したい。余談であるが、議論の場所はロンドンの国会議事堂の食堂であった。その日はリスターさんが貴族院議員として国会で質問をする日だったからである。議論のあと、堅田さん、関さんと三人で質疑を傍聴させて頂いた。活発な質疑を目の当たりにして、著者がエネルギッシュな活動家でもあることを改めて認識した。二〇二三年一一月には、再び北海道大学の招聘で来日される予定である。どんな議論が展開されるか、楽しみである。

原著の新版が出てすぐに取り寄せ、大学院のゼミで講読した。院生との議論は刺激的で、勉強になった。二〇二一年度の北海道大学教育学院における文献購読ゼミの参加者に感謝する。大学院生の岡本愛香さん、立木ちはやさんには、校正作業でずいぶん助けられた。北海道大学の同僚の鳥山まかさん、京都大学の丸山里美さんには、リスターさんのお仕事について貴重な助言を頂いた。赤瀬智彦さんには初版に引き続き編集でお世話になった。皆さんに感謝したい。ただし、思わぬ誤読や誤訳があれば、それは監訳者の責に属する。

本書は、イギリスの社会政策研究の中に蓄積されてきた貧困の議論の核を的確に整理しているという点で、優れた教科書である。貧困当事者の側から貧困を理解する意味と理論枠を提供するという点で、野心的な理論書である。それらの結果を現実の実践と政治の議論に返していくという点で、正義感覚に裏づけられた実践の書である。そしてこれらが見事に統合されているという点で、名著である。本書の翻訳作業にかかわれた幸運に感謝するとともに、幸運を生かし切れているか心もとない。ご批判を乞いたい。

ウクライナで、そして地球上の多くの場所で戦火が続く夏の日に

松本伊智朗

Horwitz, 2014: 5
41 Adrian Sinfield, 2007: 20
42 Adrian Sinfield, 2007: 20
43 Mullainathan and Shafir, 2014: 131; また、Hacker, 2019 も参照。
44 Wright, 2016: 13; Wright and Patrick, 2019
45 Hocking, 2003: 242
46 Vizard et al.2011
47 CESCR, 2008: para 1
48 ILO, 2012: para 3（f）；また、Walker et al., 2012 も参照。
49 Social Security（Scotland）Act 2018, 原註 1 参照。また、O'Cinneide, 2019; Simpson et al., 2019 も参照。
50 Patrick and Simpson, 2020
51 ILO, 2012, para 8; また、Simpson et al., 2017 も参照。
52 Gubrium and Lødemel, 2014
53 EHRC, 2009: 14; Simpson et al., 2017; Wildebore, 2019; Krumer-Nevo, 2020
54 Perry, 2005; Scullion et al., 2017; Gupta et al., 2018; Quinn, 2019
55 Krumer-Nevo, 2016; 2020
56 Patrick and Simpson, 2020: 485
57 Sepúlveda, 2013: 21
58 Scottish Government, 2019
59 Simpson et al., 2017
60 Simpson et al., 2019: 22
61 Knight, 2017: Ch.4; O'Hara, 2020; Lister, 2020
62 Sinfield, 2014, 2020; Atkinson, 2015
63 Fredman, 2011
64 Wilkinson and Pickett, 2014; Rojas, 2019
65 Nicholas Stern, 2019: 237; Bray et al., 2019
66 Held, 1987: 275, 277
67 Lister, 2007 も参照。
68 Sennett, 2003: xvi
69 Honneth, 2007: 93
70 Atkinson, 2015
71 Sayer, 2005b: 232
72 David Brady, 2009
73 Atkinson, 2019
74 Fraser, 1997: 14
75 Phillips, 2003
76 Fraser, 2003: 46
77 Fraser, 2000: 113
78 Fraser, 2008: 60; 2003
79 Thompson, 2006; Fraser, 2008
80 Peel, 2003: 167, 178–9
81 Fraser, 2003
82 Thompson, 2006; McNay, 2008

## 補 記

1 Elwood and Lawson, 2018: 6
2 Alcock, 2006; Deacon, 2002; Mooney, 2008; Lister, 2011b; Katz, 2013
3 Taylor, 2011
4 Dunn, 2017
5 Townsend, 1979, 1993; Deacon, 2002; Alcock, 2006; Welshman, 2007; Mooney, 2008; Brady, 2009; Lepianka et al., 2009; Katz, M. B., 2013; Lansley and Mack, 2015; JRF, 2016; Spicker, 2020
6 Atkinson et al., 2002; Gordon, 2006; Nolan and Whelan, 2011; Atkinson, 2019
7 Lansley and Mack, 2015
8 Mann, 1994; Coole, 1996 を参照。
9 Levitas, 2005: x
10 Lister, 1996; また、MacDonald, 1997; Welshman, 2013 も参照。
11 MacDonald and Marsh, 2005: 198
12 Wacquant, 2008; Katz, M. B., 2013
13 Dean and Taylor-Gooby, 1992; Shildrick et al., 2012a, 2012b; Pemberton et al., 2013; MacDonald et al., 2014; Patrick, 2014
14 Shildrick et al., 2012a; Dunn, 2013, 2014; Marston, 2013; Wright, 2013 を参照。
15 Daly and Kelly, 2015; Dagdeviren et al., 2016; Pemberton et al., 2018; Donoghue and Edmiston, 2020 を参照。
16 Dean, 1999
17 Social Metrics Commission, 2018
18 Paul Sng, 2018, ノンブルなし。
19 Dean, 2002
20 Lister, 2003 を参照。
21 Wainwright, 2018
22 www.kwru.org/educat/orgmod2.html
23 https://fr.wikipedia.org/wiki/Discrimination_pour_précarité_sociale
24 Stevens, 2018: 3
25 Charles Taylor, 1992
26 Axel Honneth, 1995, 2007
27 本書第 4 章、Lister, 2007 を参照。
28 Honneth, 2003

153 CoPPP, 2000; Simpson et al., 2017
154 Cook, 2002
155 Ravensbergen and VanderPlaat, 2010: 400
156 Toynbee, 2003
157 Sepúlveda, 2013: para 44
158 Hocking, 2003: 236; また、Green, 2008; ATD Fourth World, 2019; Bray et al., 2019 も参照。
159 Lawson and Elwood, 2018
160 UNDP, 2002
161 Narayan et al., 2000; Gaventa and Martorano, 2016
162 Sepúlveda, 2013; Shahrokh and Wheeler, 2014
163 Beresford, 2002; OHCHR, 2002; Roets et al., 2012; Boone et al., 2019a, 2019b
164 Bachrach and Baratz, 1970; CoPPP, 2000; Sepúlveda, 2013
165 Stammers, 1999; Cornwall, 2002
166 CESCR, 2001: para. 6
167 OHCHR, 2004; Green, 2008; Donald and Mottershaw, 2009
168 Watts, 2014: 805
169 Narayan, 2000; Mumford and Power, 2003; ATD Fourth World, 2019; Bray et al., 2019
170 Kincaid, 1973: 171
171 Kabeer, 2000: 29–30; Green, 2008
172 Giddens, 1991: 211–214; Wainwright, 2018: 13
173 Bachrach and Baratz, 1970: 44; Lukes, 1974; Gaventa and Martorano, 2016; Scott-Villiers and Oosterom, 2016
174 Stammers, 1999
175 Narayan et al., 2000; ATD Fourth World, 2019; Bray et al., 2019
176 Lukes, 1974; Hoggett, 2001
177 Mayo and Craig, 1995
178 Cornwall, 2000: 73
179 Mayo, 2004
180 McGee, 2016: 112
181 McGee, 2016: 112の引用による。
182 Kabeer, 2003: 3
183 Cornwall, 2000: 33; Mayo, 2004
184 Nevile, 2008; Sepúlveda, 2013; Aldridge, 2015; Dornan and Skelton, 2020
185 Shahrokh and Wheeler, 2014: 17; Patrick, 2020
186 Shahrokh and Wheeler, 2014: 46
187 Leeds Poverty Truth, 2019, ページ番号なし。

## 終章

1 Van Oorschot and Halman, 2000; Brady, 2009; Lepianka et al., 2010; Hall et al., 2014; Da Costa and Dias, 2015; Edmiston, 2019
2 Hills et al., 2019: vii
3 Crossley, 2017
4 Krumer-Nevo and Benjamin, 2010
5 Wresinski, 2017: 8; Klug, 2015, 2019
6 ATD Fourth World, 2014; Sng 2018; Arnade, 2019; JRF, 2020a
7 Bennett with Roberts, 2004; Patrick, 2020
8 Robb, 2002; Patrick, 2020
9 Dodson and Schmalzbauer, 2005: 957; Bennett with Roberts, 2004
10 ATD Fourth World, 2019: 30; Bray et al., 2019; また、Fourth World University Research Group, 2007 も参照。
11 Patrick, 2020
12 Dodson and Schmalzbauer, 2005; Fourth World University Research Group, 2007
13 Lister and Beresford, 2000; Patrick, 2020
14 Aldridge, 2015: 140; また、Fourth World University Research Group, 2007 も参照。
15 Ruth Patrick, 2020: 261
16 Corden, 1996
17 Hacourt, 2003
18 Brill and Haddad, 2011: 15; Orr et al., 2006; Perry et al., 2014
19 Crossley, 2017: 113, 123, 124; また、Toynbee and Walker, 2008; Platt and Dean, 2016; Edmiston, 2018; O'Hara, 2020; Treanor, 2020 も参照。
20 ILO, 2019; see also Lister, 2016
21 Walker and Chase, 2014b: 152; さらに Roelen, 2017 も参照。
22 Gubrium and Lødemel, 2014: 212
23 Skelton, 2010
24 Pellissery et al.2014: 197
25 Unwin, 2013; Knight, 2017; Main and Mahoney, 2018; Stevens, 2018; Eubanks, 2019; O'Hara, 2020; Patrick, 2020
26 Krumer-Nevo and Benjamin, 2010
27 O'Hara, 2020: 6, 222
28 Eubanks, 2019
29 Herrington et al., 2020: 144
30 Sepúlveda, 2011a: para 82
31 O'Hara, 2020
32 James Morrison, 2019
33 Walker, 2014b: xi; Pellissery et al., 2014: 179
34 Gubrium and Lødemel, 2014: 202; Atkinson, 2015
35 Wolff and de-Shalit, 2007: 171
36 Horton and Gregory, 2009: 135
37 Rothstein 1998: 157
38 Horton and Gregory, 2009; Sinfield, 2012, 2014, 2020
39 Lansley, 2020; Standing, 2020
40 O'Connor, 2018: 198-9; Sinfield, 2012: 101; 2014, 2020;

72 Halpern-Meekin et al.2015: 112, 114
73 Mik-Meyer and Silverman, 2019
74 Ehrenreich, 2001: 208–9
75 Gilliom, 2001: 67; さらに Power, 2005 も参照。
76 Peel, 2003: 95
77 Manji, 2017: 310; また、Henman and Marston, 2008; Fletcher and Wright, 2018 も参照。さらにアイルランドの視点に関しては、Whelan, 2020 を参照。
78 Alston, 2019: para 63
79 Victoria Eubanks, 2019: 223, 168, 224
80 Gilliom, 2001: 14
81 O'Brien, 2018: 83の引用による。
82 Coote, 1992: 9
83 OECD, 2000
84 Warschauer, 2003; Alston, 2019; Schou and Pors, 2019
85 EAPN, 2003: 4
86 Fraser, 2008: 60; 本章結論も参照。
87 www.socialquality.nl/declaration.htm
88 Gould, 1988: 212; Janoski, 1998
89 Donald and Mottershaw, 2009: 14
90 OHCHR, 2004: 18–19
91 Sepúlveda, 2013: paras 20–1
92 Gould, 1988
93 CoPPP, 2000; Narayan et al., 2000; Sepúlveda, 2013
94 ATD Fourth World, 2014: 82
95 ATD Fourth World, 2000: 32
96 CoPPP, 2000
97 Porter, 2000
98 Tomlin, 2019: 5; see also Wainwright, 2018: 105; Beresford and Carr, 2018: 427
99 Narayan, 2000; Peel, 2003; Carraway, 2019
100 www.eapn.org/wdocs/summitp_en.doc
101 A Different Take London Panel, 2019: 9
102 Young, 1990: 184
103 Green, 2008
104 Shahrokh and Wheeler, 2014
105 Sepúlveda, 2013: para 16
106 EAPN, 2007: 31
107 ATD Fourth World, 2000; Women's Budget Group, 2008
108 ATD Fourth World, 2019: 38
109 Soss, 1999: 374
110 Donald and Mottershaw, 2009: 2014
111 Young, 2000
112 Sepúlveda, 2013
113 Michal Krumer-Nevo, 2020
114 Mohanty, 2018: 423；Beresford and Carr, 2018
115 Tirado, 2014
116 McGarvey, 2017
117 Carraway, 2019
118 Hudson, 2019
119 www.eapn.org/wdocs/summitp_en.doc
120 Bennett, 1999: 16
121 Peel, 2003: 179, 168
122 McGee, 2002: 17
123 ATD Fourth World, 1996: 12; 2000
124 Fourth World University Research Group, 2007: 4; また、Tardieu and Tonglet, 2020 も参照。
125 Brun, 2007: 466
126 Bray et al., 2019: 44, 12
127 Herrington et al., 2020
128 del Tufo and Gaster, 2002: 6,7
129 Alice O'Connor, 2001: 293–4; また、Lawson and Elwood, 2018 も参照。
130 Swerts, 2018: 180; Shahrokh and Wheeler, 2014: 14–15; International Movement ATD Fourth World, 2012: 9–10; Patrick, 2020: 264
131 Shahrokh and Wheeler, 2014; Beresford and Carr, 2018; McIntosh and Wright, 2019; Patrick, 2020
132 Robb, 2002: 1
133 Godinot and Wodon, 2006: 2
134 Roets et al., 2012; De Corte et al., 2018; Boone et al., 2019b
135 Gaventa, 2002: 2; Roets et al., 2012; Boone et al., 2019a, 2019b
136 Khan, 2009: 42; さらに Sepúlveda, 2013 も参照。
137 Simpson et al., 2017: 47
138 Cornwall and Gaventa, 2000: 59, 50
139 ATD Fourth World, 2019: 38; Shahrokh and Wheeler, 2014: 57
140 Jensen et al., 2019: 86
141 Sepúlveda, 2013: para 17
142 Cornwall, 2000; Beresford, 2002
143 Rademacher and Patel, 2002: 180; Shahrokh and Wheeler, 2014; Wright, 2016; Beresford and Carr, 2018; Meriluoto, 2019; Tomlin, 2019
144 Peel, 2003: 110
145 McGarvey, 2017: 77
146 CoPPP, 2000: 18
147 Cook, 2002
148 ATD Fourth World, 2000; McGarvey, 2017
149 CoPPP, 2000: 29
150 Young, 2000: 56; Charlesworth, 2000
151 Tomlin, 2019: 5; また、Sepúlveda, 2013; Simpson et al., 2017 も参照。
152 ATD Fourth World, 2000; Shahrokh and Wheeler, 2014; Leeds Poverty Truth, 2019

Bassel and Emejulu, 2018
419 Nancy Naples, 1998: 3; Herbst, 2013; Warr, 2006; Katz, S. M., 2013
420 Bassel and Emejulu, 2018: 94
421 Chrisafis, 2019
422 Susan Hyatt, 1992: 95
423 Lister, 2003
424 Leisering and Leibfried, 1999; Alcock, 2006; Jenkins, 2011
425 Alcock, 2006; Shildrick, 2018b

**第6章**

1 OHCHR, 1999: para. 9
2 Sepúlveda, 2013: para 12
3 Marie McCormack, cited in Sng, 2018: n.p.
4 Moraene Roberts, National Poverty Hearing, cited in Russell, 1996: 4
5 Gearty, 2011: 242
6 Walsh, 2006; さらに McCrudden, 2013: 1; Featherstone et al., 2018: 20; Spicker, 2020も参照。
7 ATD Fourth World, 2001: 1
8 Klug, 2015: 136; 2019
9 Joseph Wresinski, 2017: 8; また、Tardieu and Tonglet, 2020も参照。
10 Spicker, 2020
11 Dean, 2015; Brownlee, 2020
12 O'Brien, 2018: 90
13 Donald and Mottershaw, 2009: 5; Cox and Thomas, 2004
14 Lister, 2013
15 ATD Fourth World, 1991
16 ATD Fourth World, 1991: 13の引用による。
17 UNDP, 2000: 19; また、Vizard, 2001; 2006; Dean, 2007も参照。
18 Sen, 1999: 229; さらに Lister, 2013も参照。
19 UNDP, 2000: 20
20 Sen, 1999: 74
21 Vizard and Burchardt, 2007: 11, 68; Vizard et al., 2011
22 OHCHR, 2004
23 CESCR, 2001: para. 1
24 www.unhchr.ch/development/pov-02.html
25 OHCHR, 2002: 42; see also McCrudden, 2013; Klug, 2015, 2019
26 Esther Duflo and Abhijit Banerjee, 2019: 2
27 Cox and Thomas, 2004: 11
28 www.kwru.org/educat/orgmod2.html
29 OHCHR, 2002: 2; Vizard, 2006
30 Nyamu-Musembi, 2002
31 European Commission, 1999
32 Khan, 2009: 103–4; Alston, 2016: para 9; Killeen, 2008; Hunt, 2017, 2019
33 Lister, 2013も参照。
34 Sen, 1999: 229; Pogge, 2002: 46; Khan, 2009: 13
35 Donald and Mottershaw, 2009: 43
36 UNDP, 1997: 96; OHCHR, 2004; Nevile, 2010
37 Ferguson, 1999
38 Moser and Norton, 2001
39 Atkinson, 2019; 第3章も参照。
40 Sepúlveda, 2011b
41 Nyamu-Musembi, 2002: 1
42 Donald and Mottershaw, 2009: 43; Cox and Thomas, 2004
43 Dean, 2010: 156
44 Amh Consulting, 2011: 11, 15
45 Cox and Thomas, 2004: 8
46 Dean, 2010: 156; Lister, 2013; Vizard, 2016
47 www. eapn.org
48 さらに NNHR, 2019も参照。
49 Ruxton and Bennett, 2002
50 Crossley and Shildrick, 2012; ヨーロッパ評議会に関しては、Nolan, 2019を参照。
51 Eurochild, 2007, 2011; Atkinson, 2019
52 Cox and Thomas, 2004; Lister, 2013
53 Cox and Thomas, 2004: 53
54 www.kwru.org/ehrc/ehrcfaq.html; Baptist and Bricker-Jenkins, 2002; Eubanks, 2019
55 Zoelle and Josephson, 2006: 82
56 Riches, 2002, 2011; Lambie-Mumford, 2017; Human Rights Watch, 2019
57 Ferguson, 1999; Moser and Norton, 2001
58 Donald and Mottershaw, 2009: 6; Choffé, 2001; Dean, 2002
59 Nolan, 2015
60 Pogge, 2002: 91; Townsend and Gordon, 2002
61 Baptist and Bricker-Jenkins, 2002: 153; また、Zoelle and Josephson, 2006も参照。
62 T. H. Marshall, 1950
63 Wheeler, 2004: 41
64 Honneth, 1995, 2003
65 Edmiston, 2018: 111
66 Lister, 2011a
67 Bloodworth, 2018: 8; また、Toynbee, 2003も参照。
68 https://united4respect.org/campaigns/walmart/
69 Shalmy, 2018: 17–18
70 Pakulski, 1997: 80
71 Edmiston and Humpage, 2018: 477; Edmiston et al., 2017

338 D'Arcy and Finch, 2017: 4; Shipler, 2005; Shildrick et al., 2012b
339 Goulden, 2010; McCollum, 2012; Halpern-Meekin et al., 2015
340 Sidel, 2006; Handler and Hasenfeld, 2007; Cook, 2011
341 Ridge and Millar, 2011: 95; Millar and Ridge, 2017; 2020
342 Millar and Ridge, 2008: 118; Millar, 2007: 540
343 Millar and Ridge, 2017: 4, 3
344 Millar and Ridge, 2020
345 Ridge, 2007, 2009; Millar and Ridge, 2008
346 Standing, 1999; Newman and Chin, 2003; Handler and Hasenfeld, 2007; Vincent et al., 2010
347 Vincent et al., 2010: 134
348 Dalton, 2017: 57; Fahmy, 2018b
349 Goode and Maskovsky, 2001: 14
350 Williams and Popay, 1999: 179
351 Taylor, 1998
352 Taylor, 1998: 340
353 Lister, 2010
354 Taylor, 1998
355 Hunter, 2003
356 Boone et al., 2019a
357 James, 1992: 60
358 Desmond, 2017: 180
359 Lyon-Callo, 2001; Batty and Flint, 2010; Halpern-Meekin et al., 2015; Pemberton et al., 2016; Patrick, 2017; Edmiston, 2018; Peterie et al., 2019b
360 McGarvey, 2017: 55; Gilliat, 2001
361 Dalton, 2017; Edmiston, 2018; Fahmy, 2018b
362 Soss, 1999
363 Bruch et al., 2010: 219
364 Flaherty, 2008; Shildrick and MacDonald, 2013
365 Beresford and Croft, 1995; Taylor, 1998
366 ATD Fourth World, 1996: 60
367 Cohen, 1997
368 Jenkins, 1996
369 Jenkins, 2011
370 Ravensbergen and VanderPlaat, 2010: 392
371 Coole, 1996: 21
372 Iris Young, 2000: 100; また、1994も参照。
373 Beresford et al., 1999
374 Thekaekara and Thekaekara, 1994
375 Young, 1990
376 Chase and Walker, 2013: 752; Walker, 2014b: 131; Kent, 2016; Pemberton et al., 2016
377 Chase and Walker, 2013: 752
378 Naples, 1998; Tyler, 2013
379 Beresford et al., 1999
380 Ravensbergen and VanderPlaat, 2010: 392
381 Maskovsky, 2018
382 Beard, 2014
383 Jensen, 2014: 2
384 Parry et al., 1992: 64; Dalton, 2017
385 Chanan, 1992: 85; Blakely and Evans, 2008
386 CoPPP, 2000; Ravensbergen and Vanderplaat, 2010; Desmond, 2017; Bassel and Emejulu, 2018
387 Ravensbergen and Vanderplaat, 2010: 400
388 McGarvey, 2017; McKenzie, 2017; Fahmy, 2018b
389 Tobis, 2013; McGarvey, 2017
390 Shantz, 2011; Tobis, 2013; Kent, 2016; Mortimer, 2018; Patrick, 2020
391 Maskovsky, 2018: 91
392 Eubanks, 2019: 207
393 Tobis, 2013: 113; Ling and Dale, 2013; McGarvey, 2017
394 Kent, 2016: 136
395 Peacock et al., 2014
396 Chanan, 1992: 3
397 Chanan, 1992: 140
398 Piacentini, 2014: 438
399 Bassel and Emejulu, 2018: 85
400 Williams and Churchill, 2006; Batty and Flint, 2010; Daly and Kelly, 2015
401 Tobis, 2013: 113; ATD Fourth World, 2019
402 Kingfisher, 1996
403 Baptist and Bricker-Jenkins, 2002: 204
404 Mazelis, 2015: 115
405 Freeman-Woolpert, 2018; Eubanks, 2019
406 O'Hara, 2020
407 Wills, 2009; Katz, M. B., 2013; Wood, 2013; Shalmy, 2018; Shenker, 2019
408 Herbst, 2013; SUWN, 2016; Katz, 2017; McGarvey, 2017; Mortimer, 2018
409 Barbero, 2015; Koksal, 2017; Radical Housing Network et al., 2019
410 WynneJones, 2018; Patrick, 2020; Herrington et al., 2020
411 Sheila Katz, 2017: 99
412 Sheila Katz, 2017: 107
413 Lawless and Fox, 2001: 372
414 Axel Honneth, 1995: 138-9; また、Axel Honneth, 2003; Bassel and Emejulu, 2018も参照。
415 Tyler, 2013: 178; CoPPP, 2000; Dugan, 2014; ATD Fourth World, 2018; Kent, 2016; O'Hara, 2020
416 Naples, 1998; Katz, M. B., 2013
417 Chanan, 1992; Dominelli, 2006
418 Chanan, 1992: 86; Dominelli, 2006; Grimshaw, 2011;

270 McIntyre et al., Vasilachis de Gialdino, 2006; Daly and Kelly, 2015; Mitchell, 2020: 236
271 Vasilachis de Gialdino, 2006; Daly and Kelly, 2015; Mitchell, 2020: 236
272 Vasilachis de Gialdino, 2006; McKenzie, 2015; Patrick, 2016
273 Prest, 2000
274 ATD, 2019
275 ATD Fourth World, 2014: 2; また、2018版も参照。
276 Bray et al., 2019: 22; また、ATD Fourth World, 2019も参照。
277 Tirado, 2014: 67
278 McGarvey, 2017: 16
279 Cash Carraway, 2019: xix
280 Broughton, 2003; Sayer 2005b; Patrick, 2016; McGarvey, 2017; Tarkiainen, 2017; Edmiston, 2018; Edmiston and Humpage, 2018
281 Millar, 2007
282 Hennessy, 2009; Pulkingham et al., 2010
283 Kingfisher, 1996: 27
284 Leisering and Leibfried, 1999
285 Rigg and Sefton, 2006; Jenkins, 2011; Bennett and Daly, 2014; Marsh, 2017; Hacker, 2019
286 McKnight and Rucci, 2020: 55
287 Jenkins, 2011; Hick and Lanau, 2018
288 Jenkins, 2011: 361; Goulden, 2010; Hills, 2017
289 Ruspini, 1998; Bennett and Daly, 2014
290 Marsh, 2017; Social Metrics Commission, 2018; DWP, 2019
291 Alcock, 2004: 400; Vobruba, 2000
292 Millar, 2007; Wright and Patrick, 2019
293 Friedman and Laurison, 2019: 200; Seaman et al.2005; St Clair et al.2011; ElliotMajor and Machin, 2018; Pemberton and Humphris, 2018; Exley, 2019; Arnade, 2019
294 Boon and Farnsworth, 2011; Vance, 2016; Hanley, 2017; Arnade, 2019
295 Duncan Exley, 2019: 201
296 Morag Treanor, 2020: 199
297 Hooper et al., 2007; St Clair et al., 2011; Pemberton and Humphris, 2018; O'Connell et al., 2019
298 Seaman et al., 2005; Millar and Ridge, 2017; Exley, 2019
299 Shipler, 2005; Shildrick et al., 2012a; Halpern-Meekin et al., 2015; Lucio et al., 2016
300 Lupton and Kintrea, 2011
301 Shildrick et al.2012a; Wright, 2016; Desmond, 2017; Exley, 2019
302 Lupton and Kintrea, 2011; Treanor, 2020
303 ATD Fourth World, 2019: 14
304 Elliot-Major and Machin, 2018
305 Gillies, 2007
306 CRESR Research Team, 2011; McKenzie, 2015; Vance, 2016; Hanley, 2017; Miles and Leguina, 2018
307 Friedman and Laurison, 2019: 174, 182
308 Elliot-Major and Machin, 2018; Roberts and Kibasi, 2018; Exley, 2019; Arnade, 2019
309 Kerry Hudson, 2019: 2, 4
310 Shildrick et al., 2010; 2012a, 2012b
311 Shildrick, 2018b
312 Sidel, 2006; Shildrick et al., 2012b; Katz, S. M., 2013; Daly and Kelly, 2015
313 Polly Toynbee, 2003: 97
314 Gallie et al., 2003: 28
315 Marsh and Rowlingson, 2002; Gallie et al., 2003
316 Hacker, 2019
317 Wright, 2016; Patrick, 2017; Shildrick, 2018b; Wright and Patrick, 2019
318 Daly and Leonard, 2002: 117; Summers, 2018; Donoghue and Edmiston, 2020
319 Tirado, 2014: xviii; さらに Desmond, 2017; Exley, 2019 も参照
320 Mullainathan and Shafir, 2014
321 Halpern-Meekin et al., 2015: 202
322 Simon Pemberton, 2015: 116
323 Shildrick et al., 2012b; Schrecker and Bambra, 2015
324 Dean, 2003: 441; Hooper et al., 2007; Duck, 2015; Popkin et al., 2016
325 Tolman and Raphael, 2000; Howard and Skipp, 2017; Women's Aid, 2019
326 Millar, 2007; CRESR research team, 2011
327 Duncan and Edwards, 1999; Hennessy, 2009; Shildrick et al., 2012a
328 Hall et al., 2017
329 Goulden, 2010
330 Hick and Lanau, 2018; Judge and Slaughter, 2020
331 Standing, 2011; Orton, 2015; Shildrick, 2018b; Judge and Slaughter, 2020
332 Bloodworth, 2018: 258, 8; また、Hudson, 2019: 183–4 も参照。
333 Bloodworth, 2018: 51
334 Victoria Eubanks, 2019: 205
335 Shildrick et al., 2010: 14
336 Goulden, 2010; Thompson, 2015; Shildrick, 2018b; さらに Judge and Slaughter, 2020 も参照。
337 Shildrick et al., 2012b

187 Dagdeviren and Donoghue, 2019: 557
188 Edin and Lein, 1996: 258
189 Halpern-Meekin et al., 2015: 122
190 Smith, 2005
191 Katungi et al., 2006: 7, xii; Gillies, 2007
192 David Smith, 2005: 156
193 Fletcher, 2010: 334
194 Main and Mahony, 2018: 43
195 Katungi et al., 2006: 13
196 MacDonald, 1994; Katungi et al., 2006
197 Smith, 2005: 201
198 Patrick, 2017: 70
199 Kempson et al., 1994; Fitzpatrick et al., 2015; Patrick, 2017
200 Smith, 2005
201 Jarrett, 2003; Wacquant, 2008; Duck, 2015
202 Popkin et al.'s 2016; さらに Edin and Shaefer, 2015; Work and Pensions Committee, 2019 も参照。
203 MacDonald and Marsh, 2005; McKenzie, 2015
204 Duck, 2015: 139; May et al.
205 Smith, 2005
206 Mumford and Power, 2003: 212; Seaman et al., 2005; McKenzie, 2015
207 Goffman, 2014; McKenzie, 2015
208 2015: 17; さらに Arnade, 2019 も参照。
209 Popkin et al., 2016: vi; Katungi et al., 2006; Wacquant, 2008; Rogaly and Taylor, 2009
210 Duck, 2015: 50
211 Rogaly and Taylor, 2009: 106
212 McKenzie, 2015: 170; Peel, 2003
213 McGarvey, 2017: 94
214 Gillies, 2007: 103
215 McGarvey, 2017: 156
216 Frost and Hoggett, 2008: 455
217 ATD Fourth World, 1991; Davies, 1998; Peel, 2003; McKenzie, 2015
218 Tyler, 2013: 41
219 Tyler, 2013: 204; McKenzie, 2015
220 Lightowlers, 2015: 101
221 Walker 2014b: 127, 128; McGarvey, 2017; Edmiston, 2018
222 MacDonald and Marsh, 2002: 36, 2005; Arnade, 2019: 82, 235; Sherman, 2006; Desmond, 2017; McGarvey, 2017
223 Buchanan and Young, 2000
224 James C. Scott, 1985: 29
225 James C. Scott, 1985: 33
226 James C. Scott, 1985: 301
227 James C. Scott, 1985: 295
228 James C. Scott, 1985: 300
229 Catherine Kingfisher, 1996
230 John Gilliom, 2001
231 Catherine Kingfisher, 1996: 38
232 ほかに Dodson and Schmalzbauer, 2005 も参照。
233 Kingfisher, 1996: 40
234 Gilliom, 2001: 100, 112
235 Edmiston and Humpage, 2018: 475, 476, 478, 476; Edmiston, 2018
236 Baker and Davis, 2018: 540, 544
237 Dwyer, 2019; Donoghue and Edmiston, 2020
238 Bill Jordan, 1996: 157
239 Jordan and Redley, 1994: 17
240 Jordan, 1993: 213; Jordan et al., 1992
241 Jordan, 1993: 216
242 Dean and Melrose, 1996; Dean; 1998
243 Dean, 2002: 216
244 Dean, 2002: 216
245 Scott, 1985
246 Rowlingson et al., 1997; Smith, 2005
247 Katungi et al., 2006: xii, 27
248 Rogers, 2002; Pulkingham et al., 2010; SUWN, 2016; Edmiston and Humpage, 2018
249 Dean and Melrose, 1997
250 Gilliat, 2001
251 Handler, 1992: 724; McCann and March, 1996: 223
252 McCann and March, 1996: 227
253 Mann, 1997: 234-6; Leonard, 1997: 95; Hemmings and Treacher, 2006: 1
254 Yvonne Luna, 2009: 441
255 Yvonne Luna, 2009: 456; さらに McCormack, 2004 も参照。
256 E. Brooke Kelly, 2009: 99
257 Peterie et al., 2019b: 807, 796
258 Peterie et al., 2019b: 804
259 Scott, 1989: 56
260 Peterie et al. 2019b: 799
261 Bleiker, 2003: 43; Vasilachis de Gialdino, 2006: 485; Edmiston and Humpage, 2018: 473
262 Stonebridge, 2017: 2
263 Tarkiainen, 2017: 219
264 Vasilachis de Gialdino, 2006; Gonyea and Melekis, 2017
265 Leach and Livingstone, 2015: 616
266 Meriluoto, 2019: 103
267 Karen McCormack, 2004
268 Peacock et al., 2014: 396
269 Kent, 2016: 124

113 Kempson et al., 1994: 280, 282, 286, 293
114 Goode, 2012: 26
115 Daly and Kelly, 2015: 60
116 Tirado, 2014: xviii
117 Walker et al., 2013; Walker, 2014b
118 Skeggs, 2005; Flaherty, 2008; Shildrick and MacDonald, 2013
119 Reutter et al: 309; Rayburn and Guittar, 2013; Gonyea and Melekis, 2017; Peterie et al., 2019a
120 Taylor, 2011: 788
121 Flaherty, 2008
122 Kathy Hamilton, 2012: 74, 75
123 Walker, 2014b; Pemberton et al., 2018
124 Schweid, 2016: xiv
125 Holman, 1998
126 Hooper et al., 2007: 43
127 Leisering and Leibfried, 1999
128 Ghate and Hazel, 2002; Katz et al., 2007; Clarke et al., 2017; Gupta, 2017
129 Wilson and Herbert, 1978: 186; Hooper et al., 2007
130 Daly and Kelly, 2015; Hill et al., 2016; Daly, 2018
131 Gillies, 2007: 145, 154, 153
132 Gillies, 2007: 146
133 Duncan Exley, 2019: 237
134 Sherman, 2009
135 Jarrett and Jefferson, 2003: 21; see also Seaman et al., 2005
136 Mullainathan and Shafir, 2014
137 Narayan, 2000; Bartley, 2006; Orr et al., 2006; Sidel, 2006; Gillies, 2007; Canvin et al., 2009; Hill et al., 2010; Shildrick and MacDonald, 2013
138 CRESR Research Team, 2011: 41–2
139 Keohane and Shorthouse, 2012; Jarrett et al., 2014; Halpern-Meekin et al., 2015
140 Hooper et al., 2007; Hill et al., 2016
141 Beresford et al., 1999: 94に引用された女性の発言。
142 Holloway et al., 1997; Goode et al., 1998; Shildrick and MacDonald, 2013
143 Williams and Churchill, 2006: 32
144 Daly, 2017: 460; Wrapson et al., 2008; Flint, 2010; Batty and Flint, 2010; Jarrett et al., 2014
145 Sherman, 2009
146 Patrick, 2017: 73
147 Kempson, 1996: 24; Mahony and Pople, 2018
148 Elizabeth Harrison, 2013: 109
149 Ghate and Hazel, 2002; Gillies, 2007; Pemberton et al., 2017, 2018; Carraway, 2019
150 Darren McGarvey, 2017: 80; さらに Tirado, 2014も参照。
151 Marmot, 2010; Benzeval et al., 2014; Mental Health Foundation 2018; Prior and Manley, 2018
152 Harrison, 2013; Tirado, 2014
153 Ridge, 2009: 92; Popkin et al., 2016
154 Ghate and Hazel, 2002; Orr et al., 2006; Crisp and Robinson, 2010; O'Leary and Salter, 2014
155 Ghate and Hazel, 2002; Gallie and Paugam, 2002; Gazso et al., 2016
156 Burns et al., 2004; Warr, 2005; Daly and Kelly, 2015
157 Jarrett et al., 2014: 210
158 Ghate and Hazel, 2002; Orr et al., 2006; Sidel, 2006; Crisp and Robinson, 2010; O'Leary and Salter, 2014; Daly, 2018
159 Boyce, 2006; Crisp and Robinson, 2010
160 McKenzie, 2012, 2015
161 Bourdieu, 1999; Perry et al., 2014; Halpern-Meekin et al., 2015; Bramley and Besemer, 2018
162 Holloway et al., 1997; CRESR Research Team, 2011; Williams, 2011; O'Leary and Salter, 2014; Halpern-Meekin et al., 2015
163 Hooper et al.2007; Parker and Pharoah, 2008; Perry et al.2014; Matthews and Besemer, 2015; Stone, 2015
164 Mazelis, 2015: 110
165 Jarrett et al., 2014
166 Warr, 2006; Hooper et al., 2007; Offer, 2012; Perry et al., 2014; Stone, 2015
167 Wilson et al., 2018: 153
168 Donoghue and Edmiston, 2020
169 Gregory, 2019
170 Desmond, 2017: 162
171 Desmond, 2017: 369
172 Williams, 2011: 374; Burns et al.
173 Seaman et al., 2005; McKenzie, 2015
174 Sherman, 2009: 188
175 O'Leary and Salter, 2014; Crisp and Robinson, 2011; Cook, 2012
176 Cook, 2012: 344; Millar and Ridge, 2017
177 Shildrick et al., 2012a; Canduela et al., 2015; Matthews and Besemer, 2015
178 Peterie et al., 2019a: 794
179 Smith, 2005; McCabe et al. 2013; Barnard, 2014
180 Cook, 2012; MacDonald and Marsh, 2005; Hanley, 2017
181 Gilliat, 2001
182 Elaine Kempson et al., 1994: 275
183 Fitzpatrick et al., 2016; Dore and Gray, 2019
184 Gerrard, 2019: 432, 425
185 Edin and Shaefer, 2015: 173
186 Edin and Shaefer, 2015: 171

31 Gandy et al., 2016; Sheehy-Skeffington and Rea, 2017
32 van der Hoek, 2005; Redmond, 2008, 2009
33 Deacon, 2004: 450
34 Bill Jordan, 1996: 78
35 Burns, 1994: 198, 227
36 Taylor-Gooby, 1998: 222; Wright, 2012
37 Holloway et al., 1997: 12
38 Duncan and Edwards, 1999: 3
39 Duncan and Irwin, 2004: 397
40 David Taylor, 2011: 787; Wright, 2012; Emmel, 2017
41 Leisering and Leibfried, 1999
42 Gangas, 2016
43 Sen, 1999: 190
44 たとえば、Hoggett, 2001 を参照。
45 Kabeer, 200
46 Leisering and Leibfried, 1999
47 Lister, 2003
48 Williams and Churchill, 2006: 30, 32
49 Bray et al., 2019: 17–18
50 O'Leary and Salter, 2014: 37
51 ATD Fourth World, 1991: 43
52 Williams et al., 1999
53 Michael Titterton, 1992: 1, 19
54 Perry et al., 2014: 72; Underlid, 2007
55 Rogaly and Taylor, 2009: 97; さらに O'Hara, 2020 も参照。
56 Daly and Kelly, 2015: 75
57 Val Gillies, 2007: 128
58 Mary Daly, 2018: 571
59 Jennifer Sherman, 2009: 13, 73
60 McKenzie, 2015: 176
61 Duncan, 1999
62 McKenzie, 2015
63 James Bloodworth, 2018: 67
64 Burchardt, 2008b, 2010
65 ATD Fourth World, 2019
66 Williams and Popay, 1999
67 Chambers and Conway, 1992: 7
68 Beall, 2002: 83
69 Moser, 1998: 1; Narayan, 2000: 49, 64
70 Beall, 2002: 72 に引用された Bebbington, 1999 による。
71 Rakodi with Lloyd-Jones, 2002
72 Brill and Haddad, 2011: 9; Orr et al., 2006
73 Perry et al.2014: 19
74 Perry et al.2014: 20, 29
75 Social Policy & Society, 2015; Davis and Baumberg-Geiger, 2017; Lambie-Mumford, 2017, 2018; Loopstra and Lalor, 2017; Eurofound, 2018
76 Goode, 2012; Hanson et al., 2016, Carraway, 2019; O'Connell et al., 2019
77 Parker and Pharoah, 2008: 36; Pemberton et al., 2017: 1164; Savage, 2015: 344–5
78 Desmond, 2017; さらに Ridge, 2009; Schweid, 2016; Mahony, 2017 も参照。
79 Halpern-Meekin et al., 2015: 31
80 Lister, 2006; Ben-Galim and Lanning, 2010; Keohane and Shorthouse, 2012
81 Emma Mitchell, 2020: 238
82 Hills et al., 2006
83 CRESR Research Team, 2011: 44
84 ATD Fourth World, 2005: ノンブルなし
85 Kjell Underlid, 2007: 73
86 Orton, 2015; Kalleberg, 2018; Hacker, 2019
87 Pemberton et al., 2017: 1170; 2018
88 Donoghue and Edmiston, 2020
89 Leisering and Leibfried, 1999: 40
90 Wrapson et al.2008
91 Daly and Kelly, 2015: 64; Shipler, 2005; Shildrick et al., 2012a; Patrick, 2017; Dagdeviren and Donoghue, 2019
92 Karlsen and Pantazis, 2018
93 Mahony and Pople, 2018; Gregory, 2019
94 Edin and Shaefer, 2015; Fitzpatrick et al., 2018
95 Desmond, 2017
96 Redmond, 2008: i; さらにまた、Ridge, 2002, 2009; van der Hoek, 2005; Popkin et al., 2016; Mahony, 2017; Mahony and Pople, 2018; Main and Mahoney, 2018; O'Connell et al., 2019; Main, 2020 を参照。
97 Stephen Gilliat, 2001: 1
98 Stephen Gilliat, 2001: 139
99 Flint, 2010: 13; Daly and Kelly, 2015
100 Stephen Gilliat, 2001: 65
101 Stephen Gilliat, 2001: 99
102 たとえば、Vaitilingam, 2002 を参照。
103 Keohane and Shorthouse, 2012: 55–6; さらに Hohnen, 2007 を参照。
104 David McCrone, 1994: 80, 70
105 Mullainathan and Shafir, 2014; Sheehy-Skeffington and Rea, 2017
106 Mitchell, 2020: 230
107 Dagdeviren and Donoghue, 2019: 552
108 Rakodi, 2002: 8; Eroglu, 2011
109 Dewilde, 2003; Dowler and Lambie-Mumford, 2015
110 Flint, 2010; Duck, 2015; Daly, 2017
111 David Vincent, 1991: vii
112 Parker and Pharoah, 2008; Hill et al., 2016; Shildrick, 2018b

246 Women's Budget Group, 2005
247 Fodor, 2006; Walker et al., 2013; McKenzie, 2015
248 Scheff, 2003: 239; Walker et al., 2013: 216; Sayer, 2005a
249 Roelen, 2017: 15
250 Pemberton et al., 2018: 257; Darab and Hartman, 2011: 788, 794; Walker et al., 2013: 230; さらにまた、Peacock et al., 2014; McGrath et al., 2015; Dolezal and Lyons, 2017; Arnade, 2019 も参照。
251 Rawls, 1973; Honneth, 1995
252 Andrew Sayer, 2005a: 954; see also 2005b
253 Chase and Walker 2013; Baumberg et al., 2012
254 UKCAP, 1997: 12
255 Richard Jenkins, 1996: 74
256 Richard Jenkins, 1996: 57
257 Chase and Walker, 2013
258 Axel Honneth, 2007: xii
259 Charles Taylor, 1992: 26; Sayer, 2005a, 2005b
260 Vasilachis de Gialdino, 2006; McCrudden, 2013
261 Richard Sennett, 2003: 3
262 Clemens Sedmak, 2013: 559–60, 569
263 Simon Charlesworth, 2005: 304-5; McKenzie, 2015
264 Fourth World University Research Group, 2007: 451
265 Narayan et al., 2000: 260
266 Wood, 2013 を参照。
267 Peel, 2003
268 McKenzie, 2015
269 Peel, 2003: 111
270 Chris Arnade, 2019: 284, 17
271 Beresford et al., 1999: 90
272 Russell, 1996: 10
273 CoPPP, 2000: 3
274 ATD Fourth World, 2014: 7
275 John Rawls, 1973: 440
276 Sen, 1999
277 Nussbaum, 2000: 79
278 Veit-Wilson, 1998: 86の引用による。
279 Sayer, 2005b; Honneth, 2007
280 Anne Phillips, 1999: 131
281 Sennett,2003: 23
282 Sennett and Cobb, 1972: 118; Sayer, 2005a, 2005b; Honneth, 2007
283 Sennett and Cobb, 1972: 183
284 Murray, 1988: 123, 130–1
285 Mickey Kaus, 1992: 139,
286 Barbara Ehrenreich, 2001: 208–9
287 Taylor, 1992
288 Sayer, 2005a, 2005b
289 Sayer, 2005b: 225
290 Lister, 2007
291 bell hooks, 1994: 170–2
292 Pakulski, 1997: 80
293 Jan Pakulski, 1997: 83
294 Ridge, 2002, 2009; Sutton et al., 2007
295 McNay, 2008; Lawson and Elwood, 2018; Krumer-Nevo, 2020
296 Schram, 1995: 22
297 hooks, 1994
298 Krumer-Nevo and Benjamin, 2010

**第 5 章**

1 Krumer-Nevo and Benjamin, 2010
2 Schirmer et al., 2012
3 Anderson, n.d.: 5, 27
4 Sheehy-Skeffington and Rea, 2017: 3, 1
5 Fell and Hewstone, 2015: 32
6 Sendhil Mullainathan and Eldar Shafir, 2014: 60, 41–2, 47
7 Shildrick, 2018b: 6
8 Mahony and Pople, 2018: 127; Hoggett, 2001; Hunter, 2003
9 Wilkinson and Pickett, 2014: 20
10 Greener, 2002
11 Hoggett, 2001: 47; Friedli, 2009
12 Payne, 2006; Peacock et al., 2014; Fell and Hewstone, 2015; Mental Health Foundation, 2017
13 Solomon, 2001: 340
14 Beck and Beck-Gernsheim, 2002
15 Leisering and Leibfried, 1999
16 Giddens, 1991; Kabeer, 2000; Crossley, 2017; Shildrick, 2018b
17 Matthew Desmond, 2017: 305
18 Wolff et al., 2015: 46
19 Deacon, 2004
20 たとえば、Holman, 1978; George and Howards, 1991 を参照。
21 Deacon and Mann, 1999; Deacon, 2002; Welshman, 2007
22 O'Connor, 2001
23 Deacon, 2004: 448; Wright, 2012
24 Williams et al., 1999: 2
25 Williams et al., 1999: 179
26 Shildrick and Rucell, 2015: 24; Orton, 2009: 496
27 ATD Fourth World, 2019: 23
28 Carraway, 2019
29 Dagdeviren et al., 2016: 14; さらに Dagdeviren and Donoghue, 2019; Donoghue and Edmiston, 2020 も参照。
30 Dagdeviren and Donoghue, 2019: 562–4

179 Peel, 2003: 16; Seymour, 2009: 8; Crossley, 2017: 27; Lugo-Ocando, 2015
180 Jeremy Brent, 2009: 37–8
181 Harrington, 1962: 17, 2; さらに Rimstead, 1997 を参照。
182 Nick Davies, 1998
183 Nick Davies, 1998: 305; see also Brent, 2009
184 Hodgetts et al., 2005: 38
185 Jairo Lugo-Ocando, 2015
186 Fabian Commission on Life Chances, 2006; see also Stevens, 2018
187 Lens, 2002; McKendrick et al., 2008; Walker 2014b; Lugo-Ocando, 2015; Reeves and de Vries, 2016; O'Hara, 2020
188 Lugo-Ocando, 2015: 68; McKendrick et al., 2008; Baumberg et al., 2012; Chase and Bantebya-Kyomuhendo, 2015a; Morrison, 2019
189 Albrekt Larsen and Dejgaard, 2013; Albrekt Larsen, 2014
190 O'Hara, 2020: 290
191 deMause and Randall, 2007; McKendrick et al., 2008; Seymour, 2009; Lepianka, 2015
192 Fohrbeck et al., 2014 による。
193 Hanley, 2009: 7; Jones, 2011; O'Hara, 2020
194 Tracey Jensen, 2014: 4
195 Volmert et al.2016
196 Unwin, 2013; Hudson et al., 2016; Morrison, 2019; O'Hara, 2020
197 Skeggs, 2005; Kelly 2010
198 Gilens, 1999; Misra et al., 2003
199 de Goede, 1996; Baumberg et al., 2012; Albrekt Larsen and Dejgaard, 2013; Lugo-Ocando, 2015; Reeves and de Vries, 2016; Curtice et al., 2019
200 Baumberg et al., 2012: 37; Walker and Chase, 2014a; Chase and Walker, 2015
201 Seymour, 2009; Lepianka, 2015
202 Beresford et al., 1999: 16
203 Lugo-Ocando, 2015
204 Devereux, 1998; Peel, 2003; Lugo-Ocando, 2015
205 Lens, 2002; deMause and Randall, 2007
206 Hodgetts et al., 2005: 40
207 Devereux, 1998; Bullock et al., 2001; Lugo-Ocando, 2015; O'Hara, 2020
208 McKendrick et al., 2008
209 Soss, 1999; Brent, 2009; Chase and Walker, 2013; Fohrbeck et al., 2014; Walker, 2014b; Garthwaite, 2016a, 2016b; O'Hara, 2020
210 Pemberton et al., 2016, 2017
211 Baumberg et al., 2012; Walker, 2014b
212 Waxman, 1977; Baumberg et al., 2012; Walker 2014b
213 Wacquant, 2008; Snoussi and Mompelat, 2019; Arnade, 2019 も参照
214 Gubrium and Lødemel, 2014; Hudson et al.
215 Gilliom, 2001; Darab and Hartman, 2011; Baumberg et al.
216 Chase and Walker 2013; Patrick, 2017
217 Bartley, 2006: 22; さらに Peel, 2003; Gubrium and Lødemel, 2014; Chase and Bantebya-Kyomuhendo, 2015b; Gupta et al., 2018 も参照、
218 Perry, 2005; Davies, 2008; Killeen, 2008
219 Halpern-Meekin et al., 2015: 7
220 Canvin et al., 2007; Snoussi and Mompelat, 2019
221 Perry et al., 2014; van der Horst et al., 2014; Garthwaite, 2016a, 2016b; Purdam et al., 2016
222 Gubrium et al., 2014; Sutton et al., 2014; Chase and Bantebya-Kyomuhendo, 2015a
223 Walker, 2014b: 149; see also Bray et al., 2019
224 McKenzie, 2015: 192, 51; さらに Arnade, 2019 も参照。
225 Crossley, 2017: 6-7; Wacquant, 2008; Jones et al., 2019
226 Rogers-Dillon, 1995; Journal of Social Issues, 2001; McCormack, 2004; Barreto and Ellemers, 2010; Kusenbach, 2020; Smets and Kusenbach, 2020
227 Daly and Kelly, 2015
228 Rimstead, 1997
229 Sayer, 2005b; Daly and Kelly, 2015
230 Hamilton, 2012
231 Linda Tirado, 2014: 164–5, 67
232 Chase and Walker, 2013; Fohrbeck et al., 2014; Patrick, 2016, 2017; Pemberton et al., 2016; Peterie et al., 2019a, 2019b
233 McKenzie, 2015
234 Peel, 2003: 13, 42; McKenzie, 2015
235 Wilkinson and Pickett, 2010; Tyler, 2013
236 Goffman, 1968; Walker, 2014b, Pemberton et al., 2016, 2017; ATD Fourth World, 2019
237 Goffman, 1968; Walker, 2014b, Pemberton et al., 2016, 2017; ATD Fourth World, 2019
238 Walker, 2014b: 197; see also O'Hara, 2020
239 Fourth World University Research Group, 2007: 53
240 Sayer, 2005b: 161
241 Sayer, 2005b; Wilkinson and Pickett, 2010; Hamilton, 2012; Peacock et al., 2014
242 Williams, 2002; Hamilton, 2012
243 Ridge, 2002, 2009
244 Middleton et al., 1994
245 Ridge, 2009: 29; O'Connell et al., 2019

89 Gans, 1995; Katz, M. B., 2013
90 William Julius Wilson, 1987
91 O'Connor, 2001
92 Katz, M. B., 2013: 220
93 Levitas, 2005; MacDonald and Marsh, 2005; Smith, 2005
94 Macnicol, 2017: 99; Lambert and Crossley, 2017; Crossley, 2018
95 Tyler, 2013
96 たとえば、MacDonald, 1997
97 Murray, 1996: 23
98 Gans, 1995: 18; Bauman, 1998; Tyler, 2013
99 Hartley Dean and Peter Taylor-Gooby, 1992
100 Morris, 1994
101 Murray, 1996: 41
102 Wacquant, 2008: 89; Franklin 1991
103 Tyler, 2013: 187; さらに第3章も参照。
104 Wacquant, 2008; Tyler, 2013
105 Wacquant, 2008; Katz, M. B., 2013
106 Tracy Shildrick, 2018a: 794; 2018b
107 Dean and Taylor-Gooby, 1992
108 Fraser and Gordon, 1994
109 Misra et al., 2003; Katz, M. B., 2013
110 たとえば、Schram, 1995; Handler and Hasenfeld, 1997; O'Connor, 2001
111 Novak 1987: 88
112 Lister, 2010, 2016
113 Scambler, 2018: 777
114 Patrick, 2014
115 Centre for Social Justice, 2013
116 Golding and Middleton, 1982の分析による。
117 Cook, 1997; Baumberg et al., 2012; Morrison, 2019
118 Welshman, 2013
119 Macnicol, 1987; Katz, M. B., 2013
120 Murray, 1996
121 Isenberg, 2016
122 Kolehmainen, 2017
123 Himmelfarb, 1984: 358
124 Skeggs, 2004: 103
125 Tyler, 2013: 154; Gillies, 2007
126 Tyler, 2013: 163
127 Jones, 2011: 112; Tyler, 2013
128 Keith Hayward and Majid Yar, 2006: 14
129 Kolehmainen, 2017
130 Murray, 1996: 23
131 Murray, 1996
132 Dahrendorf, 1987
133 Jones, 2011; Tyler, 2013
134 Isenberg, 2016: 313–4
135 Kushnick, 1999: 160; Kingfisher, 2002: 22
136 Sibley, 1995; Oliver, 2001
137 Beresford et al., 1999
138 Wacquant, 2008: 48
139 Wacquant, 2009
140 Herbert J. Gans, 1995: 12
141 Katz, 1989: 5
142 Polakow, 1993; Flaherty, 2008
143 Gans, 1995: 21
144 Beresford et al., 1999: 64–5
145 CoPPP, 2000
146 Dean with Melrose, 1999; Castell and Thompson, 2007; O'Connell et al., 2019
147 Jan Flaherty, 2008: 209
148 Shildrick and MacDonald, 2013: 288-9; Shildrick et al., 2012b
149 Dean with Melrose, 1999も参照のこと。
150 これは一般世論を反映している。Hall et al., 2014
151 Flaherty, 2008: 128
152 Shildrick and MacDonald, 2013: 289
153 Shildrick and MacDonald, 2013: 293
154 Shildrick and MacDonald, 2013: 291
155 Savage, 2015; Shildrick, 2018b
156 Sutton et al., 2007: 35
157 Patrick, 2017: 168
158 Elaine Chase and Robert Walker, 2013: 752–3; さらにPatrick, 2016, 2017; Pemberton et al., 2016も参照。
159 Sheldrick and MacDonald, 2013: 299
160 W. G. Runciman's, 1966
161 Dean with Melrose, 1999も参照。
162 Beresford et al., 1999
163 Savage 2015
164 hooks, 1994: 169
165 Brent, 2009
166 Anne Corden, 1996: 18
167 Knight, 2017: 13
168 Hall et al., 2014
169 Castell and Thompson, 2007; Hall et al., 2014
170 Beresford et al., 1999
171 Dean, 1992
172 Dundee Anti-Poverty Forum, 2003: 11
173 Flaherty, 2008
174 Dagdeviren et al., 2017
175 O'Connor, 2001: 293
176 Katz, 1989: 236
177 Tyler, 2013: 26
178 Katz, 1989: 7

**第 4 章**

1 George Farquhar, The Beaux Strategem, 1707
2 Russell, 1996: 4の引用による。
3 Pickering, 2001: 72
4 APPGP, 1999
5 Galloway, 2002: 13の引用による。
6 Bray et al., 2019: 21の引用による
7 Waxman, 1977; Walker 2014b; Spicker, 2020
8 Bray et al., 2019
9 Skeggs, 2005
10 Unwin, 2013
11 Sayer, 2005b: 58
12 Riggins, 1997
13 Power, 2005
14 Schram, 1995
15 Main and Mahony, 2018; Main, 2020
16 Valerie Polakow, 1993: 150
17 Vivyan C. Adair, 2005: 823
18 Featherstone et al., 2014: 22; さらに Gupta et al., 2018 も参照。
19 Perry, 2005; Killeen, 2008
20 Riggins, 1997
21 Michael Pickering, 2001: 45
22 Michael Pickering, 2001: 204
23 Rancière, 2001
24 Savage, 2015: 402
25 Edelman, 1977
26 Erving Goffman, 1968: 13, 15
27 Oliver, 2001
28 Scambler, 2018: 767
29 Sibley, 1995; Sayer, 2005a
30 Pickering, 2001: 73; Oliver, 2001
31 Imogen Tyler, 2013: 213; Power, 2005; Snoussi and Mompelat, 2019
32 Moraene Roberts, ただし、International Movement ATD Fourth World (International), 2012: 40の引用による。
33 ATD Fourth World, 2014: 5中の Kathy の発言。
34 Pickering, 2001: 48; Mooney, 2008
35 Dean with Melrose, 1999: 48
36 Riggins, 1997; Sayer, 2005b
37 Krumer-Nevo and Benjamin, 2010
38 Pickering, 2001: 73
39 Riggins, 1997: 8
40 Silver, 1996: 135
41 Polakow, 1993
42 Mark Peel, 2003: 10
43 Sidel, 2006
44 Clarke and Cochrane, 1998: 26; Fell and Hewstone, 2015
45 hooks, 1994: 169
46 Tyler, 2013: 178
47 Krumer-Nevo and Benjamin, 2010
48 O'Hara, 2020: 6
49 Veit-Wilson, 2004
50 Schram, 1995; Saraceno, 2002
51 Seabrook, 2013; Welshman, 2013
52 O'Hara, 2020
53 Jones and Novak, 1999: 5
54 Waxman, 1977; Handler and Hasenfeld, 1997; Katz, M. B., 2013; Isenberg, 2016
55 O'Connor, 2001: 8; Ross, 1991: 1506; Katz, M. B., 2013
56 Waxman, 1977; Welshman, 2013
57 Peter Golding and Sue Middleton, 1982: 10
58 Himmelfarb, 1984: 398; さらに Eubanks, 2019 も参照。
59 Himmelfarb, 1984
60 Squires, 1990: 55
61 Katz, M. B., 2013: 6; Seabrook, 2013
62 Golding and Middleton, 1982; Squires, 1990
63 Dean, 1992: 237–8; さらに Eubanks, 2019 も参照。
64 Himmelfarb, 1984; Fraser and Gordon, 1994
65 Himmelfarb, 1995: 142
66 Seabrook, 2013: 32
67 Handler and Hasenfeld, 1997; Katz, M. B., 2013; Welshman, 2013
68 Elwood and Lawson, 2018: 8; Eubanks, 2019
69 Squires, 1990: 54
70 Mooney, 1998; Carabine, 2000
71 Ridge, 2002
72 Sibley, 1995
73 Himmelfarb, 1984: 340
74 Himmelfarb, 1984: 399; Mann, 1994: 48
75 Mooney, 1998: 57; Seabrook, 2013: 113–14
76 Macnicol, 1987; Welshman, 2007, 2013
77 O'Connor, 2001; Katz, M. B., 2013 を参照。
78 Oscar Lewis, 1967: xxxix
79 Charles Valentine, 1968
80 Oscar Lewis, 1967: xxvii, xli; Harvey and Reed, 1996
81 O'Connor, 2001 参照。
82 Waxman, 1977: 90
83 Katz, M. B., 2013: 56
84 Harvey and Reed, 1996; O'Connor, 2001
85 Welshman, 2007, 2013
86 Welshman, 2013
87 Welshman, 2007: 51; 2013
88 Lister, 2010

131 EMIN, 2014; Patsios, 2018
132 Purdam and Prattley, 2020
133 France, 2008; Fahmy, 2018a; Rahman, 2019参照。
134 Adamson, 2013; Smolinski and Morabito, 2014
135 Adamson, 2013
136 Burd-Sharps et al., 2012; Smolinski and Morabito, 2014; Children's Defense Fund, 2019
137 Dermot and Pantazis, 2018; Main and Bradshaw, 2018
138 Lister, 2011b; Treanor, 2020
139 Bradbury et al., 2001
140 Gregg, 2008; National Academies of Sciences, Engineering and Medicine, 2019; Cooper and Stewart, 2013, 2017; Children's Defense Fund, 2019
141 Bradshaw, 2013: 10; Roelen, 2010
142 Treanor, 2020: 2
143 Tess Ridge and Peter Saunders, 2009: 499; さらに Fortier, 2006; Redmond, 2008, 2009; Ridge 2009, 2011; Crivello et al., 2010; Main, 2020 も参照。
144 Ridge, 2002: Ch. 4; Martin and Mason, 2011; Pople et al., 2013; Mahony, 2017
145 Attree, 2006
146 Sutton et al., 2007; Sutton, 2008; Walker et al., 2008
147 Crossley, 2017
148 Philo et al., 1995: 177; Powell et al., 2001
149 Paul Milbourne, 2004a: 563; 2010
150 Wacquant, 2008; Wilson, 2009; Katz, M. B., 2013
151 Tomlinson, 2018
152 Barnard and Turner, 2011; Keiller, 2017
153 Phillips and Platt, 2016: 253; Byrne, 1999; Dorling, 2015
154 Philo et al., 1995; Ehrenreich, 2001; Dorling, 2015
155 Toynbee, 2003: 19
156 Powell et al., 2001; Spicker, 2007
157 CRESR Research Team, 2011: 59, 5
158 Lupton, 2003b
159 Kearns and Parkinson, 2001; Richardson and Mumford, 2002
160 Power, 2007: 1
161 Lupton, 2003a; Power, 2007; Bramley, 2018
162 Bray et al., 2019: 22; Bramley, 2018; Sarkar and Barnes, 2018; Heidegger and Wiesel, 2020
163 Ghate and Hazel, 2002; Scharf et al., 2002
164 Wacquant, 2008; Mumford and Power, 2003; Power, 2007
165 SEU, 2001: 17; Bramley, 2018
166 Lupton, 2003b; Fitzpatrick, 2004
167 Byrne, 1999
168 Wacquant, 2008
169 Friedrichs 1998; Kleinman, 1999
170 Buck, 2001: 2272
171 Powell et al., 2001
172 Lupton and Power, 2002
173 Richardson and Mumford, 2002
174 Livingston et al., 2008: 1; Atkinson and Kintrea, 2004
175 Seaman et al., 2005; Watt, 2006; Power, 2007; McKenzie, 2012, 2015
176 Mumford and Power, 2003; Grimshaw, 2011; Fahmy, 2018b; さらに第5章も参照。
177 Spicker, 2007
178 Milbourne, 2010: 157–8
179 Hunter, 2014, 2019; O'Hara, 2015; Lee, 2016
180 Atkinson and Kintrea, 2004; McCormack, 2004; Hooper et al., 2007
181 Milbourne, 2004b: 172; 2006; 2020
182 Katz, M. B., 2013; Werner, 2015
183 Schaefer et al., 2016
184 Shucksmith, 2000; Fahmy and Pemberton, 2012; Bailey and Gannon, 2018
185 Fahmy and Pemberton 2012: 5.2
186 Cloke and Little, 1997
187 McCormick and Philo, 1995: 16
188 Simmons, 1997: 25
189 Bailey and Gannon, 2018: 235
190 Duncan, 1999: xiii; Isenberg, 2016: 320
191 Jennifer Sherman, 2006, 2009; さらに第5章も参照。
192 Skeggs, 2004: 89
193 Bourdieu, 1999; Watt, 2006; Hanley, 2007; Tyler, 2013; Crossley, 2017; Smets and Kusenbach, 2020
194 Toynbee, 2003: 149
195 Wacquant, 2008
196 Hastings and Dean, 2003
197 Dean and Hastings, 2000: 1
198 Atkinson and Kintrea, 2001; MacDonald and Marsh, 2001
199 Corden, 1996; Wood and Vamplew, 1999; 第4章も参照。
200 Lisa McKenzie, 2012, 2015
201 Lynsey Hanley, 2007
202 Lisa McKenzie, 2015: 149
203 Ghate and Hazel, 2002; Mumford and Power, 2003; Atkinson and Kintrea, 2004; Seaman et al., 2005; Watt, 2006; McKenzie, 2015
204 Charlesworth, 2000; Watt, 2006; Flaherty, 2008; Batty and Flint, 2010; Arnade, 2019
205 Fredman, 2011
206 Lupton, 2003b
207 Lupton, 2003a; Alcock, 2006

52 Karagiannaki and Burchardt, 2020:6, 26
53 Millar, 2010
54 Bennett and Daly, 2014
55 Millar, 2010
56 Daly, 2020
57 Bennett and Daly, 2014
58 Burgoyne, 1990; Goode et al., 1998
59 Humphreys, 2007
60 Warburton Brown, 2011: 8
61 Howard and Skipp, 2015; Rummery, 2018; Women's Aid, 2019; Postmus et al., 2020
62 Graham, 1993; Hooper et al., 2007
63 Purdam and Prattley, 2020
64 Vincent, 1991
65 Ridge, 2009; Warburton Brown, 2011; Pemberton et al., 2013; Daly and Kelly, 2015
66 Land and Rose, 1985
67 Warburton Brown, 2011; Daly and Kelly, 2015
68 Goode et al., 1998; Women's Budget Group, 2005; Parker and Pharoah, 2008; Warburton Brown, 2011; Harrison, 2013
69 Toynbee, 2003: 34
70 Payne, 1991; Merz and Rathjen, 2009
71 Harvey and Mukhopadhyay, 2007; Burchardt, 2008a; Merz and Rathjen, 2011
72 Floro, 1995: 18
73 Tania Burchardt, 2010
74 Ruspini, 2001; Harvey and Mukhopadhyay, 2007; Merz and Rathjen, 2011
75 Burchardt, 2010: 318
76 Douthitt, 1994
77 Hamilton and Jenkins, 2000
78 Turner and Grieco, 2000; Kenyon et al., 2003
79 Bennett and Daly, 2014
80 Jackson, 1998; Razavi, 1997
81 Jenkins, 1991; Ruspini, 2001
82 Dermott and Pantazis, 2018
83 Jackson, 1998; Millar, 2003
84 Bennett and Daly, 2014; Bennett, 2015; Daly, 2018
85 Lewis, 2001; Beck and Beck-Gernsheim, 2002
86 Daly and Rake, 2003
87 Bennett and Daly, 2014: 8
88 Moosa with Woodroffe, 2009; Warburton Brown, 2011; Bassel and Emejulu, 2018; www.census.org
89 National Equality Panel, 2010; Lelkes and Zólyomi, 2011; Allsopp et al., 2014; Kesler, 2015; JRF, 2014; Hughes and Kenway, 2016; Alston, 2017; Karlsen and Pantazis, 2018; Heidegger and Wiesel, 2020; Mayblin et al., 2020; Social Metrics Commission, 2020
90 Barnard, 2014: Khan, 2020
91 World Bank, 2001: 124; また、Barnard, 2014; Bhopal, 2018; Khan, 2020 を参照。
92 EU Agency for Fundamental Rights, 2016; Bhopal, 2018
93 Wacquant, 2008; Wilson, 2009; Barnard and Turner, 2011; Arnade, 2019
94 Barnard, 2014; Weekes-Bernard, 2017; Bhopal, 2018
95 Kalwant Bhopal, 2018
96 Craig, 2007, 2008; Law, 2009
97 Gilens, 1999
98 Jennings and Kushnick, 1999: 6
99 Orloff, 2002
100 Gilens, 1999; Jennings and Kushnick, 1999
101 Katz, 1989: 234; 2013; Wacquant, 2008
102 Raup, 1996: 164
103 Imogen Tyler, 2013: 187
104 Skeggs, 2004: 103
105 Bhopal, 2018: 29
106 Tyler, 2013
107 Werner, 2015; Isenberg, 2016; Vance, 2016; Kusenbach, 2020
108 Sveinsson, 2009; Werner, 2015; Isenberg, 2016
109 Kim et al., 2019
110 MacInnes et al., 2014; Heslop and Emerson, 2018
111 MacInnes et al., 2014; Social Metrics Commission, 2018; JRF, 2020b
112 MacInnes et al., 2014
113 JRF, 2020b
114 Knight et al., 2002
115 Sen, 1992, 1999
116 MacInnes et al., 2014; Heslop and Emerson, 2018
117 JRF, 2020b
118 MacInnes et al., 2014
119 Heslop and Emerson, 2018
120 Kim et al., 2019
121 Leonard Cheshire, 2008
122 EHRC, 2011
123 Quarmby, 2008: 8; Baumberg et al., 2012; McEnhill and Bryne, 2014
124 Morris, 2001: 177
125 Hancock et al., 2016
126 Dewilde, 2003; Rigg and Sefton, 2006; Rahman, 2019
127 Rahman, 2019
128 EMIN, 2014
129 Li and Dalaker, 2019
130 Jenkins, 2011; DWP, 2019

49 Robb, 2002: 104
50 Patrick, 2020: 251
51 Patrick, 2020: 263
52 Bennett with Roberts, 2004; Beresford and Carr, 2018; Patrick, 2020
53 Aldridge, 2015; Patrick, 2020
54 Baulch, 1996b: 41
55 Atkinson, 2019: 35
56 Fourth World University Research Group, 2007; さらに第6章も参照。
57 Bray et al., 2019
58 ATD Fourth World, 2019: 33
59 Hacourt, 2003
60 Atkinson, 2019: 128; Social Metrics Commission, 2018; Crossley, 2017; Vizard et al., 2018
61 Daly, 2018; 第3章も参照。
62 Bennett and Daly, 2014
63 Atkinson, 2019: 212
64 Nussbaum, 2000
65 Atkinson, 1989, 1990; Atkinson et al., 2002
66 www.individualdeprivationmeasure.org
67 Eleni Karagiannaki and Tania Burchardt, 2020: 3
68 Main, 2018
69 Zaidi and Burchardt, 2005; Social Metrics Commission, 2018; Atkinson, 2019
70 Rainwater et al., 2001
71 UNICEF, 2000: 22; Dauderstädt and Keltek, 2018
72 Atkinson, 2019: 93, 57
73 Bradbury et al., 2001: 43; Micklewright, 2002
74 Hick, 2014a
75 Layte et al., 2000: 571
76 Social Metrics Commission, 2018; Stewart and Roberts, 2019
77 Bradshaw and Finch, 2003

**第3章**

1 Lister, 2004: 96; Platt and Dean, 2016
2 Sandra Fredman, 2011: 567
3 Bennett and Daly, 2014; Bennett, 2015; Dermott and Pantazis, 2018
4 Bassel and Emejulu, 2018; Dermott and Main, 2018
5 Burchardt et al., 2002
6 Jordan, 1996
7 John Scott, 1994: 173
8 John Scott, 1994: 151; さらに Dorling 2015 も参照。
9 John Scott, 1994: 173
10 Ridge and Wright, 2008; Platt and Dean, 2016 も参照。
11 R. H. Tawney, 1913
12 Titmuss, 1965, ただし、Shildrick and Rucell, 2015: 34 の引用による。O'Hara, 2020 も参照。
13 Mooney, 2008
14 Atkinson, 2015; OECD, 2015; Hills et al., 2019
15 Phillips, 1999; Bartels, 2008; Toynbee and Walker, 2008; Lansley and Mack, 2015; Hills et al., 2019
16 Mooney, 2000: 156; 2008; Shildrick, 2018a
17 Sayer, 2005b: 161; 2015; 第4章も参照。
18 Wilkinson and Pickett, 2010
19 Atkinson, 2015; OECD, 2015
20 Yeates, 2008: 95; Atkinson, 2015
21 Atkinson, 2015
22 Bramley and Bailey, 2018; Dermott and Main, 2018
23 Hooper et al., 2007; Pemberton et al., 2013
24 Pemberton et al., 2013: 16, 34
25 Hooper et al., 2007: 18
26 Bennett, 2015: 15; Dermott and Pantazis, 2018; Reis, 2018
27 Bennett and Daly, 2014: 7, 6
28 Townsend, 1993: 106
29 Buhaenko et al., 2003; Ruxton, 2003; Dermott and Pantazis, 2014, 2018; Erhard, 2020
30 Sherman, 2009
31 Women's Budget Group, 2005; Hooper et al., 2007; Bennett and Daly, 2014; Walker, 2014b; McKenzie, 2015
32 Daly and Rake, 2003; www.legalmomentum.org
33 Kim and Choi, 2013; Bennett and Daly, 2014; Dermott and Pantazis, 2014
34 Goldberg, 2010; Barcena-Martin and Moro-Egido, 2013; Bennett and Daly, 2014; Dermott and Pantazis, 2014, 2018; Patsios, 2018; Reis, 2018
35 Dermott and Pantazis, 2014
36 Aldridge and Hughes, 2016
37 Ruspini, 2001
38 Chant, 2010: 3
39 Chant, 2010: 6; 2007
40 Kim and Choi, 2013
41 Marcoux, 1998: 132
42 Walker, 2014b, 26
43 Goldberg, 2010; Sen, 2010; Bennett and Daly, 2014
44 Gita Sen, 2010: 101
45 Pahl, 1989; Goode et al., 1998; Warburton Brown, 2011; Bennett, 2013
46 たとえば Vogler, 1994 を参照。
47 Bennett and Daly, 2014: 36の引用による。Daly, 2018
48 Millar and Glendinning, 1989: 367
49 Dermott and Pantazis, 2014, 2018
50 Karagiannaki and Burchardt, 2020: 6
51 Karagiannaki and Burchardt, 2020: 26

115 Amartya Sen, 1983: 161
116 Amartya Sen, 1985b
117 Townsend, 1993: 135
118 Doyal and Gough, 1991: 156–9
119 Gough, 1992: 8
120 Gough, 1992: 9
121 Gough, 1992: 11
122 Doyal and Gough, 1991: 157
123 Parekh, 2000
124 Lansley and Mack, 2015: 25
125 Townsend and Gordon, 2000: 17の引用による。
126 Fitzpatrick et al., 2015: 8
127 Fitzpatrick et al., 2018: 10
128 Kathryn Edin and H. Luke Shaefer, 2015: xv
129 Walker, 2014b: 196-7
130 Room, 1999: 171
131 Berghman, 1997
132 Saunders, 2013
133 Levitas, 2005; Welshman, 2007, 2013
134 Hick, 2012: 299
135 Burchardt et al., 1999; Hills, 2002; Pantazis et al., 2006
136 Bramley and Bailey, 2018
137 Choffé, 2001
138 Room, 1995: 236
139 EAPN, 2014: 10
140 Rodgers et al., 1995; さらに第5章も参照。
141 Curtice et al., 2019: 8–9
142 Hartley Dean with Margaret Melrose, 1999: 36
143 John Hills, 2001: 4, 8, 10
144 Lansley and Mack, 2015
145 Hall et al., 2014: 17
146 Fahmy et al., 2015: 601
147 Fahmy et al., 2015: 605
148 Jan Flaherty, 2008: 216; また、第4章も参照。
149 Knight, 2013; Stevens, 2018
150 David Green, 1998: 12
151 Kincaid, 1973; Veit-Wilson, 1986
152 Townsend, 1993: 192
153 Green, 1998
154 Saunders et al., 2002

**第2章**

1 Atkinson, 2019
2 Bradshaw and Finch, 2003; また、Hick, 2014a, 2015も参照。
3 Øyen, 1996
4 ATD Fourth World, 2014: 55
5 McGee and Brock, 2001: 4, 35; Newman and Massengill, 2006: 427
6 McIntosh and Wright, 2019: 458; さらにたとえばMcKenzie, 2015も参照。
7 Stephen Crossley, 2017: 67–8
8 Alkire, 2007
9 Nolan and Whelan, 1996
10 Stein Ringen, 1987
11 Nolan and Whelan, 1996; Hick, 2014a, 2016; Dermott and Main, 2018
12 Payne, 1991; Atkinson, 2019
13 Atkinson, 2019: 202
14 Hick, 2014a
15 Social Metrics Commission, 2018
16 Saunders et al., 2002: 230
17 Townsend, 1979
18 Ruspini, 2001; Millar, 2003
19 Walker 1994: 1
20 Atkinson, 2019
21 Bradbury et al., 2001
22 Walker, 1994: 13
23 Whelan et al., 2003
24 Alkire et al., 2015
25 Atkinson, 2019; Bray et al., 2019
26 2019: 84; ENNHRI, 2019; さらにHick, 2016も参照。
27 DWP, 2013
28 Social Metrics Commission, 2018: 59–60
29 Social Metrics Commission, 2018, 2020
30 Osberg, 2002; Kuchler and Goebel, 2003
31 Atkinson, 2019: 74
32 Veit-Wilson, 1987: 188
33 Van den Bosch, 2001
34 Veit-Wilson, 1998
35 Veit-Wilson, 1987: 188
36 Bradshaw, 1997: 51
37 Van den Bosch, 2001
38 Davis et al., 2015
39 Lansley and Mack, 2015; Bramley and Bailey, 2018
40 Mack and Lansley, 1985: 42
41 Levitas, 2000
42 Townsend, 1979
43 Mack and Lansley, 1985
44 Institute for Research on Poverty, 1998; Middleton, 1998
45 Atkinson et al., 2002
46 Townsend, 1979: 426
47 Sen, 1985a; Nussbaum, 2000
48 Aldridge, 2015

27 Nussbaum, 2000: 5
28 Nussbaum, 1995; さらに Pogge, 2002 を参照。
29 UKCAP, 2008
30 UNDP, 1997; Narayan et al., 2000
31 たとえば、Camfield et al., 2009 を参照。
32 Pemberton, 2015
33 Baars et al., 1997: 302; Dean, 2010
34 Amartya Sen, 1993: 31
35 Nussbaum and Sen, 1993
36 Erikson, 1993: 73
37 Tomlinson et al., 2016: 346
38 Beck et al., 1997: 3; また、Tomlinson et al., 2016: 347 も参照。
39 Beck et al., 1997: 11
40 Baulch, 1996b
41 Amartya Sen, 1999: 87
42 Amartya Sen, 1999: 90
43 UNDP, 1997
44 Amartya Sen, 1999: 20
45 Hick, 2012: 306; 2014b
46 Wolff et al., 2015: 26
47 Karl Marx, 1987: 431–2
48 Raveaud and Salais, 2001: 61; さらに Giddens, 2002; Byrne, 2011 も参照。
49 Townsend, 1993: 136
50 Raveaud and Salais, 2001
51 Burchardt, 2008a; Wolff et al., 2015
52 Joseph and Sumption, 1979: 27
53 Townsend, 1979
54 Townsend, 1979: 31
55 EU: 2004, 8
56 Townsend, 1993: 36
57 Townsend, 1993: 36
58 Townsend, 1987: 140
59 Townsend, 1987: 127
60 Ferragina et al., 2013: 1
61 Townsend, 1979: 47
62 Donnison, 1982: 226
63 Young Foundation, 2009
64 Niemietz, 2011: 32; さらに Lansley and Mack, 2015: 184 も参照。
65 Townsend, 1987: 99; Atkinson, 2019
66 Hills et al., 2019: vii, 12
67 さらに Ridge and Wright, 2008 も参照のこと。
68 MacCárthaigh, 2014
69 John Veit-Wilson, 1999: 85
70 John Veit-Wilson, 1994: 14
71 Chase and Bantebya-Kyomuhendo, 2015a
72 Dean, 2010
73 Lister, 2010
74 Townsend, 1979
75 Lansley and Mack, 2015: 22, 23; Fahmy, 2014
76 Lansley and Mack, 2015: 23
77 Daly and Kelly, 2015: 58
78 Hohnen, 2007: 765; また、Mahony and Pople, 2018 も参照。
79 Townsend, 1993: 31
80 Young Foundation, 2009
81 Dowler and Lambie-Mumford, 2015; Davis and Baumberg Geiger, 2017
82 Dowler and Leather, 2000: 208
83 Lambie-Mumford, 2015: 16; 2019
84 O'Connell et al., 2019: 1; Goode, 2012; Purdam et al., 2016
85 Dowler et al., 2001
86 Adam Smith, 1776: 691
87 Fabian Commission on Life Chances and Child Poverty, 2005
88 Bauman, 1998: 2; また、Seabrook, 2013 も参照。
89 Middleton et al., 1994: 5
90 Stephenson, 2001: 51
91 Hamilton, 2012: 87, 84
92 Hamilton, 2012: 75
93 Jock Young, 1999
94 Marshall Wolfe, 1995: 90–1; Brandford, 2006
95 Ringen, 1987
96 Bradshaw, 2000
97 Veit-Wilson, 1986
98 J. C. Kincaid, 1973
99 Veit-Wilson, 1986: 69
100 Rowntree, 1937: 126–7; Veit-Wilson, 1986: 85 の引用による。
101 Mary Daly and Grace Kelly, 2015: 195
102 Hohnen, 2006: 89
103 Linda Tirado, 2014: xviii; また、Halpern-Meekin et al., 2015; Hill et al., 2016 を参照。
104 Ringen, 1987
105 Townsend, 1979: 50
106 Len Doyal and Ian Gough:, 1991
107 UNDP, 1997: 16
108 Amartya Sen, 1983: 159
109 Amartya Sen, 1983: 161
110 Amartya Sen, 1983: 161
111 Amartya Sen, 1992, 1999
112 Amartya Sen, 1983: 161
113 Townsend, 1993 にまとめられている。
114 Amartya Sen, 1985b: 673

# 註

## 序章

1 Adorno, 1973: 17–18
2 UN, 2015: 1, 3
3 Pemberton, 2015
4 Piachaud, 1987: 161
5 CoPPP, 2000: v; del Tufo and Gaster, 2002
6 Adair, 2005: 817
7 McKenzie, 2015: 108
8 Tirado, 2014: xx; McGarvey, 2017; Carraway, 2019; Hudson, 2019; Arnade, 2019
9 Townsend, 1993; Townsend and Gordon, 2002; Atkinson, 2019; Spicker, 2020
10 UN, 2015: 13–14; Bennett, 2019
11 Maxwell, 2000; Chase and Bantebya-Kyomuhendo, 2015a
12 Øyen, 1996: 4
13 Dean, 2016: 13
14 Michael B. Katz, 2013: xiii
15 Wresinski, 1994: 2
16 Hacker, 2019
17 Wolff et al., 2015: 32; Hacker, 2019
18 【Townsend,】 1979
19 Bennett and Roche, 2000
20 Baulch, 1996b
21 Sidel, 1992, cited in Featherstone et al., 2014
22 Rancière, 2001, cited in Tyler, 2013: 173
23 Chris Arnade, 2019: 283
24 Else Øyen, 1996: 10
25 Jones and Novak, 1999
26 Reay, 2005: 912; see also Sayer, 2005a, 2005b; Walker, 2014b
27 Frost and Hoggett, 2008: 440
28 Walker, 2014b: 120
29 Ridge and Wright, 2008: 3
30 Vasilachis de Gialdino, 2006: 481
31 Hooper et al., 2007: 18
32 Paul Spicker, 2020: 6
33 Paul Spicker, 2020:138
34 Wolff and de-Shalit, 2007: 5–6; Juncture, 2014
35 Nancy Fraser, 1997: 14
36 Caroline Moser, 1998
37 Bob Baulch, 1996b
38 Bob Baulch, 1996a: 3
39 Spicker, 2007, 6; 2020, 17
40 Wolff and de-Shalit, 13 2007

## 第 1 章

1 Brian Nolan and Christopher Whelan, 1996: 193
2 Brian Nolan and Christopher Whelan, 1996: 188
3 Brian Nolan and Christopher Whelan, 1996: 193
4 JRF, 2016: 13
5 たとえば Tomlinson and Walker, 2009; Hick 2014a, 2016; 第2章を参照。
6 Langmore, 2000: 37
7 Nolan and Whelan, 1996
8 Stein Ringen, 1987: 146
9 Stein Ringen, 1987: 146
10 Gordon et al., 2000: 91
11 Tony Atkinson, 1989: 12
12 Stephen Jenkins, 1991: 464。第3章も参照。
13 Jane Millar and Caroline Glendinning, 1992: 9
14 Fran Bennett and Mary Daly, 2014: 39
15 Standing 2011; Lansley and Mack, 2015; Orton, 2015; Hacker, 2019。また、第5章を参照。
16 UNDP, 1997: 2; Vizard, 2001
17 Carpenter, 2009
18 Amartya Sen, 2009: 231–2
19 Jonathan Wolff and Avner de-Shalit, 2007: 9, 182
20 Amartya Sen, 1985a, 1992, 1999
21 Amartya Sen, 1992: 109
22 Nolan and Whelan. 1996: 184
23 Rod Hick, 2012: 303
24 Jackson, 1998; Nussbaum, 2006; Wolff et al., 2015
25 Dean, 2010: 84
26 Vizard et al., 2011: 2; Nussbaum, 2006; Vizard and Burchardt, 2007; Carpenter, 2009

Wilkinson, R. and Pickett, K. 2014: *A Convenient Truth*. London: Fabian Society.

Williams, C. C. 2002: Social exclusion in a consumer society. *Social Policy and Society*, 1(3), 203–211.

Williams, C. C. 2011: Socio-spatial variations in community self-help. *Social Policy & Society*, 10(3), 365–378.

Williams, F. and Churchill, H. 2006: *Empowering Parents in Sure Start Local Programmes*. London: Department for Education and Skills.

Williams, F. and Popay, J. 1999: Balancing polarities: Developing a new framework for welfare research. In F. Williams. J. Popay and A. Oakley (eds), *Welfare Research: A Critical Review*. London: UCL Press.

Williams, F., Popay, J. and Oakley, A. (eds) 1999: *Welfare Research: A Critical Review*. London: UCL Press.

Wills, J. 2009, The living wage. *Soundings*, 42, 33–46.

Wilson, H. and Herbert, G. W. 1978: *Parents and Children in the Inner City*. London: Routledge & Kegan Paul.

Wilson, L., Fahmy, E. and Bailey, N. 2018: Social participation and social support. In G. Bramley and N. Bailey (eds), *Poverty and Social Exclusion in the UK*, vol. 2. Bristol: Policy Press.

Wilson, W. J. 1987: *The Truly Disadvantaged*. Chicago, IL: University of Chicago Press. [『アメリカのアンダークラス――本当に不利な立場に置かれた人々』平川茂・牛草英晴訳、明石書店、1999年]

Wilson, W. J. 2009: *More than Just Race: Being Black and Poor in the Inner City*. New York: W. W. Norton.

Wolfe, M. 1995: Globalization and social exclusion: Some paradoxes. In G. Rodgers, C. Gore, C. and J. B. Figueiredo (eds), *Social Exclusion, Rhetoric, Reality, Responses*. Geneva: ILO.

Wolff, J. and de-Shalit, A. 2007: *Disadvantage*. Oxford: Oxford University Press.

Wolff, J., Lambe E. and Szpiro, E. 2015: *A Philosophical Review of Poverty*. York: Joseph Rowntree Foundation.

Women's Aid 2019: *The Domestic Abuse Report 2019: The Economics of Abuse*. Bristol: Women's Aid.

Women's Budget Group 2005: *Women and Children's Poverty: Making the Links*. London: Women's Budget Group.

Women's Budget Group 2008: *Engaging and Empowering Women in Poverty*. York: Joseph Rowntree Foundation.

Wood, A. 2013: Winning at Walmart. *Red Pepper*, June/July, 45–47.

Wood, M. and Vamplew, C. 1999: *Neighbourhood Images in Teesside*. York: Joseph Rowntree Foundation.

Work and Pensions Committee 2019: *Universal Credit: 'Survival Sex'*. HC 83. London: House of Commons.

World Bank 2001: *World Development Report 2000/2001*. New York: Oxford University Press.

Wrapson, W., Mewse, A. J. and Lea, S. E. G. 2008: The psychology of poverty. In J. Strelitz and R. Lister (eds), *Why Money Matters*. London: Save the Children.

Wresinski, J. 1994: *Chronic Poverty and Lack of Basic Security. The Wresinski Report of the Economic and Social Council of France*. Paris: Fourth World Publications.

Wresinski, J. 2017: The right to be human. Repr. in *Rethinking Our World from the Perspective of Poverty Reference Texts*. Pierrelaye: ATD Fourth World.

Wright, S. 2012: Welfare-to-work agency and personal responsibility. *Journal of Social Policy*, 41(2), 309–328.

Wright, S. 2013: On 'Activation workers' perceptions'. A reply to Dunn (2). *Journal of Social Policy*, 42(4), 829–837.

Wright, S. 2016: Conceptualising the active welfare subject. *Policy and Politics*, 44(2), 235–252.

Wright, S. and Patrick, R. 2019: Welfare conditionality in lived experience: Aggregating qualitative longitudinal research. *Social Policy and Society*, 18(4), 597–613.

Wynne-Jones, R. 2018: Real Britain. *Daily Mirror*, 19 October.

Yeates, N. 2008: Global inequality, poverty and wealth. In T. Ridge and S. Wright (eds.), *Understanding Inequality, Poverty and Wealth*. Bristol: Policy Press.

Young Foundation 2009: *Sinking and Swimming. Understanding Britain's Unmet Needs*. London: Young Foundation.

Young, I. M. 1990: *Justice and the Politics of Difference*. Oxford: Princeton University Press. [『正義と差異の政治』河村真実ほか訳、法政大学出版局、2020年]

Young, I. M. 1994. Gender as seriality. *Signs*, 19(3), 713–738.

Young, I. M. 2000: *Inclusion and Democracy*. Oxford: Oxford University Press.

Young, J. 1999: *The Exclusive Society*. London: Sage. [『排除型社会――後期近代における犯罪・雇用・差違』青木秀男ほか訳、洛北出版、2007年]

Zaidi, A. and Burchardt, T. 2005: Comparing incomes when needs differ: Equivalization for the extra costs of disability in the UK. *Income and Wealth*, 51(1), 89–114.

Zoelle, D. and Josephson, J. 2006: Promoting freedom from poverty: Political mobilisation and the role of the Kensington Welfare Rights Union. *Feminist Review*, 82, 6–26.

Vizard, P. 2016: The human rights and equalities agenda. In H. Dean and L. Platt (eds), *Social Advantage and Disadvantage*. Oxford: Oxford University Press.

Vizard, P. and Burchardt, T. 2007: *Developing a Capability List*, CASE paper 121. London: CASE.

Vizard, P., Burchardt, T., Obolenskaya, P., Shutes, I. and Battaglini, M. 2018: *Child Poverty and Multidimensional Disadvantages: Tackling 'Data Exclusion' and Extending the Evidence Base on 'Missing' and 'Invisible' Children*. Overview Report. London: STICERD/CASE.

Vizard, P., Fukuda-Parr, S. and Elson, D., 2011: Introduction: The capability approach and human rights. *Journal of Human Development and Capabilities*, 12(1), 1–22.

Vobruba, G. 2000: Actors in processes of inclusion and exclusion. *Social Policy & Administration*, 34(5), 601–613.

Vogler, C. 1994: Money in the household. In M. Anderson, F. Bechhofer and J. Gershuny (eds), *The Social and Political Economy of the Household*. Oxford: Oxford University Press.

Volmert, A., Gerstein Pineau, M. and Kendall-Taylor, N. 2016: *Talking about Poverty: How Experts and the Public Understand Poverty in the United Kingdom*. Washington, DC: Frameworks Institute.

Wacquant, L. 2008: *Urban Outcasts*. Cambridge: Polity.

Wacquant, L. 2009: *Punishing the Poor*. Durham, NC: Duke University Press.

Wainwright, H. 2018: *A New Politics for the Left*. Cambridge: Polity.

Walker, J. Crawford, K. and Taylor, F. 2008: Listening to children: Gaining a perspective of the experiences of poverty and social exclusion from children and young people on child poverty. *Health and Social Care in the Community*, 16(4), 429–436.

Walker, R. 1994: *Poverty Dynamics*. Aldershot: Avebury. Walker, R. 2014a: Preface. In E. K. Gubrium, S. Pellissery and I. Lødemel (eds), *The Shame of It*. Bristol: Policy Press.

Walker, R. 2014b: *The Shame of Poverty*. Oxford: Oxford University Press.

Walker, R. and Chase, E. 2014a: Adding to the shame of poverty: The public, politicians and the media. *Poverty*, 148, 9–13.

Walker, R. and Chase, E. 2014b: Separating the sheep from the goats. In E. K. Gubrium, S. Pellissery and I. Lødemel (eds), *The Shame of It*. Bristol: Policy Press.

Walker, R., Bantebya-Kyomuhendo, G., Chase, E., Choudry, S., Gubrium, E. K., ... Ming, Y. 2013: Poverty in global perspective: Is shame a common denominator? *Journal of Social Policy*, 42(2), 215–233.

Walker, R., Chase, E., and Lødemel, I. 2012: The indignity of the Welfare Reform Act. *Poverty*, 143, 9–12.

Walsh, J. 2006: Reflection document: Rights as relationships. Unpublished note. Warburton-Brown, C. 2011: *Exploring BME Maternal Poverty*. Oxford: Oxfam.

Warr, D. J. 2005: Social networks in a 'discredited' neighbourhood. *Journal of Sociology*, 41(3), 285–308.

Warr, D. J. 2006: Gender, class and the art and craft of social capital. *Sociological Quarterly*, 47, 497–520.

Warschauer, M. 2003: *Technology and Social Inclusion*. Cambridge, MA: MIT Press.

Watt, P. 2006: Respectability, roughness and 'race': Neighbourhood place images and the making of workingclass social distinctions in London. *International Journal of Urban and Regional Research*, 30(4), 776–797.

Watts, B. 2014: Homelessness, empowerment and self-reliance in Scotland and Ireland: The impact of legal rights for housing for homeless people. *Journal of Social Policy*, 43(4), 793–810.

Waxman, C. I. 1977: *The Stigma of Poverty*. New York: Pergamon Press.

Weekes-Bernard, D. 2017: *Poverty and Ethnicity in the Labour Market*. York: Joseph Rowntree Foundation.

Welshman, J. 2007: *From Transmitted Deprivation to Social Exclusion*. Bristol: Policy Press.

Welshman, J. 2013: *Underclass: A History of the Excluded since 1880*, 2nd edn. Basingstoke: Palgrave.

Werner, T. L. 2015: The war on poverty and the racialization of 'hillbilly' poverty: Implications for poverty research. *Journal of Poverty*, 19(3), 305–323.

Wheeler, J. S. 2004: New forms of citizenship: Democracy, family and community in Rio de Janeiro, Brazil. In C. Sweetman (ed.), *Gender, Development and Citizenship*. Oxford: Oxfam.

Whelan, C. T., Layte, R. and Maître, B. 2003: Persistent income poverty and deprivation in the European Union. *Journal of Social Policy*, 32(1), 1–18.

Whelan, J. 2020: We have our dignity, yeah? Scrutiny under suspicion: Experiences of welfare conditionality in the Irish social protection system. *Social Policy & Administration*. https://doi.org/10.1111/spol.12610.

Wildebore, H. 2019: Human rights in the public sector. *Political Quarterly*, 90(3), 402–407.

Wilkinson, R. and Pickett, K. 2010: *The Spirit Level*. London: Penguin. [『平等社会――経済成長に代わる、次の目標』酒井泰介訳、東洋経済新報社、2010年]

*Social Exclusion in the UK*, vol. 1. Bristol: Policy Press.
Tomlinson, M. and Walker, R. 2009: *Coping with Complexity*. London: Child Poverty Action Group.
Tomlinson, M., Walker, A., and Foster, L. 2016: Social quality and work. *Journal of Social Policy*, 45(2), 345–371.
Townsend, P. 1979: *Poverty in the United Kingdom*. Harmondsworth: Penguin Books.
Townsend, P. 1987. *Poverty and Labour in London*. London: Low Pay Unit.
Townsend, P. 1993: *The International Analysis of Poverty*. Hemel Hempstead: Harvester Wheatsheaf.
Townsend, P. and Gordon, D. (eds) 2002: *World Poverty*. Bristol: Policy Press.
Toynbee, P. 2003: *Hard Work*. London: Bloomsbury. [『ハードワーク —— 低賃金で働くということ』椋田直子訳、東洋経済新報社、2005年]
Toynbee, P. and Walker, D. 2008: *Unjust Rewards*. London: Granta. [『中流社会を捨てた国 —— 格差先進国イギリスの教訓』青島淑子訳、東洋経済新報社、2009年]
Treanor, M. C. 2020: *Child Poverty. Aspiring to Survive*. Bristol: Policy Press.
Turner, J. and Grieco, M. 2000: Gender and time poverty. *Time & Society*, 9(1), 129–136.
Tyler, I. 2013: *Revolting Subjects*. London/New York: Zed Books.
UKCAP 1997: *Poverty & Participation*. London: UKCAP.
UKCAP 2008: *Communicating Poverty*. Liverpool: CAP.
UN 2015: *Transforming Our World: The 2030 Agenda for Sustainable Development*. Resolution adopted by the General Council, 25 September. New York: UN.
Underlid, K. 2007: Poverty and experiences of insecurity. *International Journal of Social Welfare*, 16(1): 65–74.
UNDP 1997: *Human Development Report 1997*. Oxford: Oxford University Press. [『貧困と人間開発』国際協力出版会、古今書院、1997年]
UNDP 2000: *Human Development Report 2000*. Oxford: Oxford University Press. [『人権と人間開発』国際協力出版会、古今書院、2000年]
UNDP 2002: *Human Development Report 2002*. Oxford: Oxford University Press. [『ガバナンスと人間開発』国際協力出版会、古今書院、2002年]
UNICEF 2000: *A League Table of Child Poverty in Rich Nations*. Report Card 1. Florence: Innocenti Research Centre.
Unwin, J. 2013: *Why Fight Poverty?* London: Publishing Partnership.
Vaitilingam, R. 2002: Executive summary. In ESRC, *How People on Low Incomes Manage Their Finances*. Swindon: ESRC.
Valentine, C. 1968: *Culture and Poverty*. Chicago, IL: University of Chicago Press.
Van den Bosch, K. 2001: *Identifying the Poor*. Aldershot: Ashgate.
Van der Hoek, T. 2005: *Through Children's Eyes*. Florence: UNICEF Research Centre.
Van der Horst, H., Pascucci, S. and Bol, W. 2014: The 'dark side' of food banks? Exploring emotional responses of food bank receivers in the Netherlands. *British Food Journal*, 116(9), 1506–1520.
Van Oorschot, W. and Halman, L. 2000: Blame or fate, individual or society? An international comparison of popular explanations of poverty. *European Societies*, 2(1), 1–28.
Vance, J. D. 2016: *Hillbilly Elegy*. London: William Collins.
Vasilachis de Gialdino, I. 2006: Identity, poverty situations and the epistemology of the known subject. *Sociology*, 40(3), 473–491.
Veit-Wilson, J. 1986: Paradigms of poverty: A rehabilitation of B. S. Rowntree. *Journal of Social Policy*, 15(1), 69–99.
Veit-Wilson, J. 1987: Consensual approaches to poverty lines and social security. *Journal of Social Policy*, 16(2), 183–211.
Veit-Wilson, J. 1994: Measuring the minimum. *Poverty*, 87, 14–15.
Veit-Wilson, J. 1998: *Setting Adequacy Standards*. Bristol: Policy Press.
Veit-Wilson, J. 1999: Poverty and the adequacy of social security. In J. Ditch (ed.), *Introduction to Social Security*. London: Routledge.
Veit-Wilson, J. 2004: Understanding poverty. In J. Flaherty, J. Veit-Wilson and P. Dornan. *Poverty: The Facts*, 5th edn. London: CPAG.
Vickery, C. 1977: The time poor: A new look at poverty. *Journal of Human Resources*, 12(1), 27–48.
Vincent, C., Ball, S. J. and Braun, A. 2010: Between the estate and the state: Struggling to be a 'good mother'. *British Journal of Sociology of Education*, 31(2), 123–138.
Vincent, D. 1991: *Poor Citizens*, Harlow: Longman.
Vizard, P. 2001: *Economic Theory, Freedom and Human Rights: The Work of Amartya Sen*. ODI Briefing Paper. London: ODI.
Vizard, P. 2006: *Poverty and Human Rights*. Oxford: Oxford University Press.

*Aspirations*. York: Joseph Rowntree Foundation.

Stammers, N. 1999: Social movements and the social construction of human rights. *Human Rights Quarterly*, 21(4), 980–1008.

Standing, G. 2011: *The Precariat*. London: Bloomsbury.

Standing, G. 2020: *Battling Eight Giants: Basic Income Now*. London: Bloomsbury. [『プレカリアート——不平等社会が生み出す危険な階級』岡野内正監訳、法律文化社、2016年]

Standing, K. 1999: Lone mothers and 'parental' involvement. *Journal of Social Policy*, 28(3), 479–495.

Stephenson, A. 2001: *Work and Welfare: Attitudes, Experiences and Behaviour of Nineteen Low Income Families*. London: DSS.

Stern, N. 2019: Afterword: Poverty and climate change. In A. B. Atkinson, *Measuring Poverty around the World*, Princeton: Princeton University Press.

Stevens, A. (ed.), 2018: *How to Talk about Poverty in the United Kingdom*. Washington, DC: Frameworks Institute.

Stewart, K. and Roberts, N. 2019: Child poverty measurement in the UK: Assessing support for the downgrading of income-based poverty measures. *Social Indicators Research*, 142, 523–542.

Stone, E. 2015: Relationships and poverty. In D. Marjoribanks and C. Sherwood (eds), *What's Love Got to do with It?* London: Relate.

Stonebridge, L. 2017: Words of fire. *Open Democracy*, 24 July.

Summers, K. E. 2018: *Money and Meaning: How Working-Age Social Security Benefit Recipients Understand and Use their Money*. CASE paper 35. London: CASE.

Sutton, E., Pemberton, S., Fahmy, E. and Tamoya, Y. 2014: Stigma, shame and the experience of poverty in Japan and the United Kingdom. *Social Policy & Society*, 13(1), 143–154.

Sutton, L. 2008: The state of play: Disadvantage, play and children's wellbeing. *Social Policy & Society*, 7(4), 537–549.

Sutton, L. Smith, N., Dearden, C. and Middleton, S. 2007: *A Child's Eye View of Social Difference*. York: Joseph Rowntree Foundation.

SUWN 2016: *Righting Welfare Wrongs. Dispatches and Analysis from the Front Line of the Fight against Austerity*. Glasgow: Common Print.

Sveinsson, K. P. (ed.) 2009: *Who Cares about the White Working Class?* London: Runneymede.

Swerts, T. 2018: Check your privilege: The micropolitics of cross-status alliances in the DREAM movement. In V. Lawson and S. Elwood (eds), *Relational Poverty Politics*. Athens, GA: University of Georgia Press.

Tardieu, B. and Tonglet, J. (eds) 2020: *Rethinking our World from the Perspective of Poverty – with Joseph Wresinski*. Paris: Editions Hermann.

Tarkiaien, L. 2017: Long-term unemployed Finnish interviewees address deservingness: Separating, declining and enriching as means of resisting. *Journal of Poverty and Social Justice*, 25(3), 219–231.

Tawney, R. H. 1913: *Inaugural Lecture on Poverty as an Industrial Problem*, repr. in *Memorandum on the Problems of Poverty*, vol. 2. London: William Morris Press.

Taylor, C. 1992: The politics of recognition. In A. Gutmann (ed.), *Multiculturalism and the Politics of Recognition*. Princeton, NJ: Princeton University Press. [『マルチカルチュラリズム』佐々木毅・辻康夫・向山恭一訳、岩波書店、2007年]

Taylor, D. 1998: Social identity and social policy. *Journal of Social Policy*, 27(3), 329–350.

Taylor, D. 2011: Wellbeing and welfare: A psychosocial analysis of being well and doing well enough. *Journal of Social Policy*, 40(4), 777–794.

Taylor-Gooby, P. 1998: Choice and the new paradigm in policy. In P. Taylor-Gooby (ed.), *Choice and Public Policy*. Basingstoke: Macmillan.

Thekaekara, S. and Thekaekara, M. 1994: *Across the Geographical Divide*. London: Centre for Innovation in Voluntary Action.

Thompson, S. 2006: *The Political Theory of Recognition*. Cambridge: Polity.

Thompson, S. 2015: *The Low-Pay, No-Pay Cycle*. York: Joseph Rowntree Foundation.

Tirado, L. 2014: *Hand to Mouth. The Truth about Being Poor in a Wealthy World*. London: Virago.

Titmuss, R. 1965: Poverty vs inequality diagnosis. *The Nation*, 200 (8 February), 130–133.

Titterton, M. 1992: Managing threats to welfare: The search for a new paradigm of welfare. *Journal of Social Policy*, 21(1), 1–23.

Tobis, D. 2013: *From Pariahs to Partners*. New York: Oxford University Press.

Tolman, R. M. and Raphael, J. 2000: A review of research on welfare and domestic violence. *Journal of Social Issues*, 56(4), 655–82.

Tomlin, G. 2019: *The Social Legacy of Grenfell: An Agenda for Change*. London: Diocese of London/Resurge Trust.

Tomlinson, M. 2018: Devolution and North/South division: Poverty and social exclusion in the countries and regions of the UK. In E. Dermott and G. Main (eds), *Poverty and*

Foundation.
Shenker, J. 2019: The new resistance, *Guardian Review*, 31 August, 7–11.
Sherman, J. 2006: Coping with rural poverty: Economic survival and moral capital in rural America, *Social Forces*, 85(2), 801–913.
Sherman, J. 2009: *Those Who Work. Those Who Don't. Poverty, Morality and Family in Rural America*. Minneapolis: University of Minnesota Press.
Shildrick, T. 2018a: Lessons from Grenfell: Poverty propaganda, stigma and class power. *Sociological Review Monographs*, 66(4), 783–798.
Shildrick, T. 2018b: *Poverty Propaganda*. Bristol: Policy Press.
Shildrick, T. and MacDonald, R. 2013: Poverty talk: How people experiencing poverty deny their poverty and why they blame 'the poor'. *Sociological Review*, 61(2): 285–303.
Shildrick, T. and Rucell, J. 2015: *Sociological Perspectives on Poverty*. York: Joseph Rowntree Foundation.
Shildrick, T., MacDonald, R., Furlong, A., Roden, J. and Crow, R. 2012a: *Are 'Cultures of Worklessness' Passed Down Generations?* York: Joseph Rowntree Foundation.
Shildrick, T., MacDonald, R., Webster, C. and Garthwaite, K. 2010: *The Low-Pay, No-Pay Cycle: Understanding Recurrent Poverty*. York: Joseph Rowntree Foundation.
Shildrick, T., MacDonald, R., Webster, C. and Garthwaite, K. 2012b: *Poverty and Insecurity*. Bristol: Policy Press.
Shipler, D. K. 2005: *The Working Poor*. New York: Vintage.
Shucksmith, M. 2000: *Exclusive Countryside?* York: Joseph Rowntree Foundation.
Sibley, D. 1995: *Geographies of Exclusion*. London/New York: Routledge.
Sidel, R. 1992: *Women and Children Last: The Plight of Poor Women in Affluent America*. New York: Penguin.
Sidel, R. 2006: *Unsung Heroines. Single Mothers and the American Dream*. Berkeley: University of California Press.
Silver, H. 1996: Culture, politics and national discourses of the new urban poverty. In E. Mingione (ed.), *Urban Poverty and the Underclass: A Reader*. Oxford: Blackwell.
Simmons, M. 1997: *Landscapes of Poverty*. London: Lemos&Crane.
Simpson, M., McKeever, G. and Gray, A. M. 2017: *Social Security Systems Based on Dignity and Respect*. Manchester: EHRC.
Simpson, M., McKeever, G. and Gray, A. M. 2019: From principle to practice in the Scottish laboratory of democracy. *Journal of Social Security Law*, 26(1), 13–31.
Sinfield, A. 2007: Poverty prevention in the EU. *European Journal of Social Security*, 9(1), 11–28.
Sinfield, A. 2012: Strengthening the prevention of insecurity. *International Social Security Review*, 65(4), 89–106.
Sinfield, A. 2014: How can we reduce child poverty without improving its prevention? *Poverty*, 147, 14–17.
Sinfield, A. 2020, Preventing poverty. In B. Greve (ed.), *Routledge International Handbook of Poverty*. London: Routledge.
Skeggs, B. 2004: *Class, Self, Culture*. London: Routledge.
Skeggs, B. 2005: The making of class and gender through visualizing moral subject formation. *Sociology*, 39(5), 965–982.
Skelton, D. 2010: *Artisans of Peace Overcoming Poverty*. Vol. 2: *Defending Human Rights*. Pierrelaye: ATD Fourth World.
Smets, P. and Kusenbach, M. 2020: New research on housing and territorial stigma. *Social Inclusion*, 8(1), 1–7.
Smith, A. 1892 [1776]: *An Inquiry into the Nature and Causes of the Wealth of Nations*. London: Routledge. [『国富論』全2巻、高哲男訳、講談社学術文庫、2020年]
Smith, D. M. 2005: *On the Margins of Social Inclusion*. Bristol: Policy Press.
Smolinski, M. and Morabito, C. 2014: *Child Poverty and Social Exclusion in Europe. A Matter of Children's Rights*. London: Save the Children.
Sng P. (ed.) 2018: *Invisible Britain. Portraits of Hope and Resilience*. Bristol: Policy Press.
Snoussi, D. and Mompelat, L. 2019: *'We Are Ghosts': Race, Class and Institutional Prejudice*. London: CLASS.
Social Metrics Commission 2018: *A New Measure of Poverty for the UK*. London: Legatum Institute.
Social Metrics Commission. 2020: *Measuring Poverty 2020*. London: Legatum Institute.
*Social Policy & Society* 2015: Themed section: Hunger, food and social policy in austerity, 14(3), 411–506.
Solomon, A. 2001: *The Noonday Demon. An Anatomy of Depression*. London: Chatto & Windus.
Soss, J. 1999: Lessons of welfare. *American Political Science Review*, 93(2), 363–380.
Spicker, P. 2007: *The Idea of Poverty*. Bristol: Policy Press. [『貧困の概念——理解と応答のために』坏洋一監訳、生活書院、2008年]
Spicker, P. 2020: *The Poverty of Nations*. Bristol: Policy Press.
Squires, P. 1990: *Anti-Social Policy*. Hemel Hempstead: Harvester Wheatsheaf.
St Clair, R., Kintrea, K. and Houston, M. 2011: *The Influence of Parents, Place and Poverty on Educational Attitudes and*

Sayer, A. 2015: *Why We Can't Afford the Rich*. Bristol: Policy Press.

Scambler, G. 2018: Heaping blame on shame: 'Weaponising stigma' for neoliberal times. *Sociological Review*, 66(4), 766–782.

Schaefer, A., Mattingley, M. J. and Johnson, K. M. 2016: *Child Poverty Higher and More Persistent in Rural America*. Carsey Research, University of New Hampshire.

Scharf, T., Phillipson, C., Smith, A. E. and Kingston P. 2002: *Growing Older in Socially Deprived Areas*. London: Help the Aged.

Scheff, T. J. 2003: Shame in self and society. *Symbolic Interaction*, 26(2), 239–262.

Schirmer, W., Weidenstedt, L. and Reich, W. 2012: Respect and agency: An empirical exploration. *Current Sociology*, 61(1), 57–75.

Schou, J. and Pors, A. S. 2019: Digital by default? A qualitative study of exclusion in digitalised welfare. *Social Policy & Administration*, 53(3), 464–477.

Schram, S. F. 1995: *Words of Welfare*. Minneapolis: University of Minnesota Press.

Schrecker, T. and Bambra, C. 2015: *How Politics Makes Us Sick*. Bristol: Policy Press.

Schweid, R. 2016: *Invisible Nation: Homeless Families in America*. Oakland: University of California Press.

Scott, J. 1994: *Poverty and Wealth*. London: Longman.

Scott, J. C. 1985: *Weapons of the Weak*. New Haven, CT: Yale University Press.

Scott, J. C. 1989: Everyday forms of resistance. *The Copenhagen Journal of Asian Studies*, 4(1), 33–62.

Scottish Government, 2019: *Developing the Scottish Social Security Charter: Co-design in Action*. Edinburgh: Scottish Government.

Scott-Villiers, P. and Oosterom, M. 2016: Introduction to power, poverty and inequality. *IDS Bulletin*, 47(5), 1–10.

Scullion, L. Wilding, M. Jones, K. and Martin, P. 2017: *Evaluation of DWP and Oxfam Livelihoods Training Project. Executive Summary*. Salford: Sustainable Housing and Urban Studies Unit.

Seabrook, J. 2013: *Pauperism*. London: Hurst.

Seaman, P., Turner, K., Hill, M., Stafford, A. and Walker, A. 2005: *Parenting and Children's Resilience in Disadvantaged Cities*. London: National Children's Bureau.

Sedmak, C. 2013: Human dignity, interiority and poverty. In C. McCrudden (ed.), *Understanding Human Dignity*. Oxford: British Academy/Oxford University Press.

Sen, A. 1983: Poor, relatively speaking. *Oxford Economic Papers*, 35, 153–169.

Sen, A. 1985a: *Commodities and Capabilities*. Amsterdam: Elsevier Science Publishers. [『福祉の経済学 —— 財と潜在能力』鈴村興太郎訳、岩波書店、1988年]

Sen, A. 1985b: A sociological approach to the measurement of poverty: A reply to Professor Peter Townsend. *Oxford Economic Papers*, 37, 669–676.

Sen, A. 1992: *Inequality Reexamined*. Oxford: Clarendon Press. [『不平等の再検討 —— 潜在能力と自由』池本幸生・野上裕生・佐藤仁訳、岩波書店、1999年]

Sen, A. 1993: Capability and well-being. In M. Nussbaum and A. Sen (eds), *The Quality of Life*. Oxford: Clarendon Press. [『クオリティー・オブ・ライフ —— 豊かさの本質とは』竹友安彦監修、水谷めぐみ訳、里文出版、2006年]

Sen, A. 1999: *Development as Freedom*. Oxford: Oxford University Press. [『自由と経済開発』石塚雅彦訳、日本経済新聞社、2002年]

Sen, A. 2009: *The Idea of Justice*. London: Allen Lane. [『正義のアイデア』池本幸生訳、明石書店、2011年]

Sen. G. 2010: Poor households or poor women: Is there a difference? in S. Chant (ed.), *The International Handbook of Gender and Poverty*. Cheltenham: Edward Elgar.

Sennett, R. 2003: *Respect*. London: Allen Lane.

Sennett, R. and Cobb, J. 1972: *The Hidden Injuries of Class*. Cambridge: Cambridge University Press.

Sepúlveda, M. 2011a: *Extreme Poverty and Human Rights: Report to the General Assembly*. Geneva: UN.

Sepúlveda, M. 2011b: *Report of the Independent Expert on the Question of Human Rights and Extreme Poverty to the Human Rights Council*. Geneva: UNHRC.

Sepúlveda, M. 2013: *Report of the UN Special Rapporteur on Extreme Poverty and Human Rights*. Geneva: UN.

SEU 2001: *Preventing Social Exclusion*. London: SEU.

Seymour, D. 2009: *Reporting Poverty in the UK*. York: Joseph Rowntree Foundation.

Shahrokh, T. and Wheeler, J. (eds) 2014: *Knowledge from the Margins. An Anthology from a Global Network on Participatory Practice and Policy Influences*. Brighton: IDS.

Shalmy, S. 2018: Solidarity forever. *Red Pepper*, Winter, 16–21.

Shantz, J. 2011: Poverty, social movements and community health: The campaign for the Special Diet Allowance in Ontario. *Journal of Poverty and Social Justice*, 19(2), 145–158.

Sheehy-Skeffington, J. and Rea, J. 2017: *How Poverty affects People's Decision-making Processes*. York: Joseph Rowntree experiences of low-income children in the UK. *Children & Society*, 25(1), 73–84.

Ridge, T. and Millar, J. 2011: Following families: Working lone mothers and their children. *Social Policy & Administration*, 45(1), 85–97.

Ridge, T. and Wright, S. 2008: Introduction. In T. Ridge and S. Wright (eds), *Understanding Inequality, Poverty and Wealth*. Bristol: Policy Press.

Rigg, J. and Sefton, T. 2006: Income dynamics and the lifecycle. *Journal of Social Policy*, 35(3), 411–435.

Riggins, S. H. 1997: The rhetoric of othering. In S. H. Riggins (ed.), *The Language and Politics of Exclusion*. Thousand Oaks, CA: Sage.

Rimstead, R. 1997: Subverting poor me: Negative construction of identity in poor and working-class women's biographies. In S. H. Riggins (ed.) *The Language and Politics of Exclusion. Others in Discourse*. Thousand Oaks, CA: Sage.

Ringen, S. 1987: *The Possibility of Politics*. Oxford: Clarendon Press.

Robb, C. M. 2002: *Can the Poor Influence Policy?*, 2nd edn. Washington, DC: IMF/World Bank.

Roberts, C. and Kibasi, T. 2018: 'Introduction'. In *Move On Up? Social Mobility, Opportunity and Equality in the 21st Century*. London: IPPR.

Rodgers, G., Gore, C. and Figueiredo, J. B. (eds) 1995: *Social Exclusion, Rhetoric, Reality, Responses*. Geneva: ILO.

Roelen, K. 2010: Child poverty: What's in a word? In W. Vandenhole, J. Vranken and K. de Boyser (eds), *Why Care? Children's Rights and Child Poverty*. Antwerp: Intersentia.

Roelen, K. 2017: *Shame, Poverty and Social Protection*. IDS Working Paper 489. Brighton: IDS.

Roets, G., Roose, R., de Bie, M., Claes, L. and van Hove, G. 2012: Pawns or pioneers? The logic of user participation in anti-poverty policy-making in public policy units in Belgium. *Social Policy and Administration*, 46(7), 807–822.

Rogaly, B. and Taylor, B. 2009: *Moving Histories of Class and Community*. Basingstoke: Palgrave.

Rogers, R. 2002: Discourses of resistance and the 'hostile jobseeker'. *Benefits*, 10(1), 19–23.

Rogers-Dillon, R. 1995: The dynamics of welfare stigma. *Qualitative Sociology*, 18(4), 439–456.

Rojas, M. 2019: The climate crisis plus inequality is a recipe for chaos. *Guardian Journal*, 9 December.

Room, G. (ed.) 1995: *Beyond the Threshold. The Measurement and Analysis of Social Exclusion*. Bristol: Policy Press.

Room, G. 1999: Social exclusion, solidarity and the challenge of globalisation. *International Journal of Social Welfare*, 8, 166–174.

Ross, T. 1991: The rhetoric of poverty: Their immorality, our helplessness. *Georgetown Law Journal*, 79(5), 1499–1547.

Rothstein, B. 1998: *Just Institutions Matter*. Cambridge: Cambridge University Press.

Rowlingson, K., Whyley, C., Newburn, T. and Berthoud, R. 1997: *Social Security Fraud*. London: The Stationery Office.

Rowntree, B. S. 1937: *The Human Needs of Labour*. London: Longmans Green.［『生活費の研究』上原好咲訳、目黒分店、1921年］

Rummery, K. 2018: Gender equality and social justice. In G. Craig (ed.), *Handbook on Global Social Justice*. Cheltenham: Edward Elgar.

Runciman, W. G. 1966: *Relative Deprivation and Social Justice*. London: Routledge & Kegan Paul.

Ruspini, E. 1998: Women and poverty dynamics. *Journal of European Social Policy*, 8(4), 291–316.

Ruspini, E. 2001: The study of women's deprivation. *International Journal of Social Research Methodology*, 4(2), 101–118.

Russell, H. (ed.) 1996: *Speaking from Experience*. Manchester: Church Action on Poverty.

Ruxton, S. 2003: *Men, Masculinities and Poverty in the UK*. Oxford: Oxfam.

Ruxton, S. and Bennett, F. 2002: *Including Children?* Brussels: Euronet.

Saraceno, C. (ed.) 2002: *Social Assistance Dynamics in Europe*. Bristol: Policy Press.

Sarkar, S. and Barnes, S. G. (eds) 2018: *The Souls of Poor Folk*. Washington, DC: Institute for Policy Studies/Poor People's Campaign.

Saunders, P. 2013: Reflections on the concept of social exclusion and the Australian social inclusion agenda. *Social Policy & Administration*, 47(6), 692–708.

Saunders, P., Bradshaw, J. and Hirst, M. 2002: Using household expenditure to develop an income poverty line. *Social Policy & Administration*, 36(3), 217–234.

Savage, M. 2015: *Social Class in the Twenty-first Century*. London: Pelican.［『7つの階級 —— 英国階級調査報告』舩山むつみ訳、東洋経済新報社、2019年］

Sayer, A. 2005a: Class, moral worth and recognition. *Sociology*, 39(4), 947–963.

Sayer, A. 2005b: *The Moral Significance of Class*. Cambridge: Cambridge University Press.

Purdam, K. and Prattley, J. 2020: Financial debt among older women in the United Kingdom: Shame, abuse and resilience, *Ageing & Society*. https://doi.org/10.1017/S0144686X2000001X.

Purdam, K., Garratt, E. A. and Esmail, A. 2016: Hungry? Food insecurity, social stigma and embarrassment in the UK. *Sociology*, 50(1), 1072–1088.

Quarmby, K. 2008: *Getting Away with Murder. Disabled People's Experiences of Hate Crime in the UK*. London: Scope.

Quinn, L. 2019: *Interim Evaluation of Oxfam–DWP Sustainable Livelihoods Approach Project*. Bristol: Social Effectiveness Research Centre.

Rademacher, A. and Patel, R. 2002: Retelling worlds of poverty. In K. Brock and R. McGee, *Knowing Poverty. Critical Reflections on Participatory Research and Policy*. London: Earthscan.

Radical Housing Network, Hudson, B. and Tucker, P. 2019: Struggle for social housing justice. In D. Bulley, J. Edkins and N. El-Enany (eds), *After Grenfell, Violence, Resistance and Response*. London: Pluto Press.

Rahman, F. 2019: *The Generation of Poverty: Poverty over the Life Course*. London: Resolution Foundation.

Rainwater, L., Smeeding, T. M. and Coder, J. 2001: Poverty across states, nations, and continents. In V. Vleminckx and T. M. Smeeding (eds), 2001: *Child Well-being, Child Poverty and Child Policy in Modern Nations*. Bristol: Policy Press.

Rakodi, C. 2002: A livelihoods approach: Conceptual issues and definitions. In C. Rakodi with T. Lloyd-Jones (eds), *Urban Livelihoods*. London: Earthscan.

Rakodi, C. with Lloyd-Jones, T. (eds) 2002: *Urban Livelihoods*. London: Earthscan.

Rancière, J. 2001: Ten theses on politics. *Theory & Event*, 5 (3). https://muse.jhu.edu/article/32639.

Raup, E. 1996: Politics, race and US penal strategies. *Soundings*, 2, 153–168.

Raveaud, G. and Salais, R. 2001: Fighting against social exclusion in a European knowledge-based society. In D. G. Mayes, J. Berghman and R. Salais, R. (eds), *Social Exclusion and European Policy*. Cheltenham: Edward Elgar.

Ravensbergen, F. and VanderPlaat, M. 2010: Barriers to citizen participation: The missing voices of people living with low income. *Community Development Journal*, 45(4), 389–403.

Rawls, J. 1973: *A Theory of Justice*. Oxford: Oxford University Press. [『正義論』川本隆史他訳、紀伊國屋書店(改訂版)、2010年]

Rayburn, R. and Guittar, N. A. 2013: 'This is where you are supposed to be'. How homeless individuals cope with stigma. *Sociological Spectrum*, 33(2), 159–174.

Razavi, S. 1997: From rags to riches. Looking at poverty from a gender perspective. *IDS Bulletin*, 28(3), 49–62.

Reay, D. 2005: Beyond consciousness? The psychic landscape of social class. *Sociology*, 39(5), 911–928.

Redmond, G. 2008: *Children's Perspectives on Economic Adversity: A Review of the literature*. Florence: UNICEF Research Centre.

Redmond, G. 2009: Children as actors: How does the child perspectives literature treat agency in the context of poverty? *Social Policy & Society*, 8(4), 541–550.

Reeves, A. and de Vries, R. 2016: Does media coverage influence public attitudes towards welfare recipients? The impact of the 2011 riots. *British Journal of Sociology*, 67(2), 76–96.

Reis, S. 2018: *The Female Face of Poverty*. London: Women's Budget Group.

Reutter, L., Stewart, M. J., Veenstra, R. L., Raphael, D. and Makwarimba, E. 2009: 'Who do they think we are anyway?': Perceptions of and responses to poverty stigma. *Qualitative Health Research*, 19(3), 297–311.

Richardson, L. and Mumford, K. 2002: Community, neighbourhood and social infrastructure. In J. Hills, J. Le Grand and D. Piachaud (eds), *Understanding Social Exclusion*. Oxford: Oxford University Press.

Riches, G. 2002: Food banks and food security: Welfare reform, human rights and social policy. Lessons from Canada? *Social Policy & Administration*, 38(6), 648–663.

Riches, G. 2011: Thinking and acting outside the charitable food box: hunger and the right to food in rich societies. *Development in Practice*, 21(4–5), 768–775.

Ridge T. and Saunders, P. 2009: Introduction: Themed section on children's perspectives on poverty and disadvantage in rich and developing countries. *Social Policy & Society*, 8(4), 499–502.

Ridge, T. 2002: *Childhood Poverty and Social Exclusion*. Bristol: Policy Press. [『子どもの貧困と社会的排除』渡辺雅男監訳、中村好孝・松田洋介訳、桜井書店、2010年]

Ridge, T. 2007: It's a family affair: Low-income children's perspectives on maternal work. *Journal of Social Policy* 36(3), 399–416.

Ridge, T. 2009: *Living with Poverty*. London: DWP.

Ridge, T. 2011: The everyday costs of poverty in childhood: A review of qualitative research exploring the lives and

Pellissery and I. Lødemel (eds), *The Shame of It*. Bristol: Policy Press.

Pemberton, S. 2015: *Harmful Societies*. Bristol: Policy Press.

Pemberton, S. and Humphris, R. 2018: *Invisible Rules. Social Mobility, Low Income and the Role of Further and Higher Education*. Birmingham: University of Birmingham.

Pemberton, S., Fahmy, E. Sutton, E. and Bell, K. 2016: Navigating the stigmatised identities of poverty in austere times. *Critical Social Policy*, 36(1), 21–37.

Pemberton, S., Fahmy, S., Sutton, E. and Bell, K. 2017: Endless pressure: Life on a low income in austere times. *Social Policy and Administration*, 51(7), 1156–1173.

Pemberton, S., Pantazis, C. and Hillgard, P. 2018: Poverty and social harm. In G. Bramley and N. Bailey (eds), *Poverty and Social Exclusion in the UK*, vol. 2. Bristol: Policy Press.

Pemberton, S., Sutton, E. and Fahmy, E. 2013: *A Review of the Qualitative Evidence Relating to the Experience of Poverty and Exclusion*. PSE Working Paper – Methods Series 22.

Perry, J., Williams, M., Sefton, T. and Haddad, M. 2014: *Emergency Use Only. Understanding and Reducing the Use of Food Banks in the UK*. London: CPAG/Church of England/Oxfam GB/Trussell Trust.

Perry, N. 2005: *Getting the Right Trainers*. London: ATD Fourth World.

Peterie, M., Ramia, G., Marston, G. and Patulny, R. 2019a: Social isolation as stigma-management: Explaining long-term unemployed people's 'failure' to network. *Sociology*, 53(6), 1043–1060.

Peterie, M., Ramia, G., Marston, G. and Patulny, R. 2019b: Emotional compliance and emotion as resistance: Shame and anger among the long term unemployed. *Work, Employment & Society*, 33(5), 794–811.

Phillips, A. 1999: *Which Inequalities Matter?* Cambridge: Polity.

Phillips, A. 2001: Feminism and liberalism revisited: Has Martha Nussbaum got it right? *Constellations*, 8(2), 249–266.

Phillips, A. 2003: Recognition and the struggle for political voice. In B. Hobson (ed.), *Recognition Struggles and Social Movements*. Cambridge: Cambridge University Press.

Phillips, C. and Platt, L. 2016: 'Race' and ethnicity. In H. Dean and L. Platt (eds), *Social Advantage and Disadvantage*. Oxford: Oxford University Press.

Philo, G., McCormick, J. and CPAG 1995: 'Poor places' and beyond. In G. Philo (ed.), *Off the Map. The Social Geography of Poverty in the UK*. London: CPAG.

Piacentini, T. 2014: Missing from the picture? Migrant and refugee community organisations' responses to poverty and destitution in Glasgow. *Community Development Journal*, 50(3), 433–447.

Piachaud, D. 1987: Problems in the definition and measurement of poverty. *Journal of Social Policy*, 16(2), 147–164.

Pickering, M. 2001: *Stereotyping*. Basingstoke: Palgrave. Platt, L. and Dean, H. 2016: Conclusions. In H. Dean and L. Platt (eds), *Social Advantage and Disadvantage*. Oxford: Oxford University Press.

Pogge, T. 2002: *World Poverty and Human Rights*. Cambridge: Polity.［『なぜ遠くの貧しい人への義務があるのか―― 世界的貧困と人権』立岩真也監訳、池田浩章ほか訳、生活書院、2010年］

Polakow, V. 1993: *Lives on the Edge. Single Mothers and their Children in the Other America*. Chicago. IL: University of Chicago Press.

Popkin, S. J., Scott, M. M. and Galvez, M. 2016: *Impossible Choices: Teens and Food Insecurity in America*. Washington, DC: Urban Institute.

Pople, L., Rodrigues, L. and Royston, S. 2013: *Through Young Eyes. The Children's Commission on Poverty*. London: Children's Society.

Porter, E. 2000: Participatory democracy and the challenge of dialogue across difference. In C. Roulston and C. Davies (eds), *Gender, Democracy and Inclusion in Northern Ireland*. Basingstoke: Palgrave.

Postmus, L., Hoge, G. L., Breckenridge, J., Sharp-Jeff, N. and Chung, D. 2020: Economic abuse as an invisible form of domestic violence: a multi–country review. *Trauma, Violence, Abuse*, 21(2), 261–283.

Powell, M., Boyne, G. and Ashworth, R. 2001: Towards a geography of people poverty and place poverty. *Policy and Politics*, 29(3), 243–258.

Power, A. 2007: *City Survivors. Bringing up Children in Disadvantaged Neighbourhoods*. Bristol: Policy Press.

Power, E. M. 2005: The unfreedom of being other: Canadian lone mothers' experiences of poverty and 'life on the cheque'. *Sociology*, 39(4), 643–660.

Prest, L. (ed.) 2000: *Out of the Shadows. A Collection of Poems from the Fourth World*. London: ATD Fourth World.

Prior, L. and Manley, D. 2018: Poverty and health: Thirty years of progress? In G. Bramley and N. Bailey (eds), *Poverty and Social Exclusion in the UK*, vol. 2. Bristol: Policy Press.

Pulkingham, J., Fuller, S. and Kershaw, P. 2010: Lone motherhood, welfare reform and active citizen subjectivities. *Critical Social Policy*, 30(2), 267–291.

*Perspective on Human Rights*. IDS Working Paper 169. Brighton: IDS.
O'Brien, N. 2018: Administrative justice in the wake of *I, Daniel Blake*. *Political Quarterly*, 89(1), 82–91.
O'Cinneide, C. 2019: The Social Security (Scotland) Act 2018: A rights-based approach to social security? *Edinburgh Law Review*, 23, 117–123.
O'Connell, R., Knight, A. and Brannen, J. 2019: *Living from Hand to Mouth*. London: CPAG.
O'Connor, A. 2001: *Poverty Knowledge*. Princeton, NJ: Princeton University Press.
O'Connor, D. 2018: Food poverty and the policy context in Ireland. In P. Beresford and S. Carr (eds), *Social Policy First Hand. An International Introduction to Participatory Social Welfare*. Bristol: Policy Press.
O'Hara, M. 2015: Poverty is moving to the suburbs. *Guardian Society*, 6 May.
O'Hara, M. 2020: *The Shame Game*. Bristol: Policy Press.
O'Leary, D. and Salter, J. 2014: *Ties that Bind*. London: Demos.
OECD 2000: *Literacy in the Age of Information*. Paris: OECD.
OECD 2015: *In It Together. Why Less Inequality Benefits Us All*. Paris: OECD.
Offer, S. 2012: The burden of reciprocity: Processes of exclusion and withdrawal from personal networks among low-income families. *Current Sociology*, 60(6), 788–805.
OHCHR 1999: *Human Rights and Extreme Poverty. Report of the Independent Expert on Human Rights Submitted to Commission on Human Rights*, 55th Session. New York: UN Economic and Social Council.
OHCHR 2002: *Draft Guidelines: A Human Rights Approach to Poverty Reduction Strategies*. Geneva: OHCHR.
OHCHR 2004: *Human Rights and Poverty Reduction*. Geneva: OHCHR.
Oliver, K. 2001: *Witnessing*. Minneapolis: University of Minnesota Press.
Orloff, A. S. 2002: Explaining US welfare reform. *Critical Social Policy*, 22(1), 96–118.
Orr, S., Brown, G., Smith, S., Way, C. and Waters, M. 2006: *When Ends Don't Meet*. Manchester: Church Action on Poverty.
Orton, M. 2009: Understanding the exercise of agency within structural inequality: The case of personal debt. *Social Policy & Society*, 8(4), 487–498.
Orton, M. 2015: *Something's Not Right: Insecurity and an Anxious Nation*. London: Compass.
Osberg, L. 2002: *Trends in Poverty: The UK in International Perspective. How Rates Mislead and Intensity Matters*. Colchester: Institute for Social and Economic Research, University of Essex.
Øyen, E. 1996: Poverty research rethought. In E. Øyen, S. M. Miller and S. A. Samad (eds), *Poverty: A Global Review*. Oslo: Scandinavian University Press.
Pahl, J. 1989: *Money and Marriage*. Basingstoke: Macmillan.
Pakulski, J. 1997: Cultural citizenship. *Citizenship Studies*, 1(1), 73–86. [『マネー＆マリッジ――貨幣をめぐる制度と家族』室住真麻子・木村清美・御船美智子訳、ミネルヴァ書房、1994年]
Pantazis, C., Gordon, D. and Levitas, R. 2006: Conclusion. In C. Pantazis, D. Gordon and R. Levitas (eds), *Poverty and Social Exclusion in Britain*. Bristol: Policy Press.
Parekh, B. 2000: *The Future of Multi-ethnic Britain*. London: Profile Books/Runnymede Trust.
Parker, S. and Pharoah, R. 2008: *Just Coping*. Maidstone: Kent County Council.
Parry, G., Moyser, G. and Day, N. 1992: *Political Participation and Democracy in Britain*. Cambridge: Cambridge University Press.
Patrick, R. 2014: Working on welfare. *Journal of Social Policy*, 43(4), 705–725.
Patrick, R. 2016: Living with and responding to the 'scrounger' narrative in the UK: Exploring everyday strategies of acceptance, resistance and deflection. *Journal of Poverty and Social Justice*, 24(3), 245–259.
Patrick, R. 2017: *For Whose Benefit?* Bristol: Policy Press.
Patrick, R. 2020: Unsettling the anti-welfare common sense: The potential in participatory research with people living in poverty. *Journal of Social Policy*, 49(2), 251–270.
Patrick, R. and Simpson, M. 2020: Conceptualising dignity in the context of social security. *Social Policy and Administration*, 54(3), 475–490.
Patsios, D. 2018: Improvement for some: Poverty and social exclusion among older people and pensioners. In E. Dermott and G. Main (eds), *Poverty and Social Exclusion in the UK*, vol. 1. Bristol: Policy Press.
Payne, S. 1991: *Women, Health and Poverty*. Hemel Hempstead: Harvester Wheatsheaf.
Payne, S. 2006: Mental health, poverty and social exclusion. In C. Pantazis, D. Gordon and R. Levitas (eds), *Poverty and Social Exclusion in Britain*. Bristol: Policy Press.
Peacock, M., Bissell, P. and Owen, J. 2014: Shaming encounters. *Sociology*, 48(2), 387–402.
Peel, M. 2003: *The Lowest Rung*. Cambridge: Cambridge University Press.
Pellissery, S. Lødemel, I. and Gubrium, E. K. 2014: Shame and shaming in policy processes. In E. K. Gubrium, S.

(ed.), *Handbook on Global Social Justice*. Cheltenham: Edward Elgar.
Mooney, G. 1998: Remoralizing the poor? In G. Lewis (ed.) *Forming Nation, Framing Welfare*. London: Routledge.
Mooney, G. 2000: Class and social policy. In G. Lewis, S. Gewirtz and J. Clarke (eds), *Rethinking Social Policy*. London: Sage.
Mooney, G. 2008: Explaining poverty, social exclusion and inequality: Towards a structural approach. In T. Ridge and S. Wright (eds), *Understanding Inequality, Poverty and Wealth*. Bristol: Policy Press.
Moosa, Z. with Woodroffe, J. 2009: *Poverty Pathways: Ethnic Minority Women's Livelihoods*. London: Fawcett Society.
Morris, J. 2001: Social exclusion and young disabled people with high levels of support needs. *Critical Social Policy*, 21(2), 161–183.
Morris, L. 1994: *Dangerous Classes*. London: Routledge.
Morrison, J. 2019: *Scroungers: Moral Panics and Media Myths*. London: Zed.
Mortimer, J. 2018: Austerity is still crushing Britain – and the community is speaking up. *Left Foot Forward*, 24 August.
Moser, C. 1998: The asset vulnerability framework. *World Development*, 26(1), 1–19.
Moser, C. and Norton, A. 2001: *To Claim Our Rights*. London: Overseas Development Institute.
Mullainathan, S. and Shafir, E. 2014: *Scarcity*. London: Penguin. [『いつも「時間がない」あなたに――欠乏の行動経済学』大田直子訳、早川書房、2017年]
Mumford, A. and Power, A. 2003: *East Enders. Family and Community in East London*. Bristol: Policy Press.
Murray, C. 1988: *In Pursuit of Happiness and Good Government*. New York: Simon & Schuster.
Murray, C. 1996: The emerging British underclass. In R. Lister (ed.), *Charles Murray and the Underclass. The Developing Debate*. London: IEA Health & Welfare Unit.
Naples, N. 1998: *Grassroots Warriors. Activist Mothering, Community Work, and the War on Poverty*. New York/London: Routledge.
Narayan, D. 2000: *Can Anyone Hear Us?* Oxford: Oxford University Press. [『私たちの声が聞こえますか？』"Voices of the Poor"翻訳グループ訳、世界銀行東京事務所、2002年]
Narayan, D., Chambers, R., Shah, M. K. and Petesch, P. 2000: *Crying Out for Change*. New York: Oxford University Press/World Bank.
National Academies of Sciences, Engineering and Medicine 2019: *A Roadmap to Reducing Poverty*. Washington, DC. National Academies Press.
National Equality Panel 2010: *An Anatomy of Economic Inequality in the UK*. London: Government Equalities Office.
Nevile, A. 2008: Human rights, poverty and welfare conditionality. *Australian Journal of Human Rights*, 14(1), 1–20.
Nevile, A. 2010: Values, rights and concepts of citizenship. In A. Neville (ed.), *Human Rights and Social Policy*. Cheltenham: Edward Elgar.
Newman, K. S. and Chin, M. M. 2003: High stakes: Time poverty, testing and the children of the working poor. *Qualitative Sociology*. 26(1), 3–34.
Newman, K. S. and Massengill, R. P. 2006: The texture of hardship: Qualitative sociology of poverty, 1995–2005. *Annual Review of Sociology*, 32, 423–446.
Niemietz, K. 2011: *A New Understanding of Poverty*. London: Institute of Economic Affairs.
Nolan, A. 2015: Not fit for purpose? Human rights in times of financial and economic crisis. *European Human Rights Law Review*, 4, 358–369.
Nolan, A. 2019: *Protecting the Child from Poverty: The role of rights in the Council of Europe*. Strasbourg: Council of Europe.
Nolan, B. and Whelan, C. T. 1996: *Resources, Deprivation, and Poverty*. Oxford: Clarendon Press.
Nolan B. and Whelan, C. T. 2011: *Poverty and Deprivation in Europe*. Oxford: Clarendon Press.
Novak, M. 1987: *The New Consensus on Family and Welfare*. Washington, DC: American Enterprise Institute.
Novak, T. 2001: What's in a name? Poverty, the underclass and social exclusion. In M. Lavalette and A. Pratt (eds), *Social Policy: A Conceptual and Theoretical Introduction*, 2nd edn. London: Sage.
Nussbaum, M. 1995: Emotions and women's capabilities. In M. Nussbaum and J. Glover (eds), *Women, Culture and Development*. Oxford: Clarendon Press.
Nussbaum, M. 2000: *Women and Human Development*. Cambridge: Cambridge University Press. [『女性と人間開発――潜在能力アプローチ』池本幸生・田口さつき・坪井ひろみ訳、岩波書店、2005年]
Nussbaum, M. 2006: Poverty and human functioning: Capabilities as fundamental entitlements. In D. B. Grusky and R. Kambur (eds), *Poverty and Inequality*. Stanford, CA: Stanford University Press.
Nussbaum, M. and Sen, A. (eds) 1993: *The Quality of Life*. Oxford: Clarendon Press. [『クオリティー・オブ・ライフ――豊かさの本質とは』竹友安彦監修、水谷めぐみ訳、里文出版、2006年]
Nyamu-Musembi, C. 2002: *Towards an Actor-Oriented*

against austerity. *Critical & Radical Social Work*, 4(3), 409–413.

McIntosh, I and Wright, S. 2019: Exploring what the notion of 'lived experience' offers for social policy analysis. *Journal of Social Policy*, 48(3), 449–467.

McIntyre, L. Officer, S. and Robinson, L. M. 2003: Feeling poor: The felt experience of low-income lone mothers. *Affilia*, 18, 316–31.

McKendrick, J. H., Sinclair, S., Irwin, A., O'Donnell, H., Scott, G. and Dobbie, L. 2008: *The Media, Poverty and Public Opinion in the UK*. York: Joseph Rowntree Foundation.

McKenzie, L. 2012: A narrative from the inside, studying St Ann's in Nottingham: Belonging, continuity and change. *The Sociological Review*, 60(3), 457–475.

McKenzie, L. 2015: *Getting By. Estates, Class and Culture in Austerity Britain*. Bristol: Policy Press.

McKenzie, L. 2017: The class politics of prejudice: Brexit and the land of no-hope and glory. *British Journal of Sociology*, 68(S1), S265–S280.

McKnight, A. and Rucci, M. 2020: *The Financial Resilience of Households: 22 Country Study*. London: CASE.

McNay, L. 2008: *Against Recognition*. Cambridge: Polity.

Mental Health Foundation 2017: *Surviving or Thriving?* London: Mental Health Foundation.

Mental Health Foundation 2018: *Stress: Are We Coping?* London: Mental Health Foundation.

Meriluoto, T. 2019: The will to not be empowered (according to your rules): Resistance to Finnish participatory social policy. *Critical Social Policy*, 39(1), 87–107.

Merz, J. and Rathjen, T. 2009: Time and income poverty: An interdependent, multidimensional poverty approach with German time use diary data. SOEP paper 215. Berlin: DIWBerlin.

Merz, J. and Rathjen, T. 2011: Intensity of multidimensional time and income poverty. SOEP paper 215. Berlin: DIWBerlin.

Micklewright, J. 2002: *Social Exclusion and Children*. CASE paper 51. London: CASE.

Middleton, S. 1998. Revising the breadline Britain questions. In J. Bradshaw, D. Gordon, R. Levitas, S. Middleton, C. Pantazis, S. Payne and P. Townsend, *Perceptions of Poverty and Social Exclusion*. Bristol: Townsend Centre for International Poverty Research.

Middleton, S., Ashworth, K. and Walker, R. (eds) 1994: *Family Fortunes*. London: CPAG.

Mik-Meyer, N. and Silverman, D. 2019: Agency and clientship in public encounters. *British Journal of Sociology*, 70(5), 1640–1660.

Milbourne, P. 2004a: The local geographies of poverty: A rural case study. *Geoforum*, 35(3), 559–575.

Milbourne, P. 2004b: *Rural Poverty, Marginalisation and Exclusion in Britain and the US. London*: Routledge.

Milbourne, P. 2006: Poverty, social exclusion and welfare in rural Britain. In J. Midgley (ed.), *A New Rural Agenda*. London: IPPR.

Milbourne, P. 2010: Putting poverty and welfare in place. *Policy & Politics*, 38(1), 153–169.

Milbourne, P. 2020: From agricultural poverty to social exclusion. In J. Burchardt and C. Conford (eds), *The Contested Countryside*. London: Bloomsbury.

Miles, A. and Leguina, A. 2018: Socio-spatial mobilities and narratives of class identity in Britain. *British Journal of Sociology*, 69(4), 1063–1095.

Millar, J. 2003: Gender, poverty and social exclusion. *Social Policy and Society*, 2(3), 181–188.

Millar, J. 2007: The dynamics of poverty and employment: The contribution of qualitative longitudinal research to understanding transitions, adaptations and trajectories. *Social Policy & Society*, 6(4), 533–544.

Millar, J. 2010: The United Kingdom: The feminization of poverty? In G. S. Goldberg (ed.), *Poor Women in Rich Countries*. Oxford: Oxford University Press.

Millar, J. and Glendinning, C. 1989: Gender and poverty, *Journal of Social Policy* 18(3): 363-381.

Millar, J. and Glendinning, C. 1992: 'It all really starts in the family': Gender divisions and poverty. In C. Glendinning and J. Millar (eds), *Women and Poverty in Britain. The 1990s*. Hemel Hempstead: Harvester Wheatsheaf.

Millar, J. and Ridge, T. 2008: Relationships of care: Working lone mothers, their children and employment sustainability. *Journal of Social Policy*, 38(1), 103–121.

Millar, J. and Ridge, T. 2017: *Work and Relationships over Time in Lone-Mother Families*. York: Joseph Rowntree Foundation.

Millar, J. and Ridge, T. 2020: No margin for error: Fifteen years in the working lives of lone mothers and their children. *Journal of Social Policy*, 49(1), 1–17.

Misra, J., Moller, S. and Karides, M. 2003: Envisioning dependency: Changing media depictions of welfare in the 20th century. *Social Problems*, 50(4), 482–504.

Mitchell, E. 2020: Negotiating vulnerability: The experience of long-term social security recipients. *Sociological Review*, 68(1), 225–241.

Mohanty, S. P. 2018: Social justice and culture: On identity intersectionality and epistemic privilege. In G. Craig

era. In J. Dean (ed.), *Feminism and the New Democracy*. London: Sage.

Marcoux, A. 1998: The feminization of poverty. *Population and Development Review*, 24(1), 131–139.

Marmot, M. 2010: *Fair Society, Healthy Lives*. London: UCL.

Marsh, A. 2017: *Poverty: The Facts*, 6th edn. London: CPAG.

Marsh, A. and Rowlingson, K. 2002: *Low- and Moderate-Income Families in Britain*. Leeds: DWP/Corporate Document Services.

Marshall, T. H. 1950: *Citizenship and Social Class*. Cambridge: Cambridge University Press. [『シティズンシップと社会的階級 —— 近現代を総括するマニフェスト』岩崎信彦・中村健吾訳、法律文化社、1993年]

Marston, G. 2013: On 'Activation workers' perceptions'. A reply to Dunn (1). *Journal of Social Policy*, 42(4), 810–827.

Martin, K. and Mason, M. 2011: '*Trying to Get By*': *Consulting with Children and Young People on Child Poverty*. London: Office of the Children's Commissioner.

Marx, K. 1987: First draft of 'A contribution to the critique of political economy'. In K. Marx and F. Engels, *Collected Works*, vol. 49. London: Lawrence and Wishart. [『ルイ・ボナパルトのブリュメール一八日／経済学批判要綱「序説」「資本制生産に先行する諸形態」／経済学批判「序言」／資本論第一巻初版第一章』〔マルクス・コレクション〕横張誠ほか訳、筑摩書房、2005年参照]

Maskovsky, J. 2018: Staying alive: AIDS activism as US relational poverty politics. In V. Lawson and S. Elwood (eds), *Relational Poverty Politics*. Athens: University of Georgia Press.

Matthews, P. and Besemer, K. 2015: Social networks, social capital and poverty: Panacea or placebo? *Journal of Poverty and Social Justice*, 23(3), 187–201.

Maxwell, S. 2000: Developing the Consensus. *New Economy*, 7(4), 210–213.

May, T., Duffy, M., Few, B. and Hough, M. 2005: *Understanding Drug Selling in Local Communities*. York: Joseph Rowntree Foundation.

Mayblin, L., Wake, M. and Kazemi, M. 2020: Necropolitics and the slow violence of the everyday: Asylum-seeker welfare in the postcolonial present. *Sociology*, 54(1), 107–123.

Mayo, M. 2004: Exclusion, inclusion and empowerment. In J. Anderson and B. Siim (eds), *Politics of Inclusion and Empowerment*. Basingstoke: Palgrave.

Mayo, M. and Craig, G. 1995: Community participation and empowerment. In G. Craig and M. Mayo (eds), *Community Empowerment*. London: Zed Books.

Mazelis, J. M. 2015: 'I got to try to give back': How reciprocity norms in a poor people's organization influence members' social capital. *Journal of Poverty*, 19(1), 109–131.

McCabe, A., Gilchrist, A., Harris, K., Afridi, A. and Kypianou, P. 2013: *Making the Links: Poverty, Ethnicity and Social Networks*. York: Joseph Rowntree Foundation.

McCollum, D. 2012: 'Back on the brew [benefits] again': Why so many transitions from welfare to work are not sustained. *Journal of Poverty and Social Justice*, 20(2), 207–218.

McCann, M. and March, T. 1996: Law and everyday forms of resistance. In C. Roulston and C. Davies (eds), *Studies in Law, Politics and Society* 15, Greenwich, CT: JAI Press.

McCormack, K. 2004: Resisting the welfare mother: The power of welfare discourse and tactics of resistance. *Critical Sociology*, 30(2), 355–383.

McCormick, J. and Philo, C. 1995: Where is poverty? In G. Philo (ed.), *Off the Map. The Social Geography of Poverty in the UK*. London: CPAG.

McCrone, D. 1994: Getting by and making out in Kirkcaldy. In M. Anderson, F. Bechhofer and J. Gershuny (eds), *The Social and Political Economy of the Household*. Oxford: Oxford University Press.

McCrudden, C. 2013: In pursuit of human dignity. In C. McCrudden (ed.), *Understanding Human Dignity*. Oxford: Oxford University Press/British Academy.

McEnhill, L. and Bryne V. 2014: 'Beat the cheat': Portrayals of disability benefit claimants in print media. *Journal of Poverty and Social Justice*, 22(2), 99–110.

McGarvey, D. 2017: *Poverty Safari*. Edinburgh: Luath Press. [『ポバティー・サファリ —— イギリス最下層の怒り』山田文訳、集英社、2019年]

McGee, R. 2002: The self in participatory poverty research. In K. Brock and R. McGee, *Knowing Poverty. Critical Reflections on Participatory Research and Policy*. London: Earthscan.

McGee, R. 2016: Poverty and empowerment meet resistance: A critical action-oriented review of the literature. *IDS Bulletin*, 47(5), 103–118.

McGee, R. and Brock, K. 2001: *From Poverty Assessment to Policy Change*. Working Paper 133. Brighton: IDS.

McGrath, L., Griffin, V. and Mundy, E. 2015: *The Psychological Impact of Poverty*. London: Psychologists against Austerity.

McGrath, L., Walker, C. and Jones, C. 2016: Psychologists

Lister, R. 2010: *Understanding Theories and Concepts in Social Policy*. Bristol: Policy Press.
Lister, R. 2011a: The age of responsibility: Social policy and citizenship in the early 21st century. In C. Holden, M. Kilkey and G. Ramin (eds), *Social Policy Review 23*. Bristol: Policy Press.
Lister, R. 2011b: Social justice for children. In A. Walker, A. Sinfield and C. Walker (eds), *Fighting Poverty, Inequality and Injustice*. Bristol: Policy Press.
Lister, R. 2013: 'Power not pity': Poverty and human rights. *Ethics and Social Welfare*, 7(2), 109–123.
Lister, R. 2016: Putting the security back into social security. In L. Nandy, C. Lucas and C. Bowes (eds), *The Alternative*. London: Biteback.
Lister, R. 2020: *Towards a Good Society*. London: Compass.
Lister, R. and Beresford, P. 2000: Where are 'the poor' in the future of poverty research? In J. Bradshaw and R. Sainsbury (eds), *Researching Poverty*. Aldershot: Ashgate.
Livingston, M., Bailey, N. and Kearns, A. 2008: *The Influence of Neighbourhood Deprivation on People's Attachment to Places: Findings*. York: Joseph Rowntree Foundation.
Loopstra, R. and Lalor, D. 2017: *Financial Insecurity, Food Insecurity and Disability*. Salisbury: Trussell Trust.
Lucio, J., Jefferson, A. and Peck, L. 2016: Dreaming the impossible dream: Low-income families and their hopes for the future. *Journal of Poverty*, 20(4), 359–379.
Lugo-Ocando, J. 2015: *Blaming the Victim*. London: Pluto Press.
Lukes, S. 1974: *Power. A Radical View*. Basingstoke: Macmillan.［『現代権力論批判』中島吉弘訳、未來社、1995年］
Luna, Y. M. 2009: Single welfare mothers' resistance. *Journal of Poverty*, 13, 441–461.
Lupton, R. 2003a: *Poverty Street*. Bristol: Policy Press. Lupton, R. 2003b: *Neighbourhood Effects*. CASE paper 73. London: CASE.
Lupton, R. and Kintrea, K. 2011: Can community-based interventions on aspirations raise young people's attainment? *Social Policy & Society*, 10(3), 321–335.
Lupton, R. and Power, A. 2002: Social exclusion and neighbourhoods. In J. Hills, J. Le Grand and D. Piachaud (eds), *Understanding Social Exclusion*. Oxford: Oxford University Press.
Lyon-Callo, V. 2001: Homelessness, employment, and structural violence. In J. Goode and J. Maskovsky (eds), *The New Poverty Studies*. New York: New York University Press.
MacCárthaigh, S. 2014: Need and poverty. *Policy and Politics*, 42(3), 453–473.
MacDonald, R. (ed.) 1997: *Youth, the 'Underclass' and Social Exclusion*. London: Routledge.
MacDonald, R. 1994: Fiddly jobs, undeclared working and the something for nothing society. *Work, Employment and Society*, 8(4), 507–530.
MacDonald, R. and Marsh, J. 2001: Disconnected Youth? *Journal of Youth Studies*, 4(4), 373–391.
MacDonald, R. and Marsh, J. 2002: Crossing the rubicon: Youth transitions, poverty, drugs and social exclusion. *International Journal of Drugs Policy*, 13, 27–38.
MacDonald, R. and Marsh, J. 2005: *Disconnected Youth?* Basingstoke: Palgrave.
MacDonald, R., Shildrick, T. and Furlong, A. 2014: In search of 'intergenerational cultures of worklessness'. *Critical Social Policy*, 34(2), 199–220.
MacInnes, T., Tinson, A., Gaffney, D., Horgan, G. and Baumberg, B. 2014: *Disability, Long Term Conditions and Poverty*. London: New Policy Institute.
Mack, J. and Lansley, S. 1985: *Poor Britain*. London: George Allen & Unwin.
Macnicol, J. 1987: In pursuit of the underclass. *Journal of Social Policy*, 16(3), 293–318.
Macnicol, J. 2017: Reconstructing the underclass, *Social Policy & Society*, 16(1), 99–108.
Mahony, S. 2017: *Understanding Childhoods*. London: Children's Society. Mahony, S. and Pople, L. 2018: *Life in the Debt Trap*. Bristol: Policy Press.
Main, G. 2018: Conclusion. In E. Dermott and G. Main (eds), *Poverty and Social Exclusion in the UK*, vol. 1. Bristol: Policy Press.
Main, G. 2020: 'Everyone's expecting me to fail': Children's and families' experiences of poverty. In J. Tucker (ed.), *2020 Vision. Ending Child Poverty for Good*. London: CPAG.
Main, G. and Bradshaw, J. 2018: Improving lives? Child poverty and social exclusion. In E. Dermott and G. Main (eds), *Poverty and Social Exclusion in the UK*, vol. 1. Bristol: Policy Press.
Main, G. and Mahony, S. 2018: *Fair Shares and Families*. London: Children's Society: University of Leeds.
Manji, K. 2017: Social security reform and the surveillance state: Exploring the operation of 'hidden conditionality' in the reform of disability benefits since 2010. *Social Policy & Society*, 16(2), 305–314.
Mann, K. 1994: *The Making of an English 'Underclass'?* Buckingham: Open University Press.
Mann, P. S. 1997: Musing as a feminist in a postfeminist

*Politics*. New York: New York University Press.

Lambert, M. and Crossley, S. 2017: Getting with the (troubled families) programme: A review. *Social Policy & Society*, 16(1), 87–97.

Lambie-Mumford, H. 2015: Britain's hunger crisis. In Z. Irving, M. Fenger and J. Hudson (eds), *Social Policy Review 27*. Bristol: Policy Press.

Lambie-Mumford, H. 2017: *Hungry Britain*. Bristol: Policy Press.

Lambie-Mumford, H. 2019: The growth of foodbanks in Britain and what they mean for social policy. *Critical Social Policy* 39(1), 3–22.

Land, H. and Rose, H. 1985: Compulsory altruism for some or an altruistic society for all? In P. Bean, J. Ferris and D. Whynes (eds), *In Defence of Welfare*. London: Tavistock.

Langmore, J. 2000: Reducing poverty: The implications of the 1995 Copenhagen Agreement. In D. Gordon and P. Townsend (eds), *Breadline Europe*. Bristol: Policy Press.

Lansley, S. 2020: *Meeting the Economic and Livelihood Crisis: From a Recovery Basic Income to a Permanent Income Floor.* London: Compass.

Lansley, S. and Mack, J. 2015: *Breadline Britain*. London: Oneworld.

Law, I. 2009: Racism, ethnicity, migration and social security. In J. Millar (ed.), *Understanding Social Security*, 2nd edn. Bristol: Policy Press.

Lawless, J. L. and Fox, R. L. 2001: Political participation of the urban poor. *Social Problems*, 48(3), 362–385.

Lawson, V. and Elwood, S. (eds) 2018: *Relational Poverty Politics*. Athens: University of Georgia Press.

Layte, R., Nolan, B. and Whelan, C. T. 2000: Targeting poverty. *Journal of Social Policy*, 29(4), 553–575.

Leach, C. W. and Livingstone, A. G. 2015: Contesting the meaning of intergroup disadvantage: towards a psychology of resistance. *Journal of Social Issues*, 71(3), 614–632.

Lee, N. 2016: Social disadvantage and place. In H. Dean and L. Platt (eds), *Social Advantage and Disadvantage*. Oxford: Oxford University Press.

Leeds Poverty Truth 2019: *From Poverty to Participation*. Leeds: Poverty Truth/University of Leeds.

Leisering, L. and Leibfried, S. 1999: *Time and Poverty in Western Welfare States*. Cambridge: Cambridge University Press.

Lelkes, O. and Zólyomi, E. 2011: *Poverty and Social Exclusion of Migrants in the European Union*. Vienna: European Centre for Social Welfare Policy and Research.

Lens, V. 2002: Welfare reform, personal narratives and the media. *Journal of Poverty*, 6(2), 1–20.

Leonard, P. 1997: *Postmodern Welfare*. London: Sage.

Leonard Cheshire 2008: *Disability Poverty in the UK*. London: Leonard Cheshire Disability.

Lepianka, D. 2015: Images of poverty in a selection of the Polish daily press. *Current Sociology*, 63(7), 999–1016.

Lepianka, D., Van Oorschot, W. and Gelissen, J. 2009: Popular explanations of poverty. *Journal of Social Policy*, 38(3), 421–438.

Lepianka, D., Gelissa, J. and van Oorschot, W. 2010: Popular explanations of poverty in Europe. *Acta Sociologica*, 53(1), 53–72.

Levitas, R. 2000: What is social exclusion? In D. Gordon and P. Townsend (eds), *Breadline Europe*. Bristol: Policy Press.

Levitas, R. 2005: *The Inclusive Society?* 2nd edn. Basingstoke: Palgrave.

Lewis, J, 2001: *The End of Marriage?* Cheltenham: Edward Elgar.

Lewis, O. 1967: *La Vida*. London: Secker and Warburg.［『ラ・ビーダ――プエルト・リコの一家族の物語』行方昭夫・上島建吉訳、全3巻、みすず書房、1970年］

Li, Z. and Dalaker, J. 2019: *Poverty among Americans Aged 65 and Older*. Washington, DC: Congressional Research Services.

Lightowlers, C. L. 2015: Let's get real about the 'riots': Exploring the relationship between deprivation and the English summer disturbances of 2011. *Critical Social Policy*, 35(1), 89–109.

Ling, C. and Dale, A. 2013: Agency and social capital. *Community Development Journal*, 49(1), 4–20.

Lister, R. 1990: *The Exclusive Society. Citizenship and the Poor*. London: CPAG.

Lister, R. 1996: Introduction: In search of the 'underclass'. In R. Lister (ed.), *Charles Murray and the Underclass. The Developing Debate*. London: IEA Health & Welfare Unit.

Lister, R. 2003: *Citizenship: Feminist Perspectives*, 2nd edn. Basingstoke: Palgrave.

Lister, R. 2004: *Poverty*, 1st edn. Cambridge: Polity.［『貧困とはなにか――概念・言説・ポリティクス』立木勝訳、松本伊智朗監訳、明石書店、2011年］

Lister, R. 2006: Poverty, material insecurity and income vulnerability. In S. Sodha and R. Lister, *The Savings Gateway*. London: IPPR.

Lister, R. 2007: (Mis)recognition, social inequality and social justice: A critical social policy perspective. In T. Lovell (ed.), *(Mis)recognition, Social Inequality and Social Justice*. Abingdon: Routledge.

*Relationship between Parenting and Poverty*. York: Joseph Rowntree Foundation.

Katz, M. B. 1989: *The Undeserving Poor*. New York: Pantheon Books.

Katz, M. B. 2013: *The Undeserving Poor*, 2nd edn. Oxford: Oxford University Press.

Katz, S. M. 2013: 'Give us a chance to get an education': Single mothers' survival narratives and strategies for pursuing higher education on welfare. *Journal of Poverty*, 17(3), 273–304.

Katz, S. M. 2017: Welfare mothers' grassroots activism for economic justice. *Contemporary Social Science*, 12(1–2), 96–109.

Kaus, M. 1992: *The End of Equality*. New York: Basic Books.

Kearns, A. and Parkinson, M. 2001: The significance of neighbourhood. *Urban Studies*, 38(12), 2103–2110.

Keiller, A. N. 2017: Pockets of inequality and poverty. *Society Now*, Autumn, 10–11.

Kelly, E. B. 2009: Leaving and losing jobs: Resistance of rural low-income mothers. *Journal of Poverty*, 9(1), 83–103.

Kelly, M. 2010: Regulating the reproduction and mothering of poor women: The controlling image of the welfare mother in television news coverage of welfare reform. *Journal of Poverty*, 14(1), 76–96.

Kempson, E. 1996: *Life on a Low Income*. York: Joseph Rowntree Foundation.

Kempson, E., Bryson, A. and Rowlingson, K. 1994: *Hard Times?* London: Policy Studies Institute.

Kent, G. 2016: Shattering the silence: The power of purposeful storytelling in challenging social security policy discourses of 'blame and shame' in Northern Ireland. *Critical Social Policy*, 36(1), 124–141.

Kenyon, S., Rafferty, J. and Lyons, G. 2003: Social exclusion and transport in the UK. *Journal of Social Policy*, 32(3), 317–338.

Keohane, N. and Shorthouse, R. 2012: *Sink or Swim?* London: Social Market Foundation.

Kesler, C. 2015: Welfare states and immigrant poverty, *Acta Sociologica*, 58(1), 39–61.

Khan, I. 2009: *The Unheard Truth: Poverty and Human Rights*. New York: W. W. Norton.

Khan, O, 2020: Understanding and responding to ethnic minority child poverty. In J. Tucker (ed.), *2020 Vision. Ending Child Poverty for Good*. London: CPAG.

Killeen, D. 2008: *Is Poverty in the UK a Denial of Human Rights?* York: Joseph Rowntree Foundation.

Kim, E. J., Parish, S. L., Skinner, T. 2019: The impact of gender and disability on the economic wellbeing of disabled women in the UK. *Social Policy & Administration*. https:// doi.org/10.1111/SPOL.12486.

Kim, J. W. and Choi, Y. J. 2013: Feminisation of poverty in twelve welfare states. *International Journal of Social Welfare*, 22(4), 347–359.

Kincaid, J. C. 1973: *Poverty and Equality in Britain*. Harmondsworth: Pelican. [『イギリスにおける貧困と平等 —— 社会保障と税制の研究』一圓光彌訳、光生館、1987年]

Kingfisher, C. P. 1996: *Women in the American Welfare Trap*. Philadelphia: University of Pennsylvania Press.

Kingfisher, C. P. (ed.) 2002: *Western Welfare in Decline*. Philadelphia: University of Pennsylvania Press.

Kleinman, M. 1999: There goes the neighbourhood. *New Economy*, 6(4), 188–192.

Klug, F. 2015: A magna carta for all humanity: Homing in on human rights. *Soundings*, 60, 130–42.

Klug, F. 2019: The Universal Declaration of Human Rights at seventy: Rejuvenate or retire? *Political Quarterly*, 90(3), 356–367.

Knight, B. 2013: Reframing poverty. *Poverty*, 146, 14–19.

Knight, B. 2017: *Rethinking Poverty. What Makes a Good Society?* Bristol: Policy Press.

Knight, J., Heaven, C. and Christie, I. 2002: *Inclusive Citizenship: Social Equality for Disabled People*. London: Leonard Cheshire.

Koksal, I. 2017: Housing activists stand up to dodgy landlords and council bullies. *Open Democracy*, 22 November.

Kolehmainen, M. 2017: The material politics of stereotyping white trash: Flexible class-making. *Sociological Review*, 65(2), 251–266.

Krumer-Nevo, M. 2016: Poverty-aware social work: A paradigm for social work practice with people in poverty. *British Journal of Social Work*, 46(6), 1793–1808.

Krumer-Nevo, M. 2020: *Radical Hope. Poverty Aware Practice for Social Workers*. Bristol: Policy Press.

Krumer-Nevo, M. and Benjamin, O. 2010: Critical poverty knowledge: Contesting othering and social distancing. *Current Sociology*, 58(5), 693–714.

Kuchler, B. and Goebel, J. 2003: Incidence and intensity of smoothed income poverty in European countries. *Journal of European Social Policy*, 13(4), 356–369.

Kusenbach, M. 2020: 'Trailer trash', stigma and belonging in Florida mobile home parks. *Social Inclusion*, 8(1), 66–75.

Kushnick, L. 1999: Responding to urban crisis. Functions of white racism. In L. Kushnick and J. Jennings, *A New Introduction to Poverty. The Role of Race, Power and*

*Floors of Social Protection*. Geneva: ILO.
ILO 2019: *General Survey Concerning the Social Protection Floors Recommendation, 2012* (No. 202). Geneva: ILO
Institute for Research on Poverty 1998: Subjective assessments of economic well-being. *Focus*, 19(2), 43–6.
International Movement ATD Fourth World 2012: *Extreme Poverty is Violence*. Pierrelaye: International Movement ATD Fourth World.
Isenberg, N. 2016: *White Trash*. New York: Viking. Jackson, C. 1998: Women and poverty or gender and well-being? *Journal of International Affairs*, 52(1), 67–81.
James, S. 1992: The good-enough citizen. In G. Brock and S. James (eds), *Beyond Equality and Difference*. London: Routledge.
Janoski, T. 1998: *Citizenship and Civil Society*. Cambridge: Cambridge University Press.
Jarrett, R. L. 2003: Worlds of development: The experience of low income, African American youth. *Journal of Children & Poverty*, 9(2), 157–188.
Jarrett, R. L. and Jefferson, S. R. 2003: A 'good mother got to fight for her kids'. Maternal management strategies in a high-risk African American neighbourhood. *Journal of Children & Poverty*, 9(1), 21–39.
Jarrett, R. L., Bahar, O. S. and Odoms-Young, A. 2014: 'You just have to build a bridge and get over it'. Low-income African American caregivers' coping strategies to manage inadequate food supplies. *Journal of Poverty*, 18(2), 188–219.
Jenkins, R. 1996: *Social Identity*. London/New York: Routledge.
Jenkins, S. P. 1991: Poverty measurement and the within household distribution. *Journal of Social Policy*, 20(4), 457–483.
Jenkins, S. P. 2011: *Changing Fortunes*. Oxford: Oxford University Press.
Jennings, J. and Kushnick, L. 1999: Introduction. In L. Kushnick and J. Jennings, *A New Introduction to Poverty. The Role of Race, Power and Politics*. New York: New York University Press.
Jensen, T. 2014: Welfare common sense, poverty porn and doxosophy. *Sociological Research Online*, 19(3).
Jensen, T., Allen, K., de Benedictis, S., Garthwaite, K. and Patrick, P. 2019: Welfare imaginaries at the interregnum. *Soundings*, 72, 79–89.
Jo, Y. 2013: Psycho-social dimensions of poverty: When poverty becomes shameful. *Critical Social Policy*, 33(3), 514–531.
Jones, C. and Novak, T. 1999: *Poverty, Welfare and the Disciplinary State*. London: Routledge.
Jones, D., Lowe, P., West, K. 2019: Austerity in a disadvantaged West Midlands neighbourhood. *Critical Social Policy*. https://doi.org/10.1177/0261018319840923.
Jones, O. 2011: *Chavs*. London: Verso.［『チャヴ —— 弱者を敵視する社会』依田卓巳訳、海と月社、2017年］
Jordan, B. 1993: Framing claims and the weapons of the weak. In G. Drover and P. Kerans (eds), *New Approaches to Welfare Theory*. Aldershot: Edward Elgar.
Jordan, B. 1996: *A Theory of Poverty and Social Exclusion*. Cambridge: Polity.
Jordan, B. and Redley, M. 1994: Polarisation, underclass and the welfare state. *Work, Employment and Society*, 8(2), 153–176.
Jordan, B., James, S., Kay, H. and Redley, M. 1992: *Trapped in Poverty*. London: Routledge.
Joseph, K. and Sumption, J. 1979: *Equality*. London: John Murray. *Journal of Social Issues* 2001: 57(1), 1–14, 73–92.
JRF 2014: *Reducing Poverty in the UK: A Collection of Evidence*. York: Joseph Rowntree Foundation.
JRF 2016: *UK Poverty: Causes, Costs and Solutions*. York: Joseph Rowntree Foundation.
JRF 2020a: *Picture Britain. Our People, Our Poverty*. York: Joseph Rowntree Foundation.
JRF 2020b: *UK Poverty 2019/20*. York: Joseph Rowntree Foundation.
Judge, L. and Slaughter, H. 2020: *Working Hard(ship)*. London: Resolution Foundation. *Juncture* 2014: The Left takes a relational turn, 20(4).
Kabeer, N. 2000: Resources, agency, achievement. In S. Razavi (ed.), *Gendered Poverty and Wellbeing*. Oxford: Blackwell.
Kabeer, N. 2003: *Making Rights Work for the Poor*. IDS Working Paper 200. Brighton: IDS.
Kalleberg, A. 2018: *Precarious Lives: Job Insecurity and Wellbeing in Rich Democracies*. Cambridge: Polity.
Karagiannaki, E. and Burchardt, T. 2020: *Intra-household Inequality and Adult Material Deprivation in Europe*. London: CASE.
Karlsen, S. and Pantazis, C. 2018: Better understandings of ethnic variations: Ethnicity, poverty and social exclusion. In E. Dermott and G. Main (eds), *Poverty and Social Exclusion in the UK*, vol. 1. Bristol: Policy Press.
Katungi, D., Neale, E. and Barbour, A. 2006: *People in Low-Paid Informal Work. 'Need not greed'*. York: Joseph Rowntree Foundation.
Katz, I., Corlyon, J., La Placa, V. and Hunter, S. 2007: *The*

Foundation.
Hill, K., Sutton, L. and Hirsch, D. 2010: *Living on a Low Income in Later Life: An Overview*. London: Age UK.
Hills, J. 2001: Poverty and social security. In A. Park, J. Curtice, K. Thomson, L. Jarvis and C. Bromley (eds), *British Social Attitudes. The 18th Report*. London: Sage.
Hills, J. 2002: Does a focus on 'social exclusion' change the policy response? In J. Hills, J. Le Grand and D. Piachaud (eds), *Understanding Social Exclusion*. Oxford: Oxford University Press.
Hills, J. 2017: *Good Times, Bad Times*, 2nd edn. Bristol: Policy Press.
Hills, J. McKnight, A., Bucelli, I., Karagiannaki, E., Vizard, P. and Yang, L. 2019: *Understanding the Relationship between Poverty and Inequality*, CASE paper 119. London: CASE.
Hills, J., Smithies, R. and McKnight, A. 2006: *Tracking Income: How Working Families' Incomes Vary through the Year*. London: CASE.
Himmelfarb, G. 1984: *The Idea of Poverty: England in the Early Industrial Age*. London: Faber & Faber.
Himmelfarb, G. 1995: *The De-moralization of Society*. London: IEA Health & Welfare Unit.
Hocking, G. 2003: Oxfam Great Britain and sustainable livelihoods in the UK. *Community Development Journal*, 38(3), 235–242.
Hodgetts, D., Cullen, A., Radley, A. 2005: Television characterizations of homeless people in the United Kingdom. *Analysis of Social Issues and Public Policy*, 5(1), 29–48.
Hoggett, P. 2001: Agency, rationality and social policy. *Journal of Social Policy*, 30(1), 37–56.
Hohnen, P. 2006: Consumers without money: Consumption patterns and citizenship among low-income families in Scandinavian welfare societies. In C. Glendinning and P. A. Kemp (eds), *Cash and Care*. Bristol: Policy Press.
Hohnen, P. 2007: Having the wrong kind of money: A qualitative analysis of new forms of financial, social and moral exclusion in consumerist Scandinavia. *Sociological Review*, 55(4), 748–767.
Holloway, S. D., Fuller, B. Rambaud, M. F. and Eggers-Piérola, C. 1997: *Through My Own Eyes. Single Mothers and the Cultures of Poverty*. Cambridge, MA: Harvard University Press.
Holman, B. 1998: *Faith in the Poor*. Oxford: Lion Publishing.
Holman, R. 1978: *Poverty. Explanations of Social Deprivation*. London: Martin Robertson.
Honneth, A. 1995: *The Struggle for Recognition*. Cambridge: Cambridge University Press.［『承認をめぐる闘争 ── 社会的コンフリクトの道徳的文法』山本啓ほか訳、法政大学出版局、2003年］
Honneth, A. 2003: Redistribution as recognition. In N. Fraser and A. Honneth, *Redistribution or Recognition?* London: Verso.［『再配分か承認か？ ── 政治・哲学論争』加藤泰史監訳、法政大学出版局、2012年］
Honneth, A. 2007: *Disrespect*. Cambridge: Polity.
hooks, b. 1994: *Outlaw Culture. Resisting Representation*. New York/London: Routledge.
Hooper, C-A., Gorin, S., Cabral, C. and Dyson, C. 2007: *Living with Hardship 24/7*. London: Frank Buttle Trust.
Horton, T. and Gregory, J. 2009: *The Solidarity Society*. London: Fabian Society.
Horwitz, W. 2014: *Secure and Ready: Towards an Early Action Social Security System*. London: Community Links.
Howard, M. and Skipp, A. 2015: *Unequal, Trapped and Controlled*. London: Women's Aid/TUC.
Hudson, J., Patrick, R., and Wincup, E. 2016: Introduction to themed special issue: Exploring 'welfare' attitudes and experiences. *Journal of Poverty and Social Justice*, 24(3), 215–226.
Hudson, K. 2019: *Lowborn. Growing Up, Getting Away and Returning to Britain's Poorest Towns*. London: Chatto & Windus.
Hughes, C. and Kenway, P. 2016: *Foreign-Born People and Poverty in the UK*. York: Joseph Rowntree Foundation.
Human Rights Watch, 2019: *Nothing Left in the Cupboards: Austerity, Welfare Cuts and the Right to Food in the UK*. London: Human Rights Watch.
Humphreys, C. 2007: A health inequalities perspective on violence against women. *Health and Social Care in the Community*, 15(2), 120–127.
Hunt, P. 2017: *Social Rights as Human Rights*. Sheffield: Centre for Welfare Reform.
Hunt, P. 2019: How to advance social rights without jeopardising the Human Rights Act 1998. *Political Quarterly*, 90(3), 393–3401.
Hunter, P. 2014. *Poverty in Suburbia*. London: Smith Institute.
Hunter, P, 2019: *The Unspoken Decline of Outer London*. London: Smith Institute.
Hunter, S. 2003: A critical analysis of approaches to the concept of social identity in social policy. *Critical Social Policy*, 22(3), 322–344.
Hyatt, S. B. 1992: Accidental activists. *Crosscurrents*, 5, 93–102.
ILO 2012: *Text of the Recommendation Concerning National*

*starting from the Experience of People Living in Poverty*. www.eapn.org.

Hall, S., Leary, K. and Greevy, H. 2014: *Public Attitudes to Poverty*. York: Joseph Rowntree Foundation.

Hall, S. M., McIntosh, K., Neitzert, E., Pottinger, L., Sandhu, K., ... Taylor, L. 2017: *The Impact of Austerity on Black and Minority Ethnic Women in the UK*. London: Women's Budget Group/Runneymede Trust.

Halpern-Meekin, S., Edin, K., Tach, L. and Sykes, J. 2015: *It's Not Like I'm Poor: How Working Families Make Ends Meet in a Post-Welfare World*. Oakland: University of California Press.

Hamilton, K. 2012: Low-income families and coping through brands: Inclusion or stigma? *Sociology*, 46(1), 74–90.

Hamilton, K. and Jenkins, L. 2000: A gender audit for public transport: A new policy tool in the tackling of social exclusion. *Urban Studies*, 37(10), 1793–1800.

Hancock, R., Morciano, M. and Pudney, S. 2016: *Disability and Poverty in Later Life*. York: Joseph Rowntree Foundation.

Handler, J. 1992: Postmodernism, protest and the new social movements. *Law and Society Review*, 20(4), 697–732.

Handler, J. and Hasenfeld, Y. 1997: *We the Poor People: Work, Poverty, and Welfare*. New Haven, CT: Yale University Press.

Handler, J. F. and Hasenfeld, Y. 2007: *Blame Welfare, Ignore Poverty and Inequality*. New York: Cambridge University Press.

Hanley, L. 2007: *Estates: An Intimate History*. London: Granta.

Hanley, L. 2017: *Respectable*. London: Penguin.

Hanley, T. 2009: *Engaging Public Support for Eradicating UK Poverty*. York: Joseph Rowntree Foundation.

Hanson, K. L., Connor, L., Olson, C. and Mills, G. 2016: Household instability and unpredictable earnings hinder coping in households with food insecure children. *Journal of Poverty*, 20(4), 464–483.

Harrington, M. 1967: *The Other America*. New York: Macmillan.［『もう一つのアメリカ —— 合衆国の貧困』内田満・青山保訳、日本評論社、1965年］

Harrison, E. 2013: Bouncing back? Recession, resilience and everyday lives. *Critical Social Policy*, 33(1), 97–113.

Harvey, A. S. and Mukhopadhyay, 2007: When twenty-four hours is not enough: The time poverty of working parents, *Social Indicators Research*, 82, 57–77.

Harvey, D. L. and Reed, M. H. 1996: The culture of poverty. *Sociological Perspectives*, 39(4), 465–495.

Hastings, A. and Dean, J. 2003: Challenging images: Tackling stigma through estate regeneration. *Policy and Politics*, 31(2), 171–184.

Hayward, K. and Yar, M. 2006: The 'chav' phenomenon: Consumption, media and the construction of a new underclass. *Crime, Media, Culture*, 2(1), 9–28.

Heidegger, P. and Wiesel, K. 2020: *Pushed to the Wasteland: Environmental Racism against Roma Communities in Central and Eastern Europe*. Brussels: European Environmental Bureau.

Held, D. 1987: *Models of Democracy*. Cambridge: Polity.［『民主政の諸類型』中谷義和訳、御茶の水書房、1998年］

Hemmings, C. and Treacher, A. 2006: Everyday struggles. *Feminist Review*, 82, 1–5.

Henman, P. and Marston, G. 2008: The social division of welfare surveillance. *Journal of Social Policy*, 37(2), 187–205.

Hennessy, J. 2009: Morality and work–family conflict in the lives of poor and low-income women. *Sociological Quarterly*, 50, 557–580.

Herbst, A. 2013: Welfare mom as warrior mom: Discourse in the 2003 single mothers' protest in Israel. *Journal of Social Policy*, 42(1), 129–145.

Herrington, T., Patrick, R. and Watson, S. 2020: Poverty2solutions: Reflections from collaborative research rooted in the expertise of experience on poverty. *Journal of Poverty and Social Justice*, 28(1), 135–146.

Heslop, P. and Emerson, F. 2018: A worsening picture: Poverty and social exclusion and disabled people. In E. Dermott and G. Main (eds), *Poverty and Social Exclusion in the UK*, vol. 1. Bristol: Policy Press.

Hick, R. 2012: The capability approach: Insights for a new poverty focus. *Journal of Social Policy*, 41(2), 291–308.

Hick, R. 2014a: On 'consistent poverty'. *Social Indicators Research*, 118(3), 1087–1102.

Hick, R. 2014b: Poverty as capability deprivation. *European Journal of Sociology*, 55, 295–232.

Hick R. 2015: Three perspectives on the mismatch between measures of material poverty. *British Journal of Sociology*, 66(1), 153–172

Hick, R. 2016: Material poverty and multiple deprivation in Britain: The distinctiveness of multidimensional assessment. *Journal of Public Policy*, 36(2), 277–308.

Hick, R. and Lanau, A. 2018: Moving in and out of in-work poverty in the UK. *Journal of Social Policy*, 47(4), 661–687.

Hill, K., Davis, A., Hirsch, D. and Marshall, L. 2016: *Falling Short: The Experiences of Families Living Below the Minimum Income Standard*. York: Joseph Rowntree

Gearty, C. 2011: Putting the lawyers in their place: The role of human rights in the struggle against poverty. In A. Walker, A. Sinfield and C. Walker (eds), *Fighting Poverty, Inequality and Injustice*. Bristol: Policy Press.

George, V. and Howards, I. 1991: *Poverty Amidst Affluence*. Aldershot: Edward Elgar.

Gerrard, J. 2019: The economy of smiles: Affect, labour and the contemporary deserving poor. *British Journal of Sociology*, 70(2), 424–441.

Ghate, D. and Hazel, N. 2002: *Parenting in Poor Environments*. London: Jessica Kingsley.

Giddens, A. 1991: *Modernity and Self-Identity*. Cambridge: Polity.［『モダニティと自己アイデンティティ――後期近代における自己と社会』秋吉美都ほか訳、ちくま学芸文庫、2021年］

Giddens, A. 2002: *Where Now for New Labour?* Cambridge: Polity.

Gilens, M. 1999: *Why Americans Hate Welfare. Race, Media and the Politics of Antipoverty Policy*. Chicago, IL: University of Chicago Press.

Gilliat, S. 2001: *How the Poor Adapt to Poverty in Capitalism*. New York: Edwin Mellen Press.

Gillies, V. 2007: *Marginalised Mothers*. London: Routledge.

Gilliom, J. 2001: *Overseers of the Poor*. Chicago, IL: University of Chicago Press.

Godinot, X. and Wodon, Q. (eds) 2006: *Participatory Approaches to Attacking Extreme Poverty*. Washington, DC: World Bank.

Goffman, A. 2014: *On the Run: Fugitive Life in an American City*. New York: Picador.［『逃亡者の社会学――アメリカの都市に生きる黒人たち』二文字屋脩、岸下卓史訳、亜紀書房、2021年］

Goffman, E. 1968: *Stigma*. Upper Saddle River, NJ: Prentice Hall.［『スティグマの社会学――烙印を押されたアイデンティティ』石黒毅訳、せりか書房、2001年］

Goldberg, G. S. (ed.) 2010: *Poor Women in Rich Countries*. Oxford: Oxford University Press.

Golding P. and Middleton, S. 1982. *Images of Welfare*. Oxford: Martin Robertson.

Gonyea, J. G. and Melekis, K. 2017: Older homeless women's identity negotiations: Agency, resistance and the construction of a valued self. *Sociological Review*, 65(1), 67–82.

Goode, J. 2012: Feeding the family when the wolf's at the door. *Food and Foodways*, 20(1), 8–30.

Goode, J. and Maskovsky, J. 2001: Introduction. In J. Goode and J. Maskovsky (eds), *The New Poverty Studies*. New York: New York University Press.

Goode, J., Callender, C. and Lister, R. 1998: *Purse or Wallet? Gender Inequalities within Families on Benefits*. London: Policy Studies Institute.

Gordon, D. 2006: The concept and measurement of poverty. In C. Pantazis, D. Gordon and R. Levitas, *Poverty and Social Exclusion in Britain*. Bristol: Policy Press.

Gordon, D., Pantazis, C. and Townsend, P. 2000: Absolute and overall poverty. In D. Gordon and P. Townsend (eds), *Breadline Europe*. Bristol: Policy Press.

Gough, I. 1992: What are human needs? In J. Percy-Smith and I. Sanderson (eds), *Understanding Human Needs*. London: IPPR.

Gould, C. 1988. *Rethinking Democracy*. Cambridge: Cambridge University Press.

Goulden, C. 2010: *Cycles of Poverty, Unemployment and Low Pay*. York: Joseph Rowntree Foundation.

Graham, H. 1993: *Hardship and Health in Women's Lives*. Hemel Hempstead: Harvester Wheatsheaf.

Green, D. 1998: *Benefit Dependency*. London: IEA Health & Welfare Unit.

Green, D. 2008: *From Poverty to Power*. Oxford: Oxfam International.

Greener, I. 2002: Agency, social theory and social policy. *Critical Social Policy*, 22(4), 688–705.

Gregg, P. 2008: Childhood poverty and life chances. In J. Strelitz and R. Lister (eds), *Why Money Matters*. London: Save the Children.

Gregory, R. 2019: *Left Destitute to Debt*. Bradford: Christians against Poverty.

Grimshaw, L. 2011: Community work as women's work? The gendering of English neighbourhood partnerships. *Community Development Journal*, 46(3), 327–340.

Gubrium, E. K. and Lødemel, I. 2014: Towards global principles for dignity-based anti-poverty policies. In E. K. Gubrium, S. Pellissery and I. Lødemel, *The Shame of It*. Bristol: Policy Press.

Gubrium, E. K., Pellissery, S. and Lødemel, I. (eds) 2014: *The Shame of It*. Bristol: Policy Press.

Gupta, A. 2017: Poverty and child neglect: The elephant in the room. *Families, Relationships and Societies*, 6(1), 21–36.

Gupta, A., Blumhardt, H. and ATD Fourth World 2018: Poverty, exclusion and child protection practice: The contribution of the 'politics of recognition & respect', *European Journal of Social Work*, 21(2), 247–259.

Hacker, J. 2019: *The Great Risk Shift*. Oxford: Oxford University Press.

Hacourt, G. 2003: *European Project on Poverty Indicators*

Foundation.

Fitzpatrick, S., Bramley, G., Sosenko, F., Blenkinsopp, J., Johnson, S., ... Watts, B. 2016: *Destitution in the UK*. York: Joseph Rowntree Foundation.

Fitzpatrick, S., Bramley, G., Sosenko, F. and Blenkinsopp, J. 2018: *Destitution in the UK 2018*. York: Joseph Rowntree Foundation.

Flaherty, J. 2008: 'I mean we're not the richest but we're not poor': Discourses of poverty and social exclusion, unpublished PhD thesis. Loughborough: Loughborough University.

Fletcher, D. R. 2010: The workless class? Economic transformation, informal work and male working-class identity. *Social Policy & Society*, 9(3), 325–336.

Fletcher, D. R. and Wright, S. 2018: A hand up or a slap down? Criminalising benefit claimants in Britain via strategies of surveillance, sanctions and deterrence. *Critical Social Policy*, 38(2), 323–344.

Flint, J. 2010: *Coping Strategies*. Sheffield: CRESR.

Floro, M. S. 1995: Women's well-being, poverty, and work intensity. *Feminist Economics*, 1(3), 1–25.

Fodor, E. 2006: A different type of gender gap: How women and men experience poverty. *East European Politics and Societies*, 20: 114–139

Fohrbeck, A., Hirseland, A. and Ramos Lobato, R. 2014: How benefits recipients perceive themselves through the lens of the mass media: Some observations from Germany. *Sociological Research Online*, 19(4), 1–9.

Fortier, S. M. 2006: On being a poor child in America. Views of poverty from 7–12-year olds. *Journal of Children and Poverty*, 12(2), 113–128.

Fourth World University Research Group. 2007: *The Merging of Knowledge*. Lanham, MD: University Press of America.

France, A. 2008: From being to becoming: The importance of tackling youth poverty in transitions to adulthood. *Social Policy & Society*, 7(4), 495–505.

Franklin, R. 1991: *Shadows of Race and Class*. Minneapolis: University of Minnesota Press.

Fraser, N. 1997: *Justice Interruptus*. New York: Routledge. [『中断された正義――「ポスト社会主義的」条件をめぐる批判的省察』仲正昌樹監訳、御茶の水書房、2003年]

Fraser, N. 2000: Rethinking recognition. *New Left Review*, 3 (May/June): 107–120.

Fraser, N. 2003: Social justice in the age of identity politics. In N. Fraser and A. Honneth, *Redistribution or Recognition?* London: Verso. [『再配分か承認か？――政治・哲学論争』加藤泰史監訳、法政大学出版局、2012年]

Fraser, N. 2008: *Scales of Justice*. Cambridge: Polity. [『正義の秤（スケール）――グローバル化する世界で政治空間を再想像すること』向山恭一訳、法政大学出版局、2013年]

Fraser, N. and Gordon, L. 1994: 'Dependency' demystified. *Social Politics*, 1(1), 4–31.

Fredman, S. 2011: The potential and limits of a rights paradigm in addressing poverty. *Stellenbosch Law Review* 22(3), 566–90.

Freeman-Woolpert, S. 2018: A renewed poor people's campaign revives King's dream of challenging class divides. *Open Democracy*, 18 January.

Friedl, L. 2009: *Mental Health, Resilience and Inequalities*. Geneva: WHO.

Friedman, S. and Laurison, D. 2019: *The Class Ceiling*. Bristol: Policy Press.

Friedrichs, J. 1998: Do poor neighbourhoods make their residents poorer? in H. J. Andress (ed.), *Empirical Poverty Research in Comparative Perspective*. Aldershot: Ashgate.

Frost, L. and Hoggett, P. 2008: Human agency and social suffering. *Critical Social Policy*, 28(4), 438–460.

Gallie, D. and Paugaum, S. 2002: *Social Precarity and Social Integration*. Brussels: CEC.

Gallie, D., Paugaum, S. and Jacobs, S. 2003: Unemployment, poverty and social isolation. *European Societies*, 5(1), 1–32.

Galloway, K. 2002: *A Scotland Where Everyone Matters*. Manchester: Church Action on Poverty.

Gandy, K., King, K., Streeter, Hurle, P., Bustin, C. and Glazebrook, K. 2016: *Poverty and Decision-making: Behavioural Insights*. York: Joseph Rowntree Foundation.

Gangas, S. 2016: From agency to capabilities: Sen and sociological theory. *Current Sociology*, 64(1), 22–40.

Gans, H. J. 1995: *The War against the Poor*. New York: Basic Books.

Garthwaite, K. 2016a: *Hunger Pains. Life inside Foodbank Britain*. Bristol: Policy Press.

Garthwaite, K. 2016b: Stigma, shame and 'people like us': An ethnographic study of foodbank use in the UK. *Journal of Poverty and Social Justice*, 24(3), 277–289.

Gaventa, J. 2002. Exploring citizenship, participation and accountability. *IDS Bulletin*, 33(2), 1–11.

Gaventa, J. and Martorano, B. 2016: Inequality, power and participation. *IDS Bulletin*, 47(5), 11–30.

Gazso, A., McDaniel, S. and Waldron, I. 2016: Networks of social support to manage poverty: More changeable than durable. *Journal of Poverty*, 20(4), 441–463.

Edmiston, D. 2018: *Welfare, Inequality and Social Citizenship*. Bristol: Policy Press.

Edmiston, D. and Humpage, L. 2018: Resistance or resignation to welfare reform? The activist politics for and against social citizenship, *Policy and Politics*, 46(3), 467–484.

Edmiston, D., Patrick, R. and Garthwaite, K. 2017: Introduction: Austerity, welfare and social citizenship, *Social Policy & Society*, 16(2), 253–259.

EHRC 2009: *Human Rights Inquiry: Executive Summary*. Manchester: EHRC.

EHRC 2011: *Hidden in Plain Sight. Inquiry into disability-related harassment*. Manchester: EHRC.

Ehrenreich, B. 2001: *Nickel and Dimed*. New York: Henry Holt & Co. [『ニッケル・アンド・ダイムド —— アメリカ下流社会の現実』曽田和子訳、東洋経済新報社、2006年]

Elliot-Major, L. and Machin, S. 2018: *Social Mobility and Its Enemies*. London: Pelican.

Elwood, S. and Lawson, V. 2018: (Un)thinkable poverty politics. In V. Lawson and S. Elwood (eds), *Relational Poverty Politics*. Athens: University of Georgia Press.

EMIN 2014: *European Minimum Income Network Thematic Report on Older People*. Brussels: European Commission.

Emmel, N. 2017: Empowerment in the relational longitudinal space of vulnerability. *Social Policy & Society*, 16(3), 457–463.

ENNHRI 2019: *Applying a Human Rights-Based Approach to Poverty Reduction and Measurement*. Brussels: ENNHRI.

Erhard, F. 2020: The struggle to provide: How poverty is experienced in the context of family care. *Journal of Poverty and Social Justice*, 28(1), 119–134.

Erikson, R. 1993: Descriptions of inequality: The Swedish approach to welfare research. In M. Nussbaum and A. Sen (eds), *The Quality of Life*. Oxford: Clarendon Press. 『クオリティー・オブ・ライフ —— 豊かさの本質とは』竹友安彦監修、水谷めぐみ訳、里文出版、2006年]

Eroglu, S. 2011: *Beyond the Resources of Poverty*. Aldershot: Ashgate.

EU 2004: *Joint Report by the Commission and the Council on Social Inclusion*. Brussels: Council of the EU.

EU Agency for Fundamental Rights. 2016: *Second European Union Minorities and Discrimination Survey. Roma – Selected Findings*. Vienna: FRA-EU Agency for Fundamental Rights.

Eubanks, V. 2019: *Automating Inequality. How High-tech Tools Profile, Police and Punish the Poor*. New York: Picador. [『格差の自動化 —— デジタル化がどのように貧困者をプロファイルし、取締り、処罰するか』ウォルシュあゆみ訳、人文書院、2021年]

Eurochild 2007: *A Child Rights Approach to Child Poverty*. Brussels: Eurochild.

Eurochild 2011: *Child Poverty, Family Poverty: Are They One and the Same? A Rights-based Approach to Fighting Child Poverty*. Brussels: Eurochild.

Eurofound 2018: *Social Insecurities and Resilience*. Luxembourg: Publications Office of the EU.

Exley, D. 2019: *The End of Aspiration?* Bristol: Policy Press.

Fabian Commission on Life Chances and Child Poverty 2005. *Life Chances. What Does the Public Really Think about Poverty?* London: Fabian Society.

Fabian Commission on Life Chances 2006: *Narrowing the Gap*. London: Fabian Society.

Fahmy, E. 2014: Poverty in Britain, 1999 and 2012: Some emerging findings. *Journal of Poverty and Social Justice*, 22(3), 181–191.

Fahmy, E. 2018a: The impoverishment of youth. In E. Dermott and G. Main (eds), *Poverty and Social Exclusion in the UK*, vol. 1. Bristol: Policy Press.

Fahmy, E. 2018b: Poverty, social exclusion and civic engagement. In G. Bramley and N. Bailey (eds), *Poverty and Social Exclusion in the UK*, vol. 2. Bristol: Policy Press.

Fahmy, E. and Pemberton, S. 2012: A video testimony on rural poverty and social exclusion. *Sociological Research Online*, 17(1), 106–123.

Fahmy, E., Sutton, E. and Pemberton, S. 2015: Are we all agreed? Consensual methods and the 'necessities of life' in the UK today. *Journal of Social Policy*, 44(3), 591–690.

Featherstone, B., Gupta, A., Morris, K. and White, S. 2018: *Protecting Children. A Social Model*. Bristol: Policy Press.

Featherstone, B., White, S. and Morris, K. 2014: *Re-imagining Child Protection*. Bristol: Policy Press.

Fell, B. and Hewstone, M. 2015: *Psychological Perspectives on Poverty*. York: Joseph Rowntree Foundation.

Ferguson, C. 1999: *Global Social Policy Principles: Human Rights and Social Justice*. London: DfID.

Ferragina, E. Tomlinson, M., and Walker, R. 2013: *Poverty, Participation and Choice. The Legacy of Peter Townsend*. York: Joseph Rowntree Foundation.

Fitzpatrick, S. 2004: *Poverty and Place*. York: Joseph Rowntree Foundation.

Fitzpatrick, S., Bramley, G., Blenkinsopp, J., Johnsen, S., Littlewood, M., ... Watts, B. 2015: *Destitution in the UK: An Interim Report*. York: Joseph Rowntree

in Britain. *Journal of Poverty and Social Justice*, 22(3), 253–269.

Dermott, E. and Pantazis, C. 2018: Which men and women are poor? Gender, poverty and social exclusion. In E. Dermott and G. Main (eds), *Poverty and Social Exclusion in the UK*, vol. 1. Bristol: Policy Press.

Desmond, M. 2017: *Evicted*. UK: Penguin Books.

Devereux, E. 1998: *Devils and Angels. Television, Ideology and the Coverage of Poverty*. Luton: University of Luton Press.

Dewilde, C. 2003: A life-course perspective on social exclusion and poverty. *British Journal of Sociology*, 54(1), 109–128.

Dodson, H. and Schmalzbauer, L. 2005: Poor mothers and habits of hiding: Participatory methods in poverty research. *Journal of Marriage & Family*, 67 (November), 949–959.

Dolezal, L. and Lyons, B. 2017: Health-related shame: An affective determinant of health? *Medical Humanities*, 43(4), 257–263.

Dominelli, L. 2006: *Women and Community Action*, rev. 2nd edn. Bristol: Policy Press.

Donald, A. and Mottershaw, E. 2009: *Poverty, Inequality and Human Rights*. York: Joseph Rowntree Foundation.

Donnison, D. 1982: *The Politics of Poverty*. Oxford: Martin Robertson.

Donoghue, M. and Edmiston, D. 2020: Gritty citizens? Exploring the logic and limits of resilience in UK social policy during times of socio-material insecurity. *Critical Social Policy* 40(1), 7–29.

Dore, E. and Gray, D. 2019: *Street Begging in Edinburgh*. Edinburgh: Shelter Scotland.

Dorling, D. 2015: *Injustice*. 2nd edn. Bristol: Policy Press.

Dornan, P. and Skelton, D. 2020: Harnessing all the expert knowledge to understand poverty in all its forms and to identify what must change. In J. Tucker (ed.), *2020 Vision. Ending Child Poverty for Good*. London: CPAG.

Douthitt, R. A. 1994: *'Time to Do the Chores?' Factoring Home-production Needs into Measures of Poverty*. Institute for Research on Poverty Discussion Paper 1030–94. www. ssc.wisc.edu/irp/pubs.htm.

Dowler, E. and Lambie-Mumford, H. 2015: How can households eat in austerity? *Social Policy & Society*, 14(3), 417–428.

Dowler, E. and Leather, S. 2000: 'Spare some change for a bite to eat?' In J. Bradshaw and R. Sainsbury (eds), *Experiencing Poverty*. Aldershot: Ashgate.

Dowler, E., Turner, S. with Dobson, B. 2001: *Poverty Bites*. London: CPAG.

Doyal, L. and Gough, I. 1991: *A Theory of Human Need*. Basingstoke: Macmillan. [『必要の理論』遠藤環、神島裕子訳、勁草書房、2014年]

Duck, W. 2015: *No Way Out: Precarious Living in the Shadow of Poverty and Drug Dealing*. Chicago, IL: University of Chicago Press.

Duflo, E. and Banerjee, A. 2019: If we're serious about changing the world we need a better kind of economics, *Guardian*, 30 October.

Dugan, E. 2014: All are on benefit: But they refuse to be stigmatised. *Independent*, 22 July.

Duncan, C. M. 1999: *Worlds Apart. Why Poverty Persists in Rural America*. New Haven, CT: Yale University Press.

Duncan, S. and Edwards, R. 1999: *Lone Mothers, Paid Work and Gendered Moral Rationalities*. Basingstoke: Macmillan.

Duncan, S. and Irwin, S. 2004: The social patterning of values and rationalities: Mothers' choices in combining caring and employment. *Social Policy & Society*, 3(4), 391–399.

Dundee Anti-Poverty Forum. 2003: *No Room for Dreams*. Dundee: DAPF.

Dunn, A. 2013: Activation workers' perceptions of their long-term unemployed clients' attitudes towards employment. *Journal of Social Policy*, 42(4), 799–817.

Dunn, A. 2014: *Rethinking Unemployment and the Work Ethic*. Basingstoke: Palgrave.

Dunn, A. 2017: Relative poverty, British social policy writing and public experience. *Social Policy & Society*, 16(3), 377–390.

DWP 2013: *Measuring Child Poverty: A Consultation on Better Measures of Child Poverty*. London: The Stationary Office.

DWP 2019: *Income Dynamics: Income Movements and the Persistence of Low Incomes*. London: Department for Work and Pensions.

Dwyer, P. (ed.) 2019: *Dealing with Conditionality*. Bristol: Policy Press.

EAPN 2003: Becoming full 'citizens'. *Network News*, 101, 4.

EAPN 2007: *Network News*, 123.

EAPN 2014: *Poverty and Inequality in the EU. EAPN Explainer #6*. Brussels: EAPN.

Edelman, M. 1977: *Political Language*. New York/London: Academic Press.

Edin, K. and Lein, L. 1996: Work, welfare and single mothers' economic survival strategies. *American Sociological Review*, 61 (Feb), 253–266.

Edin, K. and Shaefer, H. L. 2015: *$2.00 a Day. Living on Almost Nothing in America*. Boston, MA: Houghton Mifflin Harcourt.

*Social Policy*, 45(1), 1–20.

Dagdeviren, H., Donoghue, M. and Meier, L. 2017: The narratives of hardship: The new and the old poor in the aftermath of the 2008 crisis in Europe. *Sociological Review*, 65(2), 369–385.

Dahrendorf, R. 1987: The erosion of citizenship and its consequences for us all. *New Statesman*, 12 June, 12–15.

Dalton, R. J. 2017: *The Participation Gap*. Oxford: Oxford University Press.

Daly, M. 2017: Money-related meanings and practices in low-paid and poor families. *Sociology*, 51(2), 450–465.

Daly, M. 2018: Towards a theorization of the relationship between poverty and family. *Social Policy& Administration*, 52(3), 565–577.

Daly, M. 2020: *Gender Inequality and Welfare States in Europe*. Cheltenham: Edward Elgar.

Daly, M. and Kelly, G. 2015: *Families and Poverty*. Bristol: Policy Press.

Daly, M. and Leonard, M. 2002: *Against All Odds: Family Life on a Low Income in Ireland*. Dublin: Institute of Public Administration/Combat Poverty Agency.

Daly, M. and Rake, K. 2003: *Gender and the Welfare State*. Cambridge: Polity.

Darab, S. and Hartmann, Y. 2011: Psychic wounds and the social structure: An empirical investigation. *Current Sociology*, 59(6), 787–804.

Dauderstädt M. and Keltek, C. 2018: *Poverty and Inequality in Europe*. Berlin: Friedrich-Ebert-Stiftung.

Davies, M. 2008: Stigma, shame and sense of worth. In J. Strelitz and R. Lister (eds), *Why Money Matters*. London: Save the Children.

Davies, N. 1998: *Dark Heart. The Shocking Truth about Hidden Britain*. London: Vintage.

Davis, A., Hirsch, D., Padley. M. and Marshall, L. 2015: *How Much Is Enough? Reaching Social Consensus on Minimum Household Needs*. Centre for Research in Social Policy, Loughborough University.

Davis, O. and Baumberg Geiger, B. 2017: Did food insecurity rise across Europe after the 2008 crisis? *Social Policy & Society*, 16(3), 343–360

De Corte, J., Roose, R., Bradt, L. and Roets, G. 2018: Service users with experience of poverty as institutional entrepreneurs in public services in Belgium. *Social Policy and Administration*, 52(1), 197–215.

De Goede, M. 1996: Ideology in the US welfare debate: Neoliberal representations of poverty. *Discourse and Society*, 7(3), 317–357.

Deacon, A. 2002: *Perspectives on Welfare*. Buckingham: Open University Press.

Deacon, A. 2004: Different interpretations of agency within welfare debates. *Social Policy & Society*, 3(4), 447–455.

Deacon, A. and Mann, K. 1999: Agency, modernity and social policy. *Journal of Social Policy*, 28(3), 413–435.

Dean, H. 1992: Poverty discourse and the disempowerment of the poor. *Critical Social Policy*, 35, 79–88.

Dean, H. 1998: Benefit fraud and citizenship. In P. Taylor-Gooby (ed.), *Choice and Public Policy*. Basingstoke: Macmillan.

Dean, H. (ed.) 1999: *Begging Questions*. Bristol: Policy Press.

Dean, H. 2002: *Welfare Rights and Social Policy*. Harlow: Prentice Hall.

Dean, H. 2003: Re-conceptualising welfare-to-work for people with multiple problems and needs. *Journal of Social Policy*, 32(3), 441–459.

Dean, H. 2007: Social policy and human rights: Re-thinking the engagement. *Social Policy and Society*, 7(1), 1–12.

Dean, H. 2010: *Understanding Human Need*. Bristol: Policy Press.［『ニーズとは何か』福士正博訳、日本経済評論社、2012年］

Dean, H. 2015: *Social Rights and Human Welfare*. London: Routledge.

Dean, H. 2016: Poverty and social exclusion. In H. Dean and L. Platt (eds), *Social Advantage and Disadvantage*. Oxford: Oxford University Press.

Dean, H. and Melrose, M. 1996: Unravelling citizenship: The significance of social security benefit fraud. *Critical Social Policy*, 16(3), 3–31.

Dean, H. and Melrose, M. 1997: Manageable discord: Fraud and resistance in the social security system. *Social Policy & Administration*, 31(2), 103–118.

Dean, H. with Melrose, M. 1999: *Poverty, Riches and Social Citizenship*. Basingstoke: Macmillan.

Dean, H. and Taylor-Gooby, P. 1992: *Dependency Culture*. Hemel Hempstead: Harvester Wheatsheaf.

Dean, J. and Hastings, A. 2000: *Challenging Images: Housing Estates, Stigma and Regeneration*. Bristol: Policy Press.

Dean, M. 1992. A genealogy of the government of poverty. *Economy and Society*, 21(3), 215–251.

Del Tufo, S. and Gaster, L. 2002: *Evaluation of the Commission on Poverty, Participation and Power*. York: Joseph Rowntree Foundation.

deMause, N. and Randall, S. 2007: *The Poor Will Always Be With Us – Just Not on the TV News*. New York: FAIR.

Dermott, E. and Main, G. (eds) 2018: *Poverty and Social Exclusion in the UK*, vol. 1. Bristol: Policy Press.

Dermott, E. and Pantazis, C. 2014: Gender and poverty

Chase, E. and Bantebya-Kyomuhendo, G. 2015b: Poverty and shame: The future. In E. Chase and G. Bantebya-Kyomuhendo (eds), *Poverty and Shame*. Oxford: Oxford University Press.

Chase, E. and Walker, R. 2013: The co-construction of shame in the context of poverty. *Sociology*, 47(4), 739–754.

Chase, E. and Walker, R. 2015: Constructing reality? The 'discursive truth' of poverty in Britain and how it frames the experience of shame. In E. Chase and G. Bantebya-Kyomuhendo (eds), *Poverty and Shame*. Oxford: Oxford University Press.

Children's Defence Fund 2019: *Ending Child Poverty Now*. Washington, DC: Children's Defence Fund.

Choffé, T. 2001: Social exclusion: Definition, public debate and empirical evidence in France. In D. G. Mayes, J. Berghman and R. Salais, R. (eds), *Social Exclusion and European Policy*. Cheltenham: Edward Elgar.

Chrisafis, A. 2019: 'We're stronger than the men'. The women aiming to redirect criminal gains to the people. *Guardian*, 11 November.

Clarke, B., Younas, F. and Project Team. 2017: *Helping Parents to Parent*. London: Social Mobility Commission.

Clarke, J. and Cochrane, A. 1998: The social construction of social problems. In E. Saraga (ed.), *Embodying the Social: Constructions of Difference*. London: Routledge.

Cloke, P. and Little, J. 1997: *Contested Countryside Cultures*. London: Routledge.

Cohen, J. R. 1997: Poverty: Talk, identity and action. *Qualitative Inquiry*, 3(1), 71–92.

Cook, D. 1997: *Poverty, Crime and Punishment*. London: CPAG.

Cook, D. 2002: Consultation, for a change? *Social Policy & Administration*, 36(5), 516–531.

Cook, K. E. 2012: Social support in single parents' transition from welfare to work. *Journal of Social Welfare*, 21(4), 338–50.

Coole, D. 1996: Is class a difference that makes a difference? *Radical Philosophy*, 77, 17–25.

Cooper, K. and Stewart, K. 2013: *Does Money Affect Children's Outcomes?* York: Joseph Rowntree Foundation.

Cooper, K. and Stewart, K. 2017: *Does Money Affect Children's Outcomes? An Update*, York: Joseph Rowntree Foundation.

Coote, A. 1992: Introduction. In A. Coote (ed.), *The Welfare of Citizens*. London: Rivers Oram Press.

CoPPP 2000: *Listen Hear. The Right to be Heard*. Bristol: Policy Press.

Corden, A. 1996: Writing about poverty: Ethical dilemmas. In H. Dean (ed.), *Ethics and Social Policy Research*. Luton: University of Luton Press.

Cornwall, A. 2000: *Beneficiary, Consumer, Citizen: Perspectives on Participation for Poverty Reduction*. Stockholm: Swedish International Development Cooperation Agency.

Cornwall, A. 2002: Locating citizen participation. *IDS Bulletin*, 33(2), 49–58.

Cornwall, A. and Gaventa, G. 2000: From users to choosers to makers and shapers. *IDS Bulletin*, 31(4), 50–62.

Cox, L. and Thomas, D. Q. 2004: *Close to Home: Case Studies of Human Rights Work in the United States*. New York: Ford Foundation.

Craig, G. 2007: Cunning, unprincipled, loathsome: The racist tail wags the welfare dog. *Journal of Social Policy*, 36(4), 605–623.

Craig, G. 2008: The limits of compromise? Social justice, 'race' and multiculturalism. In G. Craig, T. Burchardt and D. Gordon (eds), *Social Justice and Public Policy*. Bristol: Policy Press.

CRESR Research Team 2011: *Living through Challenges in Low Income Neighbourhoods*. Sheffield: CRESR.

Crisp, R. and Robinson, D. 2010: *Family, Friends and Neighbours: Social Relations and Support in Six Low Income Neighbourhoods*. Sheffield: CRESR.

Crivello, G., Camfield, L. and Potter, C. 2010: Editorial: Researching children's understanding of poverty and risk in diverse contexts. *Children & Society*, 24(4), 255–260.

Crossley, S. 2017: *In Their Place: The Imagined Geographies of Poverty*. London: Pluto Press.

Crossley, S. 2018: *Troublemakers*. Bristol: Policy Press.

Crossley, S. and Shildrick, T. 2012: Ending child poverty: A right or a responsibility? *Poverty*, 142, 14–17.

Curtice, J., Clery, E., Perry, J., Phillips, M. and Rahim, N. (eds) 2019: *British Social Attitudes. The 36th Report*. London: National Centre for Social Research.

D'Arcy, C. and Finch, D. 2017: *The Great Escape? Low Pay and Progression in the UK Labour Market*. London: Social Mobility Commission.

Da Costa, L. P. and Dias, J. G. 2015: What do Europeans believe to be the causes of poverty? *Social Indicators Review*, 122(1), 1–20.

Dagdeviren, H. and Donoghue, M. 2019: Resilience, agency and coping with hardship: Evidence from Europe during the great recession. *Journal of Social Policy*, 48(3), 547–567.

Dagdeviren, H., Donoghue, M. and Promberger, M. 2016: Resilience, hardship and social conditions. *Journal of*

Buchanan, J. and Young, L. 2000: Examining the relationship between material conditions, long-term problematic drug misuse and social exclusion. In J. Bradshaw and R. Sainsbury (eds), *Experiencing Poverty*. Aldershot: Ashgate.

Buck, N. 2001: Identifying neighbourhood effects on social exclusion. *Urban Studies*, 38(12), 2251–2275.

Buhaenko, H., Flower, C. and Smith, S. 2003: *'Fifty Voices are Better than One.' Combating Social Exclusion and Gender Stereotyping in Gellideg.* Cardiff: Gellideg Foundation Group/Oxfam GB.

Bullock, H. E., Wyche, K. F. and Williams, W. R. 2001: Media images of the poor. *Journal of Social Issues*, 57(2), 229–246.

Burchardt, T. 2008a: Monitoring inequality: Putting the capability approach to work, in G. Craig, T. Burchard and D. Gordon (eds), *Social Justice and Public Policy*. Bristol: Policy Press.

Burchardt, T. 2008b: *Time and Income Poverty: Findings*. York: Joseph Rowntree Foundation.

Burchardt, T. 2010: Time, income and substantive freedom. *Time and Society*, 19(3), 318–344.

Burchardt, T., Le Grand, J. and Piachaud, D. 1999: Social exclusion in Britain 1991–1995. *Social Policy & Administration*, 33(3), 227–244.

Burchardt, T., Le Grand, J., and Piachaud, D. 2002: Introduction. In J. Hills, J. Le Grand and D. Piachaud (eds), *Understanding Social Exclusion*. Oxford: Oxford University Press.

Burd-Sharps, S., Guyer, P., Lechterman, T. and Lewis, K. 2012: Child well-being in the US. In A. Minujin and S. Nandy (eds), *Global Child Poverty and Well-being*. Bristol: Policy Press.

Burgoyne, C. 1990: Money in marriage. *Sociological Review*, 38, 634–665.

Burns, D., Williams, C. C. and Windebank, J. 2004: *Community Self-Help*. Basingstoke: Palgrave.

Burns, T. R. 1994: Two conceptions of human agency. In P. Sztompka (ed.), *Agency and Structure*. Reading: Gordon and Breach.

Byrne, D. 1999: *Social Exclusion*. Buckingham: Open University Press. [『社会的排除とは何か』深井英喜ほか訳、こぶし書房、2010年]

Byrne, L. 2011: Eliminating 'power failure': A new agenda for tackling inequality. In R. Philpot (ed.), *The Purple Book*. London: Biteback.

Camfield L., Streuli, N. and Woodhead, M. 2009: What's the use of 'wellbeing' in contexts of child poverty? *International Journal of Children's Rights*, 17, 65–109.

Canduela, J., Lindsay, C., Raeside, R. and Graham, H. 2015: Employability, poverty and the spheres of sociability. *Social Policy & Administration*, 49(5), 571–92.

Canvin, K., Jones, C., Marttila, A., Burström, B. and Whitehead, M. 2007: Can I risk using public services? Perceived consequences of seeking help and health care among households living in poverty. *Journal of Epidemiology and Community Health*, 61, 984–989.

Canvin, K., Martilla, A., Burstrom, B. and Whitehead, M. 2009: Tales of the unexpected? Hidden resilience and poor households in Britain. *Social Science and Medicine*, 69, 358–345.

Carabine, J. 2000: Constituting welfare subjects through poverty and sexuality. In G. Lewis, S. Gewirtz and J. Clarke (eds), *Rethinking Social Policy*. London: Sage.

Carpenter, M. 2009: The capabilities approach and critical social policy. *Critical Social Policy*, 29(3), 351–373.

Carraway, C. 2019: *Skint Estate. A Memoir of Poverty, Motherhood and Survival*. London: Ebury Press.

Castell, S. and Thompson, J. 2007: *Understanding Attitudes to Poverty in the UK*. York: Joseph Rowntree Foundation.

Centre for Social Justice 2013: *Signed On, Written Off*. London: Centre for Social Justice.

CESCR 2001: *Poverty and the International Covenant on Economic, Social and Cultural Rights*. New York: UN Economic and Social Council.

CESCR 2008: *The Right to Social Security (art. 9), General Comment No 19*. New York: UN Economic and Social Council.

Chambers, R. and Conway, G. 1992: *Sustainable Rural Livelihoods*. IDS Discussion Paper 296. Brighton: IDS.

Chanan, G. 1992: *Out of the Shadows. Local Community Action and the European Community*. Dublin: European Foundation for the Improvement of Living and Working Conditions.

Chant, S. 2007: *Gender, Generation and Poverty*. Cheltenham: Edward Elgar.

Chant, S. 2010: Gendered poverty across space and time. In S. Chant (ed.), *The International Handbook of Gender and Poverty*. Cheltenham: Edward Elgar.

Charlesworth, S. J. 2000: *A Phenomenology of Working Class Experience*. Cambridge: Cambridge University Press.

Charlesworth, S. J. 2005: Understanding social suffering. *Journal of Community and Applied Social Psychology*, 15, 296–312.

Chase, E. and Bantebya-Kyomuhendo, G. (eds) 2015a: *Poverty and Shame*. Oxford: Oxford University Press.

*Research and Inquiry into Poverty*. York: Joseph Rowntree Foundation.

Bennett, F. and Roche, C. 2000: The scope for participatory approaches. *New Economy*, 7(1), 24–28.

Benzeval, M., Bond, L., Campbell, M., Egan, M., Lorenc, T., … and Popham, F. 2014: *How Does Money Influence Health?* York: Joseph Rowntree Foundation.

Beresford, P. 2002: Participation and social policy. In R. Sykes, C. Bochel and N. Ellison (eds), *Social Policy Review*, 14. Bristol: Policy Press.

Beresford, P. and Carr, S. (eds) 2018: *Social Policy First Hand. An International Introduction to Participatory Social Welfare*. Bristol: Policy Press.

Beresford, P. and Croft, S. 1995: 'It's our problem too.' Challenging the exclusion of poor people from poverty discourse. *Critical Social Policy*, 44/45, 75–95.

Beresford, P., Green, D., Lister, R. and Woodard, K. 1999: *Poverty First Hand*. London: CPAG.

Berghman, J. 1997: The resurgence of poverty and the struggle against social exclusion. *International Social Security Review*, 50(1), 3–21.

Bhopal, K. 2018: *White Privilege*. Bristol: Policy Press. Blakely, G. and Evans, B. 2008: 'It's like maintaining a hedge': Constraints on citizen engagement in community regeneration in East Manchester. *Public Policy & Administration*, 23(1), 100–113.

Bleiker, R. 2003: Discourse and human agency. *Contemporary Political Theory*, 2, 25–47.

Bloodworth, J. 2018: *Hired: Six Months Undercover in Low-Wage Britain*. London: Atlantic Books. [『アマゾンの倉庫で絶望し、ウーバーの車で発狂した――潜入・最低賃金労働の現場』濱野大道訳、光文社、2022年]

Boon, B. and Farnsworth, J. 2011: Social exclusion and poverty. Translating social capital into accessible resources. *Social Policy & Administration*, 45(5), 507–524.

Boone, K., Roets, G. and Roose, R. 2019a: Learning to play chess: How to make sense of a politics of representation with people in poverty, *Social Policy & Administration*, 53(7), 1030–1044.

Boone, K., Roets, G. and Roose, R. 2019b: Raising critical consciousness in the struggle against poverty. *Critical Social Policy*, 39(3), 434–454.

Bourdieu, P. 1999: *The Weight of the World*. Cambridge: Polity. [『世界の悲惨』荒井文雄・櫻本陽一監訳、全3巻、藤原書店、2019-2020年]

Boyce, I. 2006: Neighbourliness and privacy on a low-income estate. *Sociological Research Online*, 11(3).

Bradbury, B., Jenkins, S. P. and Micklewright, J. (eds) 2001: *The Dynamics of Child Poverty in Industrialized Countries*. Cambridge: Cambridge University Press.

Bradshaw, J. 1997: Why and how do we study poverty in industrialized countries? In N. Keilman, J. Lyngstad, H. Bojer and I. Thomsen (eds), *Poverty and Economic Inequality in Industrialised Western Societies*. Oslo: Scandinavian University Press.

Bradshaw, J. 2000: Preface to Centennial Edition of *Poverty: A Study of Town Life*. Bristol: Policy Press.

Bradshaw, J. 2013: The impact of child poverty on future life chances. In A. Ritchie (ed.), *The Heart of the Kingdom*. London: Children's Society.

Bradshaw, J. and Finch, N. 2003: Overlaps in dimensions of poverty. *Journal of Social Policy*, 32(4), 513–525.

Brady, D. 2009: *Rich Democracies, Poor People*. Oxford: Oxford University Press.

Bramley, G. 2018: Housing and the lived environment. In G. Bramley and N. Bailey (eds), *Poverty and Social Exclusion in the UK*, vol. 2. Bristol: Policy Press.

Bramley, G. and Bailey, N. 2018: Conclusions and emerging themes. In G. Bramley and N. Bailey (eds), *Poverty and Social Exclusion in the UK*, vol. 2. Bristol: Policy Press.

Bramley, G. and Besemer, K. 2018: Financial inclusion, financial stress and debt. In G. Bramley and N. Bailey (eds), *Poverty and Social Exclusion in the UK*, vol. 2. Bristol: Policy Press.

Brandford, S. 2006: Big business sets its sights on the poor, *New Statesman*, 6 March.

Bray, R., de Laat, M., Godinot, X., Ugarte, E. and Walker R. 2019: *The Hidden Dimensions of Poverty*. Pierrelaye: International Movement ATD Fourth World.

Brent, J. 2009: *Searching for Community*. Bristol: Policy Press.

Brill, L. and Haddad, M. 2011: The sustainable livelihoods approach. In E. Cox (ed.), *Community Assets First*. Newcastle-upon-Tyne: IPPR North.

Broughton, C. 2003: Reforming poor women. *Qualitative Sociology*, 26(1), 35–51.

Brownlee, K. 2020: *Being Sure of Each Other*. Oxford: Oxford University Press.

Bruch, S. K., Ferree, M. M. and Soss, J. 2010: From policy to polity: Democratic paternalism and the incorporation of disadvantaged citizens', *American Sociological Review*, 75(2), 205–226.

Brun, P. 2007: Initial evaluation of the project. In Fourth World University Research Group, *The Merging of Knowledge*. Lanham, MD: University Press of America.

Discussion Paper, WSP/53. London: STICERD.
Atkinson, A. B. 2015: *Inequality. What Can Be Done?* Cambridge, MA: Harvard University Press.
Atkinson, A. B. 2019: *Measuring Poverty around the World.* Princeton, NJ: Princeton University Press.
Atkinson, A. B., Cantillon, B., Marlier, E. and Nolan, B. 2002: *Social Indicators: The EU and Social Exclusion.* Oxford: Oxford University Press.
Atkinson, R. and Kintrea, K. 2001: Disentangling area effects evidence from deprived and non-deprived neighbourhoods. *Urban Studies*, 38(12), 2277–2298.
Atkinson, R. and Kintrea, K. 2004: 'Opportunities and despair. It's all in there.' Practitioner experiences and explanations of area effects and life chances. *Sociology*, 38(3), 437–455.
Attree, P. 2006: The social costs of child poverty: A systematic review of the qualitative evidence. *Children & Society*, 20(1), 54–66.
Baars, J., Knipscheer, K., Thomése, F. and Walker, A. 1997: Conclusion. In W. Beck, L. van der Maesen and A. Walker (eds), *The Social Quality of Europe.* The Hague: Kluwer Law International.
Bachrach, P. and Baratz, M. S. 1970: *Power and Poverty.* New York: Oxford University Press.
Bailey, N. and Gannon, M. 2018: More similarities than differences in poverty and social exclusion in rural and urban locations. In E. Dermott and G. Main (eds), *Poverty and Social Exclusion in the UK*, vol. 1. Bristol: Policy Press.
Baker, T. and Davis, C. 2018: Everyday resistance to workfare: Welfare beneficiaries advocacy in Auckland, New Zealand. *Social Policy & Society*, 17(4), 535–546.
Baptist, W. and Bricker-Jenkins, M. 2002: A view from the bottom: Poor people and their allies respond to welfare reform. In R. Albelda. and A. Withorn (eds), *Lost Ground.* Cambridge, MA: South End Press.
Barbero, I. 2015: When rights need to be (re)claimed: Austerity measures, neoliberal housing policies and antieviction activism in Spain. *Critical Social Policy*, 35(2), 270–280.
Barcena-Martin, E. and Moro-Egido, A. J. 2013: Gender and poverty risk in Europe. *Feminist Economics*, 19(2), 69–99.
Barnard, H. 2014: *Tackling Poverty across all Ethnicities in the UK.* York: Joseph Rowntree Foundation.
Barnard, H. and Turner, C. 2011: *Poverty and Ethnicity: A Review of Evidence.* York: Joseph Rowntree Foundation.
Barretty, M. and Ellemers, N. 2010: Current issues in the study of social stigma. *Journal of Social Issues*, 66(3), 431–445.
Bartels, L. M. 2008: *Unequal Democracy.* New York: Russell Sage Foundation.
Bartley, M. 2006: *Capabilities and Resilience: Beating the Odds.* London: UCL Department of Epidemiology and Public Health.
Bassel, L. and Emejulu, A. 2018: *Minority Ethnic Women and Austerity.* Bristol: Policy Press.
Batty, E. and Flint, J. 2010: *Self Esteem, Comparative Poverty and Neighbourhoods.* Sheffield: CRESR.
Baulch, B. 1996a: The new poverty agenda. *IDS Bulletin*, 27(1), 1–10.
Baulch, B. 1996b: Neglected trade-offs in poverty measurement. *IDS Bulletin*, 27(1), 36–42.
Bauman, Z. 1998. *Work, Consumerism and the New Poor.* Buckingham: Open University Press.
Baumberg, B., Bell, K. and Gaffney, D. 2012: *Benefits Stigma in Britain.* London: Turn2Us/Elizabeth Finn Care.
Beall, J. 2002: Living in the present, investing in the future. In C. Rakodi, with T. Lloyd-Jones, T. (eds), *Urban Livelihoods.* London: Earthscan.
Beard, J. 2014: Redecorate, repopulate: What next for the E15 mums? *Open Democracy*, 10 October.
Bebbington, A. 1999: Capitals and capabilities. *World Development*, 27(12), 2021–2044.
Beck, U. and Beck-Gernsheim, E. 2002: *Individualization.* London: Sage. [『個人化の社会学』中村好孝ほか訳、ミネルヴァ書房、2022年]
Beck, W., van der Maesen, L. and Walker, A. (eds) 1997: *The Social Quality of Europe.* The Hague: Kluwer Law International.
Ben-Galim, D. and Lanning, T. 2010: *Strength against Shocks, Low-income Families and Debt.* London: IPPR.
Bennett, F. 1999: *Influencing Policy in Partnership with the Poorest.* London: ATD Fourth World.
Bennett, F. 2013: Researching within-household distribution. *Journal of Marriage and Family*, 75(3), 582–597.
Bennett, F. 2015: Poverty and gender: Links and ways forward. In EDF Research Network, *Beyond 2015. Shaping the Future of Equality, Human Rights and Social Justice.* London: EDF.
Bennett, F. 2019: Sustainable development goals and poverty in the UK. *Poverty*, 163, 6–10.
Bennett, F. and Daly, M. 2014: *Poverty through a Gender Lens: Evidence and Policy Review on Gender and Poverty.* Oxford: Department for Social Policy and Intervention.
Bennett, F., with Roberts, M. 2004: *Participatory Practice in*

# 参考文献


*A Different Take* London Panel 2019: *Pushing Back. Our Take on Life in Poverty in London*. London: CPAG/ University of Leeds.

Adair, V. C. 2005: US working class/poverty class divides. *Sociology*, 39(5), 817–834.

Adamson, P. 2013: *Child Well-being in Rich Countries*. Florence: UNICEF Office of Research.

Adorno, T. W. 1973: *Negative Dialectics*. London: Routledge.

Albrekt Larsen, C. 2014: The poor of the media. *Poverty*, 148, 14–17.［『否定弁証法』木田元 ほか訳、作品社、1996 年］

Albrekt Larsen, C. and Dejgaard, T. E. 2013: The institutional logic of images of the poor and welfare recipients. *Journal of European Social Policy*, 23(3), 287–299.

Alcock, P. 2004: The influence of dynamic perspectives on poverty analysis and anti-poverty policy in the UK. *Journal of Social Policy*, 33(3), 395–416.

Alcock, P. 2006: *Understanding Poverty*, 3rd edn. Basingstoke: Palgrave.

Aldridge, H. and Hughes, C. 2016: *Informal Care and Poverty in the UK*. London: New Policy Institute.

Aldridge, J. 2015: *Participatory Research*. Bristol: Policy Press.

Alkire, S. 2007: The missing dimensions of poverty data. *Oxford Development Studies*, 35(4), 347–359.

Alkire, S., Foster, J. E., Seth, S., Santos, M. E., Roche, J. M. and Ballon, P. 2015: *Multidimensional Poverty Measurement and Analysis*. OPHDI Working Paper 83. Oxford: Oxford Poverty and Human Development Initiative.

Allsopp, J., Sigena, N. and Phillimore, J. 2014: *Poverty among Refugees and Asylum-seekers in the UK*. Birmingham: Institute for Research into Superdiversity.

Alston, P. 2016: *Report of the Special Rapporteur on Extreme Poverty and Human Rights to the Human Rights Council*. Geneva: UNHRC.

Alston, P. 2017: *Statement on Visit to the USA by Professor Philip Alston, UN Special Rapporteur on Extreme Poverty and Human Rights*. Washington, DC: OHCHR.

Alston, P. 2019: *Report of the Special Rapporteur on Extreme Poverty and Human Rights to the UN General Assembly*. Geneva: United Nations.

Amh Consulting 2011: *Evaluation of BIHR Poverty and Human Rights Project*. Final Report: Executive Summary. London: British Institute of Human Rights.

Anderson, D. n.d.: *The Unmentionable Face of Poverty in the Nineties*. London: Social Affairs Unit.

APPGP 1999: *Policy, Poverty and Participation*. London: APPGP.

Arnade, C. 2019: *Dignity. Seeking Respect in Back-row America*, New York: Sentinel.

ATD Fourth World 1991: *The Wresinski Approach: The Poorest – Partners in Democracy*. Paris: Fourth World Publications.

ATD Fourth World 1996: '*Talk with Us, Not at Us*'. London: ATD Fourth World.

ATD Fourth World 2000: *Participation Works*. London: ATD Fourth World.

ATD Fourth World 2001: Access to art is a human right. *In Focus*, Spring, 1.

ATD Fourth World 2005: What are the daily realities of people living in poverty in the UK? Contribution to International Movement ATD Fourth World seminar, *The Poorest: Key Participants in the Fight against Poverty and for Universal Access to Fundamental Rights*. Pierrelaye, 23–25 September.

ATD Fourth World 2014. *The Roles We Play*. London: ATD Fourth World.

ATD Fourth World 2018: Resistance to stigmatisation in the UK. https://atd–uk.org/2018/11/21/resistance–to–stigmatisation–in–the–united–kingdom–the–roles–we–play/.

ATD Fourth World 2019: *Understanding Poverty in All Its Forms*. London: ATD Fourth World.

Atkinson, A. B. 1989: *Poverty and Social Security*. Hemel Hempstead: Harvester Wheatsheaf.

Atkinson, A. B. 1990: Comparing poverty rates internationally.

【ま】



【や】



【ら】



【わ】

# 索引

［監訳者紹介］

松本 伊智朗（まつもと いちろう）

北海道大学大学院教育学研究院教授。専門は教育福祉論、社会福祉論。学術団体「貧困研究会」代表。主な著作に『子どもの貧困 —— 子ども時代のしあわせ平等のために』（共編著、明石書店、2008年）、『「子どもの貧困」を問いなおす —— 家族・ジェンダーの視点から』（編著、法律文化社、2017年）、『生まれ、育つ基盤』『遊び・育ち・経験』『教える・学ぶ』『大人になる・社会をつくる』『支える・つながる』（「シリーズ子どもの貧困」全5巻、編集代表、明石書店、2020年）、『子どもと家族の貧困 —— 学際的調査からみえてきたこと』（編著、法律文化社、2022年）など。

［訳者紹介］

松本 淳（まつもと じゅん）

翻訳者として、ポール・ヒル、トーマス・クーパー著『写真術 —— 21人の巨匠』（共訳、晶文社、1988年）、サンドラ・P・トーマス、ハワード・R・ポリオ著／川原由佳里監修『患者の声を聞く —— 現象学的アプローチによる看護の研究と実践』（エルゼビア、2006年）、子どもの貧困アクショングループ編／松本伊智朗監訳『子どもの貧困とライフチャンス』（かもがわ出版、2021年）などの訳書がある。

立木 勝（たちき まさる）

翻訳者。訳書にアン・ルーニー『物理学は歴史をどう変えてきたか』（東京書籍、2015年）、ベアトリス・アルメンダリズ、マルク・ラビー編、笠原清志監訳『マイクロファイナンス事典』（明石書店、2016年）、ブランコ・ミラノヴィッチ『大不平等』（みすず書房、2017年）、ケネス・シーヴ、デイヴィッド・スタサヴェージ著『金持ち課税』（同、2018年）、ジェームズ・C・スコット『反穀物の人類史』（同、2019年）、マーカス・K・ブルネルマイヤー『レジリエントな社会』（共訳、2022年、日経BPマーケティング）、ほか。

［著者紹介］
ルース・リスター（Ruth Lister）
イギリスの貧困研究・社会政策研究を代表する研究者のひとり。研究関心は、貧困と社会的排除、社会保障と福祉改革、シチズンシップ、ジェンダー、子ども・若者。伝統ある反貧困民間運動団体「チャイルド・ポバティ・アクション・グループ（CPAG）」に15年間勤務。CPAG代表、ブラッドフォード大学を経て、1994年よりラフバラ大学にて教鞭をとる。2010年10月、ラフバラ大学名誉教授。2011年より貴族院議員（労働党）に就任。CPAG名誉代表、英国学士院会員、イギリス社会政策学会終身会員等のほか、フェビアン協会や各種学術団体において広く活動している。本書はイギリスにおけるスタンダードなテクストとして、広く読まれている。他の主著に、*Citizenship: Feminist Perspectives* (2nd edition, Palgrave, 2003)、*Understanding Theories and Concepts in Social Policy*（The Policy Press, 2010）など。本書の原書は *Poverty* (1st Editon, Polity Press, 2004) の第2版（2021年刊）。

新版 貧困とはなにか —— 概念・言説・ポリティクス

2011年4月10日　初版第1刷発行
2023年10月31日　新版第1刷発行

著　者 —— ルース・リスター
監　訳 —— 松本伊智朗
翻　訳 —— 松本淳・立木勝
発行者 —— 大江道雅
発行所 —— 株式会社 明石書店
101-0021 東京都千代田区外神田 6-9-5
電話 03-5818-1171
FAX 03-5818-1174
振替 00100-7-24505
https://www.akashi.co.jp
装　丁 —— 間村俊一
印刷／製本 — モリモト印刷株式会社
ISBN 978-4-7503-5648-8
（定価はカバーに表示してあります）